U0527594

春秋大变局

华夏奠基与融合的三百年

朱晖 著

中国出版集团有限公司
华文出版社

图书在版编目（CIP）数据

春秋大变局：华夏奠基与融合的三百年 / 朱晖著.
北京：华文出版社，2025.1. -- ISBN 978-7-5075-5944-6
Ⅰ．K225.07
中国国家版本馆CIP数据核字第2024BV0889号

春秋大变局：华夏奠基与融合的三百年

著　　者：朱　晖
策　　划：胡　子
责任编辑：寇　宁
出版发行：华文出版社
地　　址：北京市西城区广外大街305号8区2号楼
邮政编码：100055
网　　址：http://www.hwcbs.cn
电　　话：总编室 010-58336239　责任编辑 010-58336195
发行部 010-58336267
经　　销：新华书店
印　　刷：三河市航远印刷有限公司
开　　本：710mm×1000mm　1/16
印　　张：26.25
字　　数：347千字
版　　次：2025年1月第1版
印　　次：2025年1月第1次印刷
标准书号：ISBN 978-7-5075-5944-6
定　　价：58.00元

版权所有，侵权必究

目　录

楔子　/ Ⅰ

第一篇　齐桓受胙："尊王攘夷"霸政新秩序的建立

一、生死时速　/ 004

二、一个"不忠"之人，却得到了孔子的极高评价　/ 012

三、管鲍之交千古传　/ 014

四、伟大圣贤鲍叔牙：这才是真正的帝王师　/ 018

五、第一宰相　/ 021

六、齐国称霸的秘诀：享乐主义　/ 023

七、超越时代的经济学天才　/ 029

八、战国时各大强国都变法，为何齐国没有？　/ 034

九、齐桓公招揽人才　/ 038

十、一场惊心动魄的贸易战，春秋大国鲁国的沉沦之路　/ 045

十一、齐桓公第一次盟会诸侯以丢人的方式收场　/ 053

十二、中国第一刺客，他做到了荆轲未能做到之事　/ 060

十三、管仲的大国战略：不灭一国而制衡天下　/ 068

十四、千里远征，拯救华夏文明　/ 069

十五、庆父不死，鲁难未已　/ 077

十六、卫国的传奇复国之路　　/ 080

十七、齐桓公三十年（前656），中国宛如丝线　　/ 092

十八、一个美女引发的春秋十国大战　　/ 099

十九、从春秋时代齐楚召陵之盟，看超级大国的战略思考　　/ 103

二十、齐桓公伟大霸业上的污点　　/ 111

二十一、春秋初年最具影响力的男人　　/ 113

二十二、从葵丘之盟看齐桓公的政治理想　　/ 120

二十三、齐桓公为何在霸业达到巅峰后却立刻坠落？　　/ 125

二十四、管仲的临终安排差强人意　　/ 128

二十五、齐国霸业轰然倒塌　　/ 132

第二篇　宋襄之仁：旧信仰与旧战礼的崩溃

一、一个让圣人们露出獠牙的上古文明，数百年痴心复辟　　/ 143

二、即便成为春秋五霸，他仍是那个望穿秋水想妈妈的孩子　　/ 155

三、宋襄公让国：一出精心炮制的大戏　　/ 158

四、宋襄公的坚守，埋藏在殷墟甲骨文中　　/ 162

五、宋襄公的执念：杀人祭神就是仁义　　/ 169

六、狐假虎威：自以为聪明的傻狐狸　　/ 175

七、宋襄公被楚成王欺负成渣，凭什么是春秋五霸？　　/ 180

八、飞蛾扑火的宋襄公：小丑还是勇者？　　/ 186

九、中国的贵族时代终结在两千六百年前他的一声叹息之中　　/ 190

十、泓水之战的教训　　/ 198

十一、宋襄公一生中最英明的决定　　/ 201

第三篇　晋文践土：由新型政治家与外交家组建的百年霸主诞生

一、一个将自己同姓亲族和儿子几乎全杀光的雄主　／ 205
二、重耳的政治智慧与情商远胜齐桓公　／ 212
三、喜欢土坷垃的晋文公　／ 218
四、临淄　／ 221
五、晋文公的流浪之旅：妥妥的一部公路电影　／ 230
六、秦晋之好：两个强国的崛起之路　／ 239
七、《诗经》中的外交　／ 245
八、一生悲剧晋怀公：晋文公霸业的踏脚石　／ 249
九、郭偃变法与晋国的崛起　／ 253
十、清明节的由来　／ 260
十一、周天子的婚姻危机给了晋国最好的机会　／ 265
十二、大器晚成　／ 270
十三、楚成王的霸业功亏一篑　／ 272
十四、项羽和信陵君的兵法祖师　／ 277
十五、玩火自焚的猛将　／ 281
十六、玩火自焚的楚成王　／ 285
十七、城濮之战　／ 289
十八、棋解城濮之战　／ 300
十九、春秋时代最接近霸主之人　／ 304
二十、春秋时代最货真价实的霸主　／ 307

第四篇　秦穆霸戎：边缘族群的发展探索之路

一、大秦的血与火之歌　／ 313
二、养马的秦人为何最后能统一天下？　／ 323

三、最倒霉的春秋名相 / 327

四、商鞅张仪祖师爷，在春秋时已为大秦指出统一战略 / 332

五、彼此四十年的等待 / 339

六、背信弃义的晋惠公 / 342

七、韩原之战与秦晋改革 / 353

八、秦晋之好，为何注定走向决裂？ / 362

九、烛之武一言退秦师，丧权辱国的城下之盟 / 364

十、秦人难改的劣根性 / 371

十一、秦军三万将士的亡灵在崤山山谷中飘荡 / 375

十二、晋襄公与先轸之间的权力游戏 / 387

十三、秦国为何能统一天下：放低自己，才能站得更高 / 390

十四、秦国的霸业在常败中挺进 / 394

十五、秦穆公霸西戎 / 398

十六、秦穆公为何临死前将秦国推入地狱？ / 404

楔　　子

中国虽然是有五千年历史的伟大文明，但真正的国家形态，是形成于春秋时期的，之前的历史，包括西周在内，恐怕还是宗族公社式的。所以，我们读历史，讲文化，以至于研究国学，如果不了解春秋，那么一切都成了无源之水、无本之木。

比起商代的甲骨文记载与东周的铭文记载，春秋时代流传下来的由各国史官编修的正史《春秋》，才是真正翔实地体现了中国历史与思想文化的发源。比起后世的二十四史，各国史官写《春秋》真正秉持了真实与客观的精神，不虚美，不隐恶，秉笔直书，从不因任何逼迫与威胁而掩盖史实，比如著名的"崔杼弑其君"和"赵盾弑其君"，都是因为史官不畏强权而流传下来的。直到如今，《春秋》《左传》《国语》等春秋史书，仍然是中国史书中最经典最有价值的一部分。

外国人常说没去过长城与故宫，就等于没来过中国；我说如果不了解春秋的历史，就不算真正地了解中华文明。

春秋时代的特色，概括起来其实就两个字，一个字是"乱"，一个字是"霸"。正因为"乱"，所以需要"霸"来维持秩序，但正因为大家都想要"霸"，所以才会你方唱罢我登场，城头变幻大王旗，霸中有乱，乱中有霸，乱得精彩纷呈，霸得波澜壮阔。

在春秋时代刚开始的时候，天下非常混乱。平王东迁之后，周室衰弱，王纲解纽，诸侯争强，先有郑庄公箭射王肩，后有楚熊通自立为王，昔日华夏民族的最高领袖周天子威严扫地，渐次沦为名不副实的"泥塑菩萨"。从此，春秋时代礼乐征伐自诸侯出的序幕被缓缓拉开，旧秩序轰然崩溃，而新世界的影子，却还遥不可及，整个天下，陷入了一片混乱与迷惘之中。

但是事实上,周室的衰弱,只是礼崩乐坏的外因,真正的内因,源自整个社会经济形态的发展变化。春秋为铜铁递嬗之时代,相较珍贵难得的铜矿,铁矿可说是分布广泛,价廉易得的铁制农具日益增多,代替了价贵的青铜农具与劣质的木石农具,农业遂日渐发达,人们逐渐摆脱了半农半牧的生活而定居下来专门从事稼穑,这就直接导致了人口膨胀,土地不敷使用,于是冲突日剧,无法疏解之下只好向四周的蛮夷戎狄发动战争以转移矛盾,拓殖耕地,争夺生存空间,同时在内部也开始改革田制、酝酿变法。

在这种情况下,华夏与戎狄之间终于爆发大战,申侯勾结犬戎入侵,周室东迁,日渐衰弱,再无实力统御诸侯,于是诸侯兼并,周礼沦丧,乱象横生,社会秩序大坏。据不完全统计,春秋时诸侯大小战事四百八十多起,弑君逐君事件一百余起,基本每两三年就有一个国君逃亡或死于非命,于是东周列国急剧减少。顾栋高《春秋大事表》中春秋列国爵姓及存灭表载208国,但到了战国初年,天下就只剩下二十余国了,一百七十多个都市国家就这样悲惨地被历史淘汰了,很多小国被灭后甚至连一点叹息都来不及发出。

好在,春秋时的战争大多是一种均势战争,主要目的是为了维持列国局势的均衡,所以战争虽多,但并不酷烈,大家都伏膺"适可而止"的道理,也都愿意遵从一定的上古军礼。这样的战争,与其说是厮杀,不如说更像一种游戏或竞赛。因此,同样是几百年的列国纷争,春秋时代的百姓过得要比战国与魏晋南北朝时的百姓好得多。

但这样的战争一般只发生在华夏列国之间,一旦碰上戎狄可就没那么幸运了,就在华夏乱成一锅粥的时候,四方的民族亦趁机交相入侵中原,很多实力弱小之诸侯,就是在这样的背景下国破家亡,人民离散,宗庙隳坏,社稷成墟了。

于是,在这内忧外患、岌岌可危的局面之下,人们终于抛弃了风光不再的周天子,转而期待各国诸侯中能出一位真正的大英雄,将已一盘散沙的华夏诸侯重新团结起来,攘除侵入中原的四方民族,带给天下新的政治秩序,为天下带来真正的太平。

这个新的政治秩序,就叫作"霸道";这个真正的大英雄,就叫作"霸主"。

在中国历史上,其政治大体可分为三类:一是王者之政——靠的是人文教育;二为霸者之政,靠的是恩威并施;三乃强权政治——靠的是暴力酷刑。

尧舜禹汤,用的是王者之政;春秋霸主,用的是霸者之政。本系列要讲的,就是春秋时代那些霸主,那些诸侯之长,他们是春秋时代的最强音,如果没有他们,或许华夏文明反会被戎狄同化,不复出现。学者王明珂甚至指出:北方混合经济人群南下争夺农牧资源,强化了南方周王朝诸侯国上层贵族之间的一体感——这是华夏认同的萌芽。"华"有众多或繁盛之意,"华夏"原与"诸夏"意义相同,指的都是一个"保护及垄断南方农业资源的认同群体"①。

换句话说,华夏文明虽肇始于王者之政,但其真正奠基,却靠的是霸者之政所建立的这个"内诸夏而外夷狄"的"共同体"政治体系。

当然,"霸者之政"并不是一个绝对公平正义的政治秩序,霸主对于属下小国是拥有着强大控制权的,否则便要予以军事打击。但是当时,王者之政已然崩坏,强权政治更不可取,那么对于这样一个没有权威、社会动荡、四夷入侵、弱肉强食的状态来说,霸道总比没有秩序要强。

事实上,正是在这种乱中有霸,霸中有乱的霸权秩序之中,宗族公社开始瓦解,中华民族开始形成,社会经济与风俗礼仪开始了大变革、大变迁,唯理的思想更发展到顶峰。所以春秋时代的特色其实还得加上一个字,那就是"变"。即使不是面目全非,大概也焕然一新了。总之,当时各国都在这个霸道的框架下积极求变,都在努力改变

---

① 参阅王明珂:《游牧者的抉择——面对汉帝国的北亚游牧部族》,上海人民出版社,2018,第115页。

自己的内部结构，努力吸收新的资源、新的人才，以适应新的环境、新的竞争。

所以，只讲春秋是个乱世，其实很肤浅，春秋以前的夏商与西周，本就只是一个部族或城邦的联盟，与古希腊、古印度所不同的，不过是拥有一共同尊奉的共主（或盟主）而已，其实仍可称作是分裂的局面。事实上，正是到了春秋时代，这些分裂的城邦，才逐渐发展为列国，而这些分裂的列国开始向外扩张，收纳许多本来处于边陲的人口和资源，从而将整个华夏的范围扩大了。而且，正因为列国的战争、竞争与求变，各诸侯在政权的制度和结构方面互相模仿，以求更有效地掌握资源。互相模仿的后果是，到了战国晚期，列国在政治和社会方面的特性几乎已经趋于一致，为秦汉郡县制度建构了统治的机制①，同时也为秦汉真正完成天下大一统打下了基础。甚至可以说，如果没有春秋时代为华夏奠基，中国将是一个四分五裂的地区，难以产生统一的国家与文化。比如新几内亚的面积不到中国的十分之一，它的人类历史也只有大约40000年，但它却有1000种语言，包括几十个语族，这些语族之间的差异要比中国8种主要语言之间的差异大得多。而西欧在印欧语传入后的6000—8000年中，逐步形成或获得了大约40种语言，包括像英语、芬兰语和俄语这样不同的语言。还有印度，至今仍有17种文字，上千种语言。只有经历了春秋奠基的华夏文明，才可以将如此广大地域内如此众多形形色色的族群，在古代的民族大熔炉里迅速统合，并对周边国家产生重大的影响②。

---

① 详见许倬云：《说中国——一个不断变化的复杂共同体》，广西师范大学出版社，2015，第208页。赵鼎新也认为，国家之间的战争愈是频繁且不具有彻底的摧毁性，那么战争就愈能有效地激发参战国家寻求变化，以能在军事竞争中取胜。参阅赵鼎新：《东周战争与儒法国家的诞生》，夏江旗译，北京联合出版公司，2020，第27页。他在该书中还用大量的篇幅，讨论了战争在春秋战国时期是如何促进效率导向型文化的兴起，从而推进了某些诸侯国政府职能的专业化与行政结构的科层化，由此带来的内政外交上的差异又促进了诸侯国之间的互相学习和借鉴活动，科层体制也因此而逐渐得到推广。

② 参阅贾雷德·戴蒙德：《枪炮、病菌与钢铁——人类社会的命运》，上海译文出版社，2006，第345页。

总之，春秋并非后世所谓"率兽食人"之大乱世，而是华夏大扩张与大趋同的时代，是边缘族群与华夏文明的大融合时代，是大融合大变革下思想空前解放的时代，是伟大人物与伟大思想频出的时代。中华文化对于宇宙人生的伟大解释与答案，都产生于此时。伟大的哲人与圣贤，也都是此时的人物。

毋庸置疑，这是一个伟大的时代，这是一段充满了侠义精神与贵族风范的历史。它包蕴了我们遥远祖先的理想与信念，它包蕴了我们古老英雄的铁血与柔情，它粉碎了一个枯朽、僵硬的时代，它的精魂浴火重生，渗入神州的万里河山，最终孕育出了中华民族腾飞蜿蜒的图腾，千年后，依然华美绚烂，耀眼夺目。

说到春秋变革与春秋霸政，就不得不提到春秋五霸。关于这五霸具体所指何人，两千多年来一直是众说纷纭，直到今天还是莫衷一是。关于五霸组成的说法竟有十数种之多，归结起来，"齐桓公，晋文公，秦穆公，宋襄公，楚庄王，吴王阖闾，越王勾践"这七位是提得最多的，所以本书便决定以此七人为关键线索，讲讲由他们引领的春秋历史上最重要的七次时代转弯，每转一次，这个时代的政治、经济、军事、社会、思想就都在跟着变。齐桓公一变则尊王攘夷，中原诸夏①有了攻守同盟；宋襄公一变则旧战礼②崩溃，战争方式陡然激烈；晋文公一变则大国霸业建立，新型政治层出不穷；秦穆公与楚庄王一变则边缘族群纷纷融入华夏，主动接受华夏意识形态，使得华夏的外缘大大扩张，终于构成了我大中华的基本框架。

而到了春秋后期，当传统霸主疲惫的时候，吴、越两国突然登上

---

① 胡鸿认为，"诸夏"与"蛮夷"的概念，是直到春秋年间，才以复古面貌打出的一面新的认同旗帜，首倡者很可能就是齐桓公。"诸夏"的概念，比"周人"具有更大的包容性，着眼于共同的礼乐文化和政治立场，开始超越一族一姓的狭隘血缘关系。参阅胡鸿：《能夏则大与渐慕华风——政治体视角下的华夏与华夏化》，北京师范大学出版社，2017，第42页。

② 所谓礼，初衷就是要维持秩序，这就像乐的功能，最终是缔造和谐。作为守礼的华夏贵族，交战双方必须遵守周朝的战争规则。

了历史舞台,从东南的海滨小国迅速崛起,犹如直刺青天的两把利剑,造成了霸业迭兴的最后一个高潮。此时战国时代已将来临,而春秋时代的温情已渐渐消失,呈现出来的新景色,是血腥与残杀齐飞,国仇并家恨同在;匹夫一怒,血溅五步,君主一怒,血流千里;结果,春秋时代最后短短几十年的时间内,兵燹荼毒江南,壮士饮恨沙场,逃亡、屈辱、怨毒、暗杀、鞭尸、隐忍、阴谋、反间、背叛、自刎,这一个个血淋淋的字眼充斥在这段史简之中,简直就如一个暴力美学大师构思出来的影片,一次次击打着两千多年后我们的脆弱灵魂。但不管怎么说,它们的出现廓清了弥漫在东周的沉闷气氛,为社会结构的变革和政治的发展注入了活力,它们如江河波涛,一浪高过一浪,跌宕起伏,带着一往无前的勇猛气势,冲向战国,冲向即将来临的新的大时代!

这一次,我们将走进春秋时代齐桓公、宋襄公、晋文公、秦穆公四位霸主的人生,观察他们对社会转折的影响和对华夏文明的贡献。后续若有机会,笔者将接着讲述楚庄王、吴王阖闾与越王勾践的故事,敬请读者期待。

第一篇　齐桓受胙："尊王攘夷"霸政新秩序的建立

大家都非常熟悉《史记》中"烽火戏诸侯"的故事，在这个故事中，周幽王被描述成一个好色且任性的昏君，正是由于他宠幸"妖女"褒姒，搞得朝政日非，民不聊生。为了博得这妖女一笑，他竟然随意点燃烽火，玩弄诸侯的感情，侮辱诸侯的尊严，结果导致戎人入侵，诸侯无人来救，西周灭亡。

然而，据清儒古本《竹书纪年》与《清华简·系年》的最新记载，《史记》中所谓"烽火戏诸侯"的传说，只是"周亡（幽）王九年，邦君、诸侯焉始不朝于周"的一种戏剧化演绎方式罢了[1]。自西周中期以来，随着王畿贵族们累世供职于周王室，周王室的土地一点一点通过赏赐流入了他们的财库[2]，至西周晚期，周王室的权威已遭到了严重削

---

[1] 事实上，历史文献与考古发掘也并不支持西周时代就有烽火台的论断（最早出现烽燧预警，应在战国时代）。况且，等诸侯们看到烽火召集军队前来，至少也要十几天，等这么久，褒姒怎会笑？非但不会笑，怕是还有一种等人的烦躁。

[2] 此即《诗经·大雅·召旻》所叹"日蹙国百里"。所以，西周后期的彝铭中虽然也有不少册封典礼的记事之作，但是其封赏的财物仅限于服饰、弓箭以及仪仗等物，以示荣宠而已，不再有周初封邦建国时赏赐大量山川土田和劳力的宏大气魄。参阅晁福林：《春秋战国的社会变迁》，商务印书馆，2022，第24—25页。

弱，而诸侯贵族的势力则大为崛起[1]。当诸侯来朝，周夷王甚至自废觐礼，"下堂而见诸侯"，以求取诸侯的拥护；周夷王之子周厉王更是被国人暴动赶下王位，而由卫国国君"共和伯"入主周室执政称王，从此开启了日后春秋时代诸侯兴起的滥觞[2]。接下来周宣王虽然又稍稍复兴了周室，还屡征戎狄淮夷，以榨取财物、掠夺劳力（见兮甲盘铭文），想要挽回周朝的颓势，结果却在晚年接连失利，乃至在千亩之战中"败绩于姜氏之戎"，"亡南国之师"，使得周王室嫡系的军事力量大损。

在这种情况下，周天子本该认清形势，制定长策，零敲碎打，以缓图之。但宣王之子周幽王即位后，却仍急于加强君权，强硬实行改

---

[1] 参阅许倬云《西周史》，朱凤瀚《商周家族形态研究》，晁福林《春秋战国的社会变迁》，王国维《王观堂先生全集》第6册，以及李峰《西周的灭亡——中国早期国家的地理和政治危机》。其中，李峰通过金文发现，强大的贵族力量有时会令周王室权威黯然失色，虽然传世文献很少提及这一点。许倬云也认为，随着王臣一代一代占有土地，日积月累，王室直接掌握的土地越来越少。晚周之际，边患日亟，许多新领主，原为保卫京畿的驻防，却由驻防而变成割据，对于西周王室的实际力量，当然构成严重的影响。朱凤瀚则通过召伯虎利用官职之便庇护小宗行为的分析，认为西周晚期在贵族家族内部才强调宗族的观念，而其尊重王朝之意识已日渐淡漠，世族势力开始直接威胁王室的利益。晁福林则从《诗经》中发现，西周晚期出现了大量赞颂诸侯贵族的诗篇（如《崧高》《烝民》《韩奕》《江汉》《黍苗》《出车》等），而这类诗句在西周前期和中期的诗歌中没有踪影可寻。王国维也由散氏盘铭文的记载，论及周室的式微：邦畿之内，兼并自如，且两国擅自割地签约，实在目无王纪。王氏因此叹息，"周德之衰，于此可知矣"。

[2] 关于"共和行政"，《史记·周本纪》谓"召公、周公二相行政，号曰'共和'"。但晁福林根据古本《竹书纪年》、西周彝铭及战国末年《鲁连子》等史料考证认为，周厉王被赶走后，诸侯便"奉（共伯）和以行天子事"，共伯和遂"干王位"，并在彝铭中被称为"皇君"。直到周厉王死后，共伯和才让位于周宣王，并"复归国于卫"，死后被谥为"睿圣武公"（《国语·楚语上》），也就是后来护卫周平王东迁的卫武公卫和。晁福林认为，共伯和以诸侯身份而能够入主周室，并且执政称王，这表明诸侯国的势力和影响已经有了前所未有的发展，春秋战国时期以诸侯国的霸业迭兴和群雄逐鹿为社会特征，实肇端于此次"共和行政"事件。参阅晁福林：《春秋战国的社会变迁》，商务印书馆，2022，第7—12页。

革，不仅驱逐老臣①，侵犯贵族们的既得利益②，还带头废嫡立庶，破坏周礼，所以诸侯们才在周室危亡之际做了"吃瓜群众"，坐视戎人杀死周幽王父子。这也就是《国语·郑语》上说的："（幽王）九年而王室始骚（乱），十一年而毙。"所以，"烽火戏诸侯"这个故事，应是后世诸侯们编出来吐槽周王破坏传统、作法自毙的。而后世的史学家和政治家们即便对此故事有所怀疑，但作为儒家的信徒，他们也只有将褒姒妖魔化，才能调和西周王朝的崇高声望与其耻辱结局之间的矛盾，也才有理由继续视西周王朝为模范王朝，并继续苦修其礼仪与经典作为治国与立身之道。

周幽王死后，晋、郑等中原诸侯便将周平王东迁至成周③，以躲避戎患，并在东方求取新发展。自西周建立以来，王室便着力于开辟南国，在东南持进取政策，成周寄存有不少东方与南方的委输地，正好可作为周室的新王都。可是，周平王也是有污点的。平王这个太子，本是周幽王与申戎首领申侯之女所生，而周幽王当初废嫡立庶，也是为了消除申戎在周政中的影响；但周平王并不甘心被废，所以逃到了舅舅申侯那里求援，并被申侯、鲁侯、许文公共同拥立为"天王"以对抗幽王（古本《竹书纪年》），周幽王欲进行讨伐，没想到申戎竟然联

---

① 详见李峰《西周的灭亡》第四章《党派之争与空间的崩溃》。李峰通过分析《诗经·小雅》中《十月之交》与《节南山》两篇发现（远古时期诗史不分，这些纪事诗有很大的可信度），幽王早年西周王室中曾经有过一次激烈的政治争斗，结果老臣皇父一派遭到沉重打击，该派首领皇父也遭到驱逐，被迫隐退东部，在洛邑北面的向（今河南济源）度其余生。

② 西周是分封制的政权，其政权基础在于封君与封臣之间诚信守约的契约精神，既然周天子不再信守许下的承诺，诸侯也不再遵守约定，那周朝也就维持不下去了。

③ 成周，即成王与周公东征胜利后，为了"崇文德"，而经过科学测算（在夏至日以圭表测日影），在天下的中心（土中）驱使殷遗民所建造的东都（今河南洛阳东北白马寺一带）。古人认为"土中"是天地、四时、风雨、阴阳的交会之处，也就是宇宙间阴阳冲和的中心，用天地的中心做人间统治者的中心，则自然可以奠定周基、天下太平了（成周的成通城，引申为奠定之意）。相传在今河南登封告成镇的"测影台"，就是当年周公测日影之处，至今仍保存着唐开元十一年南宫说所立"周公测影台"石表。据说周公用土圭测得夏至这一天午时，石表与周围景物都没有日影，于是确定这里是"土中"。

合犬戎①，攻入西周杀死了周幽王。

由此可见，这周平王实有篡位弑父之嫌，他无论在道德、威望还是实力上，都无法做到统御诸侯②。结果天下诸侯都有样学样，礼崩乐坏，弑君乱政，戎狄蛮夷趁机交相入侵，染指中原。就在这旧秩序已经崩溃，新秩序还未建立的关键时刻，齐桓公与管仲站了出来，举起尊王攘夷的大旗，从而在王政之下，建立了霸政新秩序，这才保证了华夏文明的存续与绵延。所以笔者认为，讲述春秋时代的最好起点，应该是齐桓公与管仲，而绝非那个射中王肩而让旧秩序崩溃更快的郑庄公。

一、生死时速

齐桓公，姜姓吕氏，名字叫小白。这名字听起来似乎不聪明，但齐国这位小白其实一点都不小白③，他有两个重大优点，那就是有远见、有大志。虽然他同时还很贪玩、贪吃、酗酒、好色、自恋、奢侈、懒惰，是个花花公子，不过，一个人不怕缺点多，就怕没优点。只要能尽量放大自己的优点，那么缺点多一些似乎也不足为虑。

---

① 申侯乃西申国的国君，一些学者认为他也是申戎的首领，与犬戎一样都是戎族，只不过犬戎活跃于萧关以北，申戎则活跃于萧关以南的陇东地区，具体在今甘肃平凉一带。

② 终春秋之世，各国诸侯或单独或二人相偕或集体朝王未足十次，即便是"礼仪之邦"鲁国，其十二位鲁君朝见周王也只有三人次（却去了霸主晋国那里20次），但周天子却聘问（讨钱）了鲁国七次。《左传》中还多次记载周天子向诸侯"求赗（助丧之财物）""告饥""求车""请城成周"。周平王之孙周桓王死后，周王室甚至穷得办不起丧礼，等了足足七年才将其安葬。

③ 据杨宽考证，其实齐桓公小白之名，与齐国受封时所得的小白旗有关。按照周礼，天子诸侯指挥战争或狩猎，要用白旗指挥，大白旗为天子专有。案《史记·周本纪》："武王持大白旗以麾诸侯。"《史记·殷本纪》："周武王遂斩纣头，县之白旗。"诸侯则只能用小白旗。案《左传·定公四年》："分（卫侯）康叔以大路、少帛、綪茷、旃旌。"王引之《经义述闻》："少帛盖即小白。……'少'与'小'，'帛'与'白'，古字并通。"

小白还是公子（春秋时诸侯之子称公子）的时候，就凭着自己的远见看出来，他的哥哥齐襄公诸儿做事情很没谱儿，齐国必将有一乱，还是早走为妙。于是公子小白非常明智地离开了齐国，去往别国寻求政治避难，后来事实证明，他这个举动非常有远见。

齐襄公做事情怎么没谱儿呢？我们一个一个地慢慢说。

首先，齐襄公太多情了。

大家要说了，人不多情枉少年，这有啥好大惊小怪的。但问题是齐襄公爱谁不好，偏偏要去爱自己的妹妹文姜①，这就太夸张了，兄妹乱伦，放在哪个时代都得被唾沫星子淹死，何况是周礼森严的春秋时代。

更加夸张的是，即便文姜被她的父亲齐僖公嫁到了仅次于齐国的东方大国鲁国②，成了鲁国国君夫人，足足十五年分隔两地，仍然不能阻止这对痴男怨女的刻骨相思，最终，齐襄公竟然派人暗杀了妹夫鲁桓公，然后把妹妹文姜接到齐鲁边境金屋藏娇，明目张胆地同居起来。

这可真是一段惊世骇俗的畸恋，饶是生性风流好色的公子小白，也实在没办法接受这种哥哥和妹妹的"疯狂爱情"。

其次，齐襄公穷兵黩武，侵郑、灭纪、迁郜，连年征战，拓土开疆，却忽视了经济建设与国计民生，看似威风八面，其实大损国力，而且劳民伤财，百姓怨声载道。

最后，齐襄公骄傲自大，轻慢卿士，太不拿自己手下当人了，《史

---

① 文姜并非齐襄公妹妹的名字，而是她的代称，意谓"谥号为文的姜姓女子"。另外，周幽王的王后，褒姒也不是她的名字，而是代称，即"褒国的姒姓女子"。还有著名的孟姜女，孟，长也，故孟姜女亦是代称，即"某姜姓家庭的大闺女"。郑樵《通志·氏族略》："姓所以别婚姻，故有同姓、异姓、庶姓之别。"因为周人同姓不婚，女称姓，就是让前来提亲的男方知道是否同姓，以避免同姓结婚的情况。另外，女人也称名，女人的名字除父母及丈夫外，外人不可直呼。周代婚姻有六礼，第二项叫"问名"。外人不可能知道女子的名字、出生年月，故而要问。所以史书上记载某个先秦女子，只能用姓加上代称。

② 鲁国虽然号称礼义之国，但其实也吞并了周边不少小国。王恢《中国历史地理》说："春秋之时，国之大者十，其兼并见于经传者：鲁兼九国。"

记》上说他在位期间"杀诛数不当……数欺大臣",干了好几件缺德的烂事。这才是最致命的。

第一件缺德事儿:齐襄公为扫除与妹妹文姜通奸的障碍,指示公子彭生杀了妹夫鲁桓公,事后又杀了彭生以平息影响,如此无情负义,谁还肯为他效力?

第二件缺德事儿:齐僖公有个弟弟叫公子年,跟齐僖公关系很好,公子年早死,留下一子名公孙无知,齐僖公对他视如己出,宠爱有加,甚至给他如嫡子般的身份待遇。齐襄公却不喜欢公孙无知,一上台就罢除了公孙无知的特殊待遇,公孙无知于是怀恨在心。

第三件缺德事儿:齐襄公派连称、管至父两位大将去守卫边疆,约定服役期一年,期满就派人去替换他们,让他们可以回家与亲人团聚。然而齐襄公最后却违约了,期满也不放人家回来,两人再三请求,齐襄公仍然不兑现当初的许诺。这就太不厚道了。将士们想念老婆孩子热炕头,他们实在无法继续忍受这枯燥、寂寞、辛苦的戍边生活了,于是,他们反了。

这伙人与公孙无知联合起来,依靠从被齐襄公冷落的后宫女人那里得来的情报,在齐襄公出外打猎的时候发动政变,杀死齐襄公,立公孙无知为君。

然而好景不长,齐襄公得罪不少人,公孙无知也未必就没有仇家,没几天,公孙无知就死在了一个仇人手下,齐国的君位再次出现空缺。

颠沛流离、漂泊他乡的公子小白,终于等来了梦寐以求的机会,然而很不幸,这个机会并不只属于他一个人,他必须通过一场殊死的斗争,一场你死我活的兄弟相残,才能夺得君位。

为什么这么说呢?原来,当时齐僖公已成年的儿子一共有三个。

长子诸儿,嫡出,名正言顺的君位继承人,当了十二年国君被杀,很惨很丢人。

次子公子纠,庶出,但其母为鲁女,鲁为传统大国,公子纠靠山大,且有管仲、召忽等贤人辅佐。公子纠在齐国内乱发生之前也逃走了，当时就避难在鲁国。显然，公子纠也不会放过这个夺取君位的大好机会，鲁国更加不会放过这个扶植齐国国君、培养亲鲁势力的大好机会。长期以来，鲁国都被齐国压制，鲁国想要崛起，就必须先搞定这个强大的邻国。

三子便是公子小白了。比起幸福的公子纠，小白那可真是一个苦命孩子，母亲卫姬死得早，政治班底也远不如公子纠雄厚（只有鲍叔牙一人），母家卫国虽是周初分封的老牌诸侯（周文王子康叔始封），但最近也是连年动乱，国君卫惠公整天忙于镇压国内反对势力，哪里还有工夫管齐国的闲事。看来指望外援是不大可能了，小白只能自己找门路，先逃到谭国（今山东济南西南），遭到拒绝，后来又逃到了齐鲁之间的莒国，这才安定下来，一待就是八年。

奔莒此举看似无奈，其实很有远略，它为小白在夺位过程中挽回了不少劣势。

首先，莒国（五帝之一少昊后人封国，位于今山东莒县）是个东夷小国，位于沂蒙山区之中，远不如齐鲁二国所在的平原地区富足，小白这八年恐怕不会过得很好，但正如孟子所言，天将降大任于斯人也，总是要经受些苦难的，而且莒国有个好处是离齐都临淄（今山东淄博）非常近，只要有风吹草动，小白就能迅速赶回，占得先机。卫国（都朝歌，今河南淇县）就太远了，跑来跑去多耽误事儿！

事实上，自小白之后，齐国每生大乱，齐国国君总是第一时间逃到莒地去，比如战国时齐湣王和齐王建都是如此。另外很多齐鲁一带的卿大夫在政治斗争失败后也喜欢逃到莒国，比如齐国大夫高无咎、国夏、王何，鲁国大夫庆父等。那地方好哇，离临淄近又兼山林茂密，而且背靠大海，可以从海路获取外援，就算打不过也可以躲起来打游击战，积累力量东山再起。

其次，莒国是个小国，正因为它是东夷小国，常年被中原大国鄙视，所以他们才更会讨好齐国逃亡者，而不会像鲁国那样想着控制齐国，这才是最重要的。

基于以上考虑，小白放弃了卫国逃到了莒国，并密切注视齐国动向，就像一只等待猎物的狮子，看似漫不经心，实则身体每一块肌肉都绷紧了神经，只等一次冲刺！

终于，内乱爆发了，但齐国几乎所有人都不看好小白，只有两个人例外。一个是小白的老师与忠诚守护者——齐国士人鲍叔牙。另一个是小白的少时故友与政治同盟军——齐国卿大夫高傒。

鲍高二人中，论能力，当然鲍叔牙更胜一筹，但论身份地位，高傒对小白的帮助更大，因为高傒并不只是一个普通的卿大夫而已，他是上卿，而且是世卿，他与另外一位上卿国懿仲一样，皆是由周天子亲自任命，可以世代承袭监国之位[①]，拥有单独朝贺并向周天子汇报工作的资格，其威望地位，仅在齐侯之下。现在齐侯没了，当然他俩说了算。

然而，国懿仲的态度，更倾向于公子纠，因为毕竟长幼有序，按照周代的宗法制，大哥死了，理应由二弟继位，怎么轮也轮不到三弟。

高傒虽然很中意小白，但祖制不可违，没办法，他只好跟着国懿仲去与鲁国国君鲁庄公（鲁桓公与文姜之子）会盟，商量送公子纠回齐国继任君位的事情。

但是很奇怪，从《左传》的记载来看，公孙无知是在周庄王十二年（前685）春天被杀死的，鲁国却直到夏季还没有把公子纠送过去，笔者猜测有可能是鲁庄公基于本国利益，向齐国索取条件，双方谈不拢，所以才拖了这么久。

如果笔者的猜测成立的话，那么之后发生的事情就很好解释了，鲁国趁着齐国内乱漫天要价，迟迟不肯送公子纠回国，国懿仲等不了，于是在高傒的劝说下单方面背盟，暗中召小白回国接任君位。

[①] 据金文资料，这种监国制度曾广泛应用于周朝各封国。西周晚期厉王时所铸中几父簋铭文中提及，中（仲）几父派遣官员出使诸侯、诸监。"诸监"似乎与"诸侯"对应，这充分显示出其地位之高。中冉父簋铭文也提及，申国的监者是周王室一位较近的后裔——夷王的儿子，他的家族在当地有着很高的地位。

由此可见，在政治斗争中，内援远比外援更加重要，这就叫近水楼台先得月。

然而，事情并没有那么简单，要知道，政治斗争可不像赛跑——谁先听到枪响先起跑，谁就能先到达终点。它是可以犯规的。

首先犯规的是鲁庄公，他听说齐国大夫竟然背盟暗中召回小白，大怒，遂于该年夏，兴师数万，浩浩荡荡，携公子纠往临淄进发。

可以说这是护送，也可以说这是胁迫，总之，鲁庄公跑不过就打，不管怎样非要赢了比赛不可。

第二个犯规的就是管仲，与鲍叔牙身份类似，他是公子纠的老师兼"忠诚"守护者。此人也天生是个功利主义者，他从来就不相信什么公平竞争。

管仲认为，召集大军太耗时间，而且莒国距离临淄才三百四十里，比鲁国要近足足一百六十里，不管怎么算，小白都一定会先回到齐国，把生米煮成熟饭。所以现在只有一个办法，那就是由自己带几个人率先出发，轻车简从，昼夜兼程前去截杀小白，公子纠没了竞争对手，跑多慢都稳获冠军！

这种行为在那样一个时代，自然是有违贵族精神的。后来孔子的弟子子贡、子路等人就多次批评过管仲，不过孔子对此反倒看得比较通透，他虽然认为"管仲之器小哉！"但又说："桓公九合诸侯，不以兵车，管仲之力也。如其仁！如其仁！"（《论语·宪问》）这就是辩证地看问题了，一方面，管仲确实不是孔子心目中正大光明的君子，但对其历史贡献孔子还是大为肯定的。所以孔子虽自称"若圣与仁，则吾岂敢"，却愿意连连给予管仲"如其仁"的至高评价。

管仲带着一帮死士，飞也似的一阵狂奔，终于在半路上把小白一行堵个正着，管仲上前说道：公子你这是要去哪里？（你是打算回国抢夺君位吗？）

小白回答：我回去办丧事。（当然要抢！）

管仲说：公子纠比你大，丧事应该由他主持才对！（按照继承顺序根本轮不到你！）

事已至此，双方也没啥好说的了，于是大打出手，管仲以寡敌众，所以使了个诡计，佯装败退，却突然转身来了个回头望月，松手就是一箭。

哎呀，竟然玩阴的！小白猝不及防，当场被一箭射倒在地，口吐鲜血，眼见着是活不成了。

管仲对自己的箭术有绝对的自信，这一箭命中要害，小白必死无疑：趁着对方惊慌失措，赶紧撤。

一击即中，立即远遁，这就是高手，高手从不射第二箭。

鲍叔牙没心思去管扬长而去的管仲，他万念俱灰，抱着小白的尸体恸哭起来。

——完了完了，千算万算，算到对方会犯规，却算不到对方会如此下流地犯规，现在公子死了，一切全完了！

这时，尸体突然睁开了眼睛，有气无力地说道："敌人走远了吗？"

"哎呀，诈尸了！"鲍叔牙与莒军士卒们吓得魂飞魄散，"你人耶？鬼耶？"

小白坐了起来，看着鲍叔牙发笑，他当然是人，而且是个福大命大的人。

事实上，管仲那一箭的确射中了小白，但射中的不是要害，而是小白衣服上的"带钩"，也就是古人的衣带扣钩具。春秋时人穿的衣服叫"深衣"，即上衣下裳，上衣垂下来遮住下裳，有点像我们现在的连衣裙，风一吹容易掀起来春光外泄，所以必须用一条衣带系住，平常人打个结就好，贵族却需要用个衣带扣来钩住[①]，它另外一个功用就是挂东西，一般都是玉佩什么的，身份越高挂的玉佩越多，如果挂很多玉佩还能走路不发出声响，就说明这个贵族是个有礼有教养有身份的谦谦君子。所以先秦贵族从小就得跟个模特一样练走路，据说赵国邯

[①] 我国现有的历史上最早的带钩，是发现于距今4000年左右良渚文化遗址的一枚玉带钩，从其结构形制来看，已具备实用的功能了，但它的扣结方式与春秋以后的带钩相反。

郸人走得最好看，邯郸学步嘛！

从这件事就能看出，小白真的是福大命大，一个人身高七尺，带子缠在腰上，钩在带上挂着，钩在身上占的地方不会超过一寸，既微小难中，又光滑锐密，锋利的箭头射中带钩，没有滑落到旁边去，这种几率千分之一都不到，只要稍稍偏离半寸，小白就完了，那么游戏就彻底结束了，历史也就完全改变了，所谓春秋首霸，是不是齐国都不一定。

更重要的是，小白不仅幸运无比，而且是个机智过人的天才型"演员"，他竟能在电光石火之间、千钧一发之际，想到咬破嘴唇吐出鲜血假装被射中一着，从而骗过了如精似鬼的管仲。没有彩排，没有重来，只有一次机会，演不好就没命，这简直是影帝啊！

试想：如果小白只是福大命大运气好，而应变与胆识不足，被管仲射了一箭后吓得魂飞魄散转身就逃，管仲一定会再补上一箭，那么第二箭还会射中带钩吗？我想身为神射手的管仲绝对不会再失手。

所以还是那句话，一个人，不怕他有毛病，就怕他没优点。人只要有优势，再尽量弥补劣势，他就可以成为厉害的人。

小白"死"了，公子纠与鲁庄公闻信大喜，齐声欢呼，击掌相庆，兴奋不已。

——不急了，咱们慢慢走，不，像乌龟一样慢慢爬都可以了。就算是龟兔赛跑，这次乌龟也稳赢了，因为兔子已经是死兔子了。

于是，鲁国的护送团转眼变成了旅游团，一路欢歌笑语游山玩水，短短百余里路，竟然走了足足六天。等到比赛终点，小白不只把生米煮成熟饭，还把熟饭吃了个粒米不留，一颗渣子都没给公子纠留下。

公子纠哪里想到，原来他才是骄傲的兔子，而真正阴险的乌龟小白早已在数天前完成比赛，戴上堂皇冠冕，顺利继承齐国君位，并将在死后拥有一个响亮的荣誉称号：齐桓公。

所谓"桓"，按照《逸周书·谥法解》，意为"克敌服远、克敬勤民、辟土兼国"。从小白毕生的功业来看，他名副其实。

二、一个"不忠"之人，却得到了孔子的极高评价

事已至此，管仲再有本事也无力回天了，他只好慨叹人算不如天算，咱们还是认命吧！

管仲认栽，鲁庄公却不甘心：认命？这哪行！自己花了那么多心血和金钱在公子纠身上，难道就只为了带数万兵马来齐国旅游的吗？这世上有这么丢人的旅游吗？干脆，一不做二不休，来个加时赛，冲上去把小白从座位上打下来得了！毕竟，小白刚即位两三天，威望不足，人心不齐，仓促应敌，而且齐国亲鲁派与拥戴公子纠的势力也还没消散[①]，这千载难逢的机会，鲁国怎么能错过呢？

但是，齐桓公在关键时刻发威了，他只用了一天时间，就将齐国内部整合完毕，组成了一支精锐部队，一举将远道而来的鲁军在临淄西南郊区的乾时地区击败。

据《左传》记载，这次鲁军不但败了，而且败得很惨，鲁庄公战车都被打丢了，只能徒步在路上狂奔（这会儿也顾不得贵族的走路礼仪了），齐军派出大量兵车围追堵截，差点将他俘虏。最后还是鲁庄公的御者驾车打着庄公的旗号将齐军引开，鲁庄公这才找机会跳上一辆传递情报的快速驿车逃出生天。而那可怜的冒牌货当然就被齐军给俘虏了。

至于公子纠、管仲、召忽等人，他们看情况不对早就跑了，那速度，风驰电掣，如果他们来的时候也跑这么快，齐国的君位早就是公子纠的了。

之后，齐军趁胜扩大战果，一路攻至汶水，将汶水以北的"汶阳之田"夺走。

---

① 见《左传·庄公九年》："九年春，雍廪杀无知。公及齐大夫盟于蔇（鲁地，今山东兰陵西北），齐无君也。"

乾时一战，鲁庄公偷鸡不成蚀把米，丢人丢兵丢将又丢地，从此，原为姻亲关系的齐鲁算是结下了一个天大的梁子，纷纷扰扰折腾了好些年。

齐桓公打退了鲁国势力对齐国内政的干涉，终于坐稳了国君的宝座，现在赛跑结束了，战争也结束了，但政治斗争还远远没有结束。因为他的竞争对手公子纠还活着，这是他无法容忍的。

只要公子纠多活一日，齐桓公的屁股就永远坐不踏实，齐国的政局也永远无法稳固下来。

于是，齐桓公写了一封信给鲁庄公，说：齐国政治犯公子纠是寡人的至亲，寡人手足情深不忍诛杀，还请你们鲁国代劳帮我杀了吧……另外，管仲与召忽也是乱臣贼子，也劳烦你们给我送回来让我剁成肉酱[①]，以泄心头之恨。你们是开开心心地答应呢，还是要我们打得你们答应呢？

鲁庄公看了信，心中闷闷的。他刚战败回国，屁股还没坐稳，齐桓公的威胁信跟着就到，行事如此果敢，手段如此毒辣，自己跟他比，实在是差得很远，从前真是小瞧此人了。

铁的事实告诉鲁庄公，与齐桓公这样可怕的对手为敌是很不明智的，好吧，为了国家社稷，那就杀了公子纠吧，虽然在血缘上，他还算是自己的亲舅舅。

政治斗争不是赛跑。赛跑是友谊第一比赛第二，第一名有金牌与奖杯，第二名也有鲜花和掌声；可是在政治斗争中，第二名就是最后一名，最后一名不仅被淘汰，还得掉脑袋。

于是，公子纠死了，死在了自己的亲弟弟与亲外甥的手里。说起来，公子纠、公孙无知、齐襄公、鲁庄公、齐桓公其实都是一家人，但在你死我活的权力斗争面前，亲情不值一提，这就是孔夫子所深深叹息的"礼崩乐坏"。

---

① 见《史记·齐太公世家》载齐国国书："子纠兄弟，弗忍诛，请鲁自杀之。召忽、管仲雠也，请得而甘心醢之。不然，将围鲁。"

公子纠死后，鲁庄公又将召忽和管仲打入囚车，准备将他们押送回齐国，然而召忽却说什么也不肯回国，他当众说了一番"忠臣不事二主，士可杀不可辱"的道理①，然后就自杀殉主了。

管仲不愧为一代圣贤，他深知自己生命的价值，也深知齐桓公的胸怀与境界，他一点儿也不害怕，不仅非常配合地戴上枷锁，乖乖钻进囚车里，还在半路上欢快地唱起歌来。据《管子》一书的记载，管仲后来还曾表示："死君这种事儿我是从来不干的。我只可以为三件事去死：一是社稷破，二是宗庙灭，三是祭祀绝。如果不是这三件事，我不会白白去死，因为我死了对国家不利，活着才有利于国家。"当然，管仲这种脱俗的想法并没有得到当时所有人的认同，特别是有召忽的反衬，越发让人觉得管仲这人脸皮够厚。就连孔子的弟子子贡都认为："管仲非仁者与？桓公杀公子纠，不能死，又相之。"（《论语·宪问》）然而孔子却认为："管仲不死束缚，而立功名，未可非也！召忽虽死，过与取仁，未足多也。"（《孔子家语》）孔子给予了管仲高度肯定，并认为召忽追求仁道太过。

管仲为什么身处囹圄还有心思唱歌？原来，他害怕鲁国人反悔把他抓回去，所以编了首歌让押送他的士卒们学唱，这首歌可能是首快歌，让人越唱越起劲，管仲也在囚车里给大家打节奏，越打越快，如此，一行人脚底生风，很快就进了齐境。鲁庄公后来果然反悔了，可惜追之不及，悔之晚矣。《吕氏春秋》因此说管仲深悉"役人之术"，也就是所谓激励之法。

三、管鲍之交千古传

中国的传统教育，喜欢把伟大人物的少年时代吹得天花乱坠，好

---

① 见《管子·大匡》载召忽答管仲之语："今既定矣，令子相齐之左，必令忽相齐之右。虽然，杀君而用吾身，是再辱我也。子为生臣，忽为死臣。忽也知得万乘之政而死，公子纠可谓有死臣矣。子生而霸诸侯，公子纠可谓有生臣矣。"

像他们生下来就天赋异禀、道德高尚，孩提时代就勤奋好学、忧国忧民，甚至连上天都要降下异象来以资鼓励。其实历史的真相并非如此，很多伟人少年时代不但平凡无奇，甚至有些狼狈。

管仲①年少的时候就很不起眼，贫而无行，做什么都失败，有点像秦末淮阴乡下的韩信与沛县的刘邦。不过人家韩信比他还好些，没饭吃只是到朋友家蹭，相传管仲却干起了偷鸡摸狗的勾当，时人评价他是"成阴之狗盗、天下之庸夫"②，实在是很有损形象。所以还是那句话，缺点多并不可怕，出身低也不可怕，关键看有没有优点，有没有平台。

管仲这个"狗盗"居然混出头了，为什么？因为他碰到了他一生中最重要的人——鲍叔牙。

鲍叔牙是齐国大夫鲍敬叔之子。他和管仲是好朋友，还带着管仲一起发财，合伙做生意。准确地说，是鲍叔牙出大头，管仲出得少，赚了钱管仲还要多拿。大家都知道中国古代是重农抑商的社会，商人被极度鄙视，但其实那是商鞅变法后的事情，至少在商周时期到春秋时代，商业是国家的重要产业③。所以鲍叔牙极力资助自己的"狗盗"好朋友摆脱污名，踏足商界，早日实现理想；不料这"狗盗"做生意也不老实，赚了钱自己总拿大头，对此鲍叔牙却不以为意，仍然无怨无悔地为管仲付出，世人对此都非常不解。

时过境迁，后来管仲功成名就，有人问及此事，管仲深深地感慨道："鲍叔不以我为贪，乃知我贫也。"

或许大家会认为鲍叔牙是个没有原则的老好人，但事实并非如此，

---

① 管仲系流落齐国的管国姬姓贵族后裔，属于低级士人。
② 见《说苑·尊贤篇》邹子说梁王云："管仲故成阴之狗盗也，天下之庸夫也。"成阴即今山东高密。
③ 周幽王时期的诗篇《大雅·瞻卬》就说"如贾三倍，君子是识"。能够获取三倍利润的贾人，可是君子赏识的对象啊！周共王时的"鲁方彝"铭文中也提到，齐国第三代国君齐乙公的儿子齐生鲁，经营商业获利丰厚，为了感谢父亲对他的教诲，铸造铜器纪念父亲并祈福。一国公子尚且经营商业，可见在当时，商业行为绝非战国后鄙薄的贱业。参阅李学勤：《鲁方彝与西周商贾》，载《史学月刊》1985年第1期。

据《管子》记述，鲍叔牙疾恶如仇，闻一过而永生不忘，对自己、对他人，甚至对齐桓公都非常之严格，乃至到了苛刻的地步，但他为什么偏偏对管仲如此宽纵，信任理解至如此地步？因为鲍叔牙身为好友，他对管仲太了解了。管仲家贫，从小培养了三大能力：治国、平天下和占便宜，在鲍叔牙看来，相较于前两项，第三项不值一提，只要能利国利民帮助齐国称霸天下，何必要用小节去要求真正的圣贤？这就是人们常说的瑕不掩瑜。

什么是真正的朋友？这就是真正的朋友。这给我们带来的已不仅是感动，而是震撼。古今中外，能与此二人相媲美的，少之又少；而这种不带一丝杂质的友谊，让司马迁也颇为羡慕崇拜，竟一改冷静低调的史笔，在《史记·管晏列传》中称颂道："天下不多（称赞）管仲之贤，而多鲍叔能知人也。"

当时齐国的经济尚未走上正轨，市场混乱，生意难做，管仲好几次转换经营方向，结果都以失败告终，还把老本赔了个精光。然而鲍叔牙没有因此而责怪他，反而将债务全部扛下。世人都说他们俩傻到家了，一个做事傻，一个做人傻。每到这时，鲍叔牙总会对管仲露出真诚的微笑，安慰管仲，要管仲别听那些人瞎讲，还说管仲只是运气不好，自己从来就没有一刻怀疑过他的能力。

后来，管仲不做生意了，被鲍叔牙介绍去各大贵族家里做家臣，但他还是很倒霉，三番两次被辞退；这下子连管仲的老母都开始骂他不成器了，然而鲍叔牙仍然矢志不渝地站在管仲身边，安慰他、鼓励他、支持他，在他最失意最沮丧的时候给了他重新站起来的勇气。

很久以后，管仲还记得鲍叔牙在他赋闲在家时鼓励他的话：夷吾（管仲的字），你是个很有本领的人，你之所以老是碰壁，不是因为你没有能力，只是时机未到罢了。于是管仲日夜苦读，终于成才，做上了齐国上卿高氏的家臣，并使其封地大治[①]。

---

① 见《左传·庄公九年》："（鲍叔牙）归而以告曰：'管夷吾治于高傒，使相可也。'公从之。"

再后来，管仲参军了，却在战场上非常不光荣地当了逃兵。管仲发现打仗太可怕了，随时会有生命危险，他这条小命可不能丢在那儿，所以能躲就躲，能逃就逃，两次三番，恬不知耻。所有人都骂他是个胆小鬼，鲍叔牙却再次站了出来，为他辩解：管仲不是怕死，只因为他家有年迈的母亲，全靠他一人供养啊……

管仲做小偷不成功，经商赔光光，打仗当逃兵，即便吃上"皇粮"，居然还总被看不上[①]，人倒霉到这个份儿上，也真是够稀奇了。这种干啥啥不成的倒霉蛋，最后居然成了千古一相、万世圣贤！也真是够有意思的。

接下来的事情，大家都知道了，齐僖公为两个儿子请"辅导老师"，鲍叔牙和管仲分别成为公子纠与公子小白的老师。管仲这次又占了鲍叔牙的上风，因为很明显，公子纠年长，在继承顺位上高于小白。但事情的结局，却更显出管仲的倒霉，而且这倒霉还传染了公子纠，在二公子争夺君位的竞争中，管仲一箭射向小白，却只射中了小白的带钩，导致公子纠争位失败被杀；管仲这叫占便宜不成，反而站错队，更"错误"、更"可耻"的是，他居然在公子纠死后，并没有自杀殉节，反而心甘情愿地进入囚车，丢人万分地被押送回齐国，所以孔子的学生子贡认为他违反了士的气节，是为不"仁"！孔子因此还为管仲辩解了一番。

人们对管仲行为的解释是："管子不耻身在缧绁之中，而耻天下之不治；不耻不死公子纠，而耻威之不信于诸侯也。"管仲自己则解释说："小白之为人无小智，惕而有大虑，非夷吾莫容小白。"（《管子·大匡》）

管仲认为有志之士可耻的不是一时身陷囹圄，而是不能对国家、社会做贡献；人们认为管仲所追随、拥戴的公子纠死了，他也应该像召忽一样跟着去死，不死就是可耻，但管仲认为更可耻的是有大才而不能施展出来匡助天下。小白这个人不小肚鸡肠，并且目光远大，管仲

---

① 见《史记·管晏列传》："吾尝三仕三见逐于君，鲍叔不以我为不肖，知我不遭时也。吾尝三战三走，鲍叔不以我怯，知我有老母也。"

认为这世上只有自己才能充分发挥他这个潜力股的本事而成就大业。

再后来的事情我们更知道了，鲍叔牙身为齐桓公的老师，本来可以顺理成章成为齐相，但鲍叔牙大公无私地向齐桓公推荐了管仲，使管仲成为千古一相，自己却甘居幕后，给管仲打下手。从此"管鲍之交"名扬天下，后世不知多少人欲求管鲍这样的生平知己，可惜知己难遇，多少所谓君子最终在利益面前暴露出自私丑恶的一面——战国时代的孙膑引庞涓为知己，庞涓却残忍地断其双足；李斯与韩非同学情深，但李斯也毫不留情地除掉了韩非；楚汉时代韩信引萧何为知己，萧何最后却将其诱杀。人心如此难测，从此"管鲍之交"也就变成了高不可攀的传奇，变成一个求而不得的梦境，变成千古绝唱。

唐朝诗人杜甫曾叹："君不见管鲍贫时交，此道今人弃如土！"李白也叹："管鲍久已死，何人继其踪？"李杜二人关系算是不错了，但比起管鲍来，他们还是差很远。

其实原因很简单。这世上有亿万之人，就算是凤毛麟角，管仲这样的天才总还是有很多，但鲍叔牙这种人却几乎找不到。

交友交心，人生难得一知己，让金让相，天下至纯二楷模。

鲍叔之后，再无管鲍，这才是千古绝唱。

四、伟大圣贤鲍叔牙：这才是真正的帝王师

齐桓公即位以后，有恩报恩，有仇报仇，派人去鲁国抓回管仲以报一箭之仇，同时想任命自己的老师鲍叔牙为齐相，以回报老师对自己多年的教导之恩。

可没想到，鲍叔牙却向齐桓公推荐管仲担任齐相，因为鲍叔牙与管仲相交甚深，他认为管仲治理国家的能力比自己更强。但齐桓公始终无法忘怀当初管仲对他的一箭之仇，所以坚决不同意，说："管夷吾亲射寡人，中钩，殆于死。今乃用之，可乎？"

一个差点伤害到自己的人，一个差点毁了自己一生的人，齐桓公

不杀他就很仁慈了,还要用他为相,给他数不尽的尊荣富贵,这听起来是不是太离谱了一点儿?

鲍叔牙连忙解释说:当初管仲是公子纠的臣子,他射你是正常的,不射才不正常呢。如果现在他当你的臣子,他也会帮你射别人的。

齐桓公沉默,鲍叔牙说的是没错,但他心中实在咽不下这口气,而且他听说管仲家境贫寒,又品行不佳,曾三次被主君辞退,三次在战场上当逃兵,这样的人,怎么能做齐国的卿相呢?他认为齐相的最好人选还是老师鲍叔牙,在齐桓公看来,无论人品、地位,鲍叔牙都胜管仲远矣!看在老师的面子上,他可以宽大为怀忘记那一箭之仇,但是要任命管仲为相,对不起,做不到!

鲍叔牙只有接着劝:"君将治齐,即高傒与叔牙足也。君且欲霸王,非管夷吾不可。夷吾所居国国重,不可失也。"鲍叔牙认为自己和上卿高傒都属于守成型人才,而管仲才是开拓型人才,他才能帮助齐国创下霸业。

接着鲍叔牙又狠狠地夸了管仲一通,还说自己有五个方面不如管仲(政治、军事、礼义、宽民、信民),这个管仲,就是天下奇才,就是社稷之宝。"如果主公你有称霸天下之志,就该尽弃前嫌,重用仇雠;但如果你心无大志,只想当个太平君主,那么就当我鲍叔牙啥都没说。"

齐桓公终于点头了,他毕竟是个有远略有大志的人,而且他对自己的老师鲍叔牙是绝对信任的,既然老师把管仲说得这么玄乎,那么自己就当管仲从来没有射过那一箭吧,所谓贤君无私怨,为了齐国的大业,自己可以选择忘记。

这里,齐桓公又表现出了他的一个优点,那就是懂得忘记。

别小看了这个优点,它非常难得,它需要大智慧大气度才能做到。齐桓公差点死在管仲的箭下,如此深仇大恨,问天下有几人能轻松释怀,然而齐桓公竟然说忘就忘了,而且终其一世,都再没有提起过这件事,仿佛这件事从来没有发生过一般。有些事情不可忘记,有些事情却不可不忘,不明白这一点的人,永远成不了大事。

很显然,齐桓公这些优秀的品德一定与他老师鲍叔牙从小的教导有关。在管仲辅佐齐桓公成就霸业之前,鲍叔牙已经做好了铺垫工作,帮助齐桓公完成了修身这通往辉煌的第一步,从这一点来看,鲍叔牙才是齐国霸业的真正推手啊!他是一个将国家利益放在个人功利之上的人。

管仲囚车一进入齐境,齐桓公就立刻派人解其桎梏,以朝车(指的是朝廷重臣朝见君主所乘的车)接其回都;鲍叔牙也特意跑几百里地到边境地区迎接管仲,并为他举行了三次消灾祈福的仪式,即熏香沐浴,点起火把祛除不祥,并杀纯色公猪进行祭祀。

管仲这些年也确实太倒霉了,鲍叔牙这么做,就是要为他彻底洗掉晦气,让他的事业走上正轨。

等到管仲快到临淄时,齐桓公又亲自出郊迎接,与他共乘一车,大张旗鼓地回朝。如此大的阵仗,通常只有大军凯旋才会这么折腾,但齐桓公为的却是一个曾差点杀死自己的齐国"狗盗、庸夫、逃兵",群臣闻之无不骇然。

路上,临淄城万人空巷,都来看国君如此重礼请来的贤人到底是谁,结果发现竟是管仲,百姓亦无不骇然。

大家没法儿不骇然,春秋初期不像战国时代,士阶层尚未崛起,治理天下都是诸侯卿大夫们的事,像管仲这样的底层士人,能力再强也不可能触碰国家重器,何况他还劣迹斑斑,有过谋杀国君未遂的罪名,而齐桓公却如此尊贤,欲大用之,的确有些惊世骇俗了。这还没完,齐桓公迎回管仲后,又郑重其事地斋戒十日,以诚挚的心情,要拜管仲为相,管仲知道这是史无前例的创举,忙再三推辞,齐桓公却说:"您接受相位,寡人才能胜任君位;您若不接受,寡人恐怕要垮台。"管仲只得再拜而接受相位,成为齐国霸业的谋主。

这一切当然也是鲍叔牙安排的,此举一可展现齐桓公广阔的胸怀与气度,让他赢得民众的拥戴;二可加重管仲的个人威信与政治感召力，为他日后实施政治经济改革铺平道路。毕竟，管仲出身相对微贱，如果没有足够的政治威望，他是不可能得到贵族与民众支持的。

从此以后，管仲便走上了人生巅峰，成了历史上的伟大圣贤。在笔者看来，比起管仲，齐桓公与鲍叔牙更是圣贤；这世上有能力的人很多，但能够认清别人并认清自己的人则极少。试问面对权力的诱惑，面对仇恨的刺激，又有几人能够保持一颗赤子真心？而鲍叔牙抵挡住了诱惑，齐桓公遏制住了仇恨；如此，他们这三个各有缺点（管仲器小不知礼，齐桓公奢侈爱享乐，鲍叔牙眼里揉不得沙子）却又能相互成就的贤才碰到一起，这才开创了一番伟大的事业，成就了齐国的霸业。

五、第一宰相

管仲入朝以后，齐桓公第一件事，就是毕恭毕敬地请教他如何成就霸业。

管仲举起一个指头，回答了一个字——天。

他接着说道："贵天。"齐桓公奇怪地抬头看天，管仲笑道："所谓天者，非苍苍莽莽之天也。君人者，以百姓为天，百姓与之则安，辅之则强，非之则危，背之则亡。"

简单来讲，就是要齐桓公以民为天。

据《管子》一书记载，管仲"入国四旬，五行九惠之教，一曰老老、二曰慈幼、三曰恤孤、四曰养疾、五曰合独、六曰问疾、七曰通穷、八曰振困、九曰接绝"。如果此记载真实可信，则管仲的"以民为天"是真正落到实处而绝非空言的。

当然，这也有可能只是管仲的一个政治理想罢了，并没有在齐国深入执行下去，但作为中国历史上第一个正式提出"以民为天"思想的政治家，光这一点，管仲就足够称得上"圣人"二字。齐桓公听了后不由肃然起敬，鼓掌惊叹。

接下来，管仲又开始立足齐国，放眼诸侯，大侃特侃他在政治、经济、军事、外交等诸多方面的独特见解，一时间，殿内惊叹敬佩之声不绝。

激情陈述后，殿内鸦雀无声，随即爆发出雷鸣般的喝彩。

齐桓公感觉太好了，于是郑重宣布："寡人欲使管仲治国，如何？"

群臣都表示没有意见，但管仲却摇头道："不可！"

这下子大家都感觉奇怪了，你管仲好不容易得到国君赏识，高兴还来不及，怎么还推辞上了。

其实管仲哪里是推辞，他在提条件呢！只见他举起五个手指头，说了五个字："贱不能临贵。"

齐桓公顿时明白了，于是他宣布，管仲即日起为齐国太宰，拜为上卿。这可是一个历史性的时刻。我们知道，以春秋初期"世卿世禄"的政治制度，像管仲这样的士人是没法进入官府高层的，高层都由世袭卿大夫们把持。而管仲不仅成为齐国上卿，而且被任命做了太宰。太宰也叫大冢宰，或大宰，职责是总管王室或诸侯的事务。当然，在管仲以前，太宰只相当于王侯的总管或助理，但管仲改革以后，太宰差不多成了王侯的代言人，基本上具备了后世宰相的职能，所以历史上常说管仲是千古一相，也就是中国历史上第一位宰相。这真可谓一人之下万人之上。这下管仲该满意了吧？不，管仲仍然不满意。

只见管仲又举起了五个手指头，说了五个字："贫不能使富。"

原来，管仲虽然升官了，但并没有发财。于是齐桓公宣布，将齐国这一年的市租全赐给他作为奖金，以后每年齐国市租的十分之三都归管仲收，这个激励政策够给力吧（所以后来管仲拼命发展齐国商业）！

然而管仲再次举起了五个手指头，缓缓说出五个字："疏不能制亲。"

管仲太过分了，要这要那，有完没完哪，群臣们听了直冒汗，然而齐桓公却一点儿不冒汗，他立刻宣布，管仲即日起为自己的"仲父"，也就是大叔父。这件事是学周武王，他曾尊齐国的先祖太公吕尚为"师尚父"①。

另外,齐桓公还命令,从此以后所有齐国人都要避讳,不许说"夷吾"这两个字,因为这是自己仲父的字。

从古到今,只有避君王的讳,从来没有避臣子讳的,齐桓公此举不仅惊世骇俗,而且前无古人后无来者。

齐桓公为何要搞这么多事呢?因为这毕竟是士人为相,旧贵族们即便嘴上不说,暗地里也一定会对管仲将要推行的新政使绊子,所以齐桓公才会如此不遗余力地为管仲撑腰。据《吕氏春秋》和《韩诗外传》记载,齐桓公为了加强任用管仲的合法合理性,还在第二年的正月大朝期间举行了一次祭祖仪式,他命令有司打扫宗庙,设置几筵,又具太牢(即猪牛羊三牲),祭祀告祖,曰:"自孤之闻夷吾之言也,目益明,耳益聪;孤弗敢专,敢以告于先君。"说完回头命令管仲道:"夷吾佐予!"管仲倒退着走了几步,再拜稽首(即跪下来以头触地,春秋时的君臣关系较为平等,没有后世那么鲜明的尊卑之分,后世动不动就三跪九叩,春秋时最多也就再拜稽首了,平常连稽首都不用),接受任命,然后离开了宗庙。

如此,管仲就等于在形式上得到了齐国历代先祖的授权,他这个齐国史上最强施政者,终于可以放开手脚大干一场了!

六、齐国称霸的秘诀:享乐主义

管仲被拜为太宰后,齐桓公又毕恭毕敬地请教管仲如何才能安定国家。

确实,齐国此前已数次内乱,人心不稳,元气大伤,如何拨乱反

---

① 齐国的先祖太公吕尚有很多名字。他出自姜姓羌人的吕氏部族,字子牙,号为太公,又被周文王与武王尊为师,官封太师,还曾统率周师,故又尊称"师尚父",所以可叫姜太公,也可叫姜子牙、姜尚、吕尚、齐尚、齐太公、师尚父、太公尚。但姜太公、姜子牙、姜尚,都是战国以后姓氏不分后的叫法,按照当时人们的称呼习惯,他的正式名字应该称氏带名,叫吕尚。

正，重建齐国和谐社会，此乃当务之急。

管仲举起四个指头，回答了四个字——礼义廉耻。

他接着又说了一句名言，这句话在后世经常被人提起，引为士大夫的座右铭："礼义廉耻，国之四维；四维不张，国乃灭亡。"礼义，治人之大法；廉耻，立人之大节。管仲话锋一转，又道："仓廪实而知礼节，衣食足而知荣辱。"唱完了高调就回归现实，管仲果然是个朴素的政治家，懂得民间疾苦，知道如何更好地协调理想与现实。管仲还表示："凡治国之道，必先富民。民富则易治也，民贫则难治也。"总之，一句话，只要老百姓都有钱，就没人会冒风险犯罪闹事，这比严刑峻法更有效。

当然，光"富治"还不行，还得搞好分配，管仲表示："天下不患无财，患无人以分之"，也就是说，社会财富的调剂分配非常重要，国家的一大职责，就是要做到"贫富有度"，因为"甚富不可使，甚贫不知耻"，既要避免因富而骄，又要防止贫而不知耻，如此才能调动民力，服务于国家。所以管仲虽然提倡低税，但有时却喜欢征收重税，以之为均分配的一种手段。

齐桓公对管仲的意见都非常肯定，但转念一想，他的脸色又沉了下来，原来，他有三大缺点，或者说三大爱好，那就是好田猎，好美色，好吃喝。而且，齐桓公虽然知道这是缺点，但就是改不了，咋办？

于是，齐桓公说："寡人不幸好美色，又喜欢田猎，且嗜酒如命，夜以继日，沉溺其中，这样还能成就霸业吗？"

此言一出，群臣皆惊：天哪，主公说话未免也太实诚了吧，我们大家都知道他有这些坏毛病，但他也不用当着群臣的面不加掩饰地说出来吧。如此坦率，如此直白，如此不知维护自己的形象，真是坦率得有点过分了。

确实，齐桓公奢侈爱享乐，虽然没有到"酒池肉林"的地步，不过也差不多了。

我们来看齐桓公到底有多奢侈？管仲曾说他："今君之食也，必桂之浆；衣练紫之衣、狐白之裘。"（《说苑·反质》）墨子则说他："高冠博带，金剑木盾。"（《墨子·公孟》）意思是说齐桓公喜欢戴高帽，穿紫衣，着狐裘，系大带，佩金剑；甚至连喝水都不喝普通白开水，要喝桂花汁……瞧瞧这形象，简直高调奢华到了极点，堪称是春秋第一时尚人士。

所谓上行下效，齐桓公极尽奢华，齐国的百姓也竞相攀比，不落人后，据《韩非子·外储说左上》记载，齐桓公穿衣喜欢穿紫色，于是一国尽服紫。放眼望去，整个临淄城，变成了紫色的海洋，就跟普罗旺斯的薰衣草田一般，浪漫、神秘，美得如梦似幻。

至于喝酒，《管子》说齐桓公嗜酒如命，甚至于"日夜相继，诸侯使者无所致，百官有司无所复。"《韩非子》上则说他有次喝酒醉到把代表自己身份的"冠冕"（帽子和帽子上的垂饰，春秋时只有贵族可戴冠，只有天子及诸侯冠上才有冕）都弄丢了，以至羞得三天不敢上朝。另据《说苑》记载，有次齐桓公请大夫们饮宴，管仲被罚酒，却只喝了一半，齐桓公还因此发了小孩子脾气。

大凡生性豁达之人都爱纵酒，所谓半醉半醒间，最易忘却忧伤烦恼，齐桓公盖如此也。

至于田猎，《管子》说齐桓公经常出去打野鸡，打到天黑了都不肯回宫，非满载而归绝不罢手。

除了喜欢饮宴田猎，齐桓公还喜欢音乐，据说他珍藏有中国古代四大名琴之一的"号钟"。"号钟"本为演奏过"高山流水"的著名音乐家俞伯牙之琴，此琴乐音洪亮，犹如钟声激荡，号角长鸣，震耳欲聋。后来有人将它献给齐桓公，齐桓公对其爱不释手。

除了吃喝玩乐，齐桓公对"住"也非常注重享受，他有一座华丽的行宫，叫作柏寝。据《汉书》颜师古注，柏寝因"以柏木为寝室于台之上"而得名。古人认为柏木是一种具有神性的灵木，非常珍贵。汉代著名的帝王葬具"黄肠题凑"就是由柏木堆垒而成，可见其贵重，

第一篇　齐桓受胙："尊王攘夷"霸政新秩序的建立　025

齐桓公却将其用来搭建寝宫，真是奢侈。据传，柏寝当初高达三丈许，方圆四十亩。台上殿宇壮观，台周翠柏苍郁，台的东侧还修有宽约丈余的台道，可见其耗资之重，靡费之巨。

经过两千多年的风风雨雨，在今天的山东省广饶县桓台村西南，柏寝台遗迹仍存，不过只剩下断垣残壁一丘墟，殿宇宫室全没了。

最后我们来说说齐桓公的好色。他可以说是中国历史上最好色的君主之一。《韩非子》上说："桓公被发而御妇人，日游于市。"意思是齐桓公他竟然经常披头散发，左拥右抱地载着妇人在临淄大街上穿堂过户，真是惊世骇俗。

还有更惊世骇俗的。

《管子·小匡》中记载，齐桓公云："寡人有污行，不幸而好色，而姑姊有不嫁者。"

《晏子春秋》记载，齐景公曾痛苦地询问晏婴："吾先君桓公淫女公子，不嫁者九人，而得为贤君何？'"

《荀子·仲尼》有云："齐桓，五伯之盛者也，前事则杀兄而争国；内行则姑姊妹之不嫁者七人，闺门之内，般乐奢汰，以齐之分奉之而不足；外事则诈邾。"

所有记载无非说了一件事，就是齐桓公的情妇中间，竟然有七个或九个是他未出嫁的姑姊妹。当然比起齐襄公淫乱自己的亲妹妹，桓公还是有所收敛的，不过这也够过分了，毕竟人数一项就大大超过了他哥齐襄公。只能说，齐僖公对自己子女的教育也太差了。

另外，《汉书·地理志》还说："始桓公兄襄公淫乱，姑姊妹不嫁，于是令国中民家长女不得嫁，名曰'巫儿'，为家主祠，嫁者不利其家，民至今以为俗。"按《汉书》的说法，齐国长女不嫁的陋习乃源自齐襄公乱伦，但也有学者指出此俗其实应始于齐桓公，因为齐襄公只是与已出嫁之妹文姜淫乱，并没有姑姊妹不嫁的记载。反之齐桓公姑姊妹不嫁的记载却不绝于史。可能是齐桓公功绩太大，所以后人便将那些令人无法接受的事情安到了齐襄公身上。有人评价："桓公小白相淫九人，而齐人不刺之者，盖以功多足以除恶故也。"

总之，齐桓公的荒淫，是天下皆知的，而且齐桓公对此也毫不忌讳，反而一副"我错了但我不大可能改"的嚣张态度。管仲却对此并不在意，他感觉自己甚至开始有些喜欢这个可爱的君主了。一个人不怕有毛病，就怕死不承认自己有毛病，甚至压根就不认为自己有毛病，那样的人才最讨厌。其实真正的圣人都明白："人非圣贤，孰能无过！"这个世界上根本就不存在一点儿毛病都没有的人，圣人也是凡人。

管仲微笑着回答道："这的确算不上什么好习惯，然而亦无害于霸业。"管仲认为贪爱享受是人之常情，跟事业成功与否没太大的关系。此外，虽然管仲口口声声礼义廉耻，但他自己似乎也并没有多少坚贞品格，这还真是"志同道合"了。

《列子·杨朱》篇就说，"管仲之相齐也，君淫亦淫，君奢亦奢"。管仲他竟然跟齐桓公比赛着奢侈起来。齐桓公建柏寝台，管仲就建三归台①；齐桓公"树塞门"，管仲也"树塞门"（指大门内建照壁，按照周礼，只有诸侯才可以有）；齐桓公"有反坫"，管仲也"有反坫"（指接待宾客时放置空酒杯的土台子，这也只有诸侯才可以有）；另外，管仲还使用镂簋（在器物上雕刻花纹）、朱纮（古代天子冠冕上的红色系带）、山节（将建筑物的斗拱叠得很高）、藻棁（指的是建筑物的梁柱装饰华丽），这更是天子才能染指，就连诸侯国君的宗庙宫殿，如此装饰都被认为是僭制②。所以孔子都忍不住大骂道："管氏而知礼，孰不知礼！"

管仲这么做，当然有可能是在为齐桓公分谤，或者自诬。司马迁

---

① 关于管仲"三归"有好几种说法，一说是管仲娶了三个不同姓的妻子，一说是管仲筑了一个台，将财物、女子藏在其中。

② 如鲁庄公在鲁庄公二十三年（前671）"丹桓宫楹"，将父亲鲁桓公的宗庙的柱子漆成红色，《左传》《穀梁》《公羊》三传都以为非礼。《左传》鲁宣公二年（前607）说晋灵公不君，厚敛以雕墙。还有鲁国贤臣臧文仲为大龟盖房子也"山节藻棁"，被孔子大骂为不智之举（《论语·公冶长》）。

第一篇　齐桓受胙："尊王攘夷"霸政新秩序的建立　027

在《史记·管晏列传》上说："管氏亦有三归，位在陪臣，富于列国之君。"又说："管仲富拟于公室，有三归、反坫，齐人不以为侈。"管仲替齐桓公分担舆论上的不利，主动追求享受，反而让齐国人对他放心了，这表现了管仲作为政客妥协的一面。

但管仲这么做，还有一个更重要的原因，与他的经济思想有关。中国自古以来的圣人，都提倡勤俭节约，但管仲是圣人中的异类，他认为，齐国应该在加强丝织品出口的同时，加强国家投资，鼓励消费，甚至不妨奢侈。《管子》中有一篇文章，叫《乘马》，提出"俭则伤事"的观点，意思是如果大家都不消费，商品流通就会减少，从而妨碍生产营利的活动。那么办呢？必须多多消费，按我们现在的说法，也叫作拉动内需。

所以，管仲不反对享乐主义和奢侈，主张厚葬，以此促进流通，促进生产，促进就业。《管子·侈靡》云："丹沙之穴不塞，则商贾不处。富者靡之，贫者为之。"意思是，只要不人为地堵塞利源，商贾就会日夜不停地从事营运而不知休息，富裕的人只有不断消费，贫穷的人才有工作可做。管仲甚至认为，每当年景歉收的时候，人民没有本业可做，君王就应该大兴土木，进行宫室台榭的修建，尤其要雇用那些因粮食绝产而家境赤贫的人，总之要提倡奢侈，鼓励富人吃最好的饮食，听最好的音乐，甚至在蛋上雕个花再煮了吃，把木柴刻个造型再拿来烧火，这不是吃饱了撑的，而是通过刺激需求来带动增长，通过消费来拉长产业链条，使居于产业链每一个环节的百姓都因此获益。

我相信每个第一次看到《管子·侈靡》的人都会叹为观止：这种通过增加政府投资与鼓励消费来刺激经济复苏、增加就业的做法，在当今之世并不罕见，可是在2600年前竟然就有这样的智慧！要知道，欧洲思想界直到17、18世纪才有类似的思想，比管仲晚了两千三百多年。所以梁启超论及管仲，不由赞叹道："呜呼，管子之功伟矣！其明德远矣！呜呼，如管子者，可以光国史矣！"只可惜，管仲的思想在当时太过先进,以至于在相当长的古代社会中,中国执政者难以深刻领悟,反而陷入压抑消费的套路中,造成经济发展动力长期不足,囿于小农经济的模式之中。①

七、超越时代的经济学天才

看到标题,很多人一定不信,一定会说,在中国古代那重农抑商的传统里还能产生伟大的经济学家?

事实上,重农抑商是商鞅和汉武帝一前一后弄出来的,在此之前,中国大概没有这种习气,否则无法解释中国古代的大商人大多集中在汉朝以前的现象,比如计然、范蠡、白圭、子贡、吕不韦……

以上这些人,恐怕都是管仲的徒子徒孙。一部《管子》,全是精深的超越时代的经济学理论。

当然,管仲身为大国宰相,忙得很,没时间写书,《管子》一书大概成书于战国时期,是他的徒子徒孙整理他思想而形成的著作。读完,人们常会有两种疑问。

第一,凯恩斯和亚当·斯密是不是偷偷学过《管子》啊?

第二,管仲这些先进的经济学思想是如何在2600年前出现的?

第一点我们无从查证,第二点管仲自己倒是回答了,他还挺谦虚,说这都不是自己发明的,是学习先贤的。什么先贤这么先进呢?管仲说是"燧人氏、单旗、泰奢、伯高……"

听了这些名字,是不是觉得智商受到了暴击?管仲这也太会扯了!当然,也不是他故意要扯,要知道,他要在齐国进行改革,必须搬出先贤来给自己背书,否则,以管仲那低微的出身,谁能听他的啊!

关于《管子》这本书,笔者就不展开来讲了,其思想博大精深,

---

① 韩昇:《从封建到大一统:〈史记〉中的历史中国》,生活·读书·新知三联书店,2023,第169—170页。

研究它的书籍也是汗牛充栋，没有几十万字根本说不透彻，所以笔者只提其中几个主要方面，只这几个方面，我们就会发现，齐桓公用管仲，若不能天下制霸，那简直不可能。可以说，管仲的出现，造就了中国历史上一次质变性的飞跃。事实上，如果没有管仲振兴经济、强大齐国，辅佐齐桓公拯救诸夏于倾覆危亡之中，中华文明的走向或许会全然不同。孔子曰："管仲相桓公，霸诸侯，一匡天下，民到于今受其赐。微管仲，吾其被发左衽矣。"[1]他认为管仲相齐造福了后世，如果不是管仲横空出世，辅佐齐桓公称霸诸侯，那么华夏百姓将穿上蛮夷服装，被蛮夷统治或同化，甚至整个华夏文明都会消亡。

孔子很少夸人的，他这也不是在夸人，因为这是事实。

现在我们就来简要介绍一下管仲在齐国的经济改革。

管仲经济改革第一步，由国家控制重要经济资源，垄断国家经济命脉，限制地方豪富的经济掠夺，并通过控制物价与税收，来灵活调节经济。同时，他刺激消费，刺激流通，对从别国来齐国做生意的商人给予优惠政策。

齐国临海，有鱼盐之利，被称为"海王之国"[2]。但是从前这些资源都掌握在当地贵族豪富手里，他们利用自身特权，囤积居奇，哄抬物价，积累了巨大的财富，这不仅减少了国家财政收入，而且造成市场混乱，民不聊生。所以这个局面必须改变，否则齐国的国力必将持续衰退，甚至走向经济危机。

管仲于是实行了"官山海"的经济政策。所谓"官山海"，就是把山、海资源垄断起来，山上出铜铁，海里产海盐，全都是有关国计民

---

[1] 见《论语·宪问》。所谓"被发左衽"，就是披散头发，衣襟向左开，这是蛮夷人的装饰；华夏人必须把头发束起来，衣襟向右开。

[2] 近来在渤海湾区域的盐业考古发掘，也有力地证实了这一点。考古人员在这一带，发现了大片的制盐遗址与大量煮盐用具（将军盔），年代从晚商直到汉代。另外，根据殷墟出土卜辞与山东滨州商文化考古，早在商朝就有名为"卤小臣"的官员，专门负责管理山东地区的盐业生产与收集分配。详见燕生东等《渤海南岸地区发现的东周时期盐业遗存》、王青《山东莱州湾南岸盐业文化遗产的现状与保护》。

生的重要物资，所以要进行管制，实行民间生产，但由国家统购统销，这就是盐铁专卖制度。管仲建立了国家粮库，保证国家财政稳步发展，保证鱼盐之利由国家专擅，"肥水不流外人田"。

此外，管仲还设立了管理物价的机构，通过官府采购和抛售，调剂物资余缺，平准物价。

司马迁曾言："齐中衰，管子修之，设轻重九府，则桓公以霸。"（《史记·货殖列传》）所谓"轻重九府"，就是调节市场价格的九个国家金融管理机构。[①] 所以后来管子这一门，在先秦诸子中也被称为"轻重家"。所谓"轻重"，最初就是指货币的购买力，小为轻，大为重。《管子》有言："币重而万物轻，币轻而万物重"，所以国家必须根据国内市场的供需关系，利用国家财政与货币政策来稳定市场——这也许是当时世界上最先进的货币金融理论了。

此外，管仲还通过灵活征税来调节经济，比如说国家有大量的布，他就不再征布税，改为对原材料麻征税，麻价因为征税而暴涨，布价自然也就飞涨，这时候卖出去就能大赚一笔。而在对外贸易上，管仲也有征税绝招，如果外国商品质量高于本国，那就增加进口关税，降低其竞争力，控制其输入；反之，本国如有优质产品需出口，那就降低出口关税，增加本国商品竞争力。是不是感觉如今国际贸易那一套打法，都是管仲曾经使用过的？

事实上可以说，管仲是中国历史上第一个拥有完备国家经济观念的政治家。

管仲对内刺激商业经营，促进市场流通，对外降低关税，给予外国商人"稽而不征"的优惠政策，也就是只稽查货物入关，却减免关税、市税。对于生意特别大的商人，他还给予食宿免费、草料免费的待遇，甚至给提供五个仆人。最夸张的是，为了吸引商贾，管仲在临淄开设了大量妓院。据《战国策·东周策》记载："齐桓公宫中七市，

---

① 根据张守节《史记正义》，这"九府"就是大府、玉府、内府、外府、泉府、天府、职内、职金、职币，皆掌财币之官。

女闾七百，国人非之。"齐国本是东夷地①，民风开放得有些过头，宗室内部通奸乱伦都不足为奇，民间也上行下效。据说由于这原因，管仲竟成了中国古代妓院行业的祖师爷，逢年过节要摆出来当神拜的，俗称"老郎神"。据清人纪晓岚的《阅微草堂笔记》记载："倡族祀管仲，以女闾三百也。"由此可见，管仲的确是一个实用主义政治家，只要能繁荣齐国经济、增加齐国财政收入，他并不在乎离经叛道。

齐国如此大力发展商业，实为中原列国之仅见，自然导致"天下之商贾归齐若流水"，临淄成为当时最发达的商业城市。

另外，管仲发展经济，在客观上瓦解了宗法分封制的束缚，解放了人性，解放了思想，为战国时代稷下学宫的百家争鸣培育了丰厚的土壤。事实上，《管子》这本书便是诸子百家的先声。

管仲经济改革第二步，是实行"士农工商"四民分业，以大力发展工商业。

按《国语·齐语》中的记载，齐国有士农之乡十五个，这是齐国的主要兵源。每个乡领导叫乡帅，既是行政长官，也是军事长官，这叫军政合一。

除了十五个士农之乡，齐国还有另外六个乡，三个乡住工，三个乡住商，总共六乡一万两千户，他们通通不用服兵役，但也要"作内政而寄军令"，即以军事化管理的方式，聚居在一起，专门经商从工，并且子承父业，代代相传。管仲认为，同一个行业的人聚集在一个地方，易于交流经验，提高技艺，促进竞争，并可养成专业气氛，使人人安于本业，不见异思迁；另外大家购买相同的原材料，可以大宗购进，出货的时候则可以集中运输，既降低成本，也促进了商品流通。从齐国临淄故城出土的战国陶文来看，同一个姓的陶工，多聚居在同

---

① 齐的统治者虽来自西方羌族，但自太公来建国，便一直尊重当地东夷的传统文化与习俗。从墓葬形制方面来看，齐墓的带墓道和腰坑特点是东夷传统文化的反映。齐墓中普遍流行的腰坑内几乎都有一条狗随葬，而用狗作为牺牲亦是东夷文化的传统。

一个里或乡。陶文中带有"王卒左敀"（应是军事性质的编制）或"某市"（应是负责市场管理的机构）的字样，足见当时齐国制陶业已有了相当专业与规范的统一监管。

管仲创立的这个"四民分业"，是历史上第一次把社会各阶层按职业来划分管理，这种专业化的商品经济模式，可以说是世界上较早的社会职能分工与集中化生产，齐国由此有了更加细致的经济和区域分割管理，极大地提高了工作专业化程度和劳动效率。今日各种金融中心与高新区，如美国之华尔街、硅谷，便是管仲这种经济管理思想的翻版。所以有学者认为，齐国的社会职能分工比欧洲早了至少一千年。[①]以丝绸为例，世界上最早出现的丝织中心就在齐国都城临淄[②]，现在淄博的周村区，仍是一个历史悠久的丝绸业中心，商贸相当发达，号称"旱码头"。

另据《管子》记载，齐国商业之发达，其贸易不限于中国境内，甚至还发展到了朝鲜等东亚诸国，史学界有些人称之为"中国最早的海上贸易航线"或者"东方海上丝绸之路"。

短短数年，管仲就创造了一个经济奇迹，他真是上天赐给齐国的宝物。在先秦各派思想家、改革家中，儒家太过保守，法家太过严苛，只有管仲刚刚好。

在《管子》中，还记载了管仲是如何打贸易战的，其经济思想之先进，至今仍有借鉴意义。

孔子尝言："桓公九合诸侯，不以兵车，管仲之力也。"与其他春秋霸主不同，桓公能够称霸，很少靠军事力量，主要是和平崛起，其中"尊王攘夷"的外交旗号与大量经济手段起了重要的作用。

以上，我们可以看到，管仲的经济头脑远超他所处的时代，甚至

---

① 见赵冈、陈钟毅：《中国经济制度史论》，新星出版社，2006。
② 早在商初，生活在山东的殷人就已经开始成批地向外销售丝绸了，西周初年，齐太公吕尚更是大力发展丝绸产业，使齐国大富。《管子·轻重》曰："殷人之王立帛牢，服牛马，以为民利，而天下化之。"司马迁《史记·货殖列传》亦曰："太公劝其女功，极技巧……故齐冠带衣履天下，海岱之间敛袂而往朝焉。"

放到现在也不见得比哪个经济学教授差。他之前做生意为什么屡做屡亏，甚至"三辱于市"（见西汉刘向《说苑》）？显然是由于身处弱势地位。一旦他身处高位，整个天下的财富就开始源源不断涌入齐国，怪不得鲍叔牙对他的才能那么信服。

八、战国时各大强国都变法，为何齐国没有？

战国时代各大强国都进行了轰轰烈烈的变法，如秦国商鞅变法，赵武灵王胡服骑射变法，楚国吴起变法，魏国李悝变法，韩国申不害变法，燕国燕昭王变法，而齐国虽有齐威王改革吏治，却并不见他怎么改革政治制度，那为何齐国能成为战国七雄排名数一数二的强国呢？

这是因为，齐国的变法，早在春秋初年，就已经基本完成了，这就是管仲变法。管仲可谓中国变法第一人，梁启超先生甚至称赞他是"中国最大政治家"。后世诸葛亮也常自比于管仲，视他为自己的偶像。

通常认为，管仲在齐国主要进行的是经济改革，但事实上，他还搞了大量政治改革，比如重新划定行政区域，加强中央集权等。

周朝原本的行政区划很简单，以国都为中心，国都及周边称"乡"，国都之外的郊野则称"遂"。一般来讲一国有三乡三遂。但在管仲的改革之后，齐国把三乡变成了二十一乡，每个乡之下设"轨""里""连"等行政机构，三遂则变成了五属（又称伍鄙），每个属之下设"邑""卒""乡""县"等行政机构，使行政管理得以打破过去宗法制度的层层分封形式，能直达每一人、每一户，从而形成了先进而完整的国家行政管理系统。也就是说，在春秋时代其他国家还处于封建领主自辖其地、行政效率低下阶段的时候，齐国已将原来具有独立性的血缘组织改变成地缘行政单位，形成了分级管理的雏形，这是管仲开创性的伟大成就。当然，这毕竟只是春秋初年，卿大夫的势力还很强大，所以管仲所委派的官员，只负责教化风俗与维持治安，并未触及卿大夫们的根本利益。直到三百多年后，秦国商鞅才将管仲的这套行政体系正式发展成了"郡县制"与"连坐保甲制度"，而齐国则在战国时代将该体系发展成了"五都制"，也就是将全国划分为临淄、平陆、阿、即墨和莒五大区域（其原型即是五属），体制相对灵活。战国时齐国被乐毅打穿后还能凭借即墨和莒二都复国，靠的就是这五都制。

除了政治改革，管仲还进行了军事改革，即在行政组织中层层建立军事组织，由国君直接控制军权。

在西周时期，军事组织是寓于宗族组织中的，每逢战争，封建领主以宗族家长的身份召集本族成员组成军队，跟着国君去打仗。也就是说，国家军队其实是由贵族私人武装组成。这不仅对君权是一种威胁，而且管理也很困难，更重要的是，齐桓公的前两任君王先后被弑，这个问题必须引起重视。所以，管仲大力改革军制，将临淄周边的十五个士农之乡作为齐国的主要兵源，农时耕作，闲时训练，战时参军，既是兵也是民，寓兵于民，既不影响生产，又可以宗族之情加强军队的凝聚力，终于将这些贵族私人武装逐渐转化成了有强大战斗力的真正的国家军队。有学者由此认为："（管仲）以当时古代之国家社会状况，建立如此严密之军事制度而组训之，将周代兵农合一之制向前推进一大步，实可谓历史上有记载的最古之军国主义。此法虽以现代国家，能斟酌实况而运用之，仍不失为极优良之方法。"①

据《国语·齐语》计算，齐国的乡每乡有两千户，若每户出一人参军，那么这十五个士农之乡总共就可以征发三万"国人"为常备军。故管仲有云："君有此士也三万人，以方行（横行）于天下，以诛无道，以屏周室，天下大国之君莫之能御。"

至于什么是"国人"？这里解释一下，武王伐纣之后，周以"小族

---

① 李震：《中国历代战争史话》，九州出版社，2023，第32、35页。

临大邦",故实行封建制,即周人与殷商降人去各地封土建城,其所建的都邑及周边地区就被称为"国"或"乡",住在这里的周人与殷商降人就是"国人"。都邑之外,则被称为"野"或"遂",居住在其中的人,就是"野人",包括"亡王之后"、"戎狄蛮夷"和"流裔之民"。国人不仅共有宗族的土地与财富,且具有相当大的社会力量与政治权利,是国家军赋与兵役的主要承担者,更是周朝政权的主要维护者,统治阶级贵族必须得到他们的支持,统治才能稳定。所以国家每逢大事,如迁都、和战、出君、逐君、立君,乃至诛杀大臣等,统治者都要召集国人商议、盟誓,以形成共同决议。① 许多贵族甚至还利用"施惠于国人"的方式,以下克上,成功篡权夺位。

至于野人,政治地位比国人低,不仅没有参与政治的机会,而且也没有对外作战与分配到战利品的机会,只能为所属贵族助耕公田,并在军中担任后勤杂役。直到春秋后期,野人与国人一同混为编户齐民,才拥有了参军与做官的机会。所以,我们上面提到的士农之乡,只包括国人,不包括野人。

据史书记载,齐国这三万国人军队共分为三军,中军由齐桓公直接统领,左右两军由国氏、高氏两位上卿统领。显然,这个改革是不够彻底的,也为日后齐国的内乱埋下隐患,但以春秋初年的政治局面,由国君完全掌控全国军队是不现实的,管仲必须做出妥协。

管仲极力将政治、经济、军事等一切事务纳入各级行政机构的管辖范围内,这就极大限制了贵族在自己采邑内的特权,且避免他们另立山头威胁君权,这样才能使得国君免于层出不穷的弑逆,同时加强国家意识,增强国君对国家的整体控制。这实际上是由领主统治向封建官僚统治转变的开端,在推进历史进程上具有非常重要的意义。所以别看管仲出身贫贱,功利又现实,似非仁厚君子,他胸中确有万千丘壑,只欠足够大的舞台而已。

---

① 《周礼·地官》:"国大询于众庶,则各帅其乡之众寡而致于朝。"郑玄注:"大询者,询国危,询国迁,询立君。"另《左传》诸书皆有此类记载。

齐桓公放手将国政全部交于管仲处理。在一般人看来，掌控权力对一个领导者而言非常重要，殊不知适度授权才真正重要。一个只知道控制权力的领导者，充其量只是一个政客而已，永远做不了一个伟大的政治家。在《管子》一书中，齐桓公有一句名言："仲父命寡人东，寡人东；令寡人西，寡人西。仲父之命于寡人，寡人敢不从乎？"

这就是齐桓公，真诚中带着幽默，却从不让人怀疑他的真诚。

另外，《吕氏春秋》和《韩非子》都记载了这么一件事，说有一次，某官员向齐桓公请示事情，齐桓公说："以告仲父。"意思是：你找管仲去，不要来烦我。

于是那官员只好去找管仲，过了几天，他又有一件事请示齐桓公，齐桓公还是那句话：这事找管仲，别惹我，烦着呢！

如此三次，齐桓公手下的官员们都受不了了，纷纷议论说："一则仲父，二则仲父，易哉为君！"意思是说：你就知道叫我们找管仲，自己啥事不管，这个国君当得也太容易了吧，简直就是个甩手掌柜！

齐桓公听说了这件事，大笑："吾未得仲父则难，已得仲父之后，曷为其不易也？"这就是学会授权后的轻松和惬意。

当然，这里说的授权是适度授权，而不是不分轻重，统统授权下去，有些权力是不可以随便授的，比如人事任免与生杀大权。国君可以将国家政务全权委托给那些专业的治国人才，自己除了各种军事、外交与祭祀活动，其他时间就可以轻松自在，因为他个人生活的自由并不会影响国家的政治稳定。这就是齐桓公与管仲政治改革中最关键的一项成就——宫府分离。后来汉代继承发扬了这种制度而使国家得到大治。

虽然如此，管仲的改革也并非一帆风顺，往往受到种种阻碍。因为改革总会触碰到各种利益集团的"奶酪"，特别是一些位高权重的贵族卿大夫，他们拥有强大的政治势力，只要他们坚决反抗，管仲的改革必然泡汤。《韩非子·南面》就记载了当时新政浪潮下暗流汹涌的情景："管仲始治也，桓公有武车，戒民之备也。"管仲出行，竟要配备全副武装的兵车，以防备有人刺杀，可见阻碍之大。那么，管仲最终为何没有遭遇吴起、商鞅的悲剧呢？

第一，管仲的改革偏温和，往往以"循古制"的名义来进行，而且注重秩序和政策的延续，讲究因势利导，并不像商鞅、吴起改革那样暴风骤雨一般。

第二，齐桓公与鲍叔牙鼎力支持管仲改革，用最大的信任来回击那些反对者。

第三，齐桓公即位之前，齐国接连发生内乱，齐襄公被杀与公孙无知被杀这两次非常态的权力更替，为管仲的改革清除了大量阻力，强横的公卿大夫们要么被杀，要么被废，要么被极力打压，而齐桓公与管仲上位后，让很多贵族恢复了权位，这些贵族久经变乱，也渴求国家的稳定与强大，所以愿意支持管仲，尝试变革，并为其提供助力。历史证明，成功的改革常在大乱之后，既得利益集团受到严重削弱与打压，给他们点甜头，他们就愿意做出改变。比如管仲将齐国三军中的左右两军交给国氏与高氏管理，这便是对利益集团的妥协与拉拢，这体现了管仲务实与成熟的政治风范。

九、齐桓公招揽人才

据史书记载，齐桓公即位后，为了齐国霸业，四处招揽人才，其中最著名的就是"庭燎待士"。

这里解释一下，"燎"礼是周代最尊贵的仪礼之一，是天子和诸侯在朝觐、祭祀时的大礼，通常是用芦苇、麻秆、荆条等材料捆扎成束，浇以松香鱼脂，燎起火炬，称为"燎祭"。周人认为烟能通神，所以要点起烟火告知神明，表示自己光明磊落、勤政爱民。"庭燎"是在宫内筑台燃炬，通宵达旦，以为接待宾客之盛礼。

《诗经·小雅·庭燎》云：

夜如何其？

夜未央，庭燎之光。

君子至止，鸾声将将。

此诗讲的是西周明君周宣王勤政待贤之事，齐桓公学习周宣王，每夜坐在噼里啪啦的火炬的怀抱中凝神静气，敬待贤士。从夜未央一直等到夜未艾，从夜未艾一直等到夜向晨，一直等，一直等，一直等到黎明时分君子到达，这才熄灭庭燎，上朝见士。

又《礼记》曰："庭燎之百，由齐桓公始也。"庭燎火炬之数要根据地位的高低来定。天子为一百，公爵为五十，侯伯子男均为三十。齐桓公为了求贤，竟然不惜冒天下之大不韪，僭用天子之礼来待士，这一百个燃烧的火炬，都是他的一片求贤若渴之心哪！

从此之后，宫廷之内每逢大事，点满火炬就成为一种习俗了，不过后世的帝王这么做不是为了求贤，而是为了摆谱。

"庭燎待士"这个方法看似不错，但毕竟被动，所以齐桓公待了近一年，也没等来什么特别厉害的贤士。齐桓公很失望。

据《韩诗外传》记载，之后，在齐国东野，终于有个懂九九乘法表的野人来应聘，齐桓公哭笑不得，道："九九足以见乎？"九九乘法表现在连小学生都会，但在两千年前还是相当高深的数学知识，会的人并不多，只是齐桓公要招揽的是政治人才，所以不觉得这是啥了不起的本事。况且齐桓公觉得，一个野人，一般也做不了官哪，即便要破格录用，让下面的官员来考察就行了，还用得着他亲自面试吗？

那野人却回答道："臣闻君设庭燎以待士，期年而士不至。夫士之所以不至者，君，天下之贤君也，四方之士皆自以不及君，故不至也。夫九九，薄能耳，而君犹礼之，况贤于九九者乎！夫太山不让砾石，江海不辞小流，所以成其大也。"

对呀，如果寡人对个会背九九乘法表的野人都大为重用，那么还怕有更大才能的人不抢着来吗？齐桓公大喜，大大地礼遇了那野人一番,好一通炒作。事情传出,天下为之哗然,不到一个月,四方贤士云集而至。齐桓公很开心。

据《吕氏春秋》记载,有一次,齐桓公打听到一个叫稷的贤人,于是前去拜访,而且一天之内连续拜访了三次,竟都没见着稷,齐桓公的随从们气坏了,说:"万乘之主,见布衣之士,一日三至而弗得见,亦可以止矣。"然而齐桓公却不以为然,他认为士可以因为轻视爵位俸禄而轻视君主,但君主绝不能因为轻视士而轻视霸王之业,所以他一定要锲而不舍地拜访下去,直到见到贤士为止。

就这样,齐桓公最后总共拜访了五次,才终于见到稷,比刘备三顾茅庐还要耐心得多。

又据《韩诗外传》记载,有一次,齐桓公在麦丘[①]这个地方打猎,碰到一个八十三岁的老农人,一番交谈,齐桓公发现此老甚是有才,于是主动扶他上车,亲自当"司机",将他载回朝中,礼遇有加,并将麦丘交给他治理。

再有一次,齐桓公出门去迎接宾客,管仲也跟着,在半途遇到一个衣衫褴褛、风尘仆仆的车夫,正在一边喂牛,一边敲着牛角唱歌。齐桓公听车夫歌唱得很悲伤,心里奇怪,便让管仲去召那个人来见。车夫见了管仲,只说了"浩浩乎白水"五个字,便不再言语。

管仲得了这句话后,百思不得其解,连想了五天都没想明白。管仲有个爱妾,叫作婧,是个聪明又博学的美人。她看管仲一副苦恼的样子,就问管仲怎么回事。管仲一开始还不想说,被她三言两语说动了,便说:"有个人见了我,跟我说'浩浩乎白水',我不明白是什么意思。"婧姑娘一听,立刻心领神会地笑了,说这句话本出自古诗《白水》,原文是:"浩浩白水,鯈鯈之鱼。君来召我,我将安居。国家未定,从我焉如?"今译就是:"浩浩荡荡的白水呵,优哉游哉的鱼儿。国

---

① 在今山东省商河县西北。华北平原地势较低,黄河又容易泛滥,故古人往往选择高地营建城郭,谓之某"丘"。如齐国的麦丘、宋国的商丘、陈国的宛丘、曹国的陶丘、卫国的帝丘等。

君来召见我，我将会从此有安稳的住处了。可是国家还没有安定，哪有我适合的地方？"

"人家这不是说得很清楚了吗？他是想做官呢！"

管仲听了这话，恍然大悟，赶紧告诉齐桓公。齐桓公召见了这车夫，细谈之下，发现此人居然是个农业方面的高级人才，大为高兴。

这个人就是后来鼎鼎大名的宁戚。宁戚是卫国人，祖上是卫国公族，到了他这一辈家道中落，穷困潦倒，几乎比从前的管仲还落魄，后来他听说齐桓公正在大举招贤，于是替商旅赶车来到齐国，但苦于无门路，只得继续当他的"牛车司机"，同时在大街上进行"才艺表演"，以期引起统治者的注意。

还有一种说法，说宁戚当时敲着牛角唱的，是下面这首歌：

南山矸，白石烂，生不遭尧与舜禅，短布单衣适至骭，从昏饭牛薄夜半，长夜漫漫何时旦！

歌声悲切，其辞多有针砭时弊之语，齐桓公闻之大惊，对歌者产生了兴趣。在这个版本的故事里，就没管仲什么事了。齐桓公听了歌，赶紧命人把宁戚请到车上，立刻吩咐车队回头，把宁戚载回宫中。

回到宫中，齐桓公先让宁戚去洗澡换衣冠，然后迫不及待地开始向他请教，第一天谈如何治齐国，第二天谈如何霸天下。齐桓公对宁戚满意得不得了，决定立刻给宁戚封大官。可这时群臣却争相表示："客，卫人也。卫之去齐不远，君不若使人问之。而固贤者也，用之未晚也。"国之大政非小事，不能轻易下决定，不如先派人去此人老家考察一下。

齐桓公听后断然拒绝："不然。问之，患其有小恶。以人之小恶，亡人之大美，此人主之所以失天下之士也已。"

这话说得真有水平。所谓人无完人，谁都难免会有这样那样的毛病，齐桓公自己不也有私生活不检点的问题吗？看宁戚的身份和境遇，肯定少不了得罪人，一问肯定毛病不少，一考察肯定有问题，这时再给他封官，就不好弄了，若不给他封官，又实在可惜。正所谓用人不疑，何必掀人老底呢？这就是齐桓公一贯的用人态度：大处着眼，小处眯眼，不问黑白，只找好猫。

于是，齐桓公力排众议，当即命令给宁戚修建官邸，任命他为大夫，参与国政。

读史至此，笔者也得叹服，在两千多年前世官世禄、等级森严的贵族时代，齐桓公这样的君主真是天下难寻。

但是，齐桓公觉得这样求贤还不够，毕竟自己时间有限，哪有办法自己一个个去访求面试？所以管仲后来又为他想了个办法，那就是建立起一个选拔机制，以大范围、大规模选拔人才，这个制度叫作"三选之法"。

所谓三选，也就是三次选拔过程。第一选为乡选，由各乡乡帅主持上报；第二选为官选，即将"乡选"出来的人才放到官府里去实习，实习期满，由官府长官上报国君；第三选为君选，即由国君亲自面试"官选"出来的人才，如果的确有真才实干，便提拔为上卿的助手（上卿之赞），自此前途无量。

齐国的三选制度在春秋以前是不可能实现的，因为西周时期政治稳定，贵族阶层也比较稳定，不仅国君和卿大夫是世袭的，各种官职也是世袭的，根本就不需要选官，但春秋以后，王纲解纽，大量小国被蛮夷灭亡，或被大国吞并，各国贵族内部也斗争激烈，导致大量贵族沦落为普通士人，他们受过良好的贵族教育，其中不乏贤才，只是被宗法制隔离在政治之外，这就是一个巨大的宝库，齐国是第一个开启这个宝库的国家。齐国的"三选制"可以算是当时最先进、最科学、最合理、最严密的人才选拔制度：首先，它确立了进贤责任制，规定各乡每年进贤，有贤不举荐，就是避贤，就要被治罪。其次，它的选贤范围极大，不仅包括贵族，包括士，甚至包括平民，打破了周朝根深蒂固的等级礼制，意义非常大。日后在汉代大放光彩的察举制度（孝廉、茂才），便是源于管仲的这个"三选之法"。

即便如此，齐桓公仍然觉得自己招贤的力度不够大，范围不够广，因为这样充其量只是争取到了齐国的人才，天下那么大，人才还有很多，齐桓公一个都不想放过。于是，他一口气派出了八十多个游士，让他们带上大量的车马、衣裘、财货，周游列国，引进天下贤士，为齐国所用。同时，这些游士也可以作为亲善大使交好各国，还负有打探各国情报的秘密任务，可谓一举三得。齐桓公作为天下霸主，也需要了解各国的动向，若发现某国朝局不稳、内乱渐起，他就可以立即派出军队对该国进行准确的军事打击。

总之，齐桓公的种种招贤之举，让齐国顿时人才鼎盛，一时无两，这样管仲就拥有了足够的人才资源组建他的"内阁"。令齐国称霸的强有力的中央领导机构就此诞生了。

上卿管仲，立为太宰，亦称为相，全面负责国家事务，统领各部门长官，直接向国君负责。

大夫鲍叔牙，立为大谏，负责劝谏君王与监察百官。

大夫隰朋，齐庄公（齐桓公祖父）的曾孙，乃公族中的翘楚，他擅长交际，言辞雄辩，头脑清醒，刚柔相济，而且温文尔雅，进退合礼，非常有贵族气质，所以管仲让他担任大行，掌管齐国的外交事宜。齐国主要以外交称霸，隰朋可以说相当于管仲的副相。

大夫宁戚，农业、畜牧与建设专家，写有一部《相牛经》，大大提高了齐国的养牛技术，管仲让他担任大司田，掌管齐国农业。

王子城父，军事专家，长于行军布阵、鼓振士气，立为大司马，掌管齐国军事机构。

大夫宾须无，法律专家，长于断狱审判，立为大司理，掌管齐国司法机构。

大夫东郭牙，忠心耿耿，敢于直谏君主，不怕得罪齐桓公，更不怕得罪权臣显贵，亦立为大谏，掌管齐国监督机构。

另外还有一个人不得不提，这个人就是因陈国（虞舜之后封国，都宛丘，即今河南淮阳）内乱逃到齐国来的陈国公子陈完，齐桓公将他任命为工正，专管齐国的百工生产。陈国之祖曾为周之陶正，陈完对手工业管理还是很有一套的。陈完的后代正是后来代齐的田氏家族，田氏家学渊源，故能在战国时代继续推动齐国的手工业、商业高速发展。

以上这些人，为齐国的霸业做出了巨大的贡献。

大行隰朋上任后，向各国派出常驻使臣，如季劳专使鲁国；徐开封专使卫国；曹孙宿专使楚国；审友专使晋国；商荣专使宋国；匽尚专使燕国，以结好诸侯，钧之以爱，致之以利，结之以信，示之以武，监其上下之所好，择其淫乱者而先征之，从而大大提高了齐国的地位和影响力。隰朋能够在瞬息万变的外交局势中，分析出什么是齐国志在必得的，什么是可以退让妥协的，展现了自己非凡的大局观；管仲死后隰朋还继任齐相，真是一个大才。

大谏鲍叔牙上任后，建立起了一整套官员考核制度，规定乡、县、属等郊内外官员一年一次来国都述职报告，善者留用或提拔，不善者罢官或问罪。

大谏东郭牙上任后，设立了啧室（啧，大呼也。啧室即国家纳谏机构），允许并鼓励国人对国家政事畅所欲言，发表意见。

大司田宁戚上任后，干了一件惊天动地的大事，他配合管仲开展"相地而衰征"。所谓"相地而衰征"，即按劳动力将全部公田分配给农户（均地分力），在此基础上，按照土壤质量来分级，以此来向土地所有者征收不同税率的实物地租（与之分货）。"相地而衰征"打破了周代井田制的劳役地租制度（比著名的鲁国"初税亩"早半个世纪），大大削弱了齐国各地贵族的实力，调动了普通农民的积极性，同时提高了齐国中央的实力，为齐国的霸业提供了有力的物质保障。

工正陈完上任后，开始大力发展军工生产，加强齐国军备。他派出大量采购人员，去各国收购先进的武器，带回来给武器专家研究，然后生产出更加先进的武器来，从此齐国的武器大大领先于他国。另外，管仲还建议齐桓公实施赎罚之法，规定老百姓可以用金属、甲盾来赎罪，用箭支来支付诉讼费用，这样齐军很快就"甲兵大足"（《国语·齐语》），得以频繁参与各类争霸战争。

大司马王子城父上任后，开始把提高齐国技击水平放在治兵的首要地位，大力提倡，不遗余力，并实施了"有拳勇股肱之力，筋骨秀出于众者，有则以告。有而不以告，谓之蔽才，其罪五"（《管子·小匡》）等一系列方法，使得齐国全军都成了"武林高手"，搏击之术强于天下诸国。在春秋战国时代，齐军被称为"技击"，成为强大军队的代名词。

王子城父在历史上似乎没啥名气，至少不能称得上名将，但司马迁对他评价很高，将他与孙武并提，说："晋用咎犯，而齐用王子（城父），吴用孙武，申明军约，赏罚必信，卒伯诸侯，兼列邦土，虽不及三代之诰誓，然身宠君尊，当世显扬，可不谓荣焉？"（《史记·律书》）他之所以名声不显，可能与齐桓公常常不战而屈人之兵有关。王子城父在战绩上乏善可陈，却在军事训练与军事理论方面贡献巨大，司马迁认为他是齐国兵法《司马法》的主要研究创作者之一，说："《司马法》所从来尚矣，太公、孙、吴、王子（成父）能绍而明之。"（《太史公自序》）

十、一场惊心动魄的贸易战，春秋大国鲁国的沉沦之路

在西周时，天下有三个传统大国，一个是西周开国第一功臣太公吕尚的封国齐国，一个是周武王同母弟康叔的封国卫国，还有一个就是周武王另一位弟弟周公旦的封国鲁国。由于周公旦既是周初宗室功臣，又是周朝礼乐的创立者，所以周成王特别赋予鲁国"地方七百里，革车千乘，命鲁公世世祀周公以天子之礼乐"（《礼记·明堂位》）。从此，鲁国一直以"公车千乘""公徒三万"（《诗经·鲁颂·閟宫》）作

为周室第一强藩，震慑及管理着东方，并与周天子一同掌管礼乐、举行郊祀，地位超然。

然而，到了东周时代，由于齐国的崛起，鲁国渐渐失去了东方第一大国的位置，跌到老二老三的位置。后来由于齐国爆发两次内乱，鲁国迎头赶上，又成为齐国霸业的有力竞争者。更重要的是，鲁国和齐国比邻而居，又是齐国进出中原的必经之路，以二国紧密相连的地缘格局，爆发战争是迟早的事情，特别是在周庄王十二年（前685），鲁国干涉齐国内政，出兵欲扶持与鲁有姻亲关系的齐公子纠即位，失败后，更导致齐鲁关系紧张到了极点。

正所谓一山不容二虎，齐桓公二年，也就是公元前684年，刚即位不久的齐桓公为了立威，为了报去年之仇，更为了齐国的称霸大业，便派了齐国大夫鲍叔牙率领齐国大军前去攻打鲁国，齐相管仲虽然苦劝，但齐桓公一意孤行，管仲只好让他去碰碰壁。

齐国实力虽然比鲁国稍稍强一些，但刚刚经历数次内乱，急需休养生息，积蓄国力，齐桓公此时对鲁国发动战争，实乃不智之举。而且，周公当年为自己家族选的这块封地相当好，可以说是中国上古时代经济与文化的东方中心。① 历数上古时代的东方地区，河北平原河患严重，夷狄遍布，其大片湿地也不适合北方旱作农业；山东半岛则多山地与盐碱地，农业基础更差；洛阳与河南一带算是被夏商二代改造得较好的黄河湿地，但周王室又需要在这里设立东方基地；只有荥泽以东的鲁西大平原，离黄河稍远，水患不大，地是最肥的，交通是最便当的，所以少昊的大本营在这里，后羿立国在这里，殷商也曾在这里建都，农业商业基础都很好，鲁国这是瘦死的骆驼比马大，齐桓公未免太心急了。

所以，鲁庄公特意精心挑选了一位猛将来好好敲打一下齐桓公，

---

① 我国史学泰斗蒙文通特别强调鲁地在上古历史上之地位，说"上世帝王，多作都于鲁"，"邹鲁者，既开化最早，中国文化之泉源，而又中国历史文化之重心也。"参阅蒙文通：《古史甄微》，载《蒙文通文集》卷五，巴蜀书社，1995，第68页。

这位猛将就是中学语文课本里那位发表过"肉食者鄙"名言的曹刿。[①]既然曹刿不是肉食者,那么显然他也只是一个普通士人而非卿大夫,一个普通士人能当上军队统帅,大概就是从这个时代开始的,自西周以来,曹刿管仲等人是第一批,后来还会有更多。

齐国穿过泰山之东的莱芜山口,与鲁军在长勺[②]大战。齐军先鼓,鲁军阵形岿然不动;齐军再鼓,鲁军仍坚守阵形不为所动;等到齐军三鼓,曹刿发飙了,他大声招呼鼓手用力擂鼓,又大声喊道:"将士们,冲啊……"

结果,齐军大败而逃。

事后鲁庄公询问曹刿取胜之道,曹刿又发表了一通名言:"夫战,勇气也。一鼓作气,再而衰,三而竭。彼竭我盈,故克之。"

两军交战,有的时候就像两个人打架,先动手的不一定赢。何况齐军深入鲁境,士气本来就容易衰竭,曹刿抓住这个弱点,后发制人痛殴鲍叔牙,一战名扬天下,也为年轻气盛的齐桓公好好上了一节课。

然而,这个有关士气的著名战例并非曹刿所言那么简单。事实上,曹刿可以说是中国战争游戏规则的破坏者,甚至可以说是先轸、孙武等军事谋略家的先行者。

我们知道,春秋时期的战争本质上是贵族间的游戏(故城濮之战时楚军发战书曰"请与君之士戏"),平民是没有资格上战场的,这样既可以保证国家的正常农业生产(生产力落后,剩余价值少,没那么多农民可以做炮灰),也可让战争的损失被限定在可以接受的范围内,毕竟,贵族的命总是比平民更值钱的。况且,春秋华夏各国之间不是兄弟之邦就是姻亲之国,大家并没有什么你死我活的国家民族矛盾,要打仗只是因为一些利益纠纷、面子问题甚至家庭矛盾。那么既然是游戏,就必须遵守游戏规则,这就是所谓"战礼"。而按照"战礼",

---

① 在生产力极为落后的西周与春秋时代,饮食规格正代表着阶层与礼制等级,一般来说,只有贵族阶层才能吃肉,而庶人只能吃菜。

② 长勺,因殷商遗民长勺氏居此得名,在今山东莱芜东北。

交战双方必须要同时击鼓，同时进攻，以示公平。曹刿却没有遵守这套游戏规则，他故意三次不击鼓，让单方面击鼓的齐军傻呆呆站在那里不知怎么回事，然后突然击鼓出击，一个奇袭便取得了胜利。

所以不能怪齐人，鲁国是周公旦的封国，在诸侯中守周礼最为谨严，打仗时也最讲规矩，谁能想到这些守礼君子竟突然耍起流氓来，结果齐国一下子被打蒙了，措手不及，惨遭失败。由此可见曹刿真正的取胜之道是违礼耍诈，而非他战前所声称的"忠之属也，可以一战"，亦非他战后所声称的"彼竭我盈，故克之"（《左传·庄公十年》）。

事实上，在长勺之战两年后，尝到便宜的鲁国军队又两次违反战礼而用诡谋取胜，一次是在战车上蒙了虎皮突袭宋军，一次是趁着宋军列阵尚未完毕而抢先攻击，这几次战争风格如此相似，显然都与曹刿这位军事诡谋的先行者有关。

而经此一役，齐桓公也算是明白了，齐鲁在军事上其实相差并不大，特别是当对方不讲规矩的时候，尤其拿他没办法。看来，有时候，武力并不是解决问题的最好途径。

那么什么才是最好的途径呢？管仲告诉齐桓公：可以用经济手段，也就是贸易战。

打贸易战，首要一个前提是要有足够的资金，否则必败无疑。管仲改革一向提倡低税制。比如在重要的农业税上，齐国两年才征一次税，税率丰年15%，平常10%，歉收之年5%，如遇饥荒，则免税。而在商业税上，其关市税率只有1%到2%。管仲认为，多收税对国家的财政未必是件好事。首先，税越多，国家要养的税吏就越多，花销就越大，这不利于官府运作；其次，古代的税收大多是"直接税"，它是有形的，是直接从老百姓兜里掏钱，有点像明抢，容易让百姓心生不满，所以最好的办法是取之于无形，具体办法就是"官山海"。管仲让政府来垄断盐铁专卖，由此便可"寓税于价"，把税收隐藏在生活必需品盐铁之中，使老百姓在不知不觉中就纳了税。

"官山海"的收入，可一点儿不比直接收税少。

据现代考古发现，春秋是青铜向铁器过渡的时代，按照《管子》书中记载，当时礼器、兵器、木工用具普遍用青铜（美金），针织用具、农具、工具则多为熟铁（恶金）锻打而成。铁是重要的生产物资。齐国经济发达，冶铁业极为兴盛，只要把齐国官营的各种铁器的价格增加一丁点儿卖往其他国家，积累起来就是天文数字。

另外，天下人每日都要吃盐，盐是重要生活物资，而当时中原地区除了晋国的河东盐池，只有齐国临海专门出产海盐，其他国家都没有。

管仲于是给齐桓公算了一笔账：

当时齐国约有50万户，200多万人，中原地区则大约有2000万人口。保守估计，至少有1000万人口消费齐国的海盐。平均每人每月食盐大概3升[①]，每升只要加价2钱，齐国每月可获利多达6000万钱，是当时齐国每月税收收入的两倍！

这是什么概念？这不就等于全天下的百姓都在给齐国交税吗？这便是"煮沸水以籍天下"，煮沸取之不尽的海水，就可以收取无穷无尽的税赋，简直太好了。

更妙的是，由于盐是微量消费品，天下百姓并没感觉到齐国对他们的经济剥削，仍然孜孜不倦、无怨无悔地为齐国输送财富。至于在齐国国内，齐桓公因为外贸利润丰厚，完全不用担心财政赤字，这样就可以大量减免农业税与商业税，实现管仲的低税制。也就是说，盐铁价格的上升，不仅不会加重齐国百姓负担，反而让国民生活水平大大提高了。这就是管仲的"富治思想"：国家发展经济的目的，就是要让老百姓手里有钱，老百姓手里有了钱，才会从官商那里购买生产生活资料，从而又促进生产，形成良性循环。反之，如果老百姓的钱都

[①] 春秋时一升只有现在200毫升左右，故三升合今600毫升。这个食盐摄入量还是太高了，古代没有冰箱，食物保存需要用盐腌渍。故古人用盐量皆远高于现代，如居延汉简中"廪盐"定量亦是每月三升。

被高赋税搜刮走了，拿不出钱买东西，市场就会萧条，就会萎缩，形成恶性循环。

需要指出的是，管仲在齐国搞的是盐铁专卖，而不是盐铁专营。齐国并不搞国家所有的工厂，因为管仲认为这样生产效率不高，而且有伤民生，国家要是"今发徒隶而作之，则逃亡而不守；发民，则下疾怨上；边竟有兵，则怀宿怨而不战"（《管子·轻重乙》），所以不如实行包商政策，也就是将山海资源承包给民间生产，然后由国家统一收购，其具体办法是"与民量其重，计其赢，民得其七，君得其三"。管仲不愧是商人出身，非常懂得如何与百姓互惠互利。一百多年前的周厉王就不懂得这个道理，专山泽之利，结果弄得诸侯与国人皆起而叛乱，将这位失败的改革家踢下了王位。

事实证明，管仲的包商政策是符合国情的，后世汉武帝为了最高限度地提高财政收入，实行了盐铁专营的制度，与民争利，结果导致国民不满，民变四起，差点让大汉提前灭亡。而管仲之策，置十抽三，统购统销，既能让国家和百姓都能赚取巨额利润，还能控制盐业的销售量和产量，进而控制盐价，这是相当高明的举措，也是后世封建王朝最常使用的盐铁制度。

通过"官山海"政策，齐国在不压迫百姓的情况下，积累了巨额财富。而有了这些财富，管仲就可以施展其手段，控制他国经济，进而控制对方的政治，如此，敌国尽在彀中，岂不比辛辛苦苦舍生忘死去打仗轻松得多，有趣得多吗？

齐桓公对管仲的提议很感兴趣，既可称霸天下，又不用战争流血，简直就是不战而屈人之兵嘛。这样的好事哪里找去！可是具体该怎么做呢？

管仲告诉齐桓公：鲁国丝织业发达[①]，跟我们齐国有一拼。现在，我们就要帮他们一把。君王您可以带头让齐国贵族们改穿鲁国生产的绨料衣服（绨是一种较厚的丝织品，质地较粗而表面平滑有光泽），还

---

① 据《左传·成公二年》，鲁国后来曾一次性送给楚国善于丝织的能工巧匠数百人。

要带动鼓励全国的百姓都去买,让鲁国人大赚一笔!

齐桓公有点不解:仲父你没搞错吧,寡人是要制服鲁国,不是要他们富。而且这样搞的话,我们齐国的丝织业可要大受打击了。

管仲笑道:君王不闻"将欲取之必先予之"乎?我们就是要让鲁国人先占便宜,再来对付他们!至于我国的丝织业,可以由国家收购丝织产品,绝对不会受影响,而且到时候会有大用处!现在,咱们就先让国内的丝织品完全依赖鲁国进口,这样一来,鲁国的农民就会放弃种田,全去种桑养蚕……

齐桓公一下子跳了起来,叫道:好,就这么办!

管仲与齐桓公双手紧握,齐声发出了阴险的大笑。

很快,齐国成了鲁国绨衣的海洋,世人还以为这是一场时尚风潮,完全没有意识到这竟然是管仲的阴谋。

于是,鲁国绨衣在齐国成为紧俏商品,价格大涨。

然而,管仲不但没有提出反倾销政策,限制鲁国丝织品进口,反而派人去跟鲁国的商人说:你们给我贩来绨一千匹,我给你们三百金;贩来万匹,给三千金。反正越多越好。

鲁国的商人怀疑地问:太宰为何要如此?

管仲笑着说:没办法,谁叫齐国百姓喜欢你们的产品呢?反正我们齐国人有的是钱,花都花不完,而且这样你们的财政有盈余,就不必向人民征收农业税了,这是双赢啊!

为了迷惑这些商人,管仲还收受了他们的提成,假公济私大赚了一笔。

商人们大喜,便开始大量养蚕种桑,并招工开织厂,源源不断地向齐国输送绨匹,以赚取巨额利润。而鲁庄公发现纺织品给鲁国带来了贸易顺差后,也大喜起来。

纺织业繁荣,政府的税收就多,税收多,寡人就可以大幅减免农业税,让百姓们过上好生活,如此国富民强,何乐而不为?

于是鲁庄公发布了大量优惠政策,鼓励全国百姓加入到发展丝织业的大军中来。

一年后，管仲派人到鲁国考察，发现鲁国已经经济泡沫弥漫了。农村人口全都毁粮种桑，城市人口则全改行开织厂，资金不够怎么办，找人借！现在，只要说是借钱搞丝织业的，债主统统放贷，丝织业现在是稳赚不赔的生意，哪有还不起钱的！

这可真是全民大织鲁缟。鲁国大城小镇，几乎所有车辆马匹都被用来运输出口到齐国的丝织品了，街道上的灰土遮天蔽日，如同刮起了沙尘暴，十步之外都看不见人。

农业型大国鲁国已被管仲成功变为纺织业"发达"国家了，其经济发展速度增长得超快，快得都有点难以置信了。

好，时机成熟，鲁国人也该为他们的见钱眼开付出代价了，他们怎么也不会想到，这一切的繁荣，都是虚假的，都是泡沫，都是管仲的阴谋！

果然，齐使回来报告完情况，齐桓公立刻改穿齐国丝帛，并声称极其讨厌鲁缟，还放开国库，向老百姓与中原各国低价倾销之前囤积的齐帛，同时闭关，停止进口鲁国丝织品，停止向鲁国出口粮食。

两个月后，上行下效，齐国穿鲁缟的人已然绝迹，再过两个月，中原各国也很少穿鲁缟了。

十个月后，管仲再派人去鲁国考察，发现鲁国已经陷入了粮食极度紧缺的窘境之中，百姓饥贫，民不聊生，鲁缟堆积如山变成废物，丝织厂大批倒闭，鲁庄公什么税都收不上来了，政府财政赤字暴涨，鲁庄公无奈，只得赶紧命令百姓改种粮食，但短时间内粮食根本无法收成，结果鲁国的粮价竟然暴涨到一千钱，是齐国粮价的一百倍。齐国的商人趁机到鲁国高价出售齐国粮食，将鲁国之前卖鲁缟赚到的钱，加倍赚了回去[①]。

[①] 春秋时期农业生产落后，各诸侯国的规模也不大，其他国家都不会有多少余粮卖给鲁国，而且由于道路交通条件的限制，运粮成本很大，所以也只有邻近的大国齐国才有办法运一些余粮到鲁国卖。

至此，鲁国农业完蛋，经济崩溃，百姓无法生存，只得逃亡，两年后，鲁国民众有十分之六跑到了齐国。齐国人口大增，越发强盛，而鲁国国将不国矣！

齐桓公三年，也就是公元前683年，鲁庄公被迫归附齐国，齐桓公恩赐了他一些粮食，让鲁国勉强渡过难关。这是鲁国退出春秋大国行列的一个转折点，十余年后鲁庄公去世，庆父作乱，鲁国进一步衰弱，就基本上沦为中小诸侯了。而齐国则进一步强大，此后还依样画葫芦，用类似的方法打败了强大的楚国和宋国①，这就叫杀敌不见血，灭国不用刀，事实证明，杀人破国成本大，反噬也大，而利用贸易战控制敌国的经济命脉，也能将其安排得明明白白。

十一、齐桓公第一次盟会诸侯 以丢人的方式收场

齐鲁贸易战之后，鲁国归服了齐国。这时候，齐桓公突然放软姿态，向鲁庄公提出了一项请求，请他帮自己说一门亲事。

说到底，鲁庄公的母亲是齐桓公的姐姐，大家亲戚一场，不用把关系搞得那么僵。再说了，当年鲁国的先祖周公旦与齐国的先祖太公尚股肱周室，夹辅成王。成王认为他们劳苦功高，故特赐之盟曰："世世子孙，无相害也。"双方几百年的传统友谊，怎么能说忘就忘。只要鲁庄公乖乖听话，齐国也不会为难他的。

鲁庄公说的这门亲事可不得了，对方是周天子庄王的女儿王姬，地位尊贵无比，这对齐而言无疑是一场非常重要的政治联姻。齐桓公做了周天子的女婿，就可以上借天子之势，称霸诸侯，号令天下！

齐桓公与王姬的这门亲事，为什么一定要鲁庄公来主持才行呢？

---

① 当然，《管子》中的这些故事肯定有所夸大。管仲及其后学们也许只是看到了贸易战的一些危险，所以夸大其词，以警告统治者：一切奢侈品都是浮云，只有粮食安全才是国家的核心竞争力。

原来这是一个政治传统。按照周礼,天子将女儿嫁给诸侯,必使同姓诸侯出面主婚,如果天子亲自主婚,则会混淆了天子与诸侯的尊卑界限。周公旦是周武王的弟弟,又是周礼的开创者,鲁周关系远超其他诸侯,所以历代齐侯娶王女,一般都由鲁君来说媒主婚。

于是,在这一年(前683)冬,齐桓公亲自来到鲁国,迎娶周王女。

同时,蔡、卫两个姬姓诸侯也各自送来女儿,作为周王女的陪嫁之媵妾。齐桓公满载而归,身后一片莺莺燕燕,好不得意,好不幸福。

什么是媵妾呢?原来,在周代,诸侯国国君迎娶夫人时,女方往往会把新娘的一个侄女和一个妹妹打包嫁过去做小老婆。与此同时,女方的两个同姓诸侯国,也会各出一名宗室女子陪嫁,并且每位宗室女子都有一个侄女和一个妹妹相从[1]。这样算下来,诸侯国国君迎娶一位夫人,就会同时收纳九名女子,这也是媵制婚姻的标准做法。值得注意的是,齐桓公这次所娶的九位贵族女子皆是姬姓,这又与周人同姓不婚的习俗有关。

周人作为远古时期思想最先进也最开放的民族之一,与殷人不同。殷人擅长做买卖,好周游世界,为了保证本族的利益与团结,他们同姓而婚(也就是族内婚),禁止外婚[2];周人则擅长稼穑,喜欢搞分封,故有同姓不婚的禁忌——这也是周人总结殷人经验教训的结果。

在古代,婚姻从来就不是一男一女两个人的事,而是当时最重要的社会活动,它使两个家庭或家族共同追求荣誉与利益。可是,殷人只在同姓中缔结婚姻,那如何才能团结、融通异姓异族之人呢?所以每一代的殷王都是好战之人,这不是他们天生喜欢打仗,而是他们不

---

[1] 见《春秋公羊传·庄公十九年》:"媵者何?诸侯娶一国,则二国往媵之,以侄娣从。"及《左传·成公八年》:"凡诸侯嫁女,同姓媵之,异姓则否。"这大概是上古群婚制的遗留吧。

[2] 所以殷商先妣皆称"妇某",而不提其族姓,因为殷商后妃与商王一样皆为"子"姓。只有到了殷商末年,才有商纣王每每破坏传统,而娶异族女子为妃,比如鼎鼎大名的妲己,她来自"己"姓的苏国,而非"子"姓的商族,所以不能呼"妇妲"。

搞联姻，就只能通过武力来镇压异族叛乱。结果最后殷纣王众叛亲离，被周人联合天下诸侯一起给灭了。积极联姻，海纳百川，这是一个民族走向成功的途径之一。

周人在成功上位之后，立刻采取柔性之措施，通过大量与异姓贵族乃至异族蛮夷缔结婚姻关系，将各族群的贵族编成一张巨大的联姻之网，日积月累，族群间的血缘壁垒也就被慢慢打破了。于是远古时的万国林立，渐变成了通融和谐的华夏一家。在西周，很多贵族的青铜器铭文之中，都会用大量篇幅提及自己母亲、妻子母家之国氏以及女儿所嫁之国，这不仅是习俗，也是他们在强调自己盟族（国）之多，盟族（国）之贵。所以齐桓公坚持同姓不婚与媵制婚姻制度不动摇，正是为了多多与周室及重要姬姓国家缔结姻盟，对日后称霸，那可是大大有利。齐国与周王朝不止一次联姻，《诗经》中有诗《召南·何彼秾矣》，赞曰：

> 何彼秾矣？棠棣之华。曷不肃雝？王姬之车。
> 何彼秾矣？华如桃李。平王之孙，齐侯之子。
> 其钓维何？维丝伊缗。齐侯之子，平王之孙。

这是一首爱情诗，也是一首政治诗，它代表了周人与齐人联姻的政治同盟关系牢不可破，齐桓公更是通过婚姻，以身践行了这一点。

根据各种史书的不完全统计，齐桓公的老婆和儿子数量应为春秋之最，不仅姬姓，他还与嬴姓的徐国与葛国，以及子姓的宋国联姻。比起齐襄公，齐桓公真可谓家庭事业双丰收。

迎娶王女，只是将齐国的地位提升了些，齐桓公真要想将强齐转化为霸齐，还得主持几次诸侯大会，解决一些纠纷，这样才能真正树立威信，得到诸侯们的拥护。

恰在此时，地处中原的宋国（今河南商丘）发生了一场大内乱，给了齐桓公一个大好机会。

说它是大内乱，一点儿不夸张，因为它乱得离谱，乱得令人晕头转向。

首先，是宋伐鲁，宋国大将南宫长万曾被鲁军俘虏，宋国国君宋闵公于是轻视南宫长万，南宫长万是个暴脾气，他无法忍受这个耻辱，于是翻身做主人，竟然在一次博戏（一种掷采行棋的游戏）中用棋盘当场拍死了宋闵公，然后发动政变，改立公子游为国君，并反攻倒算，开始大规模清洗宋国公族子弟。

这是以臣弑君，祸乱朝堂，最为大逆不道。

接着，逃到别国的宋国诸公子，又向曹国借兵，发起反攻，打败叛军，攻入宋都，杀死公子游，改立公子御说为国君，是为宋桓公。

这是兄弟相残，同样很不人道。

南宫长万不愧是春秋时代一位传奇猛将，不仅武艺高强，而且脚力惊人，他战败后，竟然一人拉车载着母亲，徒步狂奔两百多里，一天就逃到了陈国。宋桓公向陈国要人，陈国便用美人计将其灌醉诱捕，然后让人用犀牛皮将其层层包裹，用生牛筋秘密捆扎，连夜送回宋国，不料半路上南宫长万酒醒，怒不可遏，嘶吼如雷，神力迸发，拼命挣扎，守卫者吓得催马狂奔，等到了宋国时，牛筋已脱落大半，犀牛皮亦已破损，南宫长万的手脚竟然全都露了出来。宋桓公暗自心惊，赶紧命人把南宫长万剁成肉酱。

虽是对付叛臣，但宋桓公如此残忍，实在令人不寒而栗。

听到这些事后，别的国家只当猎奇八卦故事，政治敏锐性极高的齐桓公却不这么想，他决定趁此机会搞事情。首先，他派人朝见新任周天子周釐王，请求天子正式策命宋国新国君，也好给手续不全的宋桓公补个正式名分。早已习惯被强国冷落在一旁的周天子，突然觉得自己有了存在感，一开心，便授权姐夫齐桓公全权处理此事（齐桓公所娶王女，一般认为是周釐王之姐）。齐桓公便拉起虎皮唱大戏，准备召集诸侯们开个会，以稳定宋国政局，同时号召大家共同维护周朝的和谐，不要重蹈宋国覆辙。

这主意看起来似乎不错，然而，齐桓公并不知道，他其实犯了一个很大的错误。因为往常像这样的大型诸侯盟会，一般都是由周天子亲自主持的，齐桓公这样属于僭越，非常不合礼法。

当然，自从犬戎乱周、平王东迁，周王室日渐衰微，到了这会儿实力也就差不多是一中小诸侯程度，再加上周王室自己也内乱频仍，所以无论从实力上还是从威信上，周天子都失去了领导天下的资本，但是在形式和名义上，在诸侯的固有观念里，周天子仍然是无可置疑的天下宗主，如今齐桓公竟妄想自己带大家玩儿，恐怕没那么容易。

果然，在齐桓公五年（前681）春的这次北杏（齐地，在今山东省东阿县境内）盟会上，齐桓公向宋、鲁、陈、蔡、卫、郑、曹、邾八国广发英雄帖，准备召开诸侯盟会，诸侯们却大多没有来，像中原老牌诸侯，同时也是齐国姻亲之国的卫国，周王宗亲之国曹国，之前的中原小霸郑国，甚至在口头上已经表示过服从的鲁国，统统都不卖面子不捧场。齐桓公一眼望去，只有本次盟会的主角宋桓公，以及陈、蔡、邾三个小国的国君可怜巴巴地围坐在一起，大眼瞪小眼，气氛尴尬莫名。

虽然来的人少，但会还是要开，齐桓公只得强压怒火，先让周天子的使臣向宋桓公宣读了封爵策命，然后招呼诸侯们一齐上坛，自己亲执牛耳与众国君歃血为盟。

这里解释一下春秋时候诸侯盟会的仪式流程。

首先，要在会盟的地方挖一个方形的大坑，然后在坑边把牛、羊、马等牺牲宰了取血，再将牺牲的左耳割下来放在玉盘子里备用，剩下的牛羊尸体就扔在坑里，招待鬼神享用。

一般来讲，盟会中地位最高的人负责割耳朵，所以称盟主为"执牛耳"。大概牛是牺牲中顶级的，故大型盟会一般用牛，商代时也有用人牲的，但太残忍，周代时很少用了。

此外，取的牲血也要用敦盛起来，用于在盟会的时候书写盟约，称为"血盟"。盟书写好后，每人再微饮血，将牲血涂抹在嘴唇上，称为"歃血"。歃血完毕，盟主就带领大家一起大声宣读盟誓，最后依照惯例说两句"如违此誓天诛地灭"之类的狠话，完了就将盟书的正本（一般为玉、石所制）放在坑里的牲体上面，再多扔几块玉器进去（古人认为玉代表信用），填土埋好（1965年在山西晋国遗址出土了五千余件"侯马盟书"），供鬼神时刻监督检查——谁违约就惩罚谁。盟书的副本则由参加盟会的诸侯带回本国，放在"盟府"里好好收藏起来，由太史负责保管[①]。所谓盟府，就是周天子及诸侯所置收藏盟约文书、封爵策勋的机构。在下一次盟会的时候，诸侯们往往还要找出上次的盟书以"寻盟"，即重温前次会盟的盟约。

据《左传·襄公十一年》记载，负责监督盟约的"各路神仙"包括司慎、司盟（二天神）、名山、名川、群神、群祀、先王、先公、七姓等十二国之祖。由此可见周人对于盟约的重视程度。

言归正传，我们回过头来说齐桓公，齐桓公强压怒火先行执牛耳的时候，并没有发现，在与会的各国领导人中，竟有一人比他还郁闷。

这个人就是宋桓公，他之所以郁闷，是发现自己好像被齐桓公给耍了。

为啥这么说呢？原来周朝分封诸侯一共有五个等级，由高到低分别是公、侯、伯、子、男，宋桓公为先朝贵胄，位列公爵，比齐桓公的侯爵要高一等，而且宋国地广人众，国力与齐国只在伯仲之间，按道理，执牛耳的盟主就算不是周天子，也应该是宋桓公才对，就算是宋国历经内乱需要齐国帮助，宋桓公也没有理由做齐桓公的跟班小弟，没想到齐桓公竟直接大摇大摆地做了盟主，这不是给宋桓公好看吗？他能开心吗？

何况，鲁、曹、卫、郑等地位比他低的诸侯都不卖齐桓公面子，他宋桓公为啥要卖呢？这不是自贬身份？

宋桓公越想越觉得自己没面子，于是他没等会开完，竟自个儿偷

[①] 《左传·僖公二十六年》："载在盟府，大师职之。"这里的"大师"，学者多指出当为"大史"之误，亦作"太史"。

偷溜回国了。

身为殷商后裔的宋国人继承了祖先的贵族臭脾气：说得好听点就是荣誉至上，胜于生命，说得难听点就是死要面子，宁愿死了都要面子。

宋桓公有了面子，齐桓公的面子却全被丢光了，他气急败坏，心里直把宋桓公祖宗十八代骂了个遍：好你个殷商余孽，寡人开这破会，就是为你定名分的，现在你却半途走人，公开拆我的台，你要寡人的面子往哪里搁？

在第二天的会议上，齐桓公傻傻地看着陈君、蔡君、邾君三位"小朋友"，再也没了昨日的意气飞扬。他本想风风光光地开场大会，顺利荣登霸主之位，却没想到最后只剩下三个小国国君，这会开得还有啥意思！

最终，齐桓公只得在高坛上空喊些政治口号，走完过场，将会议草草结束。

这就是齐桓公"九合诸侯"（指九次重要盟会，不包括其他小型盟会）的第一合，其间虽然风波不断，但它毕竟是周代有史以来第一次以诸侯身份主持会盟的称霸活动，它代表着中国共主政治的结束，霸主政治的开始，其意义相当重大。当然，从具体会盟情况来看，齐桓公当时就想以诸侯身份代行周天子职权，称霸天下，恐怕还是太早了些。不过，齐桓公虽有些丢人，但收获还是很大的，因为通过这次试探，齐桓公对齐国的影响力有了一个准确的评估，接下来就可以据此调整自己的外交战略。北杏会盟后，齐国立刻发兵吞并了鲁国的附庸遂国[1]，以向中原诸侯示威，然后很快又发动了对鲁国的攻击。这便是春秋时代争霸战争的先声了，虽然还是谁不服打谁，但明面上叫作替周天子讨伐不义，这样就可以将争端升级为替天行道，政治高度就上

---

[1] 位于今山东肥城南，是周武王所封舜帝的后裔。所谓附庸，《礼记·王制》云"不能五十里者，不合于天子，附于诸侯"，差不多只相当于一个乡镇。其实，齐桓公貌似宽厚，却无情地灭了不少小国，《荀子·仲尼》言："（齐桓公）并国三十五。"只不过他灭的都是些没什么存在感的蕞尔小国，所以不太惹人注意。

来了！

总之，齐桓公就是要向天下宣示，新的霸主时代就要来临了，顺之者昌，逆之者亡！

十二、中国第一刺客，他做到了荆轲未能做到之事

齐桓公盟会之后，自觉颜面尽失，于是想挽回颜面，攻打宋国。

管仲对此却表示反对，他认为此次会盟，本是为终结宋国的乱局，会后又挥军进攻宋国，之前的道德谋划就功亏一篑了。而且宋国毕竟有来参加盟会，不算违抗天子之命，真正违抗王命的，是没来参加会盟的鲁、郑、曹、卫四国，其中鲁国是齐国的宿敌，屡服屡叛，又在各国中最为显贵，如果它都彻底服了我们，其他国家还能有二话？

齐桓公深以为然，于是在该年夏，率军攻灭了鲁国的附庸遂国，表面上的理由是遂国敬酒不吃吃罚酒，没有响应号召参加北杏盟会，实际上是杀鸡给猴看，给鲁国一个下马威。然而鲁庄公并没有被齐桓公给吓住，反而派了大将曹沫带兵去攻打驻扎在遂国的齐军，欲为遂国复国。

需要指出的是，在刘向《新序》及《管子》的记载中，此战鲁军的大将是我们前面说过的《左传·曹刿论战》中的曹刿而非《史记》中所言的曹沫，也许曹沫与曹刿是同一个人的两个名字。北大教授李零在《为什么说曹刿和曹沫是同一人》（《读书》2004年9期）一文中引用了唐代司马贞的《史记索引》、清代梁玉绳的《人表考》、杨伯峻的《春秋左传注》、陈奇猷的《吕氏春秋校释》等，从训诂学的角度（即认为"刿""沫""翙"等字是发音相近的通假字）考释后认为，曹刿与曹沫确为同一人，我们也按此观点，将他们看作同一人。

根据李零先生所整理的上博简（《上海博物馆藏战国楚竹书》）中的《曹沫之陈》，曹沫（曹刿）在长勺之战后就成为鲁庄公的重要军事

政治参谋,并在鲁国进行了一系列的政治教化与军事人事改革。然而,从简文中可知,此次改革并未涉及经济(此亦并非曹沫之强项),结果一场贸易战,让鲁国的经济崩溃,而齐国则大发横财。另外,曹沫的军事改革仍然以宣扬诡谋为主,而未能对鲁国军队实力有实质性的提高。也就是说,"内力"毫无精进的鲁国靠着曹沫的一些"花哨招式"对宋、齐两线作战,穷兵黩武,结果被齐国实力碾压,最终曹沫不但没能为遂国复国,反而三战败北,损兵折将,还丢失了鲁国大片土地。齐军兵临城下,鲁庄公仰天长叹:"嘻!寡人之生不若死。"他只得乖乖认输,发书请求与齐桓公在柯邑(今山东阳谷西北)补个会盟,约定以后无论齐国攻打哪个国家,鲁国都要乖乖出兵助战,服从指挥。

齐桓公于是开开心心地来到柯邑,登上高坛,执牛耳与鲁庄公歃血为盟,准备订立和约,正在此时,谁也没想到的事情发生了!

只见鲁庄公旁边的曹沫突然拔出暗藏在袖子里的短剑,纵身而起,一剑直指齐桓公,齐桓公身旁两个卫士急忙挡在他身前,曹沫却看也不看,左右两剑,电光石火间,两人已被刺倒在地,血溅高坛,再一看,齐桓公的脖子上已经多了一把短剑。

事发突然,众人来不及应变,眼见着一把明晃晃的短剑在齐桓公的眼前闪着寒光,还不断地滴下血来,人们一个个都蒙了。

"均之死也,戮死于君前!"(我要跟齐君同归于尽!)曹沫声如洪钟,厉声喝道。

朔风凛冽,曹沫须发皆飞,震得众人心胆皆寒,再加上曹沫人质在手,所以谁也不敢妄动。

齐桓公和管仲一下子都慌了,鲁国一向是君子之邦,他们怎么也没想到,鲁人竟会干出这等绑票的事情出来。转念又一想,这曹沫并非"肉食者"出身,自然不爱讲贵族间的规矩,上次长勺之战就没有遵守战礼,这次不过是故技重施罢了,又有什么奇怪的呢?

大意,还是大意了啊……

不管怎么说,这是齐桓公又一次近距离接近死神了。上次他中了管仲的冷箭，靠假装吐血蒙骗过关，但这一次，利剑在喉，避无可避，小命完完全全捏在曹沫手里，这可怎么办？

但是很快，齐桓公又冷静了下来，他知道曹沫一定不会对自己动手的，因为高坛上都是齐军，只要自己稍有不测，鲁庄公和曹沫谁也别想活着回去，所以还是听听曹沫到底想干吗吧！

曹沫是中国历史上第一个刺客，也是中国历史上第一个劫盟者，他的举动旷古绝今，无人懂得该如何应变，管仲只能立刻与曹沫展开谈判。

管仲问曹沫道："子将何欲？"

曹沫咬牙切齿地说道："齐强鲁弱，而大国侵鲁亦甚矣，今鲁之境去国五十里，亦无不死而已。"

这句话的意思是：齐国以大欺小，屡次侵入我们鲁国，以至现在鲁之边境，离国都只有五十里了。败军之将辱国辱民，我无非一死而已。

管仲明白了，原来曹沫只是想要回鲁国的失地，这好办，还给他们便是。区区几座城池而已，犯不着为了这个丢掉国君的性命。于是管仲请求齐桓公答应，齐桓公看着颈边寒光闪闪的短剑，只得唯唯。

于是，齐国与鲁国重新定盟，齐桓公亲自与曹沫歃血，答应归还之前三战鲁国丢失的土地，终于把事情给顺利解决。曹沫这才收剑徐步回位，平息如初，面不改色，谈笑如故。

柯邑之盟结束后，齐国群臣都很不服气，还地盘这都没关系，关键是这口气咽不下！鲁国人输了就输了，怎么能做出此等狗急跳墙的无耻之举呢？于是他们纷纷向齐桓公建议："胁迫之盟，不彰于神，曹沫可雠，请背盟而讨曹沫。"

意思是：不守被胁迫之盟，算不上无信，神明也不会降罪！曹沫以臣犯君，持刀挟持我们国君，更是罪该万死！咱们不仅不能还地，还一定要追究到底！

确实，齐桓公此时赖账不会有任何责难的声音。事实上，就连孔子也不会遵守这种被要挟的盟誓，据《史记·孔子世家》记载，孔子途经蒲邑被人扣留,在威逼下立誓,保证不去卫都,被放走后却依旧前往,子贡问他为什么要背弃盟誓,孔子便回答:"要盟也,神不听。"

看来,连后世的道德楷模孔子都认为可以赖账,但管仲却思虑得更远,他表示:"要挟之盟可负,而君不负;鲁君曹沫可仇,而君不仇,则可以信着天下矣。"

碰到这种情况,谁都可以负约,但主公您不能负约;谁都可以报复曹沫,但主公您不能报复曹沫,因为主公您是要当霸主的,而霸主绝对不能失信于天下。

齐桓公闻言陷入了深深的纠结之中,怒火与理智在拉锯。

终于,在经过了一番激烈的思想斗争后,齐桓公还是决定兑现自己的承诺,虽然这是他在暴力胁迫下所应许的非法赎金(据《吕氏春秋》记载为四百里土地),但是不要紧,所谓有失必有得,他所失去的,终将千百倍地回报他——他得到了人心。

对于一个志在天下的霸主而言,还有什么比人心更重要的?诸葛亮平南中,七擒孟获,打的就是攻心战,所谓用兵之道,攻心为上,攻城为下,心战为上,兵战为下。

齐桓公遵守承诺归还鲁地的消息一经传出,效果立竿见影,天下人皆觉得:"齐侯连对鲁君和曹沫都能守信,何况他人呢?"哪怕是在生命受到威胁情况下对绑匪说的话,齐侯也一定会做到,那么他所说的任何话,自然也就不需要怀疑了。

柯邑之盟是齐桓公称霸前的重要一笔,齐桓公以实际行动,表达了王命与盟约的不可侵犯,最终打了一场精彩至极的舆论战。所以史书记载,经此事后,"天下诸侯,翕然而归之"。不仅鲁国从此成为齐国最死心塌地的盟友,其他诸侯也均被齐桓公的胸襟与气度所折服,卫国和曹国更是派人来向齐桓公请罪,这就是舆论的滚雪球效应,不顺势依附而上,就只能被碾压在其下。

而曹沫也由此被列为《史记·刺客列传》第一位,成为天下第一刺客,成为传奇中的传奇,试问史上有谁能一人一剑,劫持万乘之君,为国家挽回巨大损失，争取巨大利益？没有，根本没有。后世荆轲也想效法曹沫劫持秦王嬴政，逼秦国退还所吞并的六国领土，可惜他无论武艺还是应变，都不如曹沫，结果功败垂成。其实就算荆轲劫持嬴政成功，嬴政也一定不会认账，因为时代已经完全不同了。

当然，曹沫劫持齐君一事，虽然短期内为鲁国争取了利益，但从长远来看，并不利于鲁国的形象，而随着鲁国之信誉溃败，鲁国的崛起梦也就彻底破灭了。毕竟，如前所述，时代不同，游戏的玩法也不同，虎狼之秦可以尽情地打破规矩，最终统一天下；但号称君子之邦的鲁国却不能一次次地破坏游戏规则，毁坏自己的声誉。非要这么做，大家也就不会再跟它玩儿了，最终还是只能臣服在天下归心的齐国脚下。

从这方面来说，曹刿（曹沫）虽然奇谋勇略兼备，但在政治能力与战略水平上差管仲太远。只能说，曹沫既生对了时代（作为刺杀活动与诡诈计谋的先行者），也生错了时代（尚未完全礼崩乐坏），他注定将要沦为鲁国崛起之路上的罪人，沦为他自己口中那"不能远谋"、急功近利的悲哀"肉食者"。

柯邑之盟后，很多国家都投入到强大齐国的怀抱中，现在只有宋国和郑国两个中原大国没进入齐联盟体系了，宋国实力与齐国相差无几，自然不肯轻易就范，而郑国在强大楚国北进的压力下，不得已归服了楚国，自然也不肯给齐国好脸色。毕竟楚国距离更近，这是近在咫尺的威胁。

就在这时，新即位不久的宋桓公为稳固权势，竟然发动大军攻打杞国，现在杞人不忧天了，他们只担心被宋国灭了，所以立刻派人去向霸业初成的齐桓公求救。齐桓公也正恼火年初齐国第一次举办诸侯会盟时宋桓公逃盟之举，现在机会和借口都送上门来，搞定宋国的时机终于成熟了。

于是，在齐桓公六年（前680）春，桓公召集了陈君、曹君两个小弟，挥军直指宋国。

不过这次齐桓公学乖了,他总结当初北杏之盟失败的经验教训,在兵发之前,特意亲自去了成周一趟,告宋桓公背盟并侵犯杞国的刁状,并请周天子同意他们此次伐宋之举。

周天子当然同意,不但同意,而且倍儿欣慰。按照辈分,周釐王得叫齐桓公声姐夫,况且,两家自打周武王与齐太公的时代,就常常联姻,齐国历代先君,也都兢兢业业,助周天子开疆拓土,教化夷狄,贡献巨大。再加上春秋以来,天下礼崩乐坏,诸侯们各行其是,交相混战,已经明显过气的周天子别说管不了,甚至有时候都没人知会他一下,他这个名义上的天下共主,也不知当得有多郁闷,只有齐桓公动不动派人来请示报告,对他如此尊重,如此卖他面子,这可真是大大抚慰了他那颗伤痛已久的心灵,你说他能不欣喜感动吗?

看来,齐桓公在政治上越来越成熟了,至此,他的称霸天下大战略,已经成形了一半,这一半就是"尊王"。在齐桓公之前有个郑庄公,当时他的实力并不比齐桓公差多少,但他的霸业为什么没能成功?就是因为他没有做好这两个字。

于是,周天子对齐桓公这个姐夫大加赞赏了一番,并派周卿士单伯,率领王师,与诸侯联军一同伐宋。

齐桓公等的就是这句话,现在他有了周天子这把"尚方宝剑",大大增强了联军的正义性和权威性,还怕天下诸侯不乖乖奉令吗?

果然,宋桓公因柯邑之盟后齐桓公声誉日隆,又见天子之王师亲至,哪里还敢造次,赶紧向齐桓公承认错误,请求原谅。

齐桓公大方地原谅了宋桓公,宋桓公感激涕零,当即表示无条件支持齐桓公当霸主。

宋乃好古之国,从来最慕仁义,当年郑庄公不够仁义,所以宋国老是给他捣蛋,搞得郑庄公只能小霸一下,而无法进入春秋五霸之列。如今齐桓公手持尊王的仁义大旗,正是对症下药给了宋国一针,于是宋国彻底服了,从此终宋桓公一生,乃至他的继承者宋襄公,都是齐桓公的忠实盟友与头号小弟,鞍前马后,不遗余力。宋桓公在晚年,还每每以齐桓公之事，教导其子，结果矫枉过正，把宋襄公给搞得过迂了，这是后话。

现在，邻近齐国的宋国和鲁国都已经投诚，齐桓公便决定将霸业推向更远的地方。郑国是中原大国，却违抗王命，投靠楚国，必须赶紧搞定，以儆效尤。

于是，管仲给齐桓公定计，用"以弟篡兄，犯分逆伦"的名义把现任郑君赶下台，扶持流亡在外十七年的郑厉公复位。

话说得好听，岂不知当年齐桓公也是以幼弟身份上台的吗？

没办法，谁叫郑国比齐国弱，弱就是原罪，话语权永远掌握在强者手里。

于是，在齐桓公的暗中支持下，郑厉公成功发动政变，回国即位。作为交换，郑厉公表示投入齐国的怀抱，于是在这年冬天，周大夫单伯与齐桓公、宋桓公、卫惠公、郑厉公在鄄地（卫地，今山东鄄城西北）会见，商谈会盟事宜。次年（前679）春，齐桓公九合诸侯之第二合——"鄄之盟"在一片友好和谐的气氛中于鄄地成功落下帷幕，此次会盟，宋、卫、郑三个中原大国正式承认了齐桓公的霸主地位，同时这也是周王室第一次派大夫参加诸侯间的盟会，给了齐桓公巨大的面子。

从这一年开始，混乱不堪的春秋乱世终于迎来了一个齐桓公，他将赋予天下一个新的秩序、一个新的希望，他将带领天下誓死保卫华夏，建立一番能够媲美于他先祖太公尚的功业。

同年（前679）夏，沉寂于政界很久的鲁桓公夫人文姜突然来到了齐国，齐桓公很高兴，这说明鲁国已经彻底倒向齐国怀抱了。

前面说过，当年鲁桓公之死与齐国之乱，很大程度上就是齐襄公与文姜的乱伦之恋所引发的连锁反应。所以文姜后来决定将功赎罪，于鲁庄公二年（前692）放弃与情夫哥哥的同居生活，从齐国回到鲁国，担起了辅佐15岁鲁庄公的责任，并在此期间多次作为大使出访齐国执行外交活动，从而最终洗去了自己身上的道德污点，成为中国历史上第一位女外交家①。

再后来，周庄王十二年（前685），公孙无知死，齐国陷入无君的状态，22岁的鲁庄公决定抓住机会，干预齐国内政，妄图操纵齐国君位归属以争夺霸位，失败后齐鲁关系遂破裂，两国连年交战，这些内容前文已详述。在此期间，文姜无用武之地，故一直退隐幕后，直到柯邑之盟后，鲁庄公在军事外交上连连受挫，只能让自己的母亲文姜重回政治舞台，继续其亲善齐国之努力，以抚平近年来齐鲁战争所造成的裂痕。于是，文姜来到齐国，与久未见面的弟弟齐桓公进行了会商，商议改善齐鲁关系的具体举措，其中应该就包括鲁庄公迎娶齐女，重修两国婚姻之好的相关事宜。鲁庄公二十一年（前673），文姜去世，鲁庄公按照母亲的遗命，宣布将迎娶自己的表妹哀姜（齐襄公之女），并在母亲丧期内亲自到齐国来纳币订婚。

所谓纳币，其实就是我们现在所说的送彩礼。先秦的婚俗，需要经过纳采、问名、纳吉、纳币、请期五步礼仪程序，然后才可迎娶过门。当时贵族送彩礼，一般需要五两（即二百尺）丝织成的帛，再加鹿皮两张。像鲁庄公这样的诸侯级大贵族，还要再加上一个大璋（某种贵重的玉器）。鲁庄公二十三年（前671），鲁庄公应邀到齐国观摩祭祀土地神大典暨阅兵仪式，并顺便看望哀姜。鲁庄公二十四年（前670），鲁庄公又亲自至齐迎娶哀姜。这都是超越礼制的重视。

至此，齐鲁上一辈的恩恩怨怨终于烟消云散，齐鲁关系进入蜜月期，鲁国成为齐桓公霸业的坚定追随者。

---

① 不论是周代，还是后来中国古代历朝历代，国君夫人的职责就是治理后宫，绝无可能独自跑到别国去与别国君主在公开场合会面，何况是举行高级别的外交活动，但学者刘勋通过六层文献证据分析认为，文姜在鲁庄公时期确实获得了一种类似于摄政君的特殊地位，能够代表鲁国在国境内或他国从事元首外交活动，比如说与齐国君主直接谈判。而文姜去世后，不仅获得了单独的谥号，还是最高级的美谥"文"，这都说明文姜用自己的出色政绩与外交贡献洗去了自己的道德污点，让鲁国的礼法君子们都表示敬服的。参阅刘勋：《春秋十日谈》，四川人民出版社，2023，第36—40页。

十三、管仲的大国战略：不灭一国而制衡天下

齐桓公终于成为春秋历史上第一位霸主，然而，在霸业之初，他的地位并不稳固。

齐桓公八年（前678）秋，宋的附庸国郳国（今山东滕州东，又名小邾国）叛宋，齐桓公作为老大，必须为小弟两肋插刀，于是率宋、邾二国一起去教训郳，没想到郑国却趁此机会侵入宋国（今河南商丘），完全视去年的"鄄之盟"如无物。

齐桓公深感恼火，便于次年夏率齐、宋、卫三国联军一同伐郑，郑厉公是个有名的墙头草，看势头不对又赶紧派人向齐桓公请和。齐桓公连续征战，为小弟出头，尽显带头大哥风范。

为了重申诸侯间秩序，共尊王室权威，维护和平，齐桓公决定趁此机会再举行一次诸侯盟会，是年冬，齐、鲁、宋、陈、卫、郑、许、滑、滕九国大会于幽地，这便是齐桓公九合诸侯之第三合，也是春秋初年最盛大的一次盟会——幽之盟。

这里要顺便解释一下，所谓齐桓公九合诸侯，并不是说齐桓公只举办了九次盟会，而是泛指多次盟会。因为九是《周易》中的阳数之极，古人常用它表达"多"的意思。其实据实际史料统计，齐桓公在位43年，召集和主持诸侯国间的大小会盟达到22次，这在古代交通不发达的时代是相当夸张的。

总之，幽之盟，参加的诸侯人数众多，人心最齐，齐桓公的霸业，再次升级，进入了一个新高潮。另据《管子》记载，在这几次会盟中，管仲得以在列国中通过了三条重要的经济条款。

第一条，是慈善事业，即"养孤老，食常疾，收孤寡"。

第二条，是统一度量衡和有序开发，即"修道路，偕度量，一称数，菽泽以时禁发之"。意思是说各国要修整道路，统一度量衡，以便各国经济交流，同时还要对山林、川泽按四时之序进行开发利用，不要

滥砍滥伐，涸泽而渔。当然，这一条虽然富有远见卓识，但牵涉太多，光靠盟约是很难执行起来的，最终还是得靠三四百年后的秦始皇。

第三条才是关键的重头戏，即规定"田租百取五，市赋百取二，关赋百取一"。这是要求各国降低田赋、关税与市场交易税。低田赋则使民有余钱，低关税与市赋则利于商品流通，这也许是世界上最早的自由贸易吧。今天的经济学家都知道，低税率的政策，有利于经济大国的商品输出，但两千年前的执政者，却未必都了解这层深意，管仲这是打着"古王仁政"的旗号，偷偷夹带私货，真是太鬼机灵了。

总之，齐国通过这几次盟会，大大提高了自身的政治影响力与经济实力。齐桓公和管仲很聪明，他只欺负小弟，管教小弟，却从来没有打算消灭对方（蕞尔小国不算）。也就是说，齐国只注重大张齐国利益，却不会对某个国家提出领土要求。在政治上，齐国要的是诸国服从齐国，在经济上则要求诸国开放本国市场，以便让齐国的优质产品倾销天下，并趁机控制各国的经济命脉与市场价格。如果对方不就范，那就用道德舆论打压，联合大家孤立，或者一起打击。

到了齐桓公十九年（前667），周惠王（周釐王之子）终于遣卿士召伯廖赴齐，赐封桓公为方伯（方者，地方也。伯者，大哥也。意思就是地方大哥），在手续上正式确认了齐桓公诸侯领袖的地位。齐桓公的霸业不断升级，成为一致公认的霸主。

十四、千里远征，拯救华夏文明

齐桓公霸业初成的时候，刚好也是华夏文明最危险的时候。因为"狼"来了。这里说的"狼"，也就是被称作蛮、夷、戎、狄的华夏周边少数民族，这些民族其实与华夏同源，他们之所以被如此称呼，不是因为血统和基因，而是因为生活方式。只有坚定地遵从周礼周文化，才被认为是华夏正统。所谓华夏，与其说是种族范畴，毋宁说是文化范畴，凡归附华夏的蛮夷，都可以变为华夏，中华文明之发展，也向来不主张武力征服,而是主张以夏化夷。其实"华"的本意,是木本植物开的花,引申下来就是指美丽的服饰、高雅的文章与灿烂的文化,中华民族文化自信的根源,即在于此。

在两周之交,华夏遭受重创,周边民族乃沮向化之心,趁着春秋乱世政局动荡,屡次侵入中原,严重威胁了华夏百姓的安全。当初西周覆灭,就是由于西北犬戎作祟;后来,犬戎暂时被秦国压制住了,北方另外一支周边民族——山戎又崛起了。

其实,山戎并非完全的野蛮人部落,而是一个在燕山两麓已建国上千年的古老方国。考古发现其本地青铜铸造业非常发达,其墓葬随葬各类青铜器亦相当之多,这些青铜器既有南方的中原青铜礼器,也有北方草原特色的青铜武器。研究还发现,山戎文化社会经济发展的一大重要基础就是通过种种关系自南方邦国得到的资源,据学者研究,山戎对中原文物之吸收包含青铜兵器、货币、青铜礼器、漆器、丝织品、铜车马配件、陶器等,其方式有直接获得也有本地模仿制造[1]。这些资源成为社会地位的标志物,通过层层赐予以稳固部族内各级武士贵族之地位与阶序,其表现是:愈大型的墓葬,其随葬品中燕国或其他中原诸国的器物愈多。

然而,山戎毕竟距离中原太远,且随着公元前2000年至前1000年前后气候干冷化,当地农业经济越来越衰微,对畜牧经济越来越倚重,同时也越来越不定居,表现在考古上,其房屋和居址都十分少,陶器也少,且制作粗糙,农作工具基本不见。墓葬中的殉牲有牛、马、羊、狗,猪却非常少见[2]。另外,男子随葬品中的武器与马具不仅多而且制作精致,显示出其武装化倾向相当之强烈与普遍。

总之,山戎文化比犬戎先进,实力比犬戎强大,武力比犬戎凶悍,

---

[1] 靳枫毅、王继红:《山戎文化所含燕与中原文化因素之分析》,载《考古学报》2001年第1期,第43—72页。

[2] 王明珂:《游牧者的抉择——面对汉帝国的北亚游牧部族》,上海人民出版社,2018,第118—123页。

对华夏文明的威胁也更大，诸夏中位置靠北的燕、邢、曹、齐、鲁等国均深受其苦，却又都拿他们没什么好办法。可以说，山戎就是悬在诸夏头上的一柄利剑，不把它连根拔去，不仅天下永远得不到安宁，恐怕就连华夏文明，都有可能因此而断绝。

这不是危言耸听，世界四大古文明，除了中国，其他三个都灭亡了，且都亡于比他们更落后的文明。

按道理，受到威胁时应该是华夏共主周天子勇敢站出来，率领诸侯驱逐外虏，保卫家园。但我们知道，当时的周王室已经相当疲弱，他没有能力办成这件大事。所以理所当然的，历史选择了天下首任霸主齐桓公，代替周天子完成这项历史使命。

面对历史的选择，齐桓公毫无惧色地站了出来，振臂高呼，他决定远征千里，独入险境，力驱群狼，为诸夏除此大患，将危局彻底扭转。这也就是他称霸天下大战略的另外一半——攘夷。

在齐桓公看来，诸夏之间交相攻伐，说到底只是兄弟之间的事，《诗》云："兄弟阋于墙，外御其侮。"再怎么闹腾，也是自家兄弟。但戎狄侵伐中原，是诸侯们共同的大敌，大家必须团结起来同御外虏才对。

整个春秋时代，齐桓公所提出的"尊王攘夷"是主流观念，要到战国这四个字才变得不合时宜。

齐桓公二十二年（前664），山戎大举侵入燕国，燕国国君燕庄公抵挡不住，赶紧向齐桓公哭诉求救。

燕国的先祖燕召公奭，与齐国的先祖太公尚，鲁国的先祖周公旦，都是辅佐周王室灭商的重臣，拥有深厚的传统友谊。燕国早期都城琉璃河遗址（位于今北京房山）出土的太保罍盖铭文，就记录了当时周王授民六族给燕侯克[①]，与之一同前去接受土地人民。这六族中，据学者

[①] 燕侯克乃召公奭长子。召公另有一系留在畿内守祀宗庙，辅佐王室（如西周末年有召穆公召虎）。二者共同维护国家的稳定与周王的统治。这也是周朝高级贵族的惯例，如周公旦有鲁国鲁公、畿内周公两系，南宫适则有随国曾侯、畿内南宫氏两系，此外还有邢国邢侯与畿内井叔等。

考证，有殷商遗民及周人的西北盟友如羌方、马方等部族。琉璃河遗址的贵族墓地分为殷人与周人两个区，亦证实了这一点。

只是，由于燕国太过偏远，交通不便，又被山戎环绕阻隔道路，所以与中原各国很多年音讯不通，但燕国毕竟是华夏的一部分、周室宗亲，于情于理于义，齐桓公都必须前去救援。

这里还要解释一下，河北平原现在虽是通途，但在上古时代，因这里地势低洼，黄河频繁改道，到处漫流，四溢成泽，导致这片区域成了千里黄泛区，除了西侧边缘从北到南建有燕、邢、卫三国外，其他地方都交通不便，人迹罕至[1]。直到战国中期以后，随着冶铸技术与治河水平的提高，人们在黄河两岸"修利堤防，道达沟渎"（《礼记·月令第六》），"排水泽而居之"（《汉书·沟洫志》），这才让这片平原迅速发展起来，成为著名的农业区（黄河淤泥使这里土地尤为肥沃）与商业中心。战国晚期，齐赵魏燕四国对这里争夺得相当厉害。济西河间之地，在几十年间数易其手，便可见一斑。

总之，仗义救燕，这是一条正道，也是一条畏途，齐桓公虽然必须去，但如果其他国家不愿去，齐桓公也不勉强。

果然，其他国家都找了诸多借口，不愿前往，齐桓公乃单独率军远征，做下捍卫华夏文明之壮举。

正如鲁人所言："师行数千里，入蛮夷之地，必不反矣。"齐桓公此去伐戎，越千里之险，其实凶多吉少，然而，他还是必须去。

霸主不是那么好当的，他必须大义凛然，不畏艰险，带好头，领好路，这样才能成为诸侯表率。

齐军在第二年的春天出发了，大军共"良车三百乘，教卒万人"，浩浩荡荡，一路向北，历经险阻，终于来到燕国都城临易（即今天河

---

[1] 考古也发现，无论山东丘陵，太行山东麓还是山西、河南等地，都可以找到古人类留下的遗迹，唯有河北平原的腹心地带却是一片空白，既没有文化遗迹，也没有城邑、聚落的可信记载。直到战国时期各国黄河堤防建起，这一带才出现了一些城邑。赵武灵王四年（前322），赵国便掘开了河水堤防，让伐赵的齐魏退兵。可参阅韩茂莉《中国历史地理十五讲》，以及谭其骧《西汉以前的黄河下游河道》。

北雄县,由于山戎入侵,燕国在三十多年前从蓟城南迁至此)。面对齐桓公强力的战车部队,山戎难以抵挡,他们纷纷退却,逃回北方燕山山区,借助有利地形,再与齐军周旋。

现在怎么办,至此而返吗?也许这是最好的选择,但齐桓公不这么认为,山戎一触即逃,实力并未受损,恐怕齐军一走,他们又会卷土重来,到时候燕国又危险了。再说了,这么远来一趟不容易,不能浅尝辄止,必须一劳永逸。

于是,齐桓公断然决定,继续北征,把山戎彻底打趴下,为燕国永除大患。

燕庄公感动得眼泪都快流下来了,他终于明白了什么叫作急人之难,什么叫作华夏大义。

于是,齐国大军在临易稍作休整,然后继续往北进兵,以最快的速度杀至山戎第一大本营令支国(今河北迁安市西)。

山戎人从来没有见过如此难缠的中原军队,结果一战下来,山戎大败,只得抛弃令支城,继续往北,逃往山戎第二大本营——孤竹国(今河北卢龙一带)。

孤竹是一个古老的方国,早在距东周一千年前,这里就是商王朝的宗亲诸侯封国。商朝末年,孤竹国的两位国君继承人伯夷和叔齐互相推让,争着不肯当国君,全撂挑子跑了,后来商朝灭亡,这俩人又坚决不肯吃周朝的粮食,结果双双饿死在首阳山上。孤竹于是成了山戎人的王国。

伯夷、叔齐是远古赫赫有名的大贤人,齐桓公当然也听说过这个故事。他决定趁此机会,灭掉孤竹,赶走山戎人,为中原诸国争取更大的生存空间。

结果,一场大战,山戎人又战败了,山戎王孤竹君也被齐军抓住砍了头,剩余败兵如鸟兽散,齐军凯旋。

据《韩非子》一书记载,齐军打了胜仗后回程时,在山中迷失方向,左转右转,结果走不出去了。

这可真的很惨,像齐桓公这样养尊处优的公子哥儿,哪里受过这样的苦,但见茫茫的大漠上,沙尘蔽日,地暗天昏,齐桓公吃了好几天的灰,满身脏臭无比,没有洗澡水,没有歌舞秀,更没有珍馐美食,只有永远刮不完的风,永远走不完的路,齐桓公从失望到绝望,从失常到变态,《管子》一书记载,齐桓公伐山戎期间精神几乎崩溃,甚至产生幻觉,以为自己看到了鬼。

还好齐桓公手下有天下顶尖的聪明人管仲,管仲编了个瞎话,说只有霸主才能见到这种山鬼,安慰了齐桓公,并很快想出了条妙计——老马之智可用也。

这就是成语"老马识途"的出处了,管仲早年四处经商,见多识广,或许也贩卖过牛羊马匹吧,他让俘获的山戎老马带路,利用它们超强的记忆路途的动物本能,终于带齐军走出迷途,寻到了回家的路。然而齐军迷途十数日,带出来的水已经喝光,沿途也没能找到水源,齐桓公绝望地仰天长叹:"天不佑齐,寡人要死于此处了!"

这时,齐桓公手下第二聪明人站出来了,他就是齐国负责对外事务的隰朋。

隰朋给齐桓公出主意:"蚁冬居山之阳,夏居山之阴,蚁壤一寸而仞有水。"意思是,如果蚁穴口封土高一寸,那么其下八尺(仞)必有水。

齐桓公大喜,当时正是夏天,所以他赶紧派人在山的北面找到一个蚂蚁窝,顺着挖下去,不一会儿,喷泉飞射而出,齐军欢呼声震天,齐桓公、隰朋、管仲三人张开双臂,紧紧拥抱在一起,齐声发出了孩子般的大笑。

至此,强大的山戎彻底灭亡了,其部众遂大多脱离其贵族豪长的控制,而向北加入辽西草原地区较平等自主的游牧部族之中,后来发展成为战国时代相当强大的东胡。可以想象,如果齐桓公与管仲这些伟大的人物葬身在沙漠之中,齐燕衰弱,那么山戎与东胡很可能趁机崛起,吞燕伐齐,侵入中原。

20世纪80年代，中国考古队员在北京延庆一带发现了大量的山戎墓地，在出土的随葬物中，有锋利的青铜短剑、精美的虎纹腰带饰牌，以及大量耳环、黑白色石珠、绿松石珠和各色玛瑙珠项链，另外还发现了大量青铜削刀与青铜刀币，说明狩猎与贸易是山戎人生活中的重要组成部分。至此，这些差点将燕国从中国历史上抹去的山戎人的形象已经非常明晰了，他们身材高大（身高一米八左右），头顶光而无发（或在头的周边和侧面编结小辫），戴耳环，挂项链，腰系胡带，身佩短剑，十分彪悍勇武。

看来这的确是一个历史悠久、实力强大而勇武好战的部族，可惜，他们碰上了巅峰时期的齐桓公，真倒霉。

顺便提一下，据说我们现在的"秋千"就是山戎人发明的。相传秋千本是戎人练习身体敏捷度的一种体育运动，齐桓公打败他们后将其带回中原，从此成为宫廷中的一种游戏，再慢慢流传到了民间。另外我们吃的葱和大豆也是齐桓公从山戎那里带回来的[①]。

齐桓公北伐山戎，不仅将燕国从灭亡边缘挽救了回来，而且让燕国往北方燕山方向扩地五百余里，一跃成为北方大国。燕后来能够名列战国七雄，或多或少要感谢齐桓公。

燕庄公真的感动坏了：一个别国国君，不远千里来到燕国，把燕国当成自己的国家来保护，这是怎样一种高尚的情操？自己若不知感恩，岂配为人？

于是，齐桓公胜利回国时，燕庄公具礼相送，千恩万谢，送了一程又一程，一直把齐桓公送入齐国境内五十里，仍然依依不舍。

齐桓公也很感动，他表示："非天子，诸侯相送不出境，吾不可以无礼于燕。"按照周礼，除了天子，诸侯相送是不能出境的，否则就是无礼，那么怎么办呢？没关系，齐桓公大手一挥，当即宣布，燕庄公

[①] 据《管子》："（齐桓公）北伐山戎，出冬葱与戎菽，布之天下。"郑玄笺："戎菽，大豆也。"现今世界各国的大豆都是直接或间接从中国传入的，各国对大豆的称呼，几乎都保留"菽"的语音。

进入齐国境内的五十里土地，全部割让给燕国。

燕庄公大急，赶紧摇手拒绝，受了人家千里救命之恩，还要拿人土地，这世上岂有这样的道理。

齐桓公坚持要给，燕庄公坚持不要，两人在路上推来让去，折腾了老半天。

面对燕庄公无休止的客气，齐桓公终于变了脸色，他严词命令燕庄公不可拒绝自己的好意，并命他从今以后要重修召公之政，跟中原诸侯一道每年按时向周天子进贡。原来，由于交通不便，戎狄与东夷环绕，燕国在成康（西周成王、康王执政时期）之后就再没向周天子进过贡，也很少参与诸夏的朝聘盟会，这可太不像样子了。

齐桓公一番恩威并施，燕庄公终于彻底臣服了，他痛心疾首地承认了自己的错误，并表示将坚决服从霸主齐桓公，同攘四夷，共扶王室，修明法度，尽职尽责，为周天子看好北大门，以不辜负先祖召公的遗训，以及齐桓公的谆谆教诲。

另外，燕庄公在收下齐桓公赠给他的土地后，在此筑城，名曰"燕留"（今沧州一带），以纪齐德。

事情传出，天下诸侯都觉得齐桓公太仗义了，简直就是仁义道德的榜样。《史记》也记载，此事过后，齐桓公德布天下，诸侯闻之，皆从齐。

齐桓公高举"尊王攘夷"的旗帜，至此终于大获成效。自周室衰弱，天下礼崩乐坏，诸侯内乱不止，分崩离析，蛮夷外患四起，朝不保夕，内忧外患之下，华夏文明面临空前的生存危机。在这样的危机面前，时代呼唤新的英雄来扭转颓势，力挽狂澜。此时，齐桓公横空出世，如同一道闪电，划破黑夜，震醒沉睡的人们，翻开了历史的新篇章。

而齐桓公接下来要做的，就是继续切准时代脉搏，沿着这条正确的道路走下去。

十五、庆父不死，鲁难未已

其实，山戎大举侵入燕国的时候，燕国也向鲁国求援过。

如前所述，燕国的先祖召公奭，与齐国的先祖太公尚，鲁国的先祖周公旦，都是辅佐周王室的重臣，拥有深厚的传统友谊，只是由于燕国离中原太过偏远，大家很多年没有交流了。但燕国毕竟是华夏血脉、周室宗亲，于情于理于义，鲁庄公都应该前去救援。可他答应得倒挺好，最终却因为畏惧道路险远而没有出兵。按道理，齐桓公身为霸主老大哥，即便不找这小弟麻烦，也难免会有微词。

这很正常，换做谁，都会生气。

然而齐桓公不但没有责怪鲁庄公，反而亲自来到鲁国，将攻打山戎获得的一半战利品，贡献到了鲁国先祖周公旦的宗庙。按鲁国史书《春秋》上说，这是不合乎礼的，因为礼乐征伐都是天子专享的权利，各诸侯国即使对四夷用兵，也要向周王室报告，捉到俘虏则献给周天子，由周天子来处置外来入侵者，诸侯之间不能互相献来献去。鲁国的史官可真是得了便宜还卖乖。

其实，齐桓公这么做，就是要让天下诸侯都看到自己的宽容大度，并给不识相的鲁国施加点舆论压力。

齐桓公经常使这一招，百试不爽。只要让天下人都认为他胸怀似海，至臻圣贤，他的政治目的就达到了。《说苑》中说，后世真正的大圣贤孔子，就称赞齐桓公这是"圣人转祸为福，报怨以德"，意思是说齐桓公以德报怨，那是圣人之行。

果然，经此一事，鲁人对齐桓公彻底服气了。第二年，鲁庄公就为管仲建了一座叫作"小谷"的私邑作为感恩[①]。没多久，齐国要征伐莒国，鲁国又下令"丁男悉发，五尺童子皆至"（《说苑·权谋》）。而

[①] 见《左传·庄公三十二年》："城小谷，为管仲也。"赵生群《春秋左传新注》云："鲁国感念齐桓公之德，故为管仲城私邑。"管仲在齐的采邑名"谷"，在今山东平阴县东阿镇，因此鲁庄公便在鲁地为他新建了一座"小谷"。

干完了这最后两件厚道事之后,鲁庄公没多久就在自己的寝宫中病逝了,这种死法,在史书中叫作"薨于正寝",表示是正常死亡(这对于春秋国君来说太难得了)。一般来讲,只有天子与诸侯才能享受这种说法,不过后世把它给用滥了,无论谁正常死亡都能称作"寿终正寝"。

平心而论,鲁国虽然在鲁庄公的手里由盛转衰,但责任并不在他。他本人还是颇有能力的,特别是长勺一战,他大胆任用布衣人士曹刿,并且虚心问计,坦诚纳言,最终指挥大军击败了强大的齐国,可见他也是一位能识人、能用人、智勇双全的开明君主。再后来乘丘一战,他又击败了宋国大军,并以名箭"金仆姑"[①]射中了宋国主将南宫长万,活捉了这位天下闻名的猛将,传为千古美谈。上博简《曹沫之陈》还提到鲁庄公在接受曹沫"修政而善于民"的建议后,"不昼寝,不饮酒,不听乐,居不高席,食不二味",真可谓一勤政简朴之模范诸侯。只可惜管仲一场贸易战,击溃了鲁庄公的雄心壮志,让他年纪轻轻就抑郁而终,并在死前犯下一个大错。

原来,鲁庄公"正寝"前,选择了自己最宠爱的庶子公子般继位。这个错误的决定,让鲁国爆发了连续几场内乱。

原来,鲁庄公的正妻哀姜没有儿子,只有一个从妹妹叔姜(叔姜是哀姜的陪嫁媵妾)那里过继的养子公子启。所以哀姜就和自己的情郎——鲁庄公的弟弟公子庆父勾结起来,派人暗杀了公子般,改立公子启为君,这就是鲁闵公。

过了不久,庆父觉得鲁闵公也不好控制了,便与哀姜商量,想要杀了鲁闵公,自立为君。其实,即便庆父即位,也是不太可能让哀姜再当国君夫人的,因为庆父本身早有妻子,怎会再让哀姜插上一脚?如此,哀姜反而会失去政治上的利用价值。而且,庆父此举是不会得到齐桓公支持的,因为鲁闵公拥有齐国血统,又兼年幼,他在位对齐国更有利,齐桓公是绝对不会允许庆父当鲁国国君的。然而哀姜作为齐国在鲁国的利益代言人,却没有把庆父的阴谋告知齐国,也许她被

---

① 周纬《中国兵器史稿》:"仆姑,无名也。曰金者,矢簇之饰金者矣。"

爱情冲昏了头脑，也许她已被庆父软禁或控制，总之，齐桓公并没有得到任何消息。

鲁闵公二年（前660），庆父又派人暗杀了鲁闵公。

真是"庆父不死，鲁难未已"啊，鲁国人再也受不了这无休无止的内乱了，他们群情激昂，自发组织了一千多曲阜群众冲入杀人凶手的府邸，将其满门屠戮，然后又四处追杀庆父与哀姜，要除去这对幕后黑手奸夫淫妇。与此同时，齐桓公也派上卿高傒率齐军前来平定鲁乱，准备再扶持一位对齐国有利的国君，总之不能再让庆父为所欲为了。

庆父见情况不妙，赶紧抛弃了哀姜逃往莒国，而哀姜则在骂了这个渣男一百遍后，无奈逃到了邾国。

鲁国人于是在齐桓公的帮助下新立了鲁庄公另一个儿子为鲁僖公，并从莒国要回了庆父，迫其自杀，鲁国的"难"终于"已"了。高傒在鲁期间，不仅稳定了鲁的政权，还带领齐国士兵修缮了鲁国的都城，鲁国百姓很感谢齐侯与高傒，从此经常称高傒为救星，曰："犹望高子也。"齐人没有乘人之危取鲁自肥，反助鲁国渡过劫难，此等高义，让世人为之赞叹。至少，这比战国时田齐宣王口口声声助燕平乱却意图并燕的行为好太多了。

至于哀姜，看在齐桓公的面子上，鲁人并不敢动她，就让她流亡国外。但齐桓公身为霸主，必须有所交待，以彰显霸主的公平无私，于是他派人将哀姜从邾国抓回来赐死，清理门户，然后将尸体送回鲁国。按道理，哀姜已经嫁给鲁国，应该由鲁国人处理才对，但齐桓公已被自己的正义感绑架，也顾不得那些礼制问题了。其实鲁国人也蛮同情哀姜的，《左传》中就说当时"君子以齐人杀哀姜也，为已甚矣！女子，从人者也！"所以迎其丧而归，葬以夫人之礼，谥为"哀"，故后人称之为哀姜。

哀姜确实可怜，自幼被作为政治工具嫁到鲁国，背负着上一代的仇怨活着（鲁庄公的父亲鲁桓公便是被哀姜的父亲齐襄公暗杀的），婚姻不幸（无子），爱情无果，又被情郎利用，害国害家，最终成为叔叔齐桓公霸业的献祭品而凄惨死去，何其哀哉！

另外，在此次平定内乱之中，鲁国公族贡献巨大，所以鲁僖公恩赐了大量封地给鲁国公族，就连始作俑者庆父的儿子孟穆伯公孙敖（孟孙氏的祖先）也得到了一大块封地。宗法制度在鲁国就是这么牢固，公族大夫叛乱，鲁侯还为之立后，这结果就导致鲁国公室日渐被"三桓"所把持，泥足深陷，日益衰败。

数年后，齐桓公又将自己的女儿声姜嫁给了鲁僖公，以修补齐鲁婚姻之好，以联络鲁国共建齐鲁联盟。这个声姜就比哀姜守妇道多了，她在鲁国当了四十多年太平夫人，直到其子鲁文公即位十六年后（前611）才正常死亡。

十六、卫国的传奇复国之路

前面说过，中国的河北平原现在是经济发达、人口稠密之地，但在上古时代，因这里地势低洼，黄河改道，恣意漫流，导致这片区域虽然土地肥沃，但水患严重，并没有很多地方可供农耕民族扩田、开国、建城。所以，生活在其南缘的殷人其实并不是纯农耕民族，而是兼有农业、畜牧业和工商业的混合型民族。后来，周武王打败殷商，接受周公旦的建议，封商纣王之子武庚于殷都，并派遣周武王的弟弟霍叔、管叔、蔡叔在殷都周边的北、东、南三面（西面有太行山作为屏障，不用担心）分别建立了邶、卫、鄘三国，以监视殷人，史称"三监"。卫即今河南淇县，邶在淇县以北、汤阴东南一带，鄘则在淇县以南八十里，今河南新乡一带，也就是牧野大战发生的地方。这些地方本属殷之王畿，殷商遗民众多，文化昌盛，《诗经·国风》一百六十篇中，《邶风》《鄘风》《卫风》三国国风就有三十九篇。

不料，周武王死后，负责监控殷人的三监，竟然联合殷人一起叛乱，周公旦花了好大力气，才将其镇压，并顺势征服了大量卷入叛乱的东方方国、部族。有的史家将其形容为第二次灭商，其作战之艰苦大大超过了武王第一次灭商。至此，周对东方的统治基础才真正奠定。

为了防止殷人再叛，周公旦将一部分殷商遗民迁到黄河以南，分给鲁国（周公旦自己的封国）和宋国（商纣王庶长兄微子启的封国）；又将殷都故地与邶、鄘、卫三国，全都并为一国，仍称卫国（卫即是殷的音转，见杨宽《西周史》），封给自己最宠爱的同母幼弟康叔，建都于殷墟以南约一百二十里的朝歌。此外，在朝歌北面，还有一个叫作井方的地方（今河北邢台），殷商中期曾为商都一百二十九年之久，是殷人非常重要的畿辅方国，周公将其封给自己的第四子苴，称邢国。

也就是说，在广袤的河北平原上，其实只有燕、邢、卫三个由周王朝分封的华夏国家，其中卫国人口最多，领土最大，国力最强，又处于太行山东麓交通大道的关要上，是周王朝北方诸侯国的关键之国。为了能够镇抚殷人与东夷，周公旦还特意对三监与殷遗民的武装力量进行收编，又建立了一支八师的军事编制驻扎在成周，称"殷八师"（又称"成周八师"），军力十分强盛（守卫镐京的力量也不过"西六师"而已）。而在这三个国家之间，仍有大片不适合农耕的土地。这些土地上当然也生活着人民，不过这些人并非华夏之民，而是被称为北狄的山地牧猎部族[①]。这些部族与华夏各国呈犬牙交错之状，就算到了战国中期，仍有白狄部落建立的中山国雄踞于燕赵之间，成为赵国的心腹大患，逼迫赵武灵王胡服骑射，最终才灭了中山国。

而在春秋初期，华北平原上最强势的部族就是侵伐燕国的山戎和侵扰邢卫的赤狄。其中山戎在齐桓公二十三年（前663）已被齐燕联手攻灭，而赤狄却似乎丝毫未受其影响，反而变本加厉，开始疯狂地攻打邢国和卫国。

---

① 注意，这些北狄部族经营的是畜牧业而非游牧业。游牧经济不仅需要掌握娴熟的骑射能力，还需要足够多的马匹以及足够广阔的草场；而春秋时与华夏混居的山地戎狄部落并不具备这些资源与流动能力（史书亦记载他们大多是步兵战士）。直到战国时代戎狄部落被赶到阴山以北的广阔草场后，北亚游牧经济才真正开始壮大。在此之前，戎狄部落采用的一般都是以畜牧渔猎为主、少量农业为辅的混合经济形式。

看来，赤狄很厉害。所谓"狄"，《尔雅注疏》曰："绝异壮大有力者名狄。"《春秋》传云："狄、涤，往来疾貌也。"从字体来看，"狄"，有人驱猎犬行猎之意，可见狄人应是出自太行山间的猎人，迅捷彪悍，孔武有力，战斗力极强。而"赤狄"是"狄"中最重要的一支，活动在太行山东西两麓，即今河北省南部与山西省北部一带，为隗姓，是殷商武丁时期曾给殷人造成很大麻烦的西北方国鬼方的后裔。《周易·既济》曰："（殷）高宗伐鬼方，三年克之。"

齐桓公二十五年（前661）春，赤狄又大举侵入邢国。邢国抵挡不住，立刻派人来向春秋霸主齐桓公求救，齐桓公听说后，一改前年救燕的豪情壮志，一声长叹：这群戎狄可真不让人安生，做老大累啊。寡人有千岁之食，而无百岁之寿，近日又胸中闷痛，姑且暂放国事，及时行乐吧！

面对厌倦了征战而有些贪图安逸的齐桓公，管仲又发表了一句名言："戎狄豺狼，不可厌也。诸夏亲昵，不可弃也。宴安鸩毒，不可怀也。"意思是说，戎狄都是豺狼，贪得无厌；诸夏都是亲人，绝不可以抛弃；安乐就是毒酒，绝不可以贪恋啊。

邢国乃周公第四子姬苴的封国，也是太行山以东具有征伐权的元侯之国，西周时曾多次率领诸侯与北方的戎狄作战，如今它虽然已经衰弱了，无法再抵挡戎狄了，但诸夏的团结不能松动，齐国必须站出来救助这个曾对周王朝立有大功的盟邦。救助邢国，这是齐国身为霸主的责任，虽辛劳而不可辞！

没办法，齐桓公只能疲惫地叹了一口气，跑去救邢了。

这一仗，没怎么打起来，狄人非常识时务地提前跑了，齐桓公无功而返。

然而正如管仲所言："戎狄豺狼，不可厌也。"狄人对富足的中原垂涎已久，他们是不会轻易满足的，仅仅过了一年，也就是周惠王十七年（前660）冬十二月，狄人再次大举南下，去攻打比邢国更有钱的卫国。

卫国也算是周王朝在北方的中流砥柱，且朝歌为殷商旧都，有漳水与太行之险，兼人口众多，物力殷富，远胜齐、晋拓边之地，当初周室东迁，就是在以卫武公为首的各诸侯支持下完成的。而在十五年前（前675），卫惠公更是嚣张得很，竟为帮助周王子颓造反而联合燕国①攻打过周天子惠王②，可见其实力强大，绝不逊于天下任何一大国。齐桓公只当他们能应付得了狄人，所以没有出兵相救。而周惠王也怨恨卫国支持王子颓作乱，便让诸侯不要救卫，他们不是很能吗？这次就让他们在狄人面前好好表现一下。

可惜，卫国人这次不行了，因为他们的国君卫懿公就是个怪人。这家伙好吃懒做不理朝政也就算了，他还感染了一种奇怪的病，叫作"恋物癖"。准确地说，卫懿公是疯狂地爱上了养宠物，比对自己的子民还爱，甚至比对自己的老婆孩子还爱。

卫懿公喜欢的宠物是什么呢？不是小猫小狗，也不是骏马灵猴，而是高雅的鹤。据说，卫懿公在卫都朝歌养了成群的仙鹤，并在都城周围圈了一大片山岭土地，建造了豪华的鹤公馆，故此处又有鹤城、鹤壁之称，这也就是今日河南省鹤壁市得名之由来。

喜欢小动物本是一种有爱心的表现，豢养鹤更是一种高雅的兴趣爱好，古往今来，很多文人雅士都写下了关于鹤的美好篇章，以凸显自身淡泊宁静的隐士风范。宋朝有个叫林逋的人，甚至将鹤视为自己的儿子，同时将梅花视为自己的老婆，因此有"梅妻鹤子"之说，传为千古美谈。这样看来，卫懿公貌似并无大错，反而显得颇有生活情趣。

但问题是，卫懿公爱得太过头了，他的所作所为，让人不得不怀疑，这家伙上辈子可能就是哪头鹤。

史书记载，卫懿公不仅为养鹤大修宫苑，而且给鹤配备了专车。

---

① 此燕国并非北方的燕国，而是河济平原上的姞姓南燕国，位于今河南延津东北。周人始祖后稷的元妃，就是出自姞姓戎族，大概是后来随周人东进而迁到了河南。

② 周惠王因而也派齐桓公率领诸侯教训过卫，事在周惠王十一年（前666）。

同样是生物，车夫和马匹竟低鹤一等，必须给鹤当奴才。更夸张的是，卫懿公还给他的鹤按照品相封赏了各级官位，气质高雅、外表出众的美鹤甚至被封为大夫，拥有和大夫一样等级的仆从、车驾与封邑。这可太气人了，别国的大夫是人上人，卫国的大夫却居然等同于鹤……

我们知道，春秋时期的士大夫们都拥有无比强烈的荣誉感和尊严感，而卫懿公竟让一些扁毛畜生的地位高于他们之上，这是一种巨大的耻辱，是大家绝对无法容忍的。而且，这鹤啊，最喜深夜鸣叫，《淮南子》曰："鸡知将旦，鹤知夜半。"《诗义疏》也说："（鹤）常夜半鸣，高闻八九里，惟老者乃声下。"也就是说，在两千年前的卫都朝歌，白天，成群的白鹤在天空翱翔，深夜里，直薄云天的鹤鸣每天都将人们吵醒，这是一座失眠的城市，鹤唳如箭，一箭高过一箭，将城市的夜晚刺破，将人们的耐心刺穿，不满汇聚成愤怒的洪流……

据史书记载，卫国在春秋初期的前六七十年间已爆发了五六次宫廷内乱，导致上层离心、公室薄弱，而如今卫懿公仍不思进取，沉迷养鹤，荒废政务，搞得百姓怨苦、民不聊生，禽兽却享尽了人间富贵，真是太过分了。如此"品位脱俗"的国君，不应该从政，应该去做动物园长或马戏团长才对。

卫懿公在卫国毫无威望，人见人厌，摊上这么一个不靠谱的国君，真是倒霉。现在可好，凶悍的狄人打过来了，怎么办？卫懿公大为惊慌，赶紧征召国人来太庙领取甲胄准备出征。如前所述，直到春秋初期，各国还没有常备军，而是等发生战事时，才召集国人到太庙前领取武器，参加誓师等礼仪活动，然后出征。

然而当国人们来到太庙后，却一个也不上前领装备，更纷纷表示：打什么仗啊，派鹤去不就得了，它们花了我们交的那么多赋税，哪能光享福不干活？

卫懿公闻言当场傻掉：鹤好看而已，哪里会打仗，送去前线，那还不被狄人全给灭了？

国人们说：不可能，您不是封了它们做大夫吗？现在无论官位还是待遇，鹤大夫们都比我们高，它们一定能打败狄人的，我们相信国君您的眼光。

卫懿公欲哭无泪：大家别开玩笑了！现在不是开玩笑的时候。

国人们说：不是开玩笑，鹤大夫们如此厉害，我们哪敢犯上争功？

卫懿公无奈，只得大哭着承认错误，国人们这才勉强答应出战。不过，与后世那些只知道吊死在歪脖子树上的软蛋不同，卫懿公毕竟仍拥有周王朝贵族的血性，虽然此战凶多吉少，但他仍然义无反顾地冲上了战场，临走之前，他给了大夫石祁子一块玉玦，又给了另一个大夫宁庄子一支箭矢，表明了誓死的决心。然后，卫懿公来到自己夫人的面前，将一件绣衣（可能是当初卫懿公夫人送给他的定情之物）交给她，说："听于二子。"

此后，卫懿公便率领着最后的力量出发了。理所当然的，狄人将仓促应战、毫无军心的卫国军队轻松打败，并将卫懿公和他的一帮"鹤大夫"抓起来，全部杀了。

卫懿公在驾鹤归西之前，还仰天长叹：狄人果然都是乡巴佬，太没格调了。

不久之后，齐桓公收到了两封求援信，一封是卫戴公写的，一封是许穆夫人写的。

原来，卫懿公死后，群龙无首的卫国很快就全部沦陷了，狄人在卫烧杀抢掠，将那里变成了人间地狱。侥幸逃脱了狄人追杀的卫国难民不足千人，而且大多是消息灵通、有权有势的卫国公室，这还多亏了卫国的邻居兼姻亲宋桓公，他得知卫国遭难后立刻派人护送这群难民们夜渡黄河，逃离了狄人的魔掌，来到黄河南岸的曹邑（今河南滑县）暂时栖身。曹人们看到这幅景象也惊呆了，放眼望去，哀鸿遍野，满目狼藉，卫人们衣衫破烂，神情恍惚，谁知道他们这些天到底经历了什么。

虽然很惨，但日子总要继续，结果这几百卫人就在城外的荒原上开了个会,共同拥立了卫戴公(卫懿公的堂弟,宋桓公的大舅子)为国君。

卫戴公在给齐桓公的信中说:跟他一起逃到曹邑的卫国人,他一个一个仔仔细细数过了,总共男女七百三十人而已,只剩这些了,即使算上后来陆续从卫国在黄河以南的属邑共、滕等地赶来的难民,也仅五千人而已。惨哪!

狄人果然是豺狼,一整个国家被屠杀抢掠得只剩五千人不到。近年来鹤壁一带考古发现,大量卫国贵族墓在春秋时被盗挖破坏,估计就是被这帮狄人给祸害的。

至于另一封信的作者许穆夫人,她正是卫戴公的妹妹,此女不仅天生丽质,而且聪慧无比,据《列女传》记载,早年齐桓公还曾派人来卫求过亲,许穆夫人欣然应允,可是卫惠公却自私地把自己两个女儿长卫姬与少卫姬嫁给了齐桓公,而把他这侄女嫁给了小国许国(太岳之后封国,位于今河南许昌)的国君许穆公(男爵)。可惜,一段大好的姻缘就这么给破坏了。

当国破家亡的消息传到许国,许穆夫人又悲又急,她竟不顾礼教束缚,夫家反对,毅然来到曹邑共赴国难,加入了重建家园的行列之中。

据《左传》记载,《诗经》中的名篇《载驰》就是许穆夫人在这期间写的,当时,众多许国大夫追上许穆夫人,想让她回去,许穆夫人感觉无比寒心,对他们充满鄙视,遂登上山岗,赋诗以抒悲愤,诗曰:

> 载驰载驱,归唁卫侯。驱马悠悠,言至于漕。
> 大夫跋涉,我心则忧。既不我嘉,不能旋反。
> 视尔不臧,我思不远。既不我嘉,不能旋济。
> 视尔不臧,我思不閟。陟彼阿丘,言采其蝱。
> 女子善怀,亦各有行。许人尤之,众稚且狂。
> 我行其野,芃芃其麦。控于大邦,谁因谁极?

大夫君子，无我有尤。百尔所思，不如我所之。

今译大意为：

赶马驱车疾奔走，尘土飞扬，马蹄焦灼，我要赶着回去吊唁卫侯。策马扬鞭路途遥，我匆匆赶到漕邑。

许国大夫跋涉来，阻我行程我心忧；纵使天下都反对，我也不能转回头。

看你们也无好措施，我怀祖国思难弃；纵使你们再相逼，我也不能转回去。

看你们也无好计谋，我恋祖国情不已；故常登往高山上，采集贝母解忧伤。

女子从来多忧伤，也有自己的主张；许人却都责难我，实在幼稚也轻狂。

马车飞行旷野中，麦苗蓬勃一望无际；奔向大国去求援，却不知齐君是否会帮忙？

诸位大夫贤君子，请勿责我违礼仪；你们设想千百遍，也不如我亲一往。

一首《载驰》，字字意坚，句句情深，许穆夫人闻国之难，弃钗而起，虽为弱女子而智勇超群，虽千夫所指而我行我素，真不愧为中国历史上第一位爱国女诗人。在这种危亡时刻，能有这样一位高贵、美丽、善良而勇敢的妇人走到卫国难民中间，用她爱国的热忱吟咏歌诗，用她坚定的声音鼓舞人心，想必会让共渡时艰的卫人们更多一些温暖与希望吧。

相信以许穆夫人之爱国热忱与动人文采，她的求救信肯定是催人泪下，感人肺腑。

当齐桓公看完这两封信，他陷入了深深的愧疚之中。

没想到，自己一时疏忽，竟然让卫国惨到如此地步！

齐桓公赶紧派自己与长卫姬生的儿子公子无亏率战车三百乘，甲士三千名，去帮助卫戴公兄妹守卫漕邑、修筑城墙、重建家园。为了帮助卫国恢复生产，齐军还随军携带了大量救援物资，包括给卫戴公夫妇的马、马车、锦帛三十匹及祭服五套，供卫国老百姓渡过难关的牛、羊、猪、鸡、狗各三百头，以及搭建房子的各种材料，可谓衣食住行一应俱全。齐桓公真是一个细致而又温馨的霸主。

然而，也许是遭受了太多的苦难与折磨，卫戴公很快就病倒了，不久逝世。卫国大夫于是跑到齐国，请立戴公的弟弟公子毁为国君，这位公子毁原先是卫懿公的政敌，所以避难在齐。

齐桓公当然义不容辞，于是他亲自率军，把公子毁护送到了漕邑，立为卫文公。

这个卫文公毁，别看他名字不咋地，却比前几任卫国国君好太多了。据史书记载，卫文公受命于危难而一生朴实，他甚至穿着粗布衣冠，亲自下地劳动，与五千子民同甘共苦，兢兢业业，励精图治。他务材训农、轻赋平罪、通商惠工、敬教劝学、授方任能，短短一年的时间，卫国仅军事实力就增强了十倍之多，由三十乘兵车增长到三百乘，良马也增加到三千匹。《诗经》中有一首《定之方中》，便是后人追忆文公当年的中兴卫国之举。

> 定之方中，作于楚宫。揆之以日，作于楚室。树之榛栗，椅桐梓漆，爰伐琴瑟。
>
> 升彼虚矣，以望楚矣。望楚与堂，景山与京。降观于桑，卜云其吉，终然允臧。
>
> 灵雨既零，命彼倌人，星言夙驾，说于桑田。匪直也人，秉心塞渊，騋牝三千。

此外，《诗经》中还有一首《干旄》记载了卫文公君臣学习齐桓公招贤纳士,不惜以四马、五马、六马所驾之车来招待。

> 孑孑干旄,在浚之郊。素丝纰之,良马四之。彼姝者子,何以畀之?
> 孑孑干旟,在浚之都。素丝组之,良马五之。彼姝者子,何以予之?
> 孑孑干旌,在浚之城。素丝祝之,良马六之。彼姝者子,何以告之?

齐桓公也对卫文公非常满意,于是在两年后(前658)的春天,将齐地楚丘(今河南滑县东)割让给卫国,并率领诸侯在此修了一座大城,作为卫国的新国都,又赠送给卫国战车三百乘、甲士五千人。

这里又要提到《诗经》里的一首诗了,这首诗叫《木瓜》:

> 投我以木瓜,报之以琼琚。匪报也,永以为好也!
> 投我以木桃,报之以琼瑶。匪报也,永以为好也!
> 投我以木李,报之以琼玖。匪报也,永以为好也!

诗歌的大意是说:他送给我果子,我回赠他美玉,这并不是为了"报答",而是为了和他永远结好。

据成书于汉代的《毛诗序》解释,这首诗就是卫国百姓创作的,主要就是为了赞颂齐桓公,感谢齐桓公,感谢他打击赤狄,为卫国提供军事与经济援助,帮助卫国建城复国的再造之恩。不过笔者忍不住猜想,这首诗重重叠叠,缠绵悱恻,倒像是出自女子之手,联想到前面许穆夫人的事迹,这莫非是这位才女写给差点成为她夫君的齐桓公的一首诗?

又或许,卫国人就是这么深情吧,所以一切都可以用情诗来表达。中国历史上有一句俗语叫作"郑卫之音",意思是说由于族群的原因（郑国和卫国的百姓大多是殷商遗民），郑卫两国的诗歌与音乐，通常都情绪饱满，感情热烈，奔放而大胆，往往是深情款款，如泣如诉，所以朱熹在《诗集传》中以其为"淫奔之诗"，这大概就是中国上古时代的流行歌曲吧！①

而另外一边，赤狄将卫国烧光杀光抢光后，转身又回头往北去攻打邢国，邢国抵挡不住，只得再向齐桓公求援。

狄人来来去去，打完了就跑，跑完了又打，典型的"流窜型作案"，真的很难搞。

难搞也得搞啊，于是，在齐桓公二十七年（前659），齐、宋、曹三国联军救邢，大军驻扎在聂北（今山东聊城境内），未及救援，狄人已将邢国攻破，邢国难民遂纷纷逃到诸侯联军中。

《韩非子》一书说，诸侯联军之所以没有成功救援邢国，是因为齐桓公想等到邢国被灭亡之后，再去帮它恢复起来，以获得更大的名声。这个说法史书无载，恐怕是韩非附会的。不过《公羊传》叙及此事有言："天下诸侯有相灭亡者，桓公不能救，则桓公耻之。"其语耐人寻味。

总之，齐桓公来迟了，邢国早已被狄人烧成一片废墟。无奈，齐桓公只能亡羊补牢，率军打跑了狄人，然后与诸侯一同帮邢人重建家园。

是年夏，齐桓公又将齐地夷仪（今山东聊城市西二十里）赠送给邢国，并率领诸侯在此修筑了一座大城，作为邢国的新国都，之后又大方地送给邢人兵车百乘，士卒数千，以保护他们免遭狄人的侵袭。《左传》还记载，齐国和诸侯的军队在帮助邢国迁都的时候，邢国宫廷里的青铜器与珠宝一件都没有丢。如此优良军纪，史所罕见。时人感

---

① 然而后人回首历史，居然把卫国命运多舛推到了"郑卫之音"身上，甚至说这些音乐是商纣时代留下来的诅咒。纣的一个乐师叫师延，为纣王作了"靡靡之乐"。武王进朝歌之时，他投濮水而死，可从此以后，他的乐曲就一直在水上飘荡，据说谁听了这声音，"其国必削"。（见《韩非子·十过》）

激他救患分灾、存亡继绝之功,也不由作歌赞曰:"邢迁如归,卫国忘亡。"意思是说邢人迁都就如回老家,卫国重建也忘记了亡国之痛。①

一方有难八方支援,齐桓公让各国百姓深深体会到了华夏联盟大家庭的温暖。

另据《管子·小匡》记载,齐桓公为了抵御戎狄,还组织诸侯们在河北戎狄之地与中原诸夏之间修筑了许多城池与关塞,如五鹿、中牟、邺、盖与、牡丘、晏、负夏、葵兹等。从某一方面来说,齐桓公可称是中国北方防御体系的缔造者,无论战国时的秦、赵、燕,还是秦皇汉武,皆承其余绪。

正因为如此,据《国语》记载,这以后"天下诸侯知桓公之非为己动也,是故诸侯归之"。《管子·小匡》也说:"是故天下之于桓公,远国之民望如父母,近国之民从如流水。"《管子·霸形》则表示,从此,齐桓公"令固始行于天下矣"。

可惜,再多的情义也抵挡不住时间,二十多年后,当齐桓公的霸业灰飞烟灭,卫文公转身将自己同姓的难兄难弟邢国给灭了,从此独霸河济,北抗戎狄,国势又有所强盛。但晋国称霸后,挺进河济平原,卫国又被大大压缩了生存空间。再百余年后,到了卫昭公时期(前431—前426年在位),三晋强大,而卫国如小侯,沦为魏国的附属,虽然人才辈出,为列国之最(如李悝、商鞅、吴起、吕不韦、荆轲),但在政治上已无话语权,与亡国无异。也许正因为它太弱了,所以列强也不屑灭它,加之卫国又主动降低自己的爵位,从公爵一路降为封君,成为魏的附属国,故得以苟延残喘,直到战国末年为魏所灭;秦王政六年(前241),秦相吕不韦派大军一连占领了魏国东部二十城,置东郡,连带又把卫国故土占有,因卫乃其故国,于是"存亡继绝",把

---

① 据《管子·大匡》记载,齐国割让了这么多土地给卫、邢,这也遭到了一些齐国大臣的反对,但管仲认为为了霸主的好名声付出点代价是值得的。另外,邢国和卫国从黄河北岸迁到黄河东南岸邻近齐国,也可以起到阻挡戎狄、屏藩齐国的作用,齐国不算亏。

卫迁徙到野王县，让卫君在那里继续维持有名无实的君位。所以秦并天下，卫还能独存。直到秦朝灭亡前夕的秦二世元年（前209），秦二世不知抽了哪根筋，突然将卫君角废为庶人，将卫国取消，卫国这才正式灭亡。但它已创造了一个纪录，即存国907年，是先秦时代国祚最长的一个国家。

卫国的传奇仍未结束，卫国宗室有位后裔卫满，在战国末年来到燕国为将，燕国被灭掉以后，卫满便率领部下与族众进入朝鲜半岛，投靠商朝后裔建立的箕子朝鲜，并逐渐坐大，灭掉箕子朝鲜取而代之。卫满朝鲜又立国百余年，直到汉武帝时才被汉朝灭掉。所以，如今应该有很多韩国人是远古卫人的苗裔。

到这里卫国的传奇还是没有结束。刘邦本有"白马之盟"，规定"非功臣不侯"，却不料汉武帝因尊儒术，对儒家思想的"兴灭国继绝世"与"尊二王备三恪"很有兴趣，这种事所费不多，却能拉拢读书人，何乐而不为呢？于是汉武帝在元鼎四年（前113）封周文王之后（同时也是战国时卫国公族子南氏之后）姬嘉为周子南君，封三千户，封地三十里，以祭祀周朝先君。到了汉元帝时，儒教发展更盛，汉朝又将周子南君擢升为周承休侯，至汉成帝绥和元年（前8）升格为周承休公，封地也增加到百里，东汉时更名"卫公"，之后一直延续到魏晋，大约在永嘉之乱后才被灭国。也就是说，卫国竟然从西周时代断断续续一直挺到了东晋，总共近一千四百年，成为中国古代存续时间最长的诸侯国，真算独一份了。

十七、齐桓公三十年（前656），
中国宛如丝线

除了令人头疼的赤狄，齐桓公还曾对付过白狄，《国语·齐语》说："（齐桓公）西征攘白狄之地，至于西河，方舟设泭，乘桴济河，至于石枕。悬车束马，逾太行与辟耳之溪拘夏，西服流沙、西吴（即虞国）。"《史记·齐太公世家》上也说齐桓公曾"西伐大夏、涉流沙；束马悬车登太行，至卑耳山（在今山西平陆）而还"。所谓大夏，即今山西太原一带，而在战国赵国开发这里之前，太原还是太行山中的戎狄猖獗之地，所以齐军必须"束马悬车"（把马脚裹起来，把车吊上山去），翻越险峻的太行山脉，足见此战之艰难。

然而，在春秋首霸齐桓公近四十年的称霸生涯中，他最大的敌人还不是山戎、北狄，而是在遥远南方的一个诸侯国。它的实力不仅远超山戎、北狄，甚至还在齐、鲁、宋等中原大国之上，如果说戎狄只是华夏诸国的肌体之病，那么它简直就是华夏诸国的心腹大患。

这个诸侯国，就是所谓"南蛮"之领头羊——楚国。

所谓"蛮"，即泛指生活在中国南方的各部族，包括荆楚、三苗、百濮、百越、巴蜀等等，而由豫西南山区（今河南淅川）发展至江汉平原一带的荆楚，便是南蛮各族中最强大的一支。不过，与戎狄不同，荆楚之文化虽与诸夏迥异，但也是成熟的农耕民族，只不过多带一些山野的气息罢了。而且在名义上，荆楚也是周王室分封的诸侯国，只不过是打引号的诸侯国而已。

为什么这么说呢？这就得从头说起了。

原来，早在商朝的时候，岐周与荆楚都是商朝属下的小部族[①]，也是共同对抗商朝的盟友。不过周族农业发达，土壤肥沃，因而后来居上，崛起代商，而楚君也相当识时务地选择了投靠在周人帐下，并在周成王时期接受了周的子爵封号[②]，位居诸侯的最末一等，负责看守祭祀的燎火，地位十分低下。然而此时楚国先辈们显示了惊人的开拓进

[①] 见《竹书纪年》："（夏桀）二十一年，商师征有洛，克之。遂征荆，荆降。"及《诗经·商颂·殷武》："挞彼殷武，奋伐荆楚。罙入其阻，裒荆之旅。"

[②] 傅斯年《与顾颉刚论古史书》却认为："遍检《春秋》之子爵，全无姬姓（除吴）。姬姓不封子，而封子爵者，立国皆在周前。楚子，一向独立之大国也。吴子虽姬姓，而建国亦在周前……见殷有箕子微子，我遂疑子是殷爵。所谓子自是王子，同姓之号，后来渐成诸侯之号，乃至一切异姓亦如此称。我疑凡号子者大多是殷封之国，亦有蛮夷私效之。要均与周室无关系……（楚）亦或者始受殷号，后遂自立。"可备一说。

取精神，他们"筚路蓝缕，以启山林"①，一步步日渐发展壮大。事实上，"楚"在甲骨文中，就是人步行于丛生的林木间的景象；"荆"字本意则是指落叶灌木，以之作为国号，反映了荆楚先民是在环境十分恶劣的山野之中开辟山林发展起来的。另有一种说法认为，荆楚之名得自"荆棘"，因其民喜欢在村寨周围种植荆棘以为防卫，张正明《楚史》上就说："熊绎（楚国始封君主）所居的丹阳，名为国都，实为村落，估计没有城池，只有'棘围'之类。棘围是荆棘环绕而构成的寨栅，起防御工事作用。"

另据《清华简·楚居》记载，熊绎受封后建了座宗庙，却没有可以用来祭祀的贡品，没办法就到邻近的鄀国去偷了一头小牛，又怕鄀国来找麻烦（惧其主），竟连夜宰杀后祭祀（从此夜祭也成了楚人的一个习俗），足见当时楚人之弱小窘迫。

到了西周第四任君主周昭王与楚国第二代君主熊艾时期，楚人愤怒于周室给的待遇太低，遂开始脱离华夏体系，并不断吞食融合周边蛮族而日渐强大。当然，楚人仍自认为是中原祝融氏之后②，文化要比周边蛮族高出一等，甚至比中原华夏更牛③。所以西周中晚期周室衰弱后，楚国第六任君主熊渠便自称"我蛮夷也，不与中国之号谥"，从而立三子为王，与周天子分庭抗礼，役使群蛮，骎骎乎有侵犯中原之

---

① 所谓筚路，服虔曰："筚路，柴车"，也就是一种用碎材所拼成的轻便大车。而蓝缕就是破衣服。"筚路蓝缕，以启山林"，意思就是驾着柴车，穿着破衣服去开辟山林。

② 关于楚人的源头，学界一直存在很多争议。张荫麟、何光岳、张正明等学者认为楚人确实源于中原华夏，而林惠祥、俞伟超、伍新福、刘玉堂等学者认为楚人就是尧舜禹时代三苗的后裔，乃正宗的南蛮，其远古世系是他们出于政治目的自己构建的。

③ 楚人崇拜凤鸟图腾。楚国艺术品中，凤鸟可谓永远的主角，其或展翅飞翔，或足踩飞龙，或翅扇猛虎，显示了其高傲自信的性格。如在江陵马山一号战国楚墓中，人们就发现了一件珍贵的龙凤虎纹绣罗单衣，其纹饰中凤鸟有着夸张绚丽的花冠，一足后蹬，作腾跃状，另一足前伸，扼住下方龙的颈部，凤的一翅扇中上部一龙之腰，另一翅扇中一虎之腰。二龙扭摆挣扎，一虎引颈怒吼，很是狼狈，而以一敌三的凤鸟，却兀自神情惬意悠闲，胜似闲庭信步，整个搏斗场面充满了力与美。虎是楚国西部巴蜀二国与西南夷人所崇拜的图腾，龙则是中原华夏所崇拜的图腾，楚人崇凤鸟而贬龙虎，可见其对于自己的文化有着超强的自豪感与优越感。

势。时至今日，湖北人说话，在遇到不服气或不甘心时，还习惯说一句"老子就是不服周"，"不服周"这个词，就源于此。另外，楚国成为春秋霸主后，还出现了一句叫作"霸蛮"的俗语，至今仍代表着两湖人那种吓不怕、压不倒、打不死、咬定青山不放松、就算死也不服输的地方性格与族群精神。

到了楚文王（前690—前675年在位）时期，楚国终于称雄于江汉，成为南方第一大国，并正式踏足中原，掀起了一连串的灭国狂潮[①]。据《马王堆汉墓帛书》记载，楚国这时的政策是"兼人之国，修其国郭，处其廊庙，听其钟鼓，利其资财，妻其子女"。真够野蛮的。

到了楚文王之子楚成王时期，楚国已接连吞并了权国（今湖北当阳西南）、邓国（今湖北襄阳北）、申国（今河南南阳）、息国（今河南息县）、贰国（今湖北广水）、轸国（今湖北应城）等国，并收服了随国（今湖北随州）、蔡国（今河南上蔡）、巴国（今四川重庆）、庸国（今湖北竹山）、绞国（今湖北郧阳西北）、罗国（今湖北宜城西）、郧国（今湖北安陆）、州国（今湖北监利东）等，从而形成了一个空前庞大的军事集团，其势力范围覆盖了整个湖北江汉平原，并一步步向中原推进，乃至推进到河南境内的郑国边界，这里距离周之王都洛邑，只不过二百余里，只要楚国愿意，随时可以招呼几万个精壮的男人闯入王畿寻开心。周王朝的危机，已经迫在眉睫。

可以想见，诸夏之间内乱不止、鸡飞狗跳的时候，猛抬头一看，发现楚国这个地方千里、带甲十万的庞然大物已跃马挑枪在眼前，直逼天子脚下，其心神震荡，实在难以言述。

另外，与野蛮落后且无严密政治组织与领土野心的戎狄不同，荆楚是一个极度发达的文明古国与超级大国，不管是政治、军事、文化，还是生产力水平，它都不比诸夏差，甚至更强。可以说，如果中原各国还像从前那样一盘散沙甚至互相攻伐的话，楚国完全拥有统一天下的野心与实力。

---

① 见《吕氏春秋·真谏》，楚文王"兼国三十九"。

我们都知道，荆楚最后没能统一天下，但是，如果没有齐桓公及后来的晋文公，谁统一谁还不一定呢！

因此，身为盟主与霸主的齐桓公，无论多累多苦，还是必须带领大家去阻止强楚对中原的疯狂入侵，这是他的责任，也是诸夏的当务之急。更重要的是，如果不降服楚国，齐桓公的霸业就远算不上完美。齐桓公辛苦了这么多年，可不想只做半个霸主，或者三分之二个霸主，这也太憋屈了。而且降服楚国不仅是齐国的需要，也是诸夏的共同需要，特别是邻近楚国的诸侯们，他们现在相当危险。

其中最危险的两个国家，就是蔡国和郑国。这两个国家都是周王室的直系宗亲，地位非常重要，但都临近楚国，经常受到楚国的入侵，它们一旦坚持不住被楚国征服，楚国的实力将更强大，气焰将更嚣张，华夏各国的抗楚信心也将受到极大的打击。事实上，遥远的楚国第一次出现在鲁国史书《春秋左传》上，就与蔡、郑有关，鲁桓公二年，也就是公元前710年，"蔡侯、郑伯会于邓，始惧楚也"。

这说明楚国早在春秋初年，就已经对二国形成威胁了，但它正式对二国展开侵伐，还是从齐桓公年间（前685—前643年在位）开始。

楚国对郑国的侵伐开始于齐桓公八年（前678），当时齐桓公刚在前一年召集第二次鄄地会盟，正式成为春秋时代首位霸主；而楚国则已在前几年吞并了江汉平原上的大国申国、息国与邓国，国势越发强盛。郑国当时又正在侵扰宋国，形势相当混乱，齐桓公本欲为宋国对郑用兵，但在知晓楚国也在攻郑后，便及时调整战略，与郑联盟，楚文王知难而退。

七年后，齐桓公十五年（前671），周天子赐胙于楚成王，并令其"镇尔南方夷越之乱"，言下之意是在南方发展就好了，不要来中原捣乱。

然而，在齐桓公二十年（前666）秋，楚国令尹（掌握楚国军政大权的最高官职，相当于宰相）子元带领战车六百乘，再次大举侵郑，齐宋联军赶紧救援，楚军连夜遁走。紧接着，齐桓公从齐桓公二十年（前664）开始北伐戎狄、救援燕国、邢国、卫国，马不停蹄，四处奔波。

然而，齐桓公二十四年（前662），楚成王又率军攻入郑国，齐桓公与宋桓公联手，再次拯救了郑国。

齐桓公二十七年（前659）秋，楚国人贼心不死，再次进攻郑国。齐桓公于是在荦地（今河南淮阳西北）这个地方与鲁、宋、郑、邾等国举行了一次大型盟会，谋划对付楚国的大计。这也就是齐桓公"九合诸侯"的第四合——荦之盟。

第二年秋，比郑国还靠近楚国的两个嬴姓（虞舜之臣伯益之后）子爵小国江国（今河南正阳南）和黄国（今河南潢川）主动来找齐桓公，要求加入联盟，这是因为楚国经常欺负他们，他们不堪忍受，故遣使来寻求齐国的保护。

远人来归，这是大好事啊，齐桓公当然答应。然而管仲却对此表示反对："江、黄远齐而近楚。楚，为利之国也。若伐而不能救，则无以宗诸侯矣。"他认为江、黄二国与郑国不同，江、黄的实力太弱，又太靠近楚国，很容易被楚国吞并，如果齐国当了他们的保护人却没来得及救他们，这对齐国的霸业有大害，所以千万不能接纳此二国。

可是，齐桓公终究没有听管仲的，他认为争取楚国的周边邻国，可以孤立楚国，并能为军事打击楚国做准备，他看不出这样做会有什么问题。

于是，齐桓公与宋、江、黄三国在贯地（宋邑，今山东曹县南十里）与阳谷（今山东阳谷）接连举行了两次盟会，正式成为江、黄二国的保护人与"带头大哥"。

齐桓公错了，大错特错，他第一错就错在低估了楚国的野心，他以为举行几次盟会，拉拢几个小国，楚国就会收手了。怎么可能呢？就在齐桓公忙活开会的时候，楚又是连续两次攻入郑国，屡败郑军，并将郑国大夫聃伯俘虏，郑文公支撑不住，差点就向楚国投降。

齐桓公第二错就错在高估了江黄二国的抵抗力，九年后，楚国伐江灭黄，齐国路远不能救，大失人心，霸业从此衰落。这是后话了。

至于蔡国，楚国对它的侵伐早在齐桓公二年（前684）就开始了，这一战，楚文王大败蔡军，并将蔡哀侯献舞俘虏，献舞在楚国孤独地居住九年之后客死异乡，死后蔡国人拥立其子肸继位，是为蔡穆侯。

四年后（前680），也就是齐桓公"鄄之盟"，齐国始霸的前一年，楚文王借为宠妃息妫复仇，再次率军攻入蔡国，痛揍了蔡国人一番。

没办法，蔡国就如它的名字般，太菜了，楚国揍它，就跟砍瓜切菜那般容易。

事情过后，蔡穆侯也知道自己菜得很离谱，于是将自己最小的妹妹蔡姬嫁给了齐桓公为夫人，以结好齐国，寻求强援。

楚国连年北侵，中原诸侯不堪其苦，水深火热。据《管子》一书记载，当时，郑蔡二国城池崩毁，屋宇遭焚，百姓家破人亡，流离失所；楚国还阻塞河水，淹没宋国四百里良田，以至宋民无以为生，冻死饿死无数。

总之，这几年真是多事之秋，周惠王十七年（前660），狄人灭卫，将卫人杀得只剩五千多人；次年（前659），狄人又灭邢国，卫邢二国在齐桓公的帮助下才得以在黄河南岸重建家园。而从这年到周惠王二十年（前657）这三年，楚国三次大举攻打郑国，郑国陷入苦战，他们之所以没有投降，只因为有齐桓公，那是他们最后的一线希望。所以《公羊传·僖公四年》说：南北两方面的戎狄蛮夷等交相入侵，中国虽还不曾断绝，但已宛如丝线（南夷与北狄交，中国不绝若线）。

看来，齐桓公必须与楚国来场硬仗，与楚王来场男人与男人之间的对决了，因为它不仅关系到齐国霸业的成败，而且关系着诸夏的生死存亡。

这便是历史赋予齐桓公的伟大使命。

十八、一个美女引发的春秋十国大战

不过，齐桓公达成这项伟大使命的过程有些搞笑，他竟然将一部气势恢宏的史诗大剧，演绎成了一出轻松诙谐的八卦喜剧。

事情的起因是这样的：受楚国侵扰最深的蔡国蔡穆侯，将自己的妹妹蔡姬嫁给齐桓公，以寻求保护。这当然是一场政治婚姻，但政治婚姻未必就代表没有任何的男女感情，特别是对于齐桓公这样的风流种子来说。虽然这一年齐桓公已年过五旬，但他的一颗好色之心倒永远不老。

齐桓公见过的女人里，正妻王姬，端庄贤惠，不苟言笑，美则美矣，却不免有些冷冰冰，齐桓公对她的感情属于敬爱；许穆夫人，美貌与智慧并具，可惜她与齐桓公有缘无分；唯有这个蔡姬，天真烂漫，活泼可爱，有点像金庸笔下的钟灵，齐桓公这个老段誉，于是把一腔的爱，分了大半给蔡姬，好好享受了一次人老心不老，最美不过夕阳红。

据史书记载，齐桓公很喜欢带着蔡姬四处游玩。有一次，齐桓公见天光明媚春色无边，于是老夫聊发少年狂，带着蔡姬去园子里划船。

湖光山色，携手泛舟，这本是一件浪漫至极的美事，然而蔡姬毕竟是小女孩心性，她玩得兴起，竟开始朝齐桓公身上泼水，桓公笑着回敬几下，两人便宛如初恋的少男少女般，嘻嘻哈哈地打闹起来。

岸边的随从们一个劲儿地摇头，这世上恐怕只有蔡姬一个人敢朝桓公这个中原最有权势的男人身上泼水了。老天保佑，可千万别闹出什么事来。

好巧不巧，这还真的出事了。

原来，蔡国地处汝南，为中原与南蛮交杂之处，民风轻佻，少了些中原的刻板礼教，多了些无拘的青春烂漫。看到齐桓公老夫聊发少年狂，蔡姬的玩兴也大爆发了，她从小在江淮间长大，熟谙水性，大风大浪都碰过，更别说这一汪平湖了，这如水的小女子就想再调皮一下，竟开始大力摇晃小舟，要跟齐桓公玩那游乐场里"海盗船"的游戏。

主意不错，可惜齐桓公消受不起，他可不再是从前那个动不动就深入险境追敌千里的热血青年了，他老了，脆弱的小心肝可受不了这样激烈的刺激。蔡姬玩过了。

"别玩了，这一点儿都不好玩。乖，住手，住手，好不好？"齐桓公紧紧抓住船沿，可怜巴巴地求饶。

原来威风八面的一代霸主也有求饶的时候，这很可爱，也很可笑。特别是齐桓公那吓得发白的老脸，以及那哀怨迷离的眼神，简直让小蔡姬乐坏了，于是她不仅没收手，反而笑得花枝乱颤，摇得更加起劲。她这完全是把自己的快乐建立在丈夫的痛苦与狼狈上。

"快别摇了，你想谋杀寡人啊！"齐桓公情急之下，破口大骂。

蔡姬使小性子、撒娇发嗲、嬉戏顽皮，逗弄丈夫于游船之上，这画面想来本也挺可爱的，然而岁月不饶人，性命攸关，齐桓公哪里还有与小姑娘在一起大肆疯闹的本钱，所以完全不解风情。

蔡姬见事情闹大了，这才害怕起来，慌忙把船划到岸边。齐桓公上岸后，只觉五脏离位，胸口阵阵波涛汹涌，哇的一声，狂吐不止。

看来，老夫少妻还是很难和谐相处，爱情的小船说翻就翻。

就这样，蔡姬忽视游玩安全、任性调皮的罪名成立，齐桓公一气之下把她赶回了娘家蔡国，让她闭门思过，好好认识一下自己的错误，以观后效。

一切都是为了暂时摆脱这个甜蜜的烦恼。其实齐桓公内心还是舍不得蔡姬的，所以并没有把事做绝，顶天也就是小两口赌气闹分居而已。他这么做，也是为了等待蔡姬长大，他想：等她变成熟些，两人再交往吧！

齐桓公另外还有一层意思，就是想让蔡穆侯好好教育一下他这个妹妹，教育好了再送回来。所谓子不教父之过，蔡姬的父亲蔡哀侯早死，这个教育不当的责任，理应由蔡穆侯这个哥哥来负。

然而，齐桓公错了。蔡穆侯根本就不想负这个责任，反而把一切过错，全部推到了齐桓公头上。他看着哭哭啼啼的小妹，心里气坏了："你小白也忒不厚道了，一丁点小毛病而已，咋能说退货就退货呢？"他安慰蔡姬："小妹，甭哭，你长得人见人爱花见花开，比谁都漂亮，他小白不要，哼，别人抢着要呢！三条腿的蛤蟆不好找，两条腿的国君多的是！"

于是，蔡穆侯也没多想，就把蔡姬给改嫁了。果然是有人抢着要，蔡穆侯挑了个年轻而勇武的新妹夫①，气死糟老头子小白！

齐桓公果然气坏了，蔡穆侯公然给他扣上绿帽子，这大大伤害了他的霸主颜面，然而再气也没有用了，木已成舟，这段伤感的爱情已然逝去，他与蔡姬今生再也无缘了。齐桓公追悔莫及。

这事其实也不能怪蔡穆侯，长兄一般都是最疼小妹的，现在小妹因为一点点小错误被丈夫欺负，还被赶回了娘家，蔡穆侯顿时感觉齐桓公看不起他这个小小的蔡国，他受不了这个刺激，丢不起这个面子，他内心的痛苦与愤懑，其实一点儿不比他妹妹少。

事情发展到目前为止，都是一些家务琐事，无非夫妻吵架闹离婚而已，当事人虽然很痛苦，但似乎也掀不起啥大波澜来，再说大家都是成熟的国君，不可能因为一个女人而大动干戈。这事儿要是放到现在，齐桓公最多告蔡姬一个重婚罪，其他又能怎样？

但是齐桓公在这里突然来了个演技大爆发，他还真的因为这点小事"怒而兴师"了，一向冷静，从不感情用事的齐相管仲居然也表示坚决支持，整个天下顿时为之大跌眼镜。

齐桓公三十年（前656），也就是齐桓公和蔡姬分开的第二年春天，齐桓公率领齐、鲁、宋、陈、卫、郑、许、曹八大诸侯浩浩荡荡地攻向蔡国。小小蔡侯，竟敢将霸主未休弃的夫人擅自再嫁，反了你了！

望着城外浩浩荡荡的各色大军，蔡穆侯傻了，他简直不相信自己

---

① 具体嫁给谁，史书没有记载，演义小说《东周列国志》里说是楚成王，虽无史料支持，但可能性还是比较大的，毕竟是中原霸主的妻室，别人可能没这胆子娶。蔡国也可通过此举讨好楚国，以免于楚国连年累月的侵略。

的眼睛。

为了一个女人，齐桓公用的着把中原八大当家全都招呼来，搞出一支春秋以来规模最大之军队吗？

俗话说杀鸡焉用牛刀，这可好，齐桓公为杀一只小鸡，居然用起了牛刀。蔡穆侯真不知道是齐桓公疯了，还是天下诸侯全部集体发疯了。

于是，蔡国臣民很快做出了一个最英明的决定——逃跑。这仗根本不用打，八个揍一个，他们半点赢面都没有！《左传》描写这次战争只有两个字——"蔡溃"，下逃上曰溃，可见蔡国军队根本没抵抗，直接抛弃他们的君主跑了。

齐桓公看着垂头丧气的阶下囚蔡穆侯，笑道："你以为寡人集天下之兵，千里远征而伐人国，只为寝席之戏吗？"

"难道不是吗？"

"哈哈哈，当年仲父与曹沫差点害了寡人的性命，寡人都没有追究，与你这一点小纠纷，又算什么？"

包括蔡穆侯在内，其他诸侯如宋桓公御说、鲁僖公申、陈宣公杵臼、卫文公毁、郑文公踕、曹昭公班、许穆公新臣等人都傻了。大哥你葫芦里到底卖的什么药？小弟们很迷茫啊！

于是大家齐声道："请齐侯伯主指引方向！"伯主即霸主。伯，通"霸"。另据甲骨文、金文考证，伯作白，像大拇指，是第一、老大的意思。

老大齐桓公面色严肃地点了点头，上前几步，振臂高呼道："诸位，今日天下诸侯毕集于蔡，目的只有一个，即上承天子之命，举兵踏平荆蛮！蔡国不以兵听从，反附逆楚，故联兵灭之！寡人非小气之人，寝席之戏，何足以伐人国？"

原来，齐相管仲策划此次攻蔡，只是一个幌子而已，其真实意图是为了迷惑楚国，攻其不备，打他一个措手不及！另外，若明说攻打强楚，怕诸国畏难，所以假托攻蔡，先把大家绑上战车再说，这就叫霸王硬上弓！而且联军若要攻打楚国，左侧翼会遭到蔡国的威胁，甚至深入楚境后，有可能被蔡截断归路，所以必须先搞定蔡国。但齐蔡本是通婚之国，则实在不便攻蔡，所以借故逐走蔡姬，很可能是齐国的一次外交试探，结果蔡穆侯还当真因为这点小事而背齐投楚，那么可就别怪齐桓公不客气了，趁此机会，先揍蔡国，再揍楚国，为天子讨伐蛮夷，这可是正义之举！

诸侯们闻言全体震惊，没想到齐桓公和管仲竟下了如此大的一盘棋！事已至此，那就只有干了。

"踏平荆蛮！踏平荆蛮！"齐军将士们似乎早有准备，此时已跟着齐桓公大喊起来，各诸侯见状也不敢落后于人，便也带领将士们大喊起来，喊得大家慷慨激昂，热血沸腾。

齐桓公也很激动，他与管仲处心积虑二十余年，经营出如此大的一个局面，为的就是此一战定乾坤！

十九、从春秋时代齐楚召陵之盟，看超级大国的战略思考

齐桓公三十年（前656），齐桓公率领诸侯联军南伐荆蛮，这是华夏联盟第一次全体动员对抗楚国，总计出动了八个诸侯，千里南征，可谓规模空前，史无前例[①]，再加上进军神速，攻其不备，无论从哪方面看，楚国这次恐怕都凶多吉少了。然而，事情的发展再次让天下大

---

① 有学者发现，大概正是从周襄王二年（前650）左右开始，春秋的争霸战争进入了一个新的阶段。在此之前的春秋初期（前700）左右，进攻一方的军队平均每次进军距离才二百多里，而到了周襄王二年（前650）前后则猛增到八百里上下。这种战争距离的增加不仅体现了主要大国国家能力的增强，更重要的是，这标志着四个区域性大国（齐秦楚晋）之间的冲突在加强，春秋初期大体分割的四个战争区域（东西南北）在逐渐合而归一。而齐桓公发动的这一次联军南征，就标志着中原（东方）战区与南方战区的合并。如果用现代体育比赛来打比方，这就意味着争霸赛进入了半决赛阶段。参阅赵鼎新：《东周战争与儒法国家的诞生》，夏江旗译，北京联合出版公司，2020，第68—69页。

跌眼镜，楚国人如同有预言神力般，在诸侯联军刚陈兵楚境时，他们就奇迹般地组织了一支大军迅速北进，与诸侯军针锋相对，接着，一名楚国使者来到联军大营，要求面见齐桓公，开展军事谈判。

这就奇怪了，在此之前，齐桓公以伐蔡为名，极妙地掩盖了千里行军伐楚的真实意图，可谓机关算尽太聪明，楚国人是如何预知这个秘密情报的？难道他们真的是神仙不成？

笔者通读《左传》，终于发现了其中的蛛丝马迹。原来在《左传·僖公二年》（前658）中有这么一段记载："齐寺人貂始漏师于多鱼。"

早在两年前，齐国就有一个叫"竖貂"（"竖"意为未成年的家奴，后世骂人"竖子"即源于此）的"寺人"（即太监）在多鱼这个地方（今河南虞城）出卖齐国的军事机密。或许，正是因为有这个内鬼通风报信，楚国人才能反应如此迅捷，将齐桓公的全盘计划打乱。

关于这个玩无间道的死太监，他后面还有很重的戏份，这里暂且不提。我们先回过头来，讲讲这场意料之外的齐楚谈判。

楚使代表楚成王说："君处北海，寡人处南海，唯是风马牛不相及也。不虞君之涉吾地也，何故？"（成语"风马牛不相及"源出于此）

此言一出，诸侯们强忍笑意半分钟，最后终于忍不住，全体爆笑起来。

原来，这句话里面的"风"，不是刮风的风，而是男女或公母之间的一种动物本能活动①，文雅一点儿说，就是交配。

所以，这句话的意思是：咱们齐楚二国，一个在北海称霸，一个在南海称雄，八竿子打不着，就如同贵国的牛马想跟我国的牛马交配一

---

① 如《尚书·费誓》"马牛其风"，贾逵注："风，放也，牝牡相诱谓之风。"古人发现，动物到了发情的时候，雌性会散发出一种特殊的气味，像风一样，雄性闻到就跑过去求欢。另外，古人相信宇宙因气而生万物，气之运动变化就是风，故生命乃是由风而来。故古时"风"的意义，与性诱惑和生殖有关。《周易》云："天下有风，姤。"姤一作媾，当即媾字。《太平御览》卷九引《易通卦验》亦云："八风以时，则阴阳变化道成，万物得以育生。"

样鞭长莫及，您老人家却千里迢迢兴师动众而来，啥意思啊你！

在如此严肃的外交场合里说出如此粗俗搞笑之语，楚国人实在太有才了。其中似乎还暗讽齐桓公如牛马禽兽一般无法沟通，简直是骂人不吐脏字的典范。

如此邪门儿的外交使臣，齐桓公闻所未闻，他一时间也不知该如何应对，一下子愣在当场。好在管仲反应快，他及时救火道："昔召康公命我先君大公曰：'五侯九伯（即五服之侯，九州之伯），汝实征之，以夹辅周室。'赐我先君履：东至于海，西至于河，南至于穆陵，北至于无棣。尔贡包茅不入，王祭不共，无以缩酒，寡人是征；昭王南征而不复，寡人是问。"

原来早在周初，周成王就让召康公宣命，赋予了齐国代周天子征伐无道诸侯的特权，还赐给齐国先君太公尚一双鞋，规定：东至大海，西至黄河，南至楚国的穆陵关（位于今湖北麻城），北至无棣（即前面提到的孤竹国），全都是齐国"多管闲事"的范围。所以，齐桓公是有征伐楚国的"尚方宝剑"的。只要楚国有罪，齐桓公就有权力打。

那么楚国有什么罪呢？首先，是不给天子进贡"包茅"。

所谓"包茅"，就是楚国的著名土特产"菁茅"，用于在祭祀中"缩酒"。在蒸馏酒发明之前，人们饮用及敬神的酒都是未经过滤与蒸馏的浑浊米酒，所以需要用成束的茅草来过滤酒糟等杂质，那酒慢慢地渗下去，清澈的酒液如清洁的精神，神灵就在这静穆的时刻默然降临。在今天湖北的某些苗寨，仍然有其变异的遗俗存在（如襄阳端公舞）。总之，对于古代中国人来说，祭祀时用酒来敬神，是一件非常重大的事情，甚至礼这个字，原本也就是酒醴之豊，故有酒敬神则为礼，无酒则无礼。

可是当时，楚国自恃强大，已经很久没向王室进贡"包茅"了，搞得周王室祭神的酒都不好了，神明很生气，后果很严重，这罪名还不够吗？

管仲给楚国安上的第二个罪名，叫作"昭王南征而不复"。这件事发生在周武王的曾孙周昭王时期，当年（周昭王十九年，前977），周昭王率领六师南伐荆楚，前后用兵三年，回程时却不幸死在汉水，管仲怀疑这是楚国人干的，所以借此兴师问罪。

前面管仲说得很对，但是昭王这一点，就有点牵强了。首先，昭王所征之荆楚，指的是当时横亘在周王朝与鄂东南铜矿区之间的众多"楚蛮"族群，目的是为"俘金"（《过伯簋铭文》），也就是掠取青铜，并打通获取铜矿的战略通道，而非特指楚国，楚国当时不过一个五十里的小国，不值得王师兴师动众。昭王死于汉水，亦是西周第一大无头公案，他到底是死于水生动物、交通事故还是蓄意杀人，谁也搞不清楚，具体凶犯是谁也没查清楚，管仲根本就没有证据证明此事跟楚国人有关；再说了，这件案子已经过去三百多年了，属于陈年老账，早已过了"刑法追诉期"。这会儿却来拿它说事，是不是太晚了一点儿！

其实，管仲应该拿僭称王号、无故侵伐中原诸侯一事来问罪于楚国，这样楚使根本没办法反驳，然而管仲最后却退缩地避重就轻了，这真的很奇怪。

笔者猜，管仲之所以没有那么说，恐怕还是因为畏惧强楚的军事实力而寻求妥协。其实自始至终，齐联盟都没有与楚联盟拼力一战的勇气；楚国面对联军入侵并不立刻开战，而是只派了一个楚使来，也是为了引而不发，先行试探。毕竟，在当时人的地理概念中，这已差不多相当于爆发"世界大战"了，他们没法不慎之又慎。

当然，如果竖貂事前没有泄露军情，联军的闪击战略得以顺利实施，恐怕历史的发展就不是后来这个样子了。

果然，楚使一听，不由哈哈大笑："贡之不入，寡君之罪也，敢不共给？昭王之不复，君其问诸水滨。"

之前没有进贡茅草，那是我们的错，以后补上不就得了，咋呼啥呀！至于昭王那件糊涂官司，你最好去问问河伯水神，他们比较了解情况。几百年前的陈芝麻烂谷子了，你现在跑来问我，这不纯粹是玩笑吗？

真是一个有才的楚使啊，一下子就听出了管仲的意思。昭王之事，楚人不认，这事儿就好谈了；怕就怕楚使一拍胸脯：对，就是老子干的，就是咱们楚人送昭王归西的，想怎么样？

管仲的目的，只是要让楚国服软，所以既要逼迫楚国，又不能逼得太紧让楚国下不来台，这个度必须把握好。否则，没有回旋余地，那就只有打到底了，不打得楚国放弃王号返还土地就不能算完，如此，全天下都会陷进战争泥潭里拔不出来。

看到管仲言词中的缓和，楚使也就相当有默契地承认了"不进贡"这条无伤大雅的轻罪，不就是些茅草吗，反正也不值钱。当然，对于管仲与中原诸国而言，这些茅草意义重大，这说明楚人认同华夏文化，也有意愿加入周王朝构建的华夏文化体系，如此一来大家之间的矛盾就是兄弟之间的纠纷了，而非你死我活的敌我矛盾，这里面操作空间就大了。

于是，接下来，诸侯联军便进军至陉地（今河南漯河市东），正对楚国的方城山（位于今南阳方城独树镇北），却不进攻，只是陈师列阵，以显军威。楚成王又派了屈完（屈原的祖先）来到联军营中谈判交涉，联军遂转身退后三十里，来到召陵（今河南漯河召陵区）。

退驻三十里，这叫"退舍以礼"，古人行军，一天三十里，称一舍。在春秋中期以前，战争本质上是华夏贵族间的游戏，退一舍，这叫先礼后兵，给别人点时间反思自己的错误，给别人点机会考虑一下投降，或者主动走到和谈的轨道上来。

如此，屈完又带着礼物来到联军大营劳军，顺便还带上了一车进贡周天子的菁茅，以示归附周朝的诚意。

这些，就是大国之间绝妙的默契了，双方表面上没打一仗，但是底下其实已经来回试探多次，相互摸清了对方的心理与底线。

当然，身为一代霸主，齐桓公不仅得不战而屈人之兵，还得找回霸主的颜面，于是他又特意举行了一个盛大的阅兵式，然后把屈完请了过来，想用联军的军容来震一震他，那么自己就倍儿有面子了。

第一篇 齐桓受胙："尊王攘夷"霸政新秩序的建立　107

盛大的阅兵式上，各诸侯的军队穿着各色服饰，举着各色旗帜、各种兵器，雄赳赳气昂昂地依次走过，并操着各地方言大喊口号，气势震天，要多唬人有多唬人。

此次阅兵式，出动的各国部队之多，史所罕见，恐怕也只有当年的武王牧誓可以与之媲美，齐桓公自觉霸业鼎盛，顿感意气风发，看了看旁边的屈完，放声大笑。

检阅完毕，齐桓公不无得意地对屈完说道："以此众战，谁能御之？以此攻城，何城不克？"瞧瞧这排场，多威武，多雄壮，你们楚国能比吗？吓都吓死你！

若是换作一般人，当然会被诸侯联军的军威给震住，但屈完可不是一般人。还是那句话，人家有底气：诸侯联军人多势众，但楚军也不是吃软饭的，你会吹牛皮，难道我就不会吗？

于是屈完躬身一礼，略带挑衅地说道："君若以德绥诸侯，谁敢不服？君若以力，楚国方城以为城，汉水以为池；虽众，无所用之。"

所谓方城，就是南阳盆地西北面险峻无比的方城山。汉水则是南阳盆地以南的一条大河，当年周昭王便是丧身于此，北方车骑再多，你过得来吗？

屈完的态度很明确：你是要以德服人，还是以力服人呢？你要以力服人，我们楚国山险水深，金城汤池，你力气再大，搬得动吗？不然试试？

一个说自己的军队多少城池都能攻破，一个说自己山险水深多少军队都攻不破，这岂不是"矛盾相争"寓言的翻版吗？这一南一北两个老小孩，果然很能吵，他们不是来打仗的，绝对是来吵架比口才的。

屈完毫不示弱，齐桓公也拿他没办法，他从中听出楚国在军事上准备得十分充分，自己之前的战略预估并没有错，看来为今之计，还是见好就收、以和为贵吧，毕竟战争不过是政治的延续，此行还是以取盟为主，不要再多惹事端吧。

这也是齐国称霸的主体战略思想，只要能用政治、经济或外交手段解决的，齐桓公从不轻易动武。

于是，齐桓公话锋一转，笑道："岂不穀（侯、王自称孤、寡、不穀）是为？先君之好是继？与不穀同好，如何？"

这句话比较难理解，今译大意是：诸侯们不远千里跑到贵国，难道是为了我一个人而来的吗？不是。他们是为了我们这些国家的传统友谊而来的。你看，不如我们两国也建立这种友好关系如何？大家有争端，也要文斗，不要武斗，两国永远友好下去，永保和平，做好朋友。

齐桓公已经抛过了橄榄枝，就看屈完怎么表示了。

屈完当然配合演出，于是他突然放低了口气，毕恭毕敬地说道："君惠徼（徼，求也）福于鄙邑之社稷，辱收寡君，寡君之愿也。"

意思是：您满腔热忱大驾光临，为鄙邑祈求福祉，不惜降低身份，接纳我君做您盟友，这正是我君的福分。

厉害厉害，果然是"惟楚有材"。如此外交辞令，端的是精妙至极；屈完能硬能软，软中带硬，真是位外交人才。

总之，楚国方面也是想和的，他们虽然军事上很强横，但也无法应对这样的大战。

于是，一切情节便按照大团圆的剧本展开了。屈完与各诸侯订立盟约，这就是齐桓公九合诸侯的第五合——召陵之盟。盟约的主要内容，无非是楚国表示认错，承诺以后按时向周天子纳贡，并承认自己是周王朝不可分割的一部分，大家从此和睦相处，不要战争要和平，不要大炮要鲜花。

战云密布的召陵天空，顷刻间云开雾散，双方各自退兵。齐桓公基本达成了自己的政治目的，高高兴兴准备回国，此行虽颇多波折，但总算有了个还算完满的大结局。当然，仗最终没打成，整日里只跟楚国人唇枪舌剑了，齐桓公只当自己去了一个十分有趣的军事夏令营。

不过，盟约这种东西，在国家利益面前，通常只是一纸空文而已。楚国不过在齐桓公的军事压力下暂时屈服，它的扩张意图是不会动摇分毫的。果然，楚成王只低调了一年，就又蠢蠢欲动了，不过他也认识到此时北上中原争霸的时机并不成熟,所以审时度势,决定转而经营淮河流域,从东面迂回威胁齐国。楚成王十七年(前655),楚国灭弦(今河南息县南);次年,楚国伐许,许国国君许僖公(许穆公已在伐楚期间病逝)两手反绑,嘴里衔着璧玉(死者才含玉),大夫穿着孝服,士抬着棺材,前来请罪,楚王见他可怜,才放过了他。楚成王二十六年(前646),楚国又灭掉了黄国(今河南潢川)和英国(今安徽金寨)。楚成王二十七年(前645),楚国伐徐(今安徽泗县西),徐是齐的忠实盟国,兼有姻亲关系(徐嬴乃齐桓公三夫人之一),可齐桓公却始终不敢与楚拼力一战。

在楚成王看来,他不进犯中原,攻打郑、宋,转而只吞并些东南淮泗小国,已经算是很给齐桓公面子了!

据《管子》一书记载,齐除了外交战,也对楚国发动过贸易战,不过好像成效不大,楚国毕竟是一个强大的国家,而且地大物博,资源丰富,基础雄厚,贸易战无法让它伤筋动骨。

所以说,召陵之盟,其意义远大于效果,楚国半根毫毛都没有损伤,一切只是一场政治妥协而已,齐桓公通过放弃淮泗平原近楚小国的利益,换取了中原诸侯的暂时安全。这是苟且偷安,也是养虎遗患,换句话说,齐桓公这是锯掉了外面的箭杆,但箭头还留在病人的身体里面,随时都有可能发作。

当然,楚国的存在对诸夏的团结来说也是一件好事,所谓国无外患则必有内乱,一个强大的敌人,是非常有凝聚和鞭策作用的。如果实在没有这样的外部威胁,制造出一个假想敌也是增强联盟向心力、巩固政局的理想方式。

总之,召陵之盟的意义还是很重大的,齐桓公通过此举加强了华夏联盟的团结,并向楚国展示了无人可及的政治号召力和战争动员能力,从而形成了强大的战略威慑,暂时遏制住楚国北侵的强劲势头,迫使楚国加入齐国主导的联盟,承认齐桓公的盟主与霸主地位,收敛自己向中原扩张的野心,同时恢复进贡周王室,重新成为周朝诸侯国中的一员。另外，齐桓公在时机不成熟的情况下选择避战，保存了中原诸侯的实力，为之后晋文公大挫楚军争取了宝贵的时间，这对诸夏来说，贡献还是非常大的。历春秋之世，中原伐楚能取盟而返者，唯有此役。

二十、齐桓公伟大霸业上的污点

周惠王二十一年（前656），这是一个多事之秋，这一年晋国公子重耳（也就是日后的春秋霸主晋文公）因为晋国内乱开始了流亡，而在此前三年，另一位日后的霸主秦穆公即位，此后五年，又一位日后的霸主宋襄公即位。与此同时，现任霸主齐桓公正率领诸侯联军南伐荆楚，这是中原诸夏第一次全体动员对抗楚国，可谓规模空前。然而，由于齐楚双方战斗意志并不强，楚国又适时服软，这场战争最后演变成了南北之间的外交谈判与友好盟会，等于是齐桓公领着八国诸侯"旅游团"去楚国玩了一圈儿，饱览沿途大好河山去了。但"旅游团"返程之时，却突然出了点儿小麻烦。

本来，诸侯间每逢聚会，路费都是各自负担，齐桓公给报销一部分，这规矩挺好。然而这一次来的人太多，在楚地又耽搁太久，带来的粮食都吃得差不多了，于是个别人就打起了小算盘。

陈国大夫辕涛涂心想：联军打道回府，必定要经过陈、郑二国，给数万大军供应吃住，那可不是一笔小开支，万一这些家伙吃了不给钱，要我们请客就糟了，再说大军过境也扰民哪！不行，我得想个办法躲开这件苦差事，替国家和百姓省着点儿。

于是，辕涛涂便去找齐桓公，劝他绕道往东从海边走，说是这样可以向沿途的东夷小国炫耀武力，显显齐桓公霸主的威风，或者干脆打两仗，顺手把东夷征服，这功业就大了去了！

齐桓公一听这主意不错，立马就批准了该项军事计划。

事情发展到这里，一切都很顺利，可惜辕涛涂遇人不淑，他竟把自己的心思全盘透露给了一个两面三刀的小人。

这个小人就是郑国大夫申侯。辕涛涂在事前跟申侯私下商量此事时，申侯当面大赞他的计划好，符合郑、陈两国利益，一转身却又去找齐桓公打小报告：你千万不要听辕涛涂那个小气鬼的话，我大军师老疲敝，再绕远去攻伐东夷，打输了怎么办？不如还是按照原定计划从郑陈二国走，这样既安全又稳妥，一路还有人免费招待，多好！

另外申侯还表示郑国非常乐意招待各国的将领和官员，尤其是霸主齐桓公，这是郑国君臣梦寐以求的荣幸。

齐桓公马上明白了，申侯才是真的为诸侯联军着想，辕涛涂却是在为自己的陈国打小算盘，根本没有把他这个诸侯盟主放在心上。于是齐桓公生气了，立刻命令郑文公将郑国仅次于国都的重要城邑虎牢（今河南荥阳西虎牢关，传闻当年周穆王曾经在此圈养猛虎，因而得名）封赏给申侯，又命令即刻将辕涛涂捉拿归案，罪名很简单——对盟主不忠。

齐桓公这件事做得就不厚道了。辕涛涂之举，虽有些腹黑，但毕竟是出于一腔爱国爱民之心，其情可悯，其罪当赦，不应处罚，况且辕涛涂给出的替代方案也冠冕堂皇，可以不接受，却不能以此降罪啊。另外齐桓公慷他人之慨，擅自做主将人家郑国的城池封赏给申侯，这也是在插手郑国内政，近似于将郑国当成自己的附庸。当然，齐桓公在郑国扶持申侯的势力，也是为了给屡服屡叛的郑文公敲响警钟，对他形成制衡，毕竟虎牢这个地方可不得了，号称"锁天中枢，控地四鄙"，猛虎来此，也得坐地为牢！当初郑庄公的弟弟共叔段求封此地，郑庄公打死不给，也是因为谁得到此地，就等于卡住了郑国的脖子。齐桓公这招太狠了！

然后，齐桓公为了进一步加强自己的权威，竟然又在这年秋天，纠集了他在淮南新收的小弟江黄二国，侵入陈国。理由很简单，陈国对齐国不忠。

是年冬，陈国投降，在承认错误并交出大量战争赔款后，才将辕涛涂赎回。

齐桓公身为霸主，从前一向是讨伐不义。这次却大张旗鼓讨伐不忠，显然，他已被权力迷住了双眼。从法统的角度而言，陈国需要效忠的君王只有周天子，没有道理效忠同级别的齐侯。另外，陈国是个独立的诸侯国，它不想让大军通过自己的国境，也是它的权利，陈国大夫此举正当合法，且为义举，齐桓公却以不忠之名大举挞伐，这才是不义之举，何况陈国的百姓无罪，生民何辜，遭此荼毒？

所以《春秋》一书在叙及此事的时候，不称齐桓公为"齐侯"，而称之为"齐人"，一字之差，微言大义，孔子的态度耐人寻味。而《公羊传》直接就说诸侯联军纪律不太好，所以陈人不愿假道，而齐桓公不但不整顿军纪，反而抓了人家的大夫，这不是一个霸主该有的行径，反而像个昏君庸主。他这样做不仅让诸侯寒心，而且让陈国从此倒向了齐国的对立面楚国，这可真是糟糕透了！

只能说，齐桓公的确有点老糊涂了，此时他已在位三十年，长期处于权力巅峰，越老就越容易心理膨胀，容易变成一个很坏的糟老头子。而讨伐陈国一举就是他从英明走向昏聩，从正义走向无道，从公正严明走向滥用权力的转折点。在人们通常的印象中，齐国的霸业是在管仲死后瞬间崩塌的，其实事实并非如此，早在此前十余年，一切就已埋下了伏笔。

二十一、春秋初年最具影响力的男人

齐桓公三十一年（前655），齐桓公在首止（卫邑，近于郑，今河南睢县东南）召集了鲁僖公、宋桓公、陈宣公、卫文公、郑文公、许僖公、曹昭公众诸侯，举行了一次八国盟会，周惠王之太子郑列席会议。这也就是齐桓公九合诸侯的第六合——首止之盟。

为什么太子也赏脸来了？原来，齐桓公发现周惠王在老婆惠后的枕边风吹拂之下，想废长立幼，废掉太子郑，改立小儿子王子带为储君，这可不好，齐桓公觉得自己有必要去管一管。

这算不算多管闲事呢？齐桓公可不这么认为。从关系上算，齐桓公是周王室的女婿，都是亲戚，管一管有何不可？再说了，他还是霸主呢！霸主就是负责维持天下秩序的，包括他名义上的主子周王室的秩序。其实说到底，齐桓公的"尊王"只是扯了虎皮做大旗，借这个幌子为自己的霸业服务而已。要他真的唯周天子马首是瞻，那是不可能的，也是不现实的。何况，传承制度是权力秩序的基石，如果周天子带头破坏游戏规则，各国诸侯必然纷起效尤，从而增加中原政局的不稳定因素，牵扯齐国的精力，齐桓公老了，不想再到处奔波了，大家安生一点儿不行吗？

当然，若因此和周天子直接对抗也是不合适的，当年郑庄公就因此而失去霸业，所以齐桓公决定绕个弯子，举行盟会，让诸侯们一起和太子郑定下君臣名分，这样周惠王就无从废储了。齐国也可以通过拥立天子，进一步控制周王室并抬高自己的霸主地位。而周惠王在接到消息后虽然相当郁闷，却没有理由阻止，毕竟齐桓公此举正大光明，且为尊王之举，他根本无法拒绝，那怎么办呢？他抱着头想了半天，终于想到了一条妙计。

数日后，周王室的上卿宰孔也来到了首止之会，正好碰上齐桓公在开会："天子想要废长立幼，这可是违背了老祖宗礼制的！天子带头不遵礼，寡人这个霸主很难做啊，所以寡人提议，咱们八国诸侯就在此签订盟约，立誓共同支持太子日后即位，如何？"

太子郑带头叫好，宰孔和其他诸侯也跟着叫好，心里头却在嘀咕："好像你小白也不是嫡长子吧！"

诸侯中间的郑文公尤其犯嘀咕，当年，他的父亲郑厉公有拥立周惠王之功，两家关系密切，他非常看不惯齐桓公多管周惠王家的闲事。再加上去年伐楚的时候，齐桓公强迫自己将重镇虎牢封赏给郑国大夫申侯，这也让他非常不爽。

多少年来，郑文公从来就没有彻底服过齐桓公，其他诸侯动不动就去齐国朝见，郑文公一次也没去过。齐桓公还为此拘留过郑国的使臣郑詹，但郑文公也相当拗，不去不去就不去，又能咋地。

就在这时，开会间隙，郑文公突然被一个人叫去密谈了。谁？周天子的太宰与上卿、周公旦的后裔宰孔。

原来，宰孔正是周惠王派来的，他的任务就是策动郑文公背叛齐国归附楚国，并联合晋国，共同对付齐桓公。《左传·僖公五年》载，周惠王向郑文公表示："吾抚女（汝）以从楚，辅之以晋，可以少安。"

傻子都看出来了，齐桓公所谓的尊王，其实只是尊他自己而已。周惠王不甘受制于人，所以决意反击，为此他竟不惜拉拢楚国，反正这江山他也控制不了，不如把水搅浑。

郑文公这会本来就开得很郁闷，又见周天子也讨厌齐桓公，顿时高兴了，他半途开溜，来了个不辞而别。

继陈国叛齐后，郑国也反水了，他们都加入了自认蛮夷的楚国的阵营，后者竟还是华夏领袖周天子授意的，真有点难以理解！

史书记载，在这一年秋九月，很多地方发生了日食，或许是连老天爷都觉得荒谬吧。

齐桓公愤怒了，他不敢得罪周天子，只好去打郑国，齐桓公三十二年（前654），齐桓公率领诸侯攻打郑国进行报复，郑国只得向新主子楚国求援，楚国不敢与诸侯联军正面交锋，竟转而去攻打许国，来了个"围魏救赵"先行版。

齐桓公有点手忙脚乱，他赶紧带着大军去救许，楚王祸害了许国一番，便在诸侯联军到达前撤回了楚国。许僖公觉得自己左摇右晃实在不是个事儿，于是干脆彻底倒向了楚国的怀抱。许近楚而远齐，指望诸侯次次及时来救，太难了。

没办法，一个蕞尔小邦，想要在大国争霸间苟延图存，实在太难了。

接连被楚国耍弄，齐桓公很愤怒也很无奈，借势伐楚吧，没有必胜的把握；就此退兵吧，又很没面子。最后他决定掉过头再去一门心思攻打郑国，其他什么事都不管，一直打到郑文公服为止。这次楚国慑于齐桓公豁出去的劲头，没敢再出兵捣乱了。

少了楚国这座大靠山，郑文公当然抵挡不住诸侯联军的进攻，于是他一刀把亲齐派领袖申侯给砍了，然后硬说申侯是亲楚派的头子，是他蛊惑自己叛齐的，他罪该万死！在杀了申侯的同时，郑文公也顺便把申侯的封地虎牢收了回来，加强了自己的君权。真是一举三得的妙招。

在痛诉完申侯的罪行后，郑文公又对自己做了深刻的自我批评，表示自己以后再也不会听信小人谗言背叛齐国了，而且以后所有的大小盟会，郑国绝不会再缺席或者迟到早退，他要坚定地拥护齐桓公的领导。

齐桓公还能说什么呢？申侯已死，死无对证，郑文公说什么就是什么了，只要他表示服从齐国的领导就行。至于那个申侯的死活，齐桓公也管不了。所以，撤兵吧！

杀死了一个自己想杀的人，并且用这个死了的人，解了国家的危难，看来郑文公颇有几分小聪明，而且聪明得有点过头了。

齐桓公三十三年（前653）秋，齐桓公召集鲁、宋、陈、郑四国在宁母（鲁邑，位于今山东金乡东南）举行盟会，商量如何处置郑国。这也就是齐桓公"九合诸侯"的第七合——宁母之盟。

经过郑文公这件事后，齐桓公也觉得自己的霸位有些不稳了，于是他接受了管仲"礼待诸侯"的建议，向与会诸国送上一些会议纪念品，当然，大方的齐桓公不可能送地摊货，而是"虎豹之皮、文锦"这些奢侈品（《管子·霸形》），胡萝卜政策果然奏效，在礼品的感召下，大伙又更加紧密地围在了齐桓公周围。

楚成王以刀服人、以力服人，齐桓公以德服人、以礼服人，还有之后宋襄公以仁服人、以义服人，其实都失之片面，只有三管齐下，才是春秋称霸之大道，所以后来的晋文公与楚庄王总结前辈经验，终于在此基础上建立了晋楚长期而稳定的霸业。

这一年的十二月份，阴谋破产、羞恼交加的周惠王总算是在失意中悄然驾崩了。太子郑害怕王子带一党趁机造反，遂秘不发丧，而使人密告齐桓公为他做主。

真好笑，周天子居然还要诸侯为他做主。可见周王室里，已经全是周惠王纵容王子带培植的势力了。

次年春，齐桓公召集鲁、宋、卫、许、曹、郑六国在成周附近的曹国洮地（今山东鄄城西南）举行盟会，共同拥立太子郑为周天子，是为周襄王。这也就是齐桓公"九合诸侯"的第八合——洮之盟。这次盟会本来没请郑国，但郑文公却一改常态主动乞盟，因为他的大靠山周惠王和楚成王都靠不住了，身为一个识趣的政客，他非常明白地跟着风向走。

有了齐桓公出面，周襄王这才松了一口气，宣布正式即位，并为父亲周惠王发丧。

"尊王"尊到这种境界，全天下都明白，齐桓公功业之盛，以臻登峰造极了。

齐桓公也是这么认为的，所以他决定举行一次规模最大的盟会，以彰其名。另外，正好这一年齐国的坚实盟友宋桓公病逝，宋桓公也算是个老实人，齐桓公每次盟会他都来参加，相当捧场，现在他死了，齐桓公也不免有些伤感，所以决定在宋地举行盟会，也好给宋国嗣君定位，而这位宋国嗣君，正是大名鼎鼎的宋襄公。

于是，齐桓公三十五年（前651）夏，春秋史上最重要的盟会——葵丘之盟，在齐桓公的组织下胜利召开了。葵丘乃宋国重镇，在今河南兰考。

这是一次天下之盛会，不仅中原诸侯全部跑来捧场，就连周天子也派了"钦差大臣"宰孔前来祝贺。

新即位的宋襄公对此次盟会相当期待，因为齐桓公是他的学习榜样，也是他的"超级偶像"。哪怕身在孝中，他也一定要参加。

其实诸侯们多来一个少来一个都没有太大的关系，关键是周天子的"天使"宰孔来了,他的任务就是代表周天子,感谢齐桓公的拥立大恩,并赐予齐桓公无上的荣耀:一块肉,一些弓箭,还有一辆马车。

有人要说了,这算啥无上的荣耀啊,周天子实在太小气了。

这样想就错了,其实齐桓公有的是钱,啥都不缺,只要面子和排场就足够,所以周天子投其所好,给他的都是面子,而且是大面子。

首先,那块肉并不是普通的肉,而是"文武胙"。所谓"胙",就是祭肉,古人认为,祭祀完毕后的供品之肉,食用就会得到祖先的福佑,所以大家都抢着要。而且按照周礼,天子的祭肉只能送给同姓诸侯,现在齐桓公以异姓诸侯的身份获赐祭肉,得以同享周的先祖们赐给的福佑,这可是祖坟上冒青烟的大荣耀,忒有面子了。

如果只是赐胙,其实也没啥,自齐桓公始,很多霸主都得过,不稀奇。但是"文武胙"又不一般了,那可是周天子祭祀周文王与周武王所用之供品,是大圣人大贤王在天之灵享用过的!历春秋一世,也只有齐桓公得过,即便加上战国,也只有齐桓公、秦孝公、秦惠文王三人得过,齐桓公这面子可大了。

其次,那些箭也不是普通的弓箭,而是"彤弓矢",也就是以丹彩涂饰的弓与矢。这玩意儿相当于后世的尚方宝剑,有了它诸侯就有了代天子讨伐叛逆的大权,这就不仅仅是面子的问题了,它还代表着实际的权力。历春秋战国一世,也只有齐桓公与晋文公得到过。

最后那车也不是普通的车,而是"大路",这是一种黄金装饰的木制马车,据《史记·乐书》:"所谓大路者,天子之舆也。"可见大路是天子所乘坐的专用豪华马车,由六马牵引。在严格的礼制中,诸侯只能用四马牵引的"路车",大夫用三马"轩车",士用二马"饰车",不能僭越。所以,"大路"通常只赐予特别有功的诸侯,以示如天子亲临,并可享受一些与天子等同的礼遇,比如随同此车还有一幅配套的九旒龙旗(旒音流,飘带流苏之意。按照周礼,天子之旗为十二旒,公侯之旗为九旒)。这等礼遇历春秋一世也只有齐桓公与晋文公得过。

真是太给面子啦!

还有更给面子的。

原来齐桓公正准备下阶拜谢,宰孔忙阻止他道:"且有后命。天子使孔曰:'以伯舅①耋老②,加劳,赐一级,无下拜。'"意思是说齐桓公年纪大了,又劳苦功高,就免礼别跪了。

一听不用下跪磕头,齐桓公松了口气,他也是七十多岁的人了,老胳膊老腿可受不了这通折腾。周天子也是他给扶上去的呢。既然天子这么识相,那寡人就勉为其难答应他,不跪拜了吧!

见齐桓公竟想偷懒耍奸,管仲赶紧劝他说:"为君不君,为臣不臣,乱之本也。"

齐桓公这才罢休,出来跟宰孔说:"天威不违颜咫尺,小白余敢贪天子之命无下拜?恐陨越于下,以遗天子羞。敢不下拜?"

意思是:天子威严的面容好像就在眼前,小白我哪敢放肆?我还不下拜?不下拜就折福摔死了!到时候又给天子丢人,我不敢这么做。

说完,齐桓公颤巍巍的小步倒退着降阶而下,再面向北匍匐于地,叩头稽首,然后再次起立,立正,再缓步走上台阶,登堂,再拜,然后才郑重接受天子的赏赐,好一通折腾。

天下诸侯见齐侯如此谦逊知礼,皆为之赞服,更觉齐侯谦逊之中透着一股傲视天下的霸气,令人折服。

至此,齐桓公所有手续办理齐全,正式成为天下最具影响力的人,他的人生达到巅峰。

接下来,宰孔打道回府,齐桓公与天下诸侯正式开始盟会,看着台下一帮旧小弟新小弟,他心中除了激动还是激动,差点就想引吭高歌一曲。

葵丘之盟,规格高、意义大、与会诸侯众多,它是齐桓公"九合诸侯"中最重要的一合,也是最后一合,齐桓公他终于功德圆满,成

---

① 天子一般尊称同姓诸侯为伯父或叔父,而尊称异姓诸侯为伯舅。
② 齐桓公当时年纪多大史书无载,但"耋"乃七老八十之意。而齐桓公此时已在位35年,其年纪在七十岁以上当不令人意外。

为天子正式册封的诸侯总管、春秋第一霸主。汉高祖刘邦因此而赞曰："盖王者莫高于周文，伯者莫高于齐桓！"（《汉书·高帝纪》载其《求贤诏》）

二十二、从葵丘之盟看齐桓公的政治理想

和后来的霸主夸耀并维持自己的势力不同，齐桓公身为五霸之首，他的目的与功绩还是维持华夏整体的秩序，据《孟子》一书记载，齐桓公在葵丘之盟上，一共提出了五条盟约。

葵丘之盟第一条：诛不孝，无易树子，无以妾为妻。

"诛不孝，无易树子，无以妾为妻"，简单来讲就是要维护宗法秩序，禁止子弑父、废嫡立庶与改立夫人。儿子篡父亲的位、让庶子做国君、让小老婆变成大老婆、让后宫干涉君位继承，这些都是春秋时代之最大乱源，数十年来引起无数诸侯国的内乱与纠纷，就连上任周天子周惠王都差点犯下此等错误[1]。所以齐桓公才想要摆脱周天子与诸侯另立盟约，在中原重建起统一的政治秩序，确保各国不因内斗和纠纷牵扯精力。大家都文明一点、规矩一点，跟齐国共同对付北狄南蛮，不好吗？

葵丘之盟第二条：尊贤育才，以彰有德。

这条简单，无非就是培养人才。但从齐国的情况来看，自管仲、鲍叔牙、隰朋这代老一辈贤臣之后，齐国年轻一辈中几乎没有贤才，可以说是青黄不接，后继无人。显然齐桓公这些年虽霸业鼎盛，但在人才问题上有所忽视，所以管仲特意将这一条加入盟约之中，希望引起齐桓公与其他诸侯的重视。

葵丘之盟第三条：敬老慈幼，无忘宾旅。

---

[1] 故《吕氏春秋·慎势》曰："先王之法，立天子不使诸侯疑焉，立诸侯不使大夫疑焉，立适（嫡）子不使庶孽疑焉。疑生争，争生乱，是故诸侯失位则天下乱，大夫无等则朝廷乱，妻妾不分则家室乱，适（嫡）孽无别则宗族乱。"

尊老爱幼，还有善待各国来使，这都是中华民族的传统美德，无需多言。

葵丘之盟第四条：士无世官，官事无摄，取士必得，无专杀大夫。

意思是：士人的官职不得世袭，官员不能身兼多职，要录用有才之士，国君不得擅自诛杀大夫。

春秋时期的政治体制主要还是贵族制与世卿世禄制，但从这条公约可以看出，齐桓公与管仲希望对其弊端进行部分改革，以改善官僚系统的流动性与专业性，比如规定只有大夫的官职可以世袭，低一级的士则不能世袭；另外春秋以后国家政治开始变得复杂，出现了将相分离的官制，将事权分开，专人专职，对政局的稳定与避免专权是有积极作用的。此外春秋时代礼崩乐坏，而明文法又未建立，导致各国都有很多臣子任意弑君、君主随意杀臣的情况，这也是齐桓公坚决反对的。

当然，要完全解决世卿世禄的诸多弊端与礼崩乐坏的政治混乱，建立完备的专业官僚体系、明文法制度与中央集权制度，还是得靠四百多年后的秦国与秦始皇了。

葵丘之盟第五条：无曲防，无遏籴，无有封而不告。

所谓曲防，就是当初楚成王对宋国干的缺德事儿。春秋战国时期，各国为了自身安全，或是为了加害邻国，经常在流经本国的黄河、淮河、济水等大河筑起堤防，堵塞河流。这超损的！因为如果上游国家筑堤，下游国家便会断水，爆发旱灾；反之，如果下游国家筑堤，上游国家便会积水，淹没良田。

所以齐桓公提议，大家以后不要再这么干了，驱水为害，损人利己，非君子所为也。大家要通力合作，共同治水，加强诸夏的团结。

"反对曲防，河是我们共同的河！"齐桓公带着诸侯们一起高喊，气氛很热烈。

口号谁都会喊，但问题是当时诸侯国各自为政，都有自身的利益，齐桓公管得了一时，却管不了一世啊。春秋尚好，到了战国时代，这个问题愈演愈烈，几至不可收拾。

例如，《战国策·东周》就曾记载："东周欲为稻，西周不下水，东周患之。"

再看《史记》的记载，赵肃侯十八年（前332），赵与齐、魏作战，竟将黄河河堤决溃以浸淹对方。

另外的证据，还有《孟子》一书中孟子责备魏相白圭的话："禹以四海为壑，今吾子以邻国为壑……吾子过矣！"

最后是谁解决了这个大问题呢？秦始皇。他一统天下之后，就"决通川防"，从此治水一事，终于由中央政府集中管理了。

这说明对于以大河贯穿天下的中国来说，中央集权远比松散的邦国联盟要好。最后还是秦始皇实现了齐桓公的理想。

而所谓遏籴，就是积储粮食，不对外出口。由于春秋时国家普遍较小，一有自然灾害则往往是全国性的，且当时农业生产技术与仓储技术都比较落后，所以很容易爆发饥荒，这样就得求助于邻国，若邻国不救，便会有举国无炊的危险。如此难免会爆发纠纷与战争。

关于这一点，十余年后的秦晋风波很能说明问题。晋国发生饥荒，秦国以渭水运粮，大举援晋；而由于仓储技术落后，秦国把余粮都给了晋国，自己就没了战略储备，恰巧不久之后秦国饥荒，晋国却见死不救，借机搞封锁，于是秦晋之间爆发大战，秦国大胜，晋国只得割地求和。

显然，这个问题，同样只有在天下一统后才能得到彻底解决，而齐桓公却寄希望于盟约与邦交，只能说是一种美好的愿望了。最后也是秦始皇实现了齐桓公的理想。

此外，还有封赏大夫采邑必须公告天下，让天下诸侯来监督——或者也可以解释成要报告霸主齐桓公，得到齐桓公批准才行。这样，齐桓公就等于变相获取了在中原各国任用官员大夫的权力，建立起了齐国主导的权力秩序。

五条盟约之后，依照惯例还有一句套话："凡我同盟之人，既盟之后，言归于好。"完了再歃血为盟，这会就算开完了。不过据《孟子》

说:"葵丘之会,诸侯束牲载书而不歃血。"《穀梁传》说:"陈牲而不杀,读书加于牲上。"看来诸侯们并没有按照规矩举行宰牲与歃血仪式,只是把盟书放在牛身上宣读一遍即罢。为什么?因为春秋时代耕牛非常贵重,就这样杀掉太可惜了,而且这么做也显得相当野蛮、不文明,齐桓公这也是对会盟制度的一种人性化改革。

说实话,歃血也就是一个形式而已,真正有心,歃不歃都无所谓,若是无意遵守盟约,就算宰一万头畜生、把嘴巴涂得再红都没用。

总之,齐桓公想要通过葵丘盟会维护政治秩序,加强诸侯联盟关系,这种政治理想,注定只能成为一大堆不切实际的空口号,在当时的历史条件下很难实现,诸侯们也都对此不以为然,只有齐桓公自己自我感觉良好,觉得如今"诸侯莫违寡人……昔三代受命,有何以异于此乎?"所以他想着更上一层楼,仿效传说中夏、商、周三代承受天命的圣王,率诸侯去泰山搞什么封禅大典,这让管仲很头痛。管仲是商人出身,在他看来,有名无实,有害无利的事,都不值得去做。

从上古到春秋,历代封禅者有无怀氏、伏羲、神农氏、炎帝、黄帝、颛顼、帝喾、尧、舜、禹、汤、周成王,每一位都是大名鼎鼎的上古圣王,而齐桓公身为一个周室诸侯,却认为自己和这些受命圣王没啥区别,欲行封禅之礼,这就等于是想放弃从前的尊王大业,转而废黜周室、僭越称王了。

当然,齐桓公这种僭越的想法,也是两周之交的一种普遍思潮所致。如前所述,西周末年,周幽王试图废黜申后母子以铲除周室中的姜姓势力,却被申姜反扑杀死,从此,中原诸侯集团的高层中就弥漫着这样一种论调:强大的姬姓周王室被姜姓西申国一举击败,绝不仅仅是由于周幽王个人的失误,而是天命已经抛弃了姬姓周族,转而开始眷顾姜姓族群[1]。甚至就连春秋初期姬姓小霸郑庄公都悲哀地表示:"天而既厌周德矣,吾其能与许(姜姓国)争乎?"(《左传·隐公十一年》)

所以,当齐桓公取得了巨大的功业之后,自然会受此思潮影响,

---

[1] 参阅刘勋:《春秋十日谈》,四川人民出版社,2023,第91页。

认为天命将抛弃姬周而转向姜齐。但是管仲却很清醒，齐桓公的功业虽大，但只是霸道，而非王道。所谓王道，即以超凡入圣的仁义道德感动天下，最终感动得天下人鼻涕一把泪一把地来归附，最终成为天下共主，这才是真正天命所归的受命者。

但这是不可能的，齐桓公还远没有那样的威望、德行与实力，硬要实施封禅只会自毁大业，将好不容易初建的天下秩序彻底打破，到时候诸侯离心，群起而叛齐，齐桓公和管仲就是齐国的罪人了。

孔子曾责管仲"器小"，只能辅佐齐桓公成就霸业，而不能使之实行王道，殊不知春秋社会形式与三代之时大有不同。以当时之局势，谁都不可能王天下，只有四百多年后的秦始皇雄才伟略，累秦百年之功，兼并天下，不行王道而成帝业，才能封禅泰山，成千古一帝。

不管怎么说，齐桓公虽然霸业卓著，离"王天下"还远得很，至少，南边的楚，西边的秦，北边的晋，都不会让齐国得逞。所以管仲苦口婆心，劝齐桓公收手："封禅不是那么简单的，需要黄土高坡产的优质黍禾做供神的祭品，江淮地区产的三脊菁茅做拜神的席子。还得事先有祥瑞之兆，什么东海的比目鱼啊，西海的比翼鸟啊，还有什么凤凰啊麒麟啊嘉谷啊，林林总总共要出现十五种祥瑞才行。现在什么征兆都没有，荒草乌鸦倒是一大堆，这样就去封禅，得被皇天后土笑掉大牙的。"

齐桓公一听，原来封禅这么麻烦，顿时傻眼，无奈之下只好作罢。

其实管仲所言，虽然看起来像是推托，但句句都是大实话，古之封禅，的确需要祥瑞降世才能令天下信服。比如说黄帝属于土德，所以有黄龙和大蚯蚓出现。夏朝属于木德，就有青龙降落在都城郊外，且草木长得格外茁壮茂盛。商属于金德，所以山中竟流出银子来。周属于火德，便有红鸟之符瑞。现在齐桓公啥德啥祥瑞都没有，即便自己声称承受了天命，难道不会失去它吗（无乃失诸乎）？

齐桓公还算是挺淳朴的，没祥瑞就收手了。后世帝王想封禅没祥瑞怎么办？好办，自己造，随便抓头鹿化装一下说是麒麟，在地里随便埋个鼎挖出来说是上古宝鼎,随便挖几个坑说是仙人足印,左右糊弄老百姓而已,这还不简单!

二十三、齐桓公为何在霸业达到巅峰后却立刻坠落?

葵丘之盟后,齐桓公的霸业达到巅峰。但物极必反,随着这巨大荣耀同时而来的,还有齐桓公的膨胀、骄纵、老迈和空虚,于是他的人生与事业开始从巅峰滑落,阻挡不住地坠落。

首先,齐桓公在葵丘之盟后,竟然意图封禅,有取代周天子之意,幸亏被齐相管仲阻止,然而与会的诸侯与卿大夫们早已看出了其中的端倪,开始离心离德[①]。

其次,周天子派来的特别代表上卿宰孔也看出了齐桓公的问题,所以提前离开了葵丘之盟,路上遇到因生病而迟到的晋献公,宰孔便拉住他一通劝,说什么齐桓公好大喜功,乌云盖顶,齐国将有乱,你们晋国也会有乱,还不快回去稳定大局?不要去葵丘瞎掺和。

晋献公闻言心想:对啊,我不去,他能把我咋地?于是他立刻掉头回家。

顺便说一句,晋献公早死的正妻齐姜,正是齐桓公的亲生女儿。

另外,齐桓公封禅不成,又想着僭越铸钟,所以葵丘盟会后,一回到齐国,他就在朝堂上大言不惭地宣布道:"寡人欲铸大钟,昭寡人之名焉,寡人之行,岂避尧舜哉?"

管仲笑而不答,耿直的鲍叔牙却受不了齐桓公的自恋,他冷笑一声道:"敢问君之行?"

齐桓公道:"昔者吾围谭三年,得而不自与者,仁也;吾北伐孤竹,

[①] 据《公羊传·僖公九年》:"葵丘之会,桓公震而矜之,叛者九国。震之者何?犹曰振振然。矜之者何?犹曰莫若我也。"另外《史记·齐太公世家》也说:"(齐桓公)益有骄色⋯⋯诸侯颇有叛者。"

划令支而反者,武也;吾为葵丘之会,以偃天下之兵者,文也;诸侯抱美玉而朝者九国,寡人不受者,义也。然则文武仁义,寡人尽有之矣,寡人之行岂避尧舜哉!"

鲍叔牙连连摇头,他觉得自己有必要浇一盆冷水,让齐桓公清醒清醒了,于是说道:"君直言,臣直对。昔者公子纠在上位而不让,非仁也;背太公之言而侵鲁境,非义也;坛场之上,诎于一剑,非武也;侄娣不离怀衽①,非文也。凡为不善遍于物不自知者,无天祸必有人害,天处甚高,其听甚下;除君过言,天且闻之。"(刘向《说苑·正谏》)

好一个鲍叔牙,铁骨铮铮,历数齐桓公之过,如此臣子,真乃社稷之宝也。

齐桓公闻言,顿觉无地自容,连忙惶恐地说道:"寡人有过,子幸记之,是社稷之福也。子不幸教,几有大罪以辱社稷。"

齐桓公此人还有个特点:近墨则黑,近朱则赤,从恶如流,从善也如流。所以鲍叔牙一句当头棒喝,他就立刻认识到自己的错误,并表示要坚决改正。为了随时反躬自省,他还命人在自己座席右边放置了一个敧器,这又是为什么呢?

所谓敧器,就是一种奇特的盛酒器,空着的时候往一边斜,装了大半罐则稳稳当当地直立起来,装满了又一个跟头翻过去。齐桓公把敧器放在座右,就是为了时刻提醒自己,不要骄傲自满,自满就会翻跟头。所谓"受恩深处宜先退,得意浓时便可休",这句话永远都不会错。

这便是座右铭的由来。

然而有句话叫作过犹不及,齐桓公是不骄傲、不虚荣、不妄自尊大了,但他满腔的凌云壮志,也同时消失了,加上他已年迈,齐国的霸业至此止步不前,甚至开始倒退。中原各国的凝聚力,也在齐桓公的不作为下持续衰退,野心勃勃的楚国与贪得无厌的戎狄开始蠢蠢欲

---

① 侄娣,古代诸侯贵族之女出嫁,以侄女和妹妹从嫁为媵妾。怀衽,胸前的衣襟,意指怀抱。侄娣不离怀衽,意思就是齐桓公好色,怀抱中片刻离不了女人。

动,终于卷土重来。

齐桓公三十五年(前651)九月,大概就是在晋献公从葵丘大会半路回来后,他就病死了,晋国爆发内乱,一向被中原看不起的秦国积极参与干涉,重立公子夷吾为晋惠公。而齐桓公却显得意兴阑珊,只是派隰朋去帮忙打个下手。

次年,狄人灭亡温国(周王畿内小国,今河南温县西南),势力逼近成周,齐桓公竟束手不管。

再一年夏,周襄王之弟王子带勾结成周附近的戎人,进攻周王城,并焚烧了东门,差点将"烽火戏诸侯"的旧事重演,还好秦晋联军及时赶到,救了周襄王一命。霸主齐国之兵却迟迟未至,结果风头全被晋惠公与秦穆公抢了去。历史的焦点,开始悄然西移。

同年冬,楚国进攻齐、宋之盟友黄国,齐国之兵又未至,楚国于是不费吹灰之力灭亡了黄国。

第二年(前648)秋,勾结戎人篡位失败的王子带竟逃到齐国避难,齐桓公不但不为君讨之,反而派管仲去周襄王那里斡旋求和。原因很简单,留下王子带,就能威胁到周襄王的天子之位,从而侧面控制住周襄王。

对此,周襄王也只好隐忍不发,同意息事宁人,但表示不许王子带回国,齐国由此又得罪了周天子,当时齐国霸业正荣,当然没有问题,一切隐患都留在了后头。

齐桓公四十年(前646),狄人继灭温后,又接连侵入卫国与郑国,军锋直逼中原心脏。

齐桓公一律不想管,他此时年纪当在八十以上,老迈不堪,且早已厌倦了数不尽的战争与盟会。

次年,秦晋因为粮食问题爆发战争,这两个西方大国本远离中原,被黄土高原与崤函险隘所重重阻隔,所以一直在悄然向戎狄扩张,并整合内部矛盾,保存实力,借鉴经验,但随着这些工作渐渐完成,他们开始打破地理的隔膜,积极参与诸侯纷争的棋局,厉兵秣马地准备闪亮登场。

那是一个人心无比躁动的时代，没有谁肯安于平静，找到机会就想大出风头，除了历尽风光、渐渐老矣的齐桓公。

同年，宋国攻曹，齐桓公所看重的小老弟宋襄公，也开始萌动争霸之心了。

看来，随着外患纷扰的减轻，与齐国霸业的衰退，华夏联盟内部也出现了动荡，诸侯各领风骚，但齐桓公一律不想管，他也管不了了。

既然霸业到了巅峰，再也没有台阶可上了，那么自己如此辛苦地四处尊王攘夷，管人家闲事，到底图个啥呢？没劲，真没劲，寡人已经老了，没几年了，人生苦短，还是及时行乐吧！

性起的时候无比热血、无比自负，降温之后又无比懒散、无比自私，真是一个复杂多变的性情中人！

二十四、管仲的临终安排差强人意

齐桓公四十一年（前645），为齐国奉献了四十余年青春的"春秋第一相"管仲，终于在他八十多岁高龄时油尽灯枯，走到了他伟大一生的尽头。

齐桓公似乎预感到了什么，赶紧来到管仲府中看望他，见他最后一面。

这一对亲密无间合作了大半辈子的君臣，即将生死永诀，他们执手相看泪眼，无语凝噎。

事情已经到了这一步，管仲也是时候交代后事了，于是齐桓公问道："仲父之疾甚矣，若不可讳也，不幸而不起此疾，彼政我将安移之？"

管仲未答，却反问道："公谁欲与？"

齐桓公道："鲍叔牙。"

这样的安排表面上看好像没有任何问题，鲍叔牙既是管仲的知己，也是桓公最尊敬的老师，无论从资历还是能力上，他似乎都是最佳人选。

然而出人意料的是，管仲却对此表示反对，齐桓公很诧异：当年若不是鲍叔牙用性命担保，我可能早把你杀了，鲍叔牙跟你是至交，你为什么却这么对待鲍叔牙呢？

管仲解释说："其为人也，好善而恶恶已甚，见一恶终身不忘。"

意思是说，鲍叔牙虽然廉洁奉公，但有一个重大的缺点，那就是善恶过于分明，脾气过于清高，疾恶如仇，眼睛里揉不得半点沙子。这样一个人，如果让他执政，对上势必约束国君，对下势必违逆民意。他如此地爱得罪人，怎么能让团队团结，又怎么能让国家稳定呢？俗话说宰相肚里能撑船，要当宰相的人，必须学会包容别人一些非原则性的错误，而不是处处找碴，把官员们搞得鸡犬不宁！总之，鲍叔牙虽品行高洁，但并不适合为相。事实上，后来鲍叔牙得知此事，不但没有因为管仲不推荐自己接替相位而不满，反而很高兴，认为管仲这是为他好。

这就是"管鲍之交"的真意了。朋友相交，贵在知心。真正的朋友，并不在于互相扶持，而是能够看清对方的缺点，并在看透对方后，依然崇敬对方，并愿意说出对方的缺点，让对方认清自己的缺点。

齐桓公并不懂得这些，他仍在困惑，他本以为即便自己不说，管仲也一定会推荐鲍叔牙的。当初不就是鲍叔牙推荐管仲的吗？现在管仲投桃报李，不是理所当然的吗？

但管仲却不说话，他只是看着齐桓公，露出了意味深长的笑容。此时齐国五公子争权，可谓暗潮汹涌，危机四伏，鲍叔牙生性耿直，处事不够圆滑，也不懂得玩弄阴谋诡计，若让他为相，那是对他不负责，把他放在火上烤啊。万一最后他被小人所害，自己才是真正对不起挚友的情谊。

齐桓公心里似乎有些明白管仲的意思了。但是怎么办呢？总得找个人吧。于是他又问管仲："然则孰可？"

管仲回答:"要不就隰朋吧!隰朋为人,能言善辩且人缘极好,识见超凡而能不耻下问,侍君不二却又懂得变通,是个能掌大局的大才。主公如果实在没合适的人选,隰朋还是可堪一用的。"

说完,管仲又长长叹了口气,道:"天之生(隰)朋,以为夷吾舌也,其身死,舌焉得生哉?"管仲认为隰朋是自己的舌头,预言自己死后,隰朋恐怕也活不长久。

说来说去,隰朋只是拿来应应急的,他年纪并不比管仲小多少。但管仲又有啥办法呢?这些年来,他始终找不到能真正代替自己的合适人选,尤其是年轻一辈的合适人选。病重的管仲一点儿都不放心,齐桓公既是他的国君,又是他的战友,也是他的学生,更是他永远放心不下的孩子,他就这么走了,留小白一个人挣扎在这危机四伏的乱世,他怎么放心得下?

过了一会儿,管仲又说:"临淄城有三条狗,龇牙咧嘴,一天到晚准备咬人,是我用木枷锁住它们,这三条狗才没有得逞。这三条狗就是竖貂(刁)、易牙和开方,主公您一定要远离他们,否则后果不堪设想。"

齐桓公奇怪了,问道:"竖貂宁愿自宫,也要入宫陪伴寡人;易牙宁愿烹子,也要以美味服侍君王;开方宁愿放弃卫国太子之位,也要入齐为臣追随寡人。此三子如此爱寡人,仲父为何要寡人远离他们呢?"

管仲明白这是齐国最重要的时刻了,于是他强撑病体,摄衣冠起,苦谏齐桓公道:"今夫易牙,子之不能爱,安能爱君?今夫竖刁(貂),其身之不爱,焉能爱君?今夫卫公子开方,去其千乘之太子,而臣事君,是所愿也得于君者,是将欲过其千乘也。"

管仲又说:"臣闻之,务为不久,盖虚不长。其生不长者,其死必不终。"意思是:我听说作伪不可能持久,弄虚也不可能长远。这种人活着不干好事,死了也是不得好死。

这就是管仲的智慧。这世上任何貌似真挚的情感,只要违反了人性这一条基本原则,都必定是虚伪的。越是违反常理的伪装者,揭开面具之后就越是凶狠恶毒。道家的老子也说："贵以身为天下，若可寄天下；爱以身为天下，若可托天下。"只有保持着自己的独立人格与尊严的人，只有懂得爱护自己身体生命的人，才能真实地用自己的情感对待天下人，也才能真正将天下治理好。这也就是当年管仲不为公子纠殉葬的原因。

这样一分析，事情就很清楚了。不爱父母子女，甚至不爱自身的人，怎么可能去爱其他人呢？再说齐桓公一个老男人，又有什么魅力能让易牙等人做出如此巨大的牺牲呢？权力，只有权力。

齐桓公这才明白管仲的意思，于是含泪答应，接着又问："仲父还有何言？寡人必一一谨从。"

管仲点了点头，又摇了摇头，然后闭上双眼，黯然而去。

管仲说的这些道理不难懂，稍微想一想，就能心如明镜。而齐桓公有个最大的优点，就是听得进正确意见，能够"改过克己"，所以他很快就将竖貂、易牙、开方三人罢官驱逐，整个世界顿时清静了。

可惜，明辨是非，很多人都能做到，但真要做到后世诸葛亮说的"亲贤臣而远小人"，却并非那么容易，因为忠臣良将从来都是良药苦口，从来都是让君王不舒服的，而奸臣贼子，虽然祸国殃民，但善于吹牛拍马，从来都是让君王很舒服的。

自从离了易牙，齐桓公食不甘味，吃嘛嘛不香。什么菜到他嘴里都变成了猪食一般，难吃得要命。

自从离了竖貂，齐桓公寝不安枕，生活起居一片混乱。他平常享受惯了，一时间少了个体己的太监服侍，还真是不习惯。

自从离了卫开方，无人为齐桓公歌功颂德，少了甜言蜜语的滋润，人生真的很没劲儿。

最后没办法，齐桓公还是把这三个小人给召了回来，这三人将国政弄得一塌糊涂，最终造成了无法挽回的巨大悲剧。

然而，齐国霸业的衰弱，其实也不能全怪这帮小人，管仲自己也要负责任。齐桓公这人有个很大的优点，就是听得进意见，能够"改过克己";但他也有个大缺点,那就是喜欢舒服。所以管仲即便知道易牙等人是小人,仍把他们留在齐桓公身边,目的就是为了让治国贤才为齐桓公专心治国,而让懂得生活的小人助齐桓公享受生活,这不也挺好的吗?但问题在于,管仲并没有为自己这帮贤臣找到好的接班人,他那代的老一辈贤臣,已为齐桓公服务四十年,老的老,死的死,凋零殆尽;而年轻一辈之中,要么是庸才,要么是小人,没一个可堪大用。由此可见,齐国后期的人才选拔必定出现了大问题!

在这一点上,诸葛亮做得就比管仲好,蜀汉虽然偏居一隅,人才匮乏,但诸葛亮愣是为自己培养出了两个很好的接班人。一个蒋琬,当县令时玩忽职守,差点被刘备处死;一个费祎,乃刘璋的亲戚,本是蜀汉政权的边缘人物。但就是这两位看起来不是很出色的年轻人,在经过诸葛亮的重点培养后,竟然都成了出色的政治人才,得以成功为蜀汉续命。有意思的是,后主刘禅也经常被人比作齐桓公,比如蜀汉降臣李密就曾表示:"齐桓得管仲而霸,用竖刁而虫流;安乐公得诸葛亮而抗魏,任黄皓而丧国;是知成败一也。"(《晋书·李密传》)不过,等到刘禅任用黄皓,已是诸葛亮死后二十年了,谁也没办法顾得了那么久。从安排后事这方面来说,诸葛亮是强于管仲的,可谓明矣!

二十五、齐国霸业轰然倒塌

齐桓公四十一年(前645)某夜,齐国圣人管仲逝世,带着无数的遗憾与牵挂而去。据《公羊传》记载,就在这一年夏五月,天空再次发生了日食。

仲父去了,齐桓公顿时觉得心里像被挖了一块儿,痛楚遍及全身,他失去了内心强大的支撑,也失去了仅存的勇敢与力量,一股无力的感觉渐渐弥漫上来,让他空虚。

这就是真实的痛苦与孤独,它们会让内心撕裂,将一切狠狠噬咬,撕成碎片,化为虚无。

在孤独的日子里，齐桓公经常令宫人敲起牛角，自己则奏"号钟"与之呼应。牛角声声，琴音悲怆，闻者无不被感动得泣下如雨，莫能仰视。

唉，高山流水，美则美矣，但唯一的知音已不在人世了，这琴还弹给谁听呢？

齐桓公于是将号钟永远封存，以纪念他的仲父。

凡人的遇合，自有定数，有时仇雠也会转变为知己，乃至成为亲密无间、绝对信任的师友，管仲之于小白便是如此。

作为齐国霸业的象征，管仲的死亡，不仅重创了齐国霸业，也重创了齐国老一辈贤臣的雄心与健康。

十个月后，管仲的继任者隰朋也去世了。

不久，隰朋的继任者鲍叔牙抑郁而终，弃齐桓公而去。

老兄弟们一个接着一个去世，曲终人散，齐桓公感到前所未有的孤独，现在他最需要的不是霸业，而是陪伴。

然而，齐桓公虽然风流好色，老婆众多，而且到处寻新访鲜，拈花惹草，家花野花一大堆，搞出一大堆儿子来，但这堆老婆孩子没一个省油的灯。这不仅使齐桓公享受不到家庭的温馨，而且造成了一个巨大的麻烦，那就是太子不好定。

在礼崩乐坏的春秋时代，定立储君乃一国之本，不可轻视。本来这事其实也挺简单的，春秋时代的贵族是一夫一妻多妾制，按照宗法制选嫡长子就行了，但齐桓公就比较麻烦，因为他虽然有三妻六妾，情妇无数，儿孙满堂，但竟然没有嫡子，他的三任正妻周王姬、徐嬴、蔡姬，早死的早死，被逐的被逐，全都没有给齐桓公留下儿子，这可真是太倒霉了。

没有嫡子，那就只能从庶子中选了。齐桓公除了一大堆情妇外，还有六个比较正式的小妾，这六妾的称号叫作"如夫人"。所谓"如"，就是相当于的意思。这个称呼倒也算是惠及后世，从此称呼别人的小老婆，有了一个敬语。当然，相当于正妻，就不是正妻，所以生的儿子都只能算是庶子。这六位如夫人和她们的儿子分别是：

郑姬，郑国宗女，生的儿子叫公子昭，后被齐桓公立为太子，也就是日后的齐孝公。

长卫姬，生子武孟，也就是公子无亏，武孟是他的字。齐桓公死后这家伙打跑太子昭，自己当国君，可没当俩月就被人杀了，太子昭回国即位为齐孝公。

葛嬴，嬴姓小国葛国（今河南宁陵北）宗女，生了个儿子叫公子潘，此子后来杀死了齐孝公的儿子自立为齐昭公。

密姬，姬姓小国密国（今河南新密）宗女，生的儿子叫公子商人，此子后来杀死了齐昭公的儿子自立为齐懿公。

少卫姬，生了个儿子叫公子元，齐懿公当了四年国君，被仇人杀了，齐国人便又把公子元请出来当国君，是为齐惠公。直到此时（公元前608年齐惠公即位），齐国的政局才算稳定下来，也就是说，齐桓公诸子相争的乱局竟持续了足足三十多年。

只有宋国宗女宋华子生的公子雍是个平庸之辈，没能抢到君位。

瞧瞧齐桓公这帮麻烦儿子，头痛不头痛。最主要的问题就是，齐桓公当年没有把握好节奏，六个夫人怀孕生子的时间相差不远，六兄弟年纪相差不大，于是各自结党，互不服气，齐桓公也不知道到底该选谁做接班人，他的老婆孩子天天内斗争宠求表现，搞得齐桓公晕头转向，更加不知道选谁了。

据《韩非子》一书记载，有一次，某人给齐桓公出了隐语，问："一难，二难，三难，何也？"齐桓公不能答，便去请教管仲。管仲说："一难也，近优而远士。二难也，去其国而数之海（指齐桓公经常离开国都去海边游玩，享受阳光沙滩海浪）。三难也，君老而晚置太子。"

前两"难"齐桓公不以为然，不过最后一"难"的确是当务之急，于是齐桓公顾不上择定吉日，就在宗庙里举行仪式，立郑姬之子公子昭为太子。之所以选择公子昭，第一可能是他更孝顺一些（后来谥号为孝），第二恐怕有结好于郑的意思，郑国刚脱离楚国的"魔爪"，回到齐国主导的联盟里，身为大家长的齐桓公，当然要施以笼络，而且等以后太子昭继承了齐桓公的霸主之位，也可跟郑国搞好关系，以联合抗击楚国的北侵之势。

另据《左传》记载，齐桓公对自己生的那帮狼崽子实在不放心，于是在葵丘盟会上接受管仲的建议，把太子昭的未来嘱托给了礼义齐备、年富力强的宋襄公。身为齐桓公的头号粉丝，宋襄公当然义不容辞。

至于这位宋襄公到底是个什么样的人物，齐桓公与管仲为何如此看重于他，我们下一章还要专述，这里就不多讲了。总体来说，齐桓公把太子托付给此人，还是比较明智的，没有引狼入室，反而是稳定江山之举。

看来，管仲与齐桓公对齐国后来发生的内乱是有预警的，对齐国后宫干政及诸公子结党情况也是有所警惕的，所以才特意将"无易树子，无以妾为妻"这项条款写进葵丘盟约里面，让天下诸侯共同来监督齐国，以制约齐国各公子的势力。当然，由于齐国贤臣的陆续陨落，齐国各公子的势力还是不可避免地膨胀了，但管仲不愧是管仲，相当有远见，竟然早在葵丘盟会这个齐国成功与荣耀的巅峰时刻，就已经未雨绸缪，布下了宋襄公这步棋，而这奇绝的一招，让八年后齐国内乱爆发时，太子昭得以引入决定性的外部力量，一举反败为胜，止住了齐国政局崩溃的态势。

当然，这些都是后话，在当时，由于管仲、鲍叔牙等人相继去世，齐桓公一时相当崩溃。他的如夫人长卫姬与易牙、竖貂等奸臣遂联合起来，向齐桓公大吹枕边风、大灌迷魂汤，哄得他一时晕头，竟然私下答应了改立长卫姬的儿子公子无亏为太子。

诸公子一看，原来老爹这么好糊弄啊，一下子都看到了夺位的希望，一个个开始上蹿下跳地左右串联，广结党羽，争夺储君之位。毕竟，大家都是庶子，他行，凭什么自己不行？

此时齐桓公年纪应已在八十岁以上，英雄迟暮，志气渐颓，再加上多年的酒色浸淫，让他疾病缠身，精力衰退。没有了贤人相助，齐桓公发现自己根本就控制不了局面。结果，远离了齐国四十多年的内乱，开始步步逼近，一触即发。

关于这次内乱，有一个关键人物，行事作风相当恐怖神秘。这个人就是齐桓公的厨子易牙。

这易牙可不是个普通的厨子，他一进宫，就开始变着法儿地讨好齐桓公，不管天上飞的，水里游的，田里种的，地上爬的，但凡可以吃，易牙就能把它变成美味佳肴端上桌，而且餐餐不重样，顿顿有新意，把齐桓公伺候得每天都跟过美食节一般，快乐似神仙。

就这样，易牙仍不满足。俗话说只要抓住男人的胃，就一定能抓住他的心。易牙一心想要更上一层楼，所以他更加努力，力争成为中国历史上最有权力的厨子！在上古的政治传统中，掌饮食者是可以通过亲近君主而得到较高地位的，例如商初的伊尹："身执鼎俎为庖宰，昵近习亲，而汤乃仅知其贤而用之。"（《韩非子·难言》）又如《诗经·小雅·节南山》亦云："皇父卿士，番维司徒。家伯维宰，仲允膳夫。"这位膳夫得列于诸卿士司徒等高官之后，可见其地位之高。

相传，有一次，易牙给齐桓公上了一道菜，齐桓公尝了一口，觉得其鲜无比，忙问这是什么菜。易牙回答说这道菜叫"鱼腹藏羊"，北方人以乳羊为鲜，南方人以鳖鱼为鲜，将老鳖与乳羊同蒸，聚南北两鲜于一盘，自然味道鲜美无比，而且腥、膻味全消，可谓他毕生巅峰之作。

齐桓公很开心，又有些失望：这就是巅峰啦，那么寡人岂不是再也尝不到比这更好的美味了吗？空虚啊空虚，太空虚了。寡人一生已食遍天下美味，"惟蒸婴儿之未尝"，也不知是个什么味道。

齐桓公这句话，很不得体，即便是空虚后的玩笑话，也够恶心的。不过他说也就说了，臣子们当成笑话听听，也无所谓。可易牙这家伙不是一般的臣子，他一见齐桓公空虚了，立马觉得自己也空虚得不得了，他这辈子做过无数美食，倒也真没做过人肉，此事虽然稀罕，但这种原材料，倒也不难找，可以作为新菜品开发一下。得了，就算晚上不睡觉，他也要将之研发出来，决不让齐桓公失望。

第二天，易牙满脸疲惫地进宫来，给齐桓公上了道菜，说这就是他一夜未眠钻研出的绝顶美味。

齐桓公揭开鼎盖，顿觉香味扑鼻，那是一道肉羹，具体是什么肉，看不出来。

羹是古代菜肴的传统做法，最早是一种不加调味的肉汤，再加上些谷物碎粒混合而成。后来随着烹饪技术的进步，到了周代，人们开始在汤羹中加入五味，如《尚书·说命》载："若作和羹，尔惟盐梅。"春秋时，人们又认识到做羹的关键在于水火和五味的调和适度，而易牙就是当时宗师级的调羹专家，东汉王充的《论衡》中说："狄牙之调味也，酸则沃之以水，淡则加之以咸，水火相变易，故膳无咸淡之失也。"其调味功夫如此之高超，实在令人惊叹，据说，鲁菜鲜咸脆嫩的独特风味，最初的形成就得益于易牙的烹饪技术。

齐桓公食指大动，也顾不上问这是什么肉了，赶紧尝了一口。

"如何？"易牙面色紧张地问。

"好嫩的肉，好香的汤，比鱼腹藏羊还要鲜嫩甘美百倍，真是太好吃了，太好吃了……"齐桓公喃喃地呓语道。

易牙见此大喜，连声道："嘿嘿，好吃吧？好吃您就多吃点！"

齐桓公于是大快朵颐，将鼎中肉羹吃了个底朝天，完了就问：这到底是什么肉，又是怎么做的，怎么可能嫩到这种程度？

易牙涎着脸笑：烹饪其实没有什么秘诀，优质的原材料才是关键。此肉之所以嫩，是因为它是婴儿的肉。微臣为了报答您的宠爱，昨夜把我儿子给杀了，煮成此羹给您享用。

这下齐桓公吓坏了，赶紧冲出门去，狂吐不止。

然而，经过这件事，齐桓公却更加宠爱易牙了，他认为易牙给自己吃人肉虽然不对，但他为了自己的口腹之欲，竟然不惜杀死自己的儿子，此举感天动地、可歌可泣，真是一个大大的忠臣！

事实证明，这位易牙并不是一个忠臣，在后来的齐国宫廷内乱中，易牙这位变态魔厨发挥了巨大作用，把整个齐国弄得乌烟瘴气，差点亡国。更恐怖的是，在一些先秦古籍之中，易牙又被称为狄牙，据杨树达先生考证，他应是狄人。① 若真如此，易牙不择手段，千方百计地潜伏到霸主齐桓公身边，目的会不会是为了挤进齐国政治核心，寻找机会，阴谋颠覆齐国，以助狄人发展壮大呢？此事史书无载，不过情理上还是说得通的，竖貂挥刀自宫，易牙烹杀其子，实在违反人性，刘洪涛认为此举正是源自古时蛮夷地区的"杀首子习俗"。②

另据《左传·僖公十八年》记载："十有八年春王正月，宋公、曹伯、卫人、邾人伐齐。……五月戊寅，宋师及齐师战于甗。齐师败绩。狄救齐。"齐桓公死后第二年，宋襄公为了护送太子昭回国即位，率诸侯联军伐齐，齐国乱党战败，而狄人竟在此时派兵援助齐国乱党。齐与狄一向水火不容，狄人怎会帮助齐人？可见齐国内乱的背后，一定有狄人参与，若不是管仲提前布局，将后事托付给宋襄公，齐国恐怕会被狄人所支配，后果不堪设想。另外，狄人在同年冬天曾策反姬姓诸侯邢国，联兵侵入卫国，吓得卫文公差点让位。齐国霸业方衰，狄人便蠢蠢欲动。这段历史，细思极恐。

周襄王九年（前643），当了四十三年齐国国君的齐桓公，终于走到了人生路的尽头。

他病了，病得不能起身。他知道，他的时日无多了。按照正常发展，此时该有几十个妻妾子孙围着他痛哭流涕，然后他将语重心长地交代后事。然而他此时身旁连半个喘气的都没有。

原来，齐国贤臣管仲、鲍叔牙等人相继去世后，齐桓公年老失智，无法控制局面，病重之后，他的老婆孩子与朝臣们全部行动起来，各自结党，明争暗斗，把病床上的齐桓公完全给遗忘了，大家争分夺秒，抢班夺权，谁还有工夫去管他，一个快死的老家伙，根本没有任何利

---

① 杨树达：《易牙非齐人考》，《清华大学学报》1941年第1期，第17—19页。
② 刘洪涛：《文王食长子伯邑考事考——兼考瞽瞍欲杀舜事》，《殷都学刊》2018年第1期。

用价值，大家巴不得他早点见阎王。

春秋第一霸主齐桓公，竟然在死前没人理。

当时正是寒冬十月，齐桓公又冷，又饿，又孤独，叫天天不应，叫地地不灵，只能睁着无神的双眼，呆望着空旷的宫室，感觉生命的力量从他苍老的躯体里一点一点儿地消失，如流水，如落花，去而不返。

妻妾成群又如何，子孙满堂又如何，九合诸侯又如何，一匡天下又如何？那时的齐桓公，跟世上所有的孤老头没啥两样，甚至比他们还要可怜。

十天过去了，还是没有人来，齐桓公饿得有气无力，生命悬在半空，摇摇欲坠。

享尽人间富贵又如何？尝遍山珍海味又如何？临了临了，还是饿肚子！

人都死光了吗？……齐桓公失望地闭上双眼，虽然他并不抱天真的幻想，但他至少想有个人能告诉他外面详细的情形。所以他强撑着最后一口气，无论如何也不肯咽下。

忽然，只听"扑通"的一声，一个身影从窗户跳了进来。齐桓公睁眼去看，还以为是幻觉，直到近前，才认出那的确是一个人，是个女人，活生生的女人。

来人叫晏娥，是齐桓公曾宠幸过的一个没名分的小妾。

齐桓公生命中有无数女人，晏娥只是其中毫不起眼，甚至想都想不起来的一个；然而，在晏娥的生命中，齐桓公却是她唯一的男人，所以她来了，在最关键的时刻。

"吾饥而欲食，渴而欲饮，不可得，其故何也？"齐桓公颤抖着双唇问。

晏娥答道："易牙、竖貂他们作乱，塞了宫门，筑起高墙，不许人通行，所以弄不到吃的喝的。"

原来，竖貂等人见齐桓公时日无多，就把他隔离了，只等齐桓公一咽气，他们就起兵举事拥立公子无亏为君。另外，卫开方支持公子潘夺位，并趁乱占了"书社七百"，也就是让一万七千五百户的地盘归了卫国①。齐国国将不国了！

齐桓公后悔莫及，老泪纵横："嗟乎，圣人所见岂不远哉？仲父啊……"

喊完，齐桓公吐血数口，在雪白的幔帐上喷洒出点点梅花，惊心触目。

终于，齐桓公的眼神开始涣散，身体也越来越轻，恍惚中只觉管仲、鲍叔牙、宁戚、隰朋等人的脸庞一一闪现，从他眼前划过。

在生命的最后时刻，齐桓公忽然想起了数年前的一件往事：

那是在齐桓公春风得意于葵丘受胙后的一个黄昏，他与齐国三大贤臣管仲、鲍叔牙、宁戚一起对饮，喝得兴起，齐桓公笑着说："何不为寡人寿。"要大家给自己敬酒。鲍叔牙举起杯子来说："使公无忘在莒，管仲无忘其束缚在鲁，宁戚无忘饭牛车下。"当时齐桓公很受感动，立刻避席再拜②，说："寡人与二大夫能无忘夫子之言，则社稷不危矣。"

想着想着，齐桓公的眼泪又不争气地流了出来，泪水与血水混成一块，将他那苍老干瘪的脸颊染得甚是可怖。

"死者无知则已，若有知，我有何面目见仲父、鲍叔于地下……"齐桓公扬天长号，接着，便用尽最后的力气，将那染血的幔帐裹住自己那可怖的脸庞，气绝身亡。

这是《管子》中记载的齐桓公死亡真相，"乃援素幭以裹首而绝"

---

① 见《管子·小称》："公子开方以书社七百下卫矣，食将不得矣。""社"就是祭祀土地神的神社，每年春祈秋报，民众将刚收获的农产品送来祠神，并举行盛大的会餐，古代二十五家为一社。张金光《秦制研究》认为："社是一个共同体，当时君主与各级采邑封主都是以社为单位来封赐的……"而"书社"则登记着该社居民的户籍，故"书社七百"也就是七百个小村落，总共一万七千五百户人家。

② 即离开坐席而伏于地，拜而又拜。君主对臣子行此重礼，这种事大概只可能发生在先秦时代吧！

(幭,覆物之巾也),也就是用幔帐将自己活活闷死,这才是齐桓公这一代霸主的最终结局,不是病死,不是饿死[①],而是在无尽的悔恨中痛苦自杀。于是英雄的一生凄惨落幕,齐国的霸业灰飞烟灭,如同昨夜长风,飘然而去。

历史就是这么无常,昨日还是和风旭日,阳光灿烂,今夜就是阴风冷雨,人间地狱。

人生就是这么无常,越是生前风光无限,越显晚景后事凄凉,正所谓行百里者半九十。

据《列女传》说,齐桓公死后,小妾晏娥也跟着以头触柱,殉主而亡。

与此同时,齐国宫外已经是一团乱了,竖貂与雍巫拥立公子无亏,杀害大批不服官员,在临淄卷起一阵腥风血雨,公子昭逃亡宋国,其他公子则各领朋党,在朝内朝外一通火拼,早将死了的齐桓公忘到了九霄云外。可怜的齐桓公,死前没人理,死后也只有苍蝇蛆虫前来光顾了。

从十月初七齐桓公死,一直到十二月初八,整整两个月六十多天,齐桓公的尸体烂在宫里面,无人问津,想想都觉得反胃。

可怜齐桓公,死得天下第一惨也就算了,死后依然不得安宁。

至此,齐桓公的故事就结束了。有人说齐国的霸业就像一个娇艳欲滴的红苹果,外面的果皮齐桓公光鲜亮丽,其实中看不中吃,一切还是全靠里面的果肉管仲。而管仲一死,又没安排好接班人代替他,导致果肉烂光,果皮再漂亮都没用了。当然,笔者觉得果皮也很重要,如果没有其保护,这个苹果不是一样要烂掉?关键还是齐桓公提供了一个很好很宽松的平台与环境,才有了管仲等人发挥的空间。

齐桓公能够重用仇雠,屡次以德报怨,这对一个君主来说是非常难得的。所以关键在于齐桓公这张果皮够大,才能包容得下如此大的

---

① 《史记》和《左传》中都只说齐桓公"卒",并未说他的死亡原因。先秦典籍之中只有《管子》一书说他"乃援素幭以裹首而绝"。

一个霸业。这也是为什么齐桓公虽只属中人之资，却能成为一条东方巨龙，九合诸侯，一匡天下，将中国历史引入了一个新的时代。齐桓公貌似平庸，甚至像个荒淫之主，其实乃大政治家也。

当然，齐桓公的霸业只维持了一代，仅三十余年，方成气候就中道崩殂了，究其原因，恐怕不仅在于其晚年用人不当，还在于齐国只是靠外交手段与经济手段来称霸，没有后世晋文公、楚庄王的政治、经济、军事、外交四管齐下来得保险稳妥，所以齐国的实力只堪成为东方大国，而无法建立长期而稳定的霸业，历春秋战国一世都是如此。之后也只有偶出的军事奇才孙膑，帮助齐国获得了仅仅十数年的军事领先。

归根结底，齐国虽为天下兵学发源之地，但民风竞奢，从来不是个好战的国家，无法成为乱世的主宰或终结者。

齐国在潮头巅峰处急流勇退，其实不失为一种明智选择，若是待到秦、楚、晋等国追上，或许齐国不仅霸业不保，还会有船覆溺水的危险，只是历史让它的霸业最终以内乱这种方式悲剧收场，终究令人痛惜不已。

齐桓公的能力注定了他不能成为天下之主，但他准确把握了时代的脉搏，尊王室而攘夷狄，继绝世而举废国，从而维护了华夏文明，重建了天下秩序，提升了诸夏的凝聚力，顺应历史潮流成就了一番不朽的功业，称赞他一句时势造英雄，并不为过。正如《管子》所言："是故天下之于桓公，远国之民，望如父母，近国之民，从如流水。……故杀无道，定周室，天下莫之能圉，武事立也。定三革，偃五兵，朝服以济河，而无怵惕焉，文事胜也。是故大国之君惭愧，小国诸侯附比。是故大国之君事如臣仆，小国诸侯欢如父母。"《左传纪事本末》也说他："用三万人以方行天下，孔子许其一匡之功，《孟子》载其五命之盛。"确实，如果没有齐桓公与管仲，吾其被发左衽矣！而齐桓公悲惨的死亡，也值得为万世引以为鉴，所谓修身、齐家、治国、平天下，齐家是事业的基础之一，每个人都应当引以为戒，慎之，慎之！

第二篇　宋襄之仁：旧信仰与旧战礼的崩溃

在人们的既定印象中，宋襄公是个迂腐顽固又智商低下的假道学，纯粹志大才疏的榆木脑袋，死爱面子活受罪——其实历史的真相并非如此简单，在本篇中，笔者将穿越史海的迷雾重重，上穷碧落下黄泉，追索一个远古民族的复兴梦想，详细解读他们及后世中国人的文化心理，并深入分析宋襄公性格行为的成因及历史功过，还原历史的本来面目。虽然千年来毁誉难以定断，但历史的有趣之处就在这里。

其实，宋襄公并非什么蠢猪，也不是什么假道学，他只是一个沉迷在古老梦想中的活化石而已——因为珍稀，所以孤独；因为陈旧，所以有些不合时宜；又因为梦想破灭，可悲可叹，所以让人觉得他可怜又可笑——如果要拿金庸小说中的一个武侠人物来类比的话，他有点像苦苦追求反清梦想，试图靠不靠谱的血缘关系打动乾隆皇帝的迂阔书生、红花会大当家陈家洛。

为了自己"愚蠢"的梦想，明知不可而为之，这虽然可笑，但也很可爱，甚至在某些方面有些可敬。

一、一个让圣人们露出獠牙的上古文明，数百年痴心复辟

想要让大家真正了解宋襄公，就必须先把宋国的历史讲清楚，因为他的霸业，与殷人数百年的复兴梦想息息相关。

在公元前12世纪左右，商王朝是当时亚洲最先进的文明与人口最多的联邦国（当时巴比伦王国已经衰弱，亚述帝国尚未兴起），他们掌

握着当时世界上最先进的青铜冶炼技术与纺织、酿酒、畜牧技术，还拥有令人震惊的宏伟城市，大型仓储设施，以及发达的城市供排水系统。当时，东亚地区有数千个部落与方国向它进贡，接受它的文化，承认它为宗主国①。然而，从公元前11世纪开始，周人凭借其先进的农耕技术、文化理念，以及稳定的宗法继承与分封制在关中平原上崛起，此种包容开放的政治心态与政治体制下，周人对于广阔地盘的开拓力与控制力，远胜于商王朝封闭的统治体系与毫无凝聚力的方国联盟制度。于是在周武王元年（前1046），周人抓住机会，联合西土诸族（史书称"牧誓八国"，其中除羌在西北，其他蜀、濮等七族皆在西南），一举灭掉了因屡伐东夷、穷兵黩武而政治崩溃的商王朝。

商纣及其死党虽已败亡，但殷人乃大族（大邑商），又曾统治有"亿兆夷人"②，其人口远多于周人（小邦周），光一场牧野大战③，对其损失就可以忽略不计，接下来应该怎么办，周武王也心里没底。想当年，殷商是何等强大，祭祀仪式是何等奢华，如今这些曾经高高在上的殷商显贵，却被迫匍匐在自己脚下④，可以肯定，他们不会轻易接受周人的统治。况且，战败的殷人包括三部分，只有一部分投降了，还有一

---

① 在《史记》的族源传说中，夏、商、周、秦四族祖先皆乃虞舜朝之大臣：夏禹为司空，职司水土工程，象征夏族对基建之热衷；周稷为农师，提示该族以农耕为经济主业；而秦的祖先伯益为"虞人"，负责"调训鸟兽"，可见这是一个以驯兽放牧为主的牧业民族；此三族皆以营生为官职，象征其务实、刻苦而笃行之民族性格；惟商契为司徒，职司教化，象征着殷商民族对文教事业的重视，这是一个文化优美、耽于理想（发明甲骨文、青铜艺术登峰造极）且热爱享受的民族。

② 《尚书·泰誓》："受（纣王的名字）有亿兆夷人，离心离德。"考古也发现，夏都二里头是被一群有着不同陶器文化的东方部落的松散同盟给灭掉的，商族只是其中的核心部族。

③ 毕竟，当时纣王的嫡系部队远在江苏淮北地区镇抚东夷，防守国都的大部分是临时拼凑的战俘、奴隶，这些炮灰不想卖命，于是"前徒倒戈""商庶若化"，商人大军就像滚水冲刷的油脂，瞬间溃散融化了，结果让周人轻松攻入了殷都。故而《左传·昭公十一年》载叔向云："纣克东夷，而陨其身。"

④ 见《逸周书·世俘》："荐殷俘王士百人。"所谓"王士"，《尚书·多士》云："士者，在官之总号。"

部分远走退居辽东与朝鲜半岛以示不臣[①]，更多的商人族邑、方国仍盘踞淮岱，一旦叛乱再起，随时星火燎原。如今到底该怎么处理他们，让他们接受亡国的事实呢？[②]

据一些古籍记载，周军的统帅太公吕尚此时提出了一个相当残酷的建议，想要杀光所有殷人。引文如下：

> 武王克殷，召太公而问曰："将奈其士众何？"太公对曰："臣闻爱其人者，兼屋上之乌；憎其人者，恶其余胥。咸刘厥敌，使靡有余，何如？"（刘向《说苑·贵法》）
>
> 纣死，武王皇皇若天下之未定。召太公而问曰："入殷奈何？"太公曰："臣闻之也：爱人者，兼其屋上之乌；不爱人者，及其胥余。"（伏胜《尚书大传·大战》）

没想到吧，姜太公竟然是如此一个狠人，好重的杀性！

一些学者认为，吕尚和姜姓一族出身于羌人部落。羌人跟殷商是多年死敌[③]，甲骨文卜辞中经常提到商人俘虏羌人，用作奴隶或者献祭的牺牲品。事实上，"羌"的甲骨文造型，就是一个头顶羊角的人，脖子被捆绑甚至拴在木桩上，表示他们已经被俘获，如卜辞中的"羌刍"就是羌人畜牧奴隶。这些羌人奴隶往往会逃亡，卜辞中常见关于逃亡者能否抓捕回来的占卜。据学者胡厚宣1974年统计，卜辞中商朝共用了至少一万四千一百九十七个殉人，其中七千四百二十六个是羌人。

---

① 《尚书大传》卷二："箕子不忍周之释，走之朝鲜。武王闻之，因以朝鲜封之。"《史记·宋微子世家》："于是武王乃封箕子于朝鲜而不臣也。"

② 关于周人的这种忧虑，可见《诗经·大雅·文王》："商之孙子，其丽不亿。上帝既命，侯于周服。"

③ 这里的羌人，主要是山西、陕西地区的土著居民，即尧舜时代"四岳国"的后裔。《国语·周语》："祚四岳国，命以侯伯，赐姓曰姜，氏曰有吕，谓其能为禹股肱心膂，以养物丰民人也。"商灭夏后，姜姓羌人沦为蛮夷，后又与周人合作灭商，并与周人逐渐汇聚成华夏。在后世汉语中，"羌"字又演变成汉人对位居西方（主要是甘肃、青海一带）的卡约文化下的部族的称谓，他们和商代的"羌"不是同一群人。

商王武丁为祭祀祖父祖丁，竟一次就杀了三百个羌人（三百羌用于丁）。甲骨文中甚至有"卯三羌二牛""卯五羌三牛"的记载。"卯"是把人或牲畜对半剖开、悬挂展示的祭祀方式①。简单一个字，充满了羌人的悲惨血泪。

相反，羌人与周人则是累世婚盟，如后稷之母姜嫄，周太王之妻太姜，周武王之妻邑姜（吕尚之女）都是姜姓，应当都是羌女。由此可见，姜姓一族与姬周亲如一家，但与殷商不共戴天。

其实周武王也与殷商有不共戴天之仇：不仅其祖父季历曾被商王杀了祭神，其父周文王也曾被商纣王长期囚禁，差点做了人牲，还有他大哥伯邑考，更是被商纣王剁成肉酱并逼迫周文王父子吃下！②这笔笔血债，难道就不用偿还的吗？所以当年周军牧野之战后攻入殷都时，武王也曾亲自持钺，杀祭了少数商纣王的帮凶死党（见《逸周书·世俘解》）。但武王毕竟是一位王者，他很快就从仇恨中清醒过来，觉得

---

① 这种展示、献祭肉体的方式，或许就是后世"酒池肉林"传说的来源。甲骨卜辞中还有更多残酷杀祭羌人的花样，如"伐羌"，这是砍头祭。如"胁羌"，这是取肠祭。如"册羌"，这是将四肢都斩断，仅留下躯干用作祭奠，"册"在甲骨文里是剁成块的意思。如"戠羌"，这是取完羌人内脏后，将其风干做成腊肉。如"蔑羌"，"蔑"字甲骨文的字形是用戈砍人的两脚，被砍的人瞪大眼睛张望。这是一种先把脚砍下的杀人祭祀方式。再如"脰羌"，"脰"是烹煮之意，殷墟出土过几例青铜甗（蒸锅）中有人骨的现象，头骨颜色灰暗，与一般棕黄色的头骨完全不同，于是专家们便提取头骨样本进行科学检测，结果发现头骨里面的钙质流失严重，这意味着，这人头是专门被放在青铜甗里特意煮熟了的。

② 屈原《天问》："受赐兹醢，西伯上告。何亲就上帝罚，殷之命以不救？"定州汉墓竹简《六韬》里也有说，"质子于殷，周文王使伯邑考"，"有诏必王食其肉"，"文王食其肉"。另据周原甲骨"册周方伯"，册有册封之意，也有杀祭之意。"册"甲骨文字形像一条条肋骨，意思就是把用于祭祀的人杀死，然后剖开胸膛摆好，并显露出一条条肋骨。如《甲骨文合集》："丁巳卜，争贞，降，册千牛。不其降，册千牛千人。"所以有学者认为，纣王把人肉酱赐给臣下，是商人传统的一种结盟仪式（共同接受先王诸神的福佑），把伯邑考的肉酱赐给姬昌，应当是册封"周方伯"典礼的程序之一。参与献祭的人，包括周文王父子在内的周高层，应该都被逼分食了伯邑考的肉；而纣王看到周人终于接受了殷商的宗教必然相当满意。在纣王看来，周邦正在从蒙昧走向开化，在商朝的天地秩序里找到了属于他们自己的位置。参见代生、江林昌《出土文献与〈天问〉所见商末周初史事》及李硕《翦商——殷周之变与华夏新生》第二十三章。

太公杀光殷人的建议太不靠谱,一旦施行,商人就会因走投无路而发动叛乱。于是他又跑去问自己的四弟周公旦。身为一位冷静的政治家,周公建议:

> 使各居其宅,田其田,无变旧新,惟仁是亲,百姓有过,在予一人。

周武王认真想了想,觉得有道理,于是封纣王之子武庚于故殷都,以延续商汤的宗祀。但吕尚的话也有道理,所以,为了防止他们叛乱,周武王又将殷商王畿之地(今河南北部与河北南部一带)一分为三,封给自己的三个弟弟管叔、蔡叔、霍叔,派他们监视武庚与殷人,史称"三监"。

然而,在周灭商的第四年,周武王就去世了。据《荀子·儒效》说,因为当时周成王还是个孩子,太宰周公旦担心天下殷人因此背叛周朝(恶天下之倍周),屏成王而及武王,成为周王朝的实际统治者(七年后待成王长大才授之以政)。这引起了"三监"的严重不满,因为管叔是周武王三弟,在继承顺位上高于四弟周公旦(周武王的大哥伯邑考早死)。武庚乃趁机挑唆"三监"共同发动叛乱,殷商的东土方国与东南夷人们纷纷响应①。

周公旦所处的形势非常严峻,周人反叛势力、商朝复辟势力和东夷扩张势力这三股势力合流,声势浩大,周朝内部人心惶惶,担心、动摇者大有人在。然而面对此等危局,周公旦却非常冷静,他召集周人贵族讲话,刻意淡化周朝宗室矛盾,强调这主要是商朝残余势力和周朝的较量(《尚书·大诰》)。于是,周朝朝堂团结一心,太傅周公

---

① 参与叛乱者包括鲁地的奄君、齐地的薄姑氏,还有南方的淮夷、徐戎、熊氏、盈(嬴)氏等部族。见《汉书·地理志》:"(齐地)殷末有薄姑氏……至周成王时,薄姑氏与四国共作乱,成王灭之,以封师尚父。"《史记·鲁世家》:"管蔡、武庚等,果率淮夷而反……淮夷、徐戎,亦并兴反。"《逸周书·作雒篇》:"周公立,相天子,三叔及殷东徐、奄及熊、盈以略……凡所征熊、盈族十有七国。"

旦、太保召公奭与太师太公尚，三公联手，前后七年，灭国五十（《孟子·滕文公下》），才终于平定了这股反叛势力。武庚与管叔皆战败而死（《史记》言武庚被诛，《逸周书》却称武庚"北奔"），蔡叔被放逐，霍叔废为庶人。另据文献记载，此次东征，进行得非常惨烈，特别是殷人的战象军队，在东夷地区造成了很大的破坏，周公率军一路将其驱逐至江南，才将其平定[1]。远古时期，交通不便，东征军逢山开路，遇水搭桥，连斧子都不知用坏了多少，其艰难困苦可想而知，所以在班师回朝的路上，将士们作歌《诗经·豳风·破斧》曰：

> 既破我斧，又缺我斨。
> 周公东征，四国是皇。
> 哀我人斯，亦孔之将。
> 既破我斧，又缺我锜。
> 周公东征，四国是吪。
> 哀我人斯，亦孔之嘉。
> 既破我斧，又缺我銶。
> 周公东征，四国是遒。
> 哀我人斯，亦孔之休。

顺便说一下，在平定叛乱的时候，原本位于今山东曲阜的奄国，因为曾是殷王南庚、阳甲、盘庚三代的国都（盘庚时才迁殷），商遗民颇多[2]，所以对周的反抗也最为激烈。周公旦对他们的报复行为异常血腥，他竟然将奄国大量精壮男丁施以宫刑，贬为奴隶。中国人至迟

---

[1] 见《吕氏春秋·古乐》："成王立，殷民反，王命周公践伐之。商人服象，为虐于东夷，周公遂以师逐之，至于江南，乃为《三象》，以嘉其德。"

[2] 2019年，考古人员在曲阜市小雪街道西陈家村西陈遗址，发现了大规模中晚商时期遗存，并发掘出山东地区数量最多、最为集中的商代祭祀遗存。另外，西陈遗址只发现有少量西周早期的遗存，证实在西周早期以后，这里的殷人已被迁走，这里的旧都已遭废黜。

在3000多年前的商代就发现，阉割后，动物不受羁绊的野性可以大为降低，更容易驯养，并熟练掌握了阉割猪、马等牲畜的方法。故殷王也有阉割羌人以降低其野蛮性情与反抗能力，使其为宫中奴隶的做法。① 周公旦将奄人施以宫刑，也算是学习殷王。此后，受此刑的男人就都被称为"奄人"。到了秦汉之时，宫中常用奄人来守门，于是又在"奄"上面加"门"，成"阉"，太监于是又叫"阉人"。还有学者认为，现在山东人喜欢用的"俺、俺们"，以及成语里的"奄奄一息"，可能也与奄国有关。

当然，周公身为一个伟大的政治家，他不仅懂得杀鸡儆猴，也懂得恩威并施。东征结束后，他又主导发动了一系列政治行动，对周人盟友与殷商遗民，该酬谢的酬谢，该管教的管教，该收编的收编，该安抚的安抚，该拆分的拆分，让周人与殷人混编散居各地，以杜绝殷人再度反叛的可能。

首先，周公的幼弟康叔本是封在康的，后改封于殷墟以南一百二十里的朝歌，其国改称卫国②，周公赐予他殷民七族，包括其直系亲族、分族及附属奴隶。③ 为了保持殷地的稳定，周公还谆谆告诫康叔必须吸收"殷先哲王"的成功经验，多向殷商的贤人与长老咨询意见，时刻注意用殷商的政治风俗去执行周朝的法律④，以怀柔殷民。但是在刑罚上，他要求康叔必须垄断"刑人杀人"的权力，其他任何人

---

① 《甲骨文合集》："庚辰卜，王：'朕阉羌不死？'"

② 《史记·卫康叔世家》索隐云："康，畿内国名。宋忠曰：'康叔从康徙封卫，卫即殷墟定昌之地。畿内之康，不知所在。'《史记·卫康叔世家》又云"康叔卒，子康伯代立"，父子均以康称，足见康是国名而非谥法。

③ 见《左传·定公六年》：分鲁公以殷民六族，"使帅其宗氏，辑其分族，将其类丑"。杨伯峻《春秋左传注》"类丑"作"丑类"。其注云："丑类同义词连用，此谓附属此六族之奴隶。"《诗经·小雅·出车》："执讯获丑。""丑"在先秦文献中多含对俘虏、敌人贬称之意。

④ 此即《尚书·康诰》之"启以商政，疆以周索"。比如周初之禁酒令对周人与殷人的惩罚不同（见《尚书·酒诰》），对于周人之禁酒更严，"予其杀"；对于殷人则"姑惟教之"。

不得擅自做主（《尚书·康诰》）。

其次，周公的长子伯禽本是封在鲁的，现在打下了奄国，就把他改封在那边，连鲁这个国名也带过去，周公赐他殷民六族。无论是授予康叔的七族还是伯禽的六族，名称大都和手工业有关，涉及制陶、冶金、车马器等，所以赐给鲁卫国君的应是产业工匠，而非当地商人民众。在百工技术上，殷商人的水平远高于周人，鲁卫国君想要发展这些产业，就需要依靠这些特殊的殷民技工。

在汉水以西，随州到枣阳处在大洪山与桐柏山中间地带，有一条地势平坦的狭长平原，被称为"随枣走廊"，自古就是战略和交通要道。只要占住这里，不仅可以向东控制淮夷，向南震慑荆蛮，还可以通过涢水连接长江，将鄂东南铜矿区的铜矿资源，以及赣北锡矿资源、赣东铅山的铅矿资源输送至洛阳，以助力周室青铜冶炼产业链。基于此，周公将周室重臣南宫适之子封到随州一带的曾国（又称随国），号为"南公"，负责"克狄淮夷"（曾伯粟簠铭文），并保障随枣青铜走廊的通畅。

周公又将其他商王势力所及的地方，封给太公尚之子与召公奭之子，以酬谢盟友，同时也让他们监视、防卫箕子朝鲜及环渤海地区之燕山殷遗民；同时又将淮河上游的北侧支流地区，封给被放逐的蔡叔之子蔡仲（蔡国）、周公的第三子蒋伯龄（蒋国），以监视、防卫下游的淮夷诸国。换言之，这些国家及后来封的晋，任务就是在各大战略要地震慑殷人、东夷、戎狄，为周室扎好篱笆墙（封建亲戚以藩屏周）。

对于殷人中较为服从周化的贤士大夫，周室将其迁徙到宗周以北一带，在进行严密监视的同时，也招揽其中一些文化人才，因为周人需要吸收殷人的文化和政治经验。其实，早在周武王时，周室已将不少殷人旧族迁入陕西，陕西各地出土殷器甚多；1976 年，在陕西扶风县庄白村出土了 103 件青铜器，有铭者 74 件，经考证这都是微史家族历代所传之各种礼器。微史家族本是殷商贵族，世代担任殷的史官，归顺周武王后，便举族迁居关中，继续为周室担任史官的职务。由其家族著名的"史墙盘"铭文可知，微史家族不仅被周人置放于其心腹之地周原，并得到采邑、田地，世代受周王恩宠。[①]另外，2014—2015年，在周原遗址凤雏建筑基址旁，考古人员发现了立有石基的庭院，这正是迁徙到周原的殷人氏族的"亳社"。亳是商汤的都城，亳社就是殷人独有的祭祀场所。

根据周武王的遗命，周公决定夷平殷都（我图夷兹殷），并将居住在那里的残余死硬分子（殷顽民）全都迁徙到成周[②]去，给田耕种，并加以严密监视和同化。

《逸周书·度邑解》载武王曰："我图夷兹殷，其惟依天，其有宪命，求兹无远。"

《尚书·多士》载周公曰："我乃明致天罚，移尔遐逖（将你们迁到远方），比事臣我宗，多逊。"

《尚书·多方》载成王曰："乃有不用我降尔命，我乃其大罚殛之！非我有周秉德不康宁，乃惟尔自速辜（是你们自作自受）！"

而对于接受改造的殷商贵族，成王与周公表示尊重他们的文化与祭仪[③]，并保留他们的领地和臣属[④]，以示怀柔。另据《尚书·多方》篇

---

① 朱凤瀚：《商周家族形态研究》，商务印书馆，2022，第338—339页。

② 见《尚书·多士》篇《序》云："成周既成，迁殷顽民。"成周在瀍河东。在瀍河西，还有一座王城（今洛阳市王城公园一带），又称洛邑，乃周人统治者所居。洛邑的位置，就在"有夏之居"，也就是夏都二里头古城以西四十处（《逸周书·度邑解》周武王言）。西周时，周天子常常亲镇洛邑，接受东方诸侯的进贡，并举办朝会，规划协调与支援东方各邦国的建立与发展。周平王东迁后，刚开始的东周都城实际也是在王城，后来周敬王为避王子朝之乱，才从王城迁都到成周。《汉书》认为，王城（洛邑）即汉代的河南郡郡治河南县城，而成周则是坐落在其东约四十里处的洛阳县城，也就是东汉首都洛阳城。经学家郑玄与杜预都支持此说法。

③ 见《尚书·洛诰》："(成)王肇称殷礼，祀于新邑。"周成王在新建的洛邑举行祭祀，却仍用殷礼接见诸侯与殷商降人，可见周朝对殷礼一直保持着相当的尊重。另据《春秋·哀公四年》记"亳社灾"及《左传·定公六年》记"阳虎又盟公及三桓于周社，盟国人于亳社"。

④ 朱凤瀚在研究了大量西周殷人贵族墓葬青铜器后认为："周人对商人强宗大族虽畏其庞大而解析之，但对于其基层家族组织与贵族地位却准其依然如旧。"参阅朱凤瀚：《商周家族形态研究》，商务印书馆，2022，第312—326页。

云"惟尔殷侯尹民,……猷告尔有方多士暨殷多士",足见所迁者地位都颇高,这就像秦汉也喜欢迁徙豪强与旧贵族到长安附近一样,说得好听就是接受王化,不好听就是改造收编。

李硕在《翦商——殷周之变与华夏新生》中认为,殷人都迁离之后,周人系统而全面地摧毁了这座繁华二百年的殷商旧都,大火之后,富丽堂皇的商王宫只剩了灰烬和坍塌的成堆夯土,方圆数公里内,数十个族邑聚落无一幸存。在随后的几百年里,这片土地沦为荒野,曾经巨大的城邑永远从人间消失,只剩深埋在地下的墓葬和无数的甲骨卜辞,以及那些献祭殉人和奠基人牲。

随后,周人又挖开了商王陵区的几乎所有高级墓葬,连同十几代商王及其夫人的墓穴均遭到毁灭性破坏:被挖成锅底形状的巨大土坑,直径十几米,深十余米,椁室中的尸体和随葬品被洗劫一空。劫掠和破坏完墓穴之后,这些巨大的盗坑又被周人费心费力回填,重新变成平地①。看来,在彻底破坏之后,周人还有意识地要把这里变成被彻底遗忘之地。考古学家在商王陵区域内发现了一些周人遗址,或许就是这些捣毁商王陵的人的生活遗迹。另据司马迁《史记·宋微子世家》记载:"箕子朝周,过故殷虚,感宫室毁坏,生禾黍,箕子伤之,欲哭则不可,欲泣为其近妇人,乃作《麦秀之诗》以歌咏之。"可见早在西周初年,这里就已经是一片荒野废墟了。

李硕直言,这种规模的破坏行为与回填行为,绝对超出了盗墓贼的能力和作案条件,它只能是公开的、有组织的集体行为。由此推测,破坏王陵的行动即使不是周公布置的,至少也得到了他的默许。商王朝虽然已经成了历史,但他们恐怖的人祭习俗与宗教理念令周人感到厌恶与恐惧,所以必须捣毁他们的宫殿与陵寝,将这段恐怖历史彻底

---

① 殷墟最早的考古发掘主持者李济先生就指出,殷墟王陵的早期盗墓,其挖掘很明显是有条不紊地进行的。早期盗掘的痕迹往下达12米深,比现在的水平线低得多。盗墓者清楚地知道埋葬珍品的确切位置,他们把导坑几乎正好挖在木椁的顶端。李济先生判断这些盗墓约始于周朝,因为在回填的盗墓坑的顶端发现一东汉墓。参阅李济:《安阳》,商务印书馆,2017,第87—95页。

掩埋、遗忘。周公这一代人承受的负担，沉重到无法载入文字。[1]要到三千年后，现代考古才让它重见天日。

所以，虽然通过考古已经挖出了很多殷墟文物，但王陵中那些巨大而精美的青铜重器，大部分都消失不见了（只有某些次等墓中出土了零星的劫余，如一吨以上的"后母戊鼎"）。我们已经无法知晓它们去了哪里，或许周人出于忌讳和厌恶，将商王的这些沾满了西土人牲鲜血的祭神法器全都熔化成了铜锭，或者铸造了其他铜器，以抹去他们曾经存在过的证据。考古人员在被认为是殷商重臣崇侯虎都邑的西安老牛坡遗址也发现了类似的情况，其墓葬尤其是中型木椁墓早期均遭严重盗掘，无一幸免，墓主遗骸有的被彻底扬弃，随葬品几乎无存。从碳十四测定的年代看，该遗址被毁的时间，正与文献所载周文王伐崇相呼应。

对于没有参与叛乱且较为安分的那部分殷人王族，周公旦将其安置在商丘一带，称为"宋"，并封纣王的庶长兄微子启[2]为宋公，以延续殷商的祭祀[3]。商丘位于黄淮平原中心地带，是当年商汤灭夏之根据地，亦是商代晚期镇抚东南的基地，其周边遍布淮夷野人与古商族邑，周人想要直接统治是比较困难的，不如建立宋国，封予亲周的商人。

---

[1] 《史记》《左传》《竹书纪年》以及后世各种史料都没有提及商朝可怕的人殉与人祭。《史记》上还称武丁在位时"修政行德，天下咸欢"，实际上武丁在位期间，屠杀数量之多，人祭规模之大，都骇人听闻，甚至非臭名昭著的商纣王可比。由此可见司马迁所看到的商朝史料也不够全面。

[2] 微是族名，亦是地名（即商王畿地区内其家族属地）。"子"在这里是指族长而非爵称。"启"才是名字。

[3] 甲骨文与金文的"宋"字，作庙内有一木之状。《说文》中"宋"的定义是"居"，其意义可能由祖先神灵所居之处得来。此故地应是商王们保存他们祖先最为神圣的宗庙、灵位和王权象征物之所。今日中国人的神主牌位以木料制作成，可以说渊源甚远。另外，杨宽《西周史》认为，"宋"即"商"字的音转。《左传·昭公十七年》："宋，大辰之虚也。"大辰乃远古时代的古国，早于商汤居此数千年。辰即是辰星，又称商星，乃黎明时在东方出现的星宿。商丘二字，即东方明星升起的山丘之意，也是商人名称的来源。看来，中国最古老的（而且现在还在用的）地名，恐怕就是商丘了。只不过此处位于黄河泛滥区，普通地面淤土深约五尺，其下即黄沙，连片汉代陶片都见不着，更别说史前遗址了。

当初武王伐纣，微子启便是第一个带头投降的殷商贵族，而且广有贤名，深受殷遗民之爱戴，所以周公旦多加怀柔，给予其最高的公爵爵位。前面提到的关中微史家族，可能也是微子一族的家族支系，受微子之命主动到关中为周王室服务的。

基于此，周公还给予宋国"宾国"的待遇，并特准其享用天子的礼乐与祭祀规格而奉商之宗祀（其用享于乃帝考）。据《左传·僖公二十四年》，后来宋成公来郑国做客，郑文公不知应以何礼款待，郑国大臣皇武子就说："宋，先代之后也，于周为客，天子有事膰焉，有丧拜焉，丰厚可也。"也就是说，宋国是周天子的贵宾，周天子祭祀祖先，也要分给宋国国君祭肉；周天子去世，宋君来吊唁，即将嗣位的太子对他必须行拜礼，以示双方平等。

但所谓贵宾，一方面是尊重，另一方面也是一种森严的客气，更带着一丝战胜者对战败者的警惕与固有歧视，总之完全的信任是不存在的。周公旦不仅心狠，而且心细，当初他几经权衡，选了宋这个好地方，其安排颇有学问。宋位于河南东部的黄淮平原，表面看是很富庶，但却夹于齐、鲁、卫、陈、蔡等诸夏大国与成周的肘腋之间，且四面都是平原，根本无险可守，一旦发生叛乱，很容易就能平定。所以历春秋战国一世，宋国一直富而不强，很难有扩张的空间。

这样，以宋公为首的宋人就成了天下间非常尴尬的一个族群。一方面，周朝统治者对他们并不放心，时常警惕；另一方面，宋人常以先朝贵胄自居，始终无法忘怀自己身为高等民族的往日辉煌，比如《诗经》有《风》《雅》《颂》三部分，其中级别最高的《颂》就只有周王室的《周颂》、周公旦后裔鲁人的《鲁颂》，还有就是殷商后裔宋人正考父所作的《商颂》。而《商颂》中最有名的一篇《玄鸟》，就是宋君祭祀商代祖先殷高宗武丁的颂歌，歌曰：

天命玄鸟①，降而生商，宅殷土芒芒。
古帝命武汤，正域彼四方。
方命厥后，奄有九有。
商之先后，受命不殆，在武丁孙子。
武丁孙子，武王靡不胜。
龙旗十乘，大糦是承。
邦畿千里，维民所止，肇域彼四海。
四海来假，来假祁祁。
景员维河，殷受命咸宜，百禄是何。

从这首颂歌就可以看出，宋人始终保持着复兴的梦想。特别是春秋以来，周室衰弱，礼乐征伐开始自诸侯出，姜齐称霸，荆楚兴起，一切都预示着周人的时代即将结束，殷商人复兴的最好时机已经到来，若不奋起，要是被其他姓氏代周而立，那么殷人恐怕就再也没有机会了。所以春秋初期，就有贤君宋戴公铸"戴公戈"，上有"王商戴公"的铭文。宋为公爵，却自称"王商"，此僭称王号，野心昭然若揭。后来宋襄公之孙宋文公被以天子之礼下葬，更是被天下称为"不臣"；另外，战国时列国称王，宋国也先于秦赵燕韩，并因此颇受嫉视；这一切都显示着宋人对于复辟殷商之痴心迷恋，多年不改，无可救药。

二、即便成为春秋五霸，他仍是 那个望穿秋水想妈妈的孩子

宋襄公的名字叫兹父，是宋桓公的嫡长子，也是太子，为卫国宗女所出。比起齐桓公小白生于一个亲情淡薄、淫乱不堪的问题家庭，

---

① 商人有玄鸟传说，说商祖"契"乃简狄吞玄鸟蛋而生。商代晚期的青铜铭文中亦有"玄鸟妇"三个字，可能是通灵神的女巫，负责在王族祭祀中召唤玄鸟之神降临。参阅李硕《翦商——殷周之变与华夏新生》，广西师范大学出版社，2022，第99页。

兹父的童年就幸福多了，宋桓公看重他，宋桓夫人宠爱他，他的兄弟们也很尊敬他、喜欢他，可谓父慈子孝、兄友弟恭，是正宗的春秋模范家庭。

但是很可惜，兹父甜蜜的青少年时代，在宋桓公二十二年，也就是公元前 660 年这一年，由于狄人对卫国的大举入侵，竟蒙上了一层厚厚的阴影。

这一年，凶残的狄人打败爱鹤如命的卫懿公，攻入卫国国都，对卫国百姓进行了惨绝人寰的大屠杀，侥幸逃出的不足五千卫国遗民被宋桓公夫妇安置在曹邑，卫国重建工作就此展开。

关于卫国为何会被狄人轻松灭国，史书皆以卫懿公好鹤轻士之故，但笔者以为这应该只是一个方面，应该还有更深层次的原因。卫国乃武王幼弟康叔的封国，也是周王朝在黄河北岸设置的最大战略屏障，且朝歌为殷商旧都，人口滋多，物力殷盛，远胜齐、晋拓边之地，岂会如此轻易败于赤狄之手？清代大儒沈曾植有言"散民怯公战，矫以鹤轩拒"。所谓散民，恐怕就是卫国那些原来的殷商遗民。当初周人强悍，横扫天下，殷人可以暂时俯首；而如今周室衰弱，南夷与北狄交，中国不绝若线，显然，上天早已抛弃周人，那些姬姓上层贵族，早已腐化堕落，淫逸不堪，再为这些仓鼠蠹虫拼死效命，不值当啊！

也许正是由于这个原因吧，当狄人进攻卫国时，身为姻亲之国的宋国并未出兵相救，只是在卫国被灭后才给予接应，这让身为卫女的宋桓夫人很不高兴。后来在卫国的重建过程中，当时的春秋霸主齐桓公出钱出人不遗余力，从而获得了莫大的名声。但是宋桓公明明是第一个出手帮卫国的，最后却贡献乏陈，风头全被齐桓公抢了去，宋桓夫人心里就更不好受了——娘家有难，老公却不够上心，倒是自己的堂姐长卫姬与堂姐夫齐桓公那边出钱又出力，大把大把的金银财物送过去，这让宋桓夫人在姐妹面前很没面子。当然宋桓公也有他的苦衷，齐桓公财大气粗，又是诸侯盟主，宋桓公想跟他斗富置气，那也要有足够的底气才行。

宋桓公此举造成了恶劣的政治影响。卫国虽是姬姓宗室的封国，与宋国并不同族，但下层民众却都是殷商遗民。两国拥有悠久的传统友谊与姻亲关系。而今宋国援卫不尽力，也让两国的殷商遗民们颇多微词，宋桓夫人对宋桓公怒其不争，一气之下竟跑去卫国，再也不回来了。这样一个小两口吵架的故事，最后造就了一首千古绝唱。

这首绝唱就是《诗经·卫风》中的《河广》一诗，据《毛诗序》考证，当为宋桓夫人在此期间所作：

谁谓河广？一苇杭之！谁谓宋远？跂予望之！
谁谓河广？曾不容刀！谁谓宋远？曾不崇朝！

大意是：谁说黄河广又宽？我一束芦苇便可渡！谁说宋国遥又远？我一踮脚就能望见。谁说黄河宽又广？一只小船它都容不下！谁说宋国远又遥？我无须一个早晨就能到！

明明黄河那么宽广，明明宋卫距离如此遥远，但是宋桓夫人却正话反说，夸张戏谑之语中极尽悲恸，想家念子之情贯透字里行间，又以迭章排比，反复吟咏，情辞动人，文采斐然，当可与诗仙"白发三千丈"之句媲美。

爱情与亲情看似易得，但在诸侯之家，却原来有如此多的阻碍，许穆夫人与宋桓夫人这卫国两姐妹都是大才女，却都成为政治婚姻的牺牲品，实在令人唏嘘不已！

宋桓夫人思念儿子，兹父何尝不思念母亲，但限于礼制，母子难以重逢。相传，后来他即位后，就在宋国西部距卫国较近的黄河岸边，筑起一座土台，想娘的时候就登台远望，遥寄思念之情，后人称之为"宋襄公望母台"或"襄台"。

在今天河南睢县北湖湖心岛驼岗上，这座"望母台"遗迹犹存，宋襄公的墓也在附近[①]，他生不能尽孝于母亲膝下，死后也只能求魂灵遥望卫国，这便是诸侯之家的悲哀。

三、宋襄公让国：一出精心炮制的大戏

宋襄公为太子时，有个同父异母的庶兄叫目夷，字子鱼，是宋国很有名的贤人，宋桓公很喜欢这个聪明的孩子，也曾想过改立他为太子，但由于兹父也一向表现良好，所以最终作罢。

此时兹父却做出了一个非常让人摸不着头脑的决定——硬要把自己的太子之位让给哥哥。他对宋桓公说："请使目夷立，臣为之相以佐之。"

宋桓公也很摸不着头脑，便问他为什么。这可是国君之位啊！

兹父回答说："臣之舅在卫，爱臣，若终立则不可以往，绝迹于卫，是背母也。且臣自知不足以处目夷之上。"大孝子兹父认为，自己母亲闹矛盾去娘家不回来了，如果自己是个公子，还能经常去卫国看母亲，若当了国君就不可能了，而且他自认能力不及目夷，所以才主动让贤。

如果单从这句话来看，兹父似乎是个孝顺又谦虚的好孩子，而且品德高得不得了。事实的真相是否如此，我们不是兹父，当然不得而知，不过有学者指出，兹父明知这样违反了当时的礼法和继承制度，还要坚持让位，明显是做给宋桓公和天下人看的，目的就是为了给自己博得"仁爱"的美名。

目夷听说了这件事后也非常上道，他坚决不肯接受兹父非要让给他的太子之位，说："（兹父）能以国让，仁孰大焉？臣不及也。"于是逃到卫国。

---

① 睢县因宋襄公而古称襄邑或襄陵。这里气候温暖、湿润，适宜蚕桑生产，所以成为中国最早的丝织品中心之一，多出美锦、文锦、重锦、纯锦。其经济富庶不在齐都临淄之下。

兹父一看目夷跑了，他也跟着跑，哥俩儿前后脚全都逃到卫国去了。

目夷为啥放着大好的太子之位不要？除了兹父"仁孰大焉"之外，还有一个重要的原因，即他认为这样的人事安排很"不顺"（不符合立君的嫡庶顺序）。

如前所述，宋是商纣王同母长兄微子启的封国。作为殷商直系后裔的宋人，保留了浓厚的殷商文化传统和风俗习惯，如信鬼神、好祭祀、喜经商、讲诚信、爱周游、同姓通婚等等，与周人之文化迥异。据《左传》记载，有一次晋宋两国盟会，宋平公提出用殷商的传统祭祀乐舞《桑林》来招待晋悼公。这个乐舞，据说由用鸟羽化装成玄鸟的舞师与化装成简狄的女巫进行表演。由于它描绘了简狄吞玄鸟卵而生殷商始祖契的具体过程，非常之神秘怪诞，竟把不识殷礼的晋悼公给吓病了。

除了文化风俗，商与周的继承制度也大有不同。商人的传统君位继承制度是以弟继为主，而以子继辅之，也就是以"兄终弟及"为主，"父死子继"为辅，这种随意性很强的君位继承制给商朝造成了极大的混乱，宋国早期也是如此。

据《史记·殷本纪》："自中丁以来，废适而更立诸弟子，弟子或争相代立，比九世乱，于是诸侯莫朝。"亦可见殷人这种混乱的继承制度，远比周人的嫡长子继承制要落后，统治阶级由于君位继承中名分不定而产生的祸乱纷争，或许就是殷商灭亡的重要原因之一吧！

可惜，宋国在西周与春秋之初，并没有吸取他们祖先的经验教训，仍然固守成规，时常采取这样的落后政治继承制度，从而造成了宋国长时期的政局不稳，也导致宋国错过了很多大好发展机会，以至从宋殇公（宋桓公的堂伯父）时开始从一等大国渐次沦为二流诸侯。司马迁在《史记·宋世家》最后说："《春秋》讥宋之乱自宣公废太子而立弟，国以不宁者十世。"宋国自周平王四十二年（前729）宋宣公去世，将君位传给弟弟宋穆公，一直到周釐王元年（前681）宋桓公在内乱中即位,短短五十年的时间,宋国就经历了两次弑君事件[①],以及六次不正常君位继承,其中有兄传弟、父传子、叔传侄,甚至还有堂兄弟之间互相传的,这种频繁的宫廷政变与君位继承,造成宋国数十年国无宁日,这种混乱局面是兹父与公子目夷都不愿意再看到的。

特别是公子目夷,他认为宋人必须有所改变,只有坚定地学习周人的嫡长子继承制,才能摆脱内乱,让宋国平稳健康地发展下去!

周惠王二十五年(前652),做了三十年太平君主的宋桓公病重不起,赶忙派人去卫国召回太子兹父,传话说:"若不来,是使我以忧死也。"意思是说:兹父,你再不回来,是想把老爹我愁死啊!

身为大孝子的兹父当然不愿意老爹被愁死,于是赶紧回国看望父亲。次年春天,宋桓公去世,太子兹父即位为君,就是大名鼎鼎的宋襄公。

见到弟弟顺利继承君位,目夷不久也从卫国放心地回来了,宋襄公于是任命目夷为司马,主管军政大权,辅佐自己处理朝政。从此兄弟齐心,其利断金,二人让国之举,名传天下,成为那个时代的道德楷模,且世代称美之。

但并非所有人都认同宋襄公之"仁义"的,后世很多学者都批评他这是虚情假意,沽名钓誉,徒以不仁之资,盗仁者之名(苏轼语)。

有学者指出,从后来宋襄公的争霸行为来看,他明显是个有极大政治野心的人,他怎么可能轻易放弃权力呢?如果他真的仁义无双,也完全可以在继承君位后再自己做主行禅让之举,但他并没有这么做,由此可见他的所谓仁义,只不过是骗人的把戏而已。

笔者非常赞同这种看法,但我们也可以换个角度想一想,宋襄公假仁假义,恐怕不只是为了沽名钓誉那么简单——宋国数十年的内乱教训惨痛,宋襄公身为储君岂有不知?那么当他看到公子目夷能力卓著、德才兼备,且又如此受到宋桓公的宠爱与国人的尊敬,他难道不

---

① 分别是周桓王十年(前710),太宰华督弑宋殇公,以及周庄王十五年(前682),猛将南宫长万弑宋闵公。

会对可能发生的内乱感到忧虑吗？即便他坚信公子目夷的品行没有问题，但他能保证宋国的其他公子或权臣不会横生枝节从中捣鬼吗？旁人只看到诸侯国君的八面威风，谁能体会他们内心的恐惧与悲凉，何况传统的力量是巨大的，宋国一直以来都没有"嫡长子继承"的明确概念与规定，国君也一直都是令人垂涎而又高危的工作。所以，很有可能，宋襄公兹父与目夷俩兄弟这是合演了一出让国大戏，这出戏既可以改革宋国的继承制度，为宋国政局的平稳过渡保驾护航，还可以让其他大国那些正在争夺君位的公子们自惭形秽[①]，给大家看看什么叫作兄友弟恭，什么叫作让国大义，什么叫作和谐美好，什么叫作真正的贵族！

从后面发生的事情可看出，宋襄公与目夷手足情深，可称终生不渝，乃至目夷多次忤逆君意，跟宋襄公唱反调，二人都始终没有反目，甚至宋襄公临终，仍能接受目夷的批评，可见二人肝胆相照，绝无伪饰试探之心。也正因为如此，宋襄公才敢放心大胆地让国，因为他知道目夷贤德孝友，绝对没有争夺储君之位的野心。

可惜，宋襄公与目夷的努力并没能影响太久，殷商人已立世一千多年，早已养成陈腐守旧的习惯，他们很难接受新的事物而做出适当的改变，宋襄公死后仅十七年，宋成公（宋襄公之子）的弟弟就起而叛乱，争夺君位，此后这等事情还时有发生，于是宋国内乱不止，政局动荡，一步一步向下沉沦。

无法为自己注入新思想的国家是可悲的。比如殷商，自虞舜时代就已立国，后又代夏为天下共主近六百年，曾经灿烂，曾经辉煌，绵延两千多年，老而不死，亡而不灭，幻化成宋，荣光早已不再，却好似依然活在梦中，画地为牢，最终将自己活活困死在内。

[①] 当时齐国五公子争立的局面已经初见端倪，另外周王室也正嫡庶相争，晋国和郑国更绝，干脆尽逐诸公子。

四、宋襄公的坚守，埋藏在殷墟甲骨文中

宋襄公从小就有一个理想，这个理想就是继承先祖商汤的仁义，重现殷商文化的辉煌。

为了这个复兴殷商的事业，他愿意付出自己的一切，也希望自己的哥哥公子目夷及所有国人能和他一道舍小我而成大业，同舟共济，齐心合力，纵使惨败也不必懊悔，至少大家都努力了。

人如果没有理想，那跟咸鱼有什么区别？

但从后来事情的发展来看，宋国有相当一部分人不认同宋襄公的所谓"光荣理想"，他们认为上天已经抛弃了殷商，所有努力都是徒劳的，宋襄公这么做纯属惹祸上身，简直愚不可及。这个愚不可及的理想不可能实现。

宋襄公是孤独的，数千年来，十分之九的中国人都认为他固执且蠢。仅凭仁义和梦想就能让小国称霸、民族复兴吗？弱者是不配讲仁义的。这只是宋人的春秋大梦，是春秋时代的春秋大梦。

宋襄公却抱着这个梦想头也不回地出发了。齐桓公三十五年（前651），宋襄公还在服丧期间就列席了齐桓公主持的葵丘盟会，积极参与诸侯事务，让其道德明星与榜样青年的美好形象深入人心，齐桓公看这年轻人还不错的样子，不由眼睛一亮。

原来，齐国五子争立，暗流汹涌，齐桓公忧心忡忡，而宋襄公之前欲让国于庶兄目夷的高义，在那礼崩乐坏的乱世，犹如一股清流，让人忍不住叹息：同样都是公子，齐国的公子与宋国的公子差距咋就那么大呢？真是人比人气死人，在儿子教育这方面，齐桓公实在做得很失败，瞧瞧人家宋桓公的儿子，觉悟多高？

所以齐桓公与管仲相商，在葵丘盟会上以后事相托于宋襄公，其本意只是希望宋襄公能帮助齐国太子昭顺利即位，毕竟宋只是个中等国家，它能在齐国虚弱之时提供支持就很好了。但自我感觉良好的宋襄公却从此常以霸主接班人自居。继承霸业，方今天下，舍我其谁！

也许是感到了齐国霸业的渐衰与宋国渐长的雄心,年轻的周襄王把自己的姐姐王姬嫁给了宋襄公。在四五十年前,周襄王的祖父周釐王也将王姬嫁给了刚即位不久的齐桓公。自此,宋襄公更觉荣耀,认为自己朝霸主的位置又前进了一步,于是折腾得更加起劲了。

齐桓公三十九年(前647)夏,齐桓公、宋襄公与诸侯在咸地(今河南濮阳东南)会晤,共同谋划对付淮夷。

所谓淮夷,就是生活在淮河流域的东夷部族。东夷人的历史非常悠久,最早可以追溯到炎黄时代,曾经和黄帝逐鹿中原,也曾经和夏民族角逐天下,但却屡次失败。殷人其实本来也是东夷的一支[①],双方颇有相爱相杀的味道,后来殷人与东夷都被周人打败,殷人乖乖做了宋人,很多东夷部族却仍散居在山东东部与江苏北部,与中原华夏作对。其中生活在江苏北部淮河流域的东夷人,就统称为淮夷。

两年后,宋襄公又与诸侯在牡丘(今山东聊城东北)会盟,以救援被楚国入侵的徐国[②]。

是年冬,齐桓公病重,霸业益衰,宋襄公又引兵伐曹[③],曹国抵挡不住只得投降,从此成为宋襄公争霸的一颗重要棋子,因为它地处中原地区水陆交通的中心,经济发达但军事落后,是一只大肥羊。此时的宋国,趁着大好时机,突然发达了起来。

一切貌似很顺利,但是到了宋襄公七年(前644),宋国突然发生

---

① 顾颉刚、史念海《中国疆域沿革史》与童书业《中国疆域沿革略》均认为殷人与东夷一样来自渤海湾附近,后不断南迁进入中原。"殷"可能就是"夷"的别体字。傅斯年《夷夏东西说》也认为,殷商始祖神——玄鸟卵生神话,酷肖满洲天女传说、高句丽朱蒙传说与夫余王东明传说,则环渤海地区的东夷人,应与殷人大有文化上的渊源。另据《诗经·商颂·长发》:"相土烈烈,海外有截。"相土为商代早期之先王,在契之后,汤之前,以如此早之一代,竟能戡定海外,则其根据地必去渤海不远。故纣殁后,殷人以亡国之余,尤得凭箕子以保朝鲜,朝鲜如不在其统治范围之内,甚难远建新邦。在殷墟发现的品物中,海产品甚多,贝类不待说,竟有不少的鲸骨。

② 嬴姓诸侯,西周时为淮北大国,后因被齐鲁压迫,从今江苏徐州迁至今安徽泗县西北。

③ 周文王第六子、周武王的仪仗队长叔振铎始封,都陶丘,即今山东定陶。

了两件怪事，给了迷信的宋襄公一次极大的精神打击。

第一件怪事，是有五块陨石轰然落于宋国境内。全体宋国百姓都目睹了这次天文奇景，但是没有人对着流星雨许愿，因为这在古代并不是一件浪漫的事情，而是大祸的前兆。

第二件怪事，是有六只水鸟居然退着飞过宋国国都上空。所谓玄鸟生商，商为鸟图腾部族，现在居然有鸟倒着飞，这显然也很不吉利。

这两件怪事，在宋国上下引起了极大的慌乱。前面讲过，周人拥有发达的祖灵信仰与卜筮习俗，但比起殷人来，只能算是小巫见大巫了。殷人每年都要举行非常多的祭祀、占卜等活动。无论刮风下雨，严寒酷暑，气候变化，都要占卜，甚至牙痛、耳鸣、做噩梦、走路不小心绊了一跤，也要占卜。

对于殷人来说，占卜就是神的绝对指示，他们要根据占卜结果，决定举行哪种祭祀，以消弭祖先、神灵的愤怒。此外还要将卜问与兆示结果，详细刻在甲骨上集中埋藏，并杀人和牲同埋，以对降示预言的神表示谢意。

基本上，殷人的生活就是一句话——神权至上。《礼记·表记》曰："殷人尊神，率民以事神，先鬼而后礼。"也就是说，殷人一切都以鬼神的意志为准，他们优先处理与鬼神的关系，而后处理人际关系。所以在殷商，为鬼神代言的巫人地位崇高之极，如成汤时的伊尹，太甲时的保衡，太戊时的伊陟、臣扈、巫咸，祖乙时的巫贤，武丁时的甘盘，都是权力极大的大巫觋，甚至死后也成为神灵而接受祭祀[①]。商代祭祀活动和神职人员之多，在中国历史上也是空前绝后的，或许只有古埃及可以与之相提并论。而到了商代中后期，殷王为了确保自己的

---

① 《尚书·君奭》："昔成汤既受命，时则有若伊尹，格于皇天。在太甲，时则有若保衡。在太戊，时则有若伊陟、臣扈，格于上帝。巫咸乂王家。在祖乙，时则有若巫贤。在武丁，时则有若甘盘。率惟兹有陈，保乂有殷，故殷礼陟配天，多历年所。"卜辞也提到接受祭祀的巫有东巫、北巫、四巫等，可想见四方都有巫的神灵。参阅林巳奈夫：《中国古代的神巫》，载《东方学报》1967年第38期，第210—219页；以及陈梦家：《殷虚卜辞综述》，科学出版社，1956，第590页。

统治权，亦常常亲自进行主祭、占卜，以实现自己对巫术的独占。殷墟中出土的那些巨大的青铜器与数量庞大的玉器，就是其行使巫术所用的法器。法器上的动物纹饰（其中有很多凤鸟纹饰），则是为了召唤帮助他们飞升到祖先或神灵的世界去完成工作的神兽助手。而他们嗜酒的习俗，也是为了让自己沉浸在虚幻迷离的状态中，以实现自己与祖先神灵的沟通。换言之，殷王的统治，乃"率民以事神"，殷王既管理现实的政治，又负责沟通上帝与鬼神，死后更直接成为"帝某"[1]，回归于上天诸神之列，为后世殷王"指导工作"。到了殷末，最后两任殷王甚至即位后就立刻称帝（帝乙、帝辛），成了活的"现人神"（以人的形象出现在现世的神）。当然，不唯殷商，当时世界其他地方如古埃及、巴比伦、阿卡德等国的国王也是如此统治他们的国家的，这便是"君权神授"或者"政教合一"。

　　殷商是个政教合一的王朝。可到了周代，政教却渐渐分离。周人的特色，是有崇拜而无信仰，敬鬼神而不迷信。虽然占卜活动在贵族间仍非常盛行，但只有遇到重大政治事件才会进行，更不会像殷人那样费心地将占卜的事项及结果全都记录下来。所以周人大多只将占卜结果作为参考，其实并不怎么相信。只有身为殷人后裔的宋国残留了祖先的遗风，迷信鬼神与占卜，以为一切行事的准则。比如宋国先祖微子就曾对周武王说过："汝则从，龟从，筮逆，卿士逆，庶民逆，作内吉。"意思是："决策的时候，你自己同意，占卜同意，即便卿士不同意，百姓也不同意，这样做也是吉利的。"

　　微子是上古著名的贤人，也是宋国的伟大先君，他说的必定是

---

[1] "帝"的甲骨文像花萼形，表示生殖繁盛，与"祖"字象征生殖器一样（"祖"本字"且"，郭沫若《卜辞通纂》认为"就是男性生殖器的形象"）。故"帝"引申为缔造者，"祖"引申为祖先，都是指祖先神即宗神。上帝则是殷商的最高宗神——元祖帝夋，同时也是《山海经》中的"帝俊"，另外还是甲骨卜辞中的"高祖夒"，"夒"的甲骨文是一个鸟头人身或兽身的神兽，应是殷人这种祖帝一元的形象化身。殷商青铜器上亦有大量夒纹出现。"帝某"的"某"则是日名，即殷人以天干字为祖先命名的一种称名方式。

"正确"的,所以泥古不化的宋襄公当然奉行遵守,以为至理名言,对占卜的结果深信不疑。

早说过了,宋襄公他就是一块亘古不变的史前活化石,他永远活在过去,却不知他的想法已行将过时了。

正好当时,周内史①叔兴奉周天子之命正在宋国聘问②,宋襄公好似抓住一根救命稻草般,立刻向这位博学多才的史官询问吉凶。

内史叔兴叹了一口气,答道:"今兹鲁多大丧,明年齐有乱,君将得诸侯而不终。"一连串预言了三件大事,宋襄公不由倒抽一口冷气。

第一件事是鲁国这年会有大丧。果然,两个月后,鲁国重臣季友死了,而鲁僖公是个胸无大志之人,从此,鲁国的影响力进一步衰退。

第二件事是下一年齐国将有内乱。这两件齐鲁的灾祸,对宋襄公而言却是一个争霸的好机会,他为齐鲁感到慨叹,也为自己感到开心。

第三件事则让宋襄公悲喜交加,喜的是宋国就要成就霸业了,忧的是这个辉煌无法持久,而霸主下台只有一种可能性——死亡。这让宋襄公很纠结:是止步不前做个太平君主呢,还是继续前进,用生命去换那短暂的光辉呢?这是一个问题。

宋襄公纠结了一番后决定继续走下去,不求天长地久,只要曾经拥有,短暂的辉煌也是辉煌,总比一辈子默默无闻,被人瞧不起强。

拼了,死了也要拼他一场!

宋襄公当时并没有想到,这个决定将让他被嘲讽千百年。

为了不要一辈子被人看不起,最后被后世无数人看不起,宋襄公的命运,着实令人慨叹!

我们可以发现,宋襄公对自己有没有被人瞧不起非常重视,简直是把尊严看得比自己命还重要,这种特殊的敏感心理其实并非宋襄公专有,而是所有宋国殷商遗民的集体心声。殷商王朝曾经多么的伟大

---

① 周朝官名,执掌外交、书王命和占卜等,所以不仅明察时事,而且通晓天文地理,乃先知一类的人物。

② 乃周代一种外交活动,即派大夫携礼物去别国修好。

辉煌，可这一切都远去了，归于沉默，而宋人被留在这里，被封闭于过去，就像一滴松脂封闭了一只昆虫，从此，他们永远是祖先耻辱与失败的证物，默然苟活，成为亡国之余。而亡国之余总是令人讨厌的，沉迷于过去不能适应新时代的亡国之余更加令人讨厌，即便学养深厚的先秦诸子，也对宋人多有揶揄之语，将其视为异类，以至于以之为愚蠢的代名词。

对宋人来说，这样的例子太多了，简直就是360度全方位无死角无脑黑。比如，《孟子》中"拔苗助长"的是宋人，《韩非子》中"守株待兔"的是宋人，《列子》中"向氏为盗""野人献曝"的也是宋人，《晏子春秋》中的"宋人沽酒"还是宋人，《吕氏春秋》中"刻舟求剑"的又是宋人，学者王利器辑录的《宋愚人事录》，竟达20则之多，宋人简直可以说是先秦成语故事主人公的代表了。只有《庄子》和《墨子》中未见揶揄宋人之语，或许是因为此二人正好就是宋人。墨子书里有《天志》《明鬼》诸篇，也是尽显其殷商后裔之本色。

当然，先秦诸子也不是专为批评宋人智商低，他们只是用一种夸张的手法写出了这些殷商后裔的文化心理。周文化和商文化很不同，族群性格差别也很大。殷人尚鬼神而尊信宗教，这样的人往往理想坚定，直率冲动，思维灵活跳跃，富于思辨而长于艺术，有强者的自信和麻木，在文化上尊崇凶猛之力与狞厉之美，但所谓过犹不及，这些优点不加控制，就不免性情躁动而争强好胜，好高骛远而脱离实际，表现在生活中就是异想天开而不知自省，表现在政治上就是简单直接而缺少妥协，大有一往无前，撞了南墙也不回头之概。周人却尚人文而注重实际，他们隐忍含蓄，谨慎谦恭，注重集体，富于忧患意识，故而能以西陲小邦而君临天下，但还是那句话，所谓过犹不及，这些优点不加控制，就会造成人心趋利而心计巧诈，善于掩饰欲望和自我包装，心中少有真诚，奸猾而具欺骗性。所以先秦诸子中的宋人庄子、墨子都喜欢批评儒家，庄子一派甚至喊出了"圣人不死，大盗不止"的口号；而儒家、法家则拼了命地批评庄子、墨子，说他们痴人说梦，不切实际。

文化习俗的不同,造成了周人对宋人的歧视,也造成了宋人独特的敏感、自尊心理。贵族一般都好面子,但殷商后裔宋襄公尤其好面子。所以他才不顾国小民弱而奋起争霸,为的就是证明宋人的力量,提高宋国的地位,维护殷商人的尊严。他要让所有的宋人不要再自卑,不再被歧视,无论走到哪里,都可以大声地说一句:我是宋人,我是伟大的殷商的后裔。正因如此,宋襄公争霸的核心精神与齐桓公、晋文公皆不同,他只高喊"仁义"口号,却不以"尊王"为其政治纲领。

当然,宋襄公的光荣与梦想,最终注定会悲壮地破灭。叔兴这个周王专用占卜官果然不同凡响,一语成谶,简直其准无比,貌似真能与鬼神交通一般。当然,实情并非如此。据《左传》记载,叔兴告辞宋襄公后,就偷偷跟人说:"君失问,是阴阳之事,非吉凶所生也。吉凶由人,吾不敢逆君故也。"看来叔兴虽是占卜官,却仍是个正统的周人[①],他认为这些怪事只是自然现象,跟吉凶没有半点关系。吉凶是由人的行为决定的,他之所以这样回答,只是不好违逆宋襄公,故依照当时的形势,做出一种个人的预判而已。

事实上,六只水鸟倒着飞,或许只是因为风大的缘故。尽管狂风怒作,水鸟却没有停止飞行,而是逆风飞翔,这种拼搏精神诚然可嘉,然而不顾客观力量一味蛮干,去做自己力所不及的事情,却又显得有些可笑。观宋襄公一生作为,实在与这鸟儿相当像。其实宋人也大多如此,他们不是愚蠢,而是固执,他们坚信他们所相信的,哪怕永远飞不到目的地,也要振翅到最后一刻!

---

① 由此可见,周室虽衰,仍然贤才辈出,之前的宰孔,这里的叔兴,后来的王孙满,都对各国的历史文化与政治形势有着深刻的洞察力,此皆因其传统积累非诸侯可比。直到一百多年后(前516)王子朝叛乱失败,带着大量周室典籍奔楚,周室的文化才自此大衰。

五、宋襄公的执念：杀人祭神就是仁义

整个历史按照叔兴的预言发展下去了，宋襄公八年（前643），齐桓公寂寂无闻地死于寝宫之中。

宋襄公闻信，大哭了一场：放心去吧，亲爱的小白大叔。您未竟的事业必将后继有人，代齐为霸，舍我其谁！

齐桓公尸骨未寒，齐国的内乱已不可收拾，五公子大战三百回合，最终头号狼崽子公子无亏胜出，在竖貂、雍巫的拥立下即位为君。太子昭被迫逃到宋国寻求援助，宋襄公当然义不容辞，很快联合了姻亲之国卫与归附之国曹、邾，共同出兵护送太子昭打回老家。

大兵压境，齐国人做出了自己的选择。

当初齐桓公即位，曾一举挫败他国干涉势力坐稳君位，但公子无亏却没有这样的好命，因为齐国实权派国高二氏根本就不支持他这个非法即位的国君，两人联合起来，杀死公子无亏，迎接宋襄公仁义之师入城，然后一同拥立太子昭为国君，是为齐孝公。

宋襄公见大功告成，便也不再多留，参加完孝公的即位仪式后就打道回府了。他心里美得很，认为自己不费一兵一卒就搞定了齐国内乱，这就是仁义的力量！

宋襄公错了。在权力面前，仁义只不过是遮羞布而已。他前脚方走，齐国四公子后脚又集体发难，冲进宫内造反。齐孝公一看大事不好，便重施故技，三十六计走为上，又逃回了宋国。

此时宋襄公已经回到了宋国，正要摆宴庆祝，却发现齐孝公又灰头土脸地回来了，不由大愕。

看来，仁义的力量有时也会碰到挫折。无奈，宋襄公只好帮人帮到底，送佛送到西，带着齐孝公一路再杀回去！

魔高一尺道高一丈，宋襄公就不信了，自己的仁义之师还能搞不过齐国那四只狼崽子？

宋襄公九年（前642）五月，宋襄公大败齐四公子军于甗（今山东

济南附近），然后一举攻入齐都，保护齐孝公再次坐上宝座。

当年，齐桓公一坐稳君位，就迫不及待地让鲁国杀死了自己唯一的竞争对手公子纠，果敢狠辣，颇有枭雄风范，现在齐孝公是否要继承老爹的优良传统呢？

宋襄公劝齐孝公不要这么做。手足相残，非仁义也，四公子虽作恶多端，但毕竟是亲生兄弟，还是本着惩前毖后、治病救人的态度，批评教育一下也就得了。

齐孝公一听宋襄公说得蛮有道理，就赦免了四公子的造反大罪，至此，齐国的这场闹剧总算告了一个段落。

齐国四公子被赦免后，分别走上了不同的人生旅途：少卫姬之子公子元逃往卫国，等待时机东山再起；葛嬴之子公子潘与密姬之子公子商人母家都是小国，回去没啥前途，于是留在国内韬光养晦，明着好似变成了乖宝宝，暗地里却厚施钱财、阴交贤士、附爱百姓，仍对国君之位觊觎不已；宋华子之子公子雍则带着雍巫和他六个弟弟跑到楚国那里做了大夫，一面为楚国的中原化添砖加瓦，一面冀望借助楚国的力量有朝一日打回老家。

看来，宋襄公与齐孝公这完全是在养虎遗患，仁义力量再强，也是无法感化虎狼的。

不过，宋襄公可不这么想，他自我感觉良好。当初，鲁国干涉齐国内政，结局是惨败；如今，宋国干涉齐国内政，却是大大的成功。这说明什么？说明宋国的实力不比齐国差，也说明宋国是众望所归，得到了天命的护佑啊！但宋襄公忽略了一个问题：这时齐国军队显然不是完整的战力，因为国高二氏的势力是支持齐孝公的，而四公子之徒也不是一条心。

总之，齐宋之事，让宋襄公对自己的实力与威望产生了一个误判，他觉得，自己在中原诸侯间本就爵位最尊（公爵），在齐桓公组织之联盟中，也向以老二自居，如今老大死了，其他小弟又畏畏缩缩，老二不站出来继承老大霸业怎么行？何况老二立于信义和道义的高地，站在了华夏秩序的中心,天下霸业,舍我其谁?

于是,宋襄公决定继承并发扬齐桓公的优良传统,举行盟会,团结各国,继续大力推行仁义,以求逐步确立宋国在诸侯间的领导地位。

在后齐桓公时代,中原诸侯失去主心骨,立时形成一盘散沙,天下秩序重陷紊乱,齐国霸业消亡的后遗症逐渐显现——邢国投靠狄人,共同入侵卫国;郑文公去楚朝贺,投靠荆蛮;楚国持续打击"江汉诸姬"的领头羊随国;淮夷又接连进犯鄫国(今山东峄城东)——齐桓公四十年来努力经营之团结,已成土崩瓦解之势,于是夷狄各族卷土重来,尘氛漫天,更胜当初,诸夏小国水深火热,齐国内忧重重,秦晋又内斗不止,中原的攘夷大业已陷入无人领导的尴尬局面;值此万马齐喑之时,宋襄公这位商王的后裔、周王的宾客,勇敢地站了出来,反客为主,将齐桓公丢下的那面残破大旗举起,在荒芜的乱世中孤独呐喊,却只闻旷野寂寂,无人喝彩。

宋襄公与齐桓公的称霸举措都是盟会,但路线稍有不同。齐国国力雄厚经济发达,可以胡萝卜大棒双管齐下,行尊王攘夷之道称霸天下。宋国地处中原东南,为抗击南蛮与东夷之第一线,加以国力稍逊,所以只能行外交之手段,寄望以祖先威德与仁义来感服蛮夷。这当然有些不切实际,但已是宋襄公称霸的最好办法了。

于是在宋襄公十年(前641),宋襄公广邀曹、滕、邾、鄫等东方小国会盟于曹国南鄙,共谋仁服东夷之策。没想到各国都非常不卖面子,不来的不来,迟到的迟到,宋襄公非常愤怒。

先是身为盟会举办地东道主的曹共公,竟不肯致饩(即为盟会提供供品),毫无地主之谊,这可把宋襄公气坏了。曹国虽然是周文王六子、周武王仪仗队队长叔振铎的封国,但爵位只是伯爵,领土很小,常年跟着齐桓公与宋襄公混,之前还屁颠屁颠地跟着宋国去平定齐国之乱,可以说是宋国的头号小弟,现在居然敢如此无礼,宋襄公为此勃然大怒,但鉴于盟会尚未结束,所以暂未发作。

好,我忍!

宋襄公口念"仁义"二字真经，强忍心中怒气，想等开完了会再说，却没想会期已至，诸侯中却只来了一个小小的邾国国君邾文公（子爵），其他诸侯一个没到。邾国在今山东邹县东南，乃颛顼之后的一个东夷小部落，西周初年加入华夏，成为鲁国的附庸，齐桓公称霸后，邾国国君为齐桓公的霸业四处奔走，没有功劳也有苦劳，所以齐桓公大发慈悲，奏请周天子封他为子爵，这才成为独立的国家。这样一个小人物，实在撑不起场面，宋襄公无奈，只好拖延会期。

好，我等！

一直等到该年三月，滕国（今山东滕州东南）国君滕宣公才姗姗来迟，带着满脸歉意，正要上前打招呼，宋襄公突然跳了起来，大声命令：迟到了还好意思笑，来人，给我绑了！

宋襄公真的忍不了了，这滕国虽然是侯爵，但始封之君错叔绣只是周文王的庶子、周武王的卜正，国小力弱，如今还敢迟到，不给点颜色看看是不行啊！

宋襄公不忍了，但是还得等下去，因为此次盟会的主角鄫国国君还没来，淮夷屡次进犯鄫国，宋襄公因此才召集诸侯欲求解决之道，鄫子（也是子爵）不来怎么成？

鄫国也是一个小国，但历史悠久，是夏少康之幼子曲烈的封国，历夏、商、周三朝，存世已有一千三百多年，不应该这么不懂事吧。

但宋襄公等啊，等啊，一直从三月份等到六月份，等得春去夏来百花残，鄫子依然不见踪影。

不等了！再等下去橘子都红了，宋襄公的耐心已丧失殆尽，只得先行与曹共公、邾文公歃血为盟，将曹南之会草草收场。

此次曹南之会，比齐桓公的首次北杏之会还要失败，可谓失败中的失败。

一直等到六月二十一日，鄫国代表团这才慢悠悠地走到曹国南边的邾国，此时曹南之会早已结束，鄫子为表示弥补，于是要求单独与邾文公会盟。宋襄公却命令邾文公把鄫子给绑了①，送到睢水（古代名川，位于宋都之东南）河畔的"次睢之社"②里"用之"，也就是拿他祭神，以此仁义之举，来感服东夷。

看到这里，大家一定弄不懂了。什么？杀一国之君以祭神，宋襄公还认为这是仁义之举？如此"仁义"真是千古未见。

我们不了解宋襄公的杀人动机，更不了解宋襄公奇怪的"仁义观"，这是因为我们所处的时代与宋襄公所处的时代相隔太过久远，几千年隔阂，观念当然天差地别。

宋襄公只是一个活在过去、活在梦中的老古董，并不是一个变态杀人狂。这世上很多号称仁义的罪人都有其冠冕堂皇的犯罪动机，宋襄公也不例外——因为人祭就是殷商的"仁义"。在殷商人看来，人祭越虔诚，商王之德越昭彰，这种宗教的狂热，无法用理性解释。

前面已提到，殷商人有人祭之俗，积习已久，直到春秋时代，仍难以彻底更改。尽管以周公为首的周朝统治者，一直致力于移风易俗，打击殷人的人祭恶习，然而到了春秋时期，周王室的权威不复存在，各诸侯国的自主性空前增加，那些恐怖的记忆遂又开始浮出水面，特别是那些与殷商颇有渊源的东夷古族与秦楚等国，似乎又部分恢复了杀死贵族作为人牲或人殉的遗俗。③ 宋国虽然早就被周公严厉取缔了人

---

① 邾文公对抓捕鄫子这么积极，也不是完全因为宋襄公。这两人本来就有仇怨。原来，鲁僖公有一女名季姬，本已许嫁给邾国，她却自己跑到鄫国，鄫子竟然还接受了，这也可算是夺妻之恨。

② 具体如何祭神，《左传》没说，《公羊传》和《穀梁传》则解释说，"盖叩其鼻以血社也"，也就是猛击受害者的鼻子部位，然后用他的血来祭祀社神。至于取血后受害者的遭遇，三传都没有记载，不过按照常理来判断，这位鄫子作为人牲，应该是很难幸免于难的。

③ 如楚灵王十年（前531），楚灵王灭蔡国，用蔡国太子献祭岗山之神，遭到楚国贤臣申无宇的批评（《左传·昭公十一年》）。秦国则是从秦武公死后开始大量用人殉葬的，一开始就用了六十六人，后面越用越多，越来越嚣张。甚至到了战国时代，在殷墟以北三十里的邺县民间，仍有将少女奉献给漳河水神的人祭恶俗，好在当时继承周公精神的儒家在魏国朝堂颇为兴盛，邺令西门豹遂果断弄死了这群迷信狂徒，让人祭的恶俗绝迹。

祭与人殉的制度，但身为正宗的殷商遗民，宋人内心对此一直蠢蠢欲动[①]；而鄫国从商汤时期就是殷商的附属国，国内也留有人祭的遗俗。大概这就让宋襄公觉得自己有资格送鄫子去见祖先。另外邾国乃是一个东夷小国，从前亦有人祭人殉的传统。宋襄公让邾文公动手杀人祭神，目的很明确，确实就是"欲以属东夷"也。

学者傅斯年认为，在夏商周三代，夷夏之间曾有过四次大争斗，第一次乃夏启与伯益争位，第二次是少康与后羿争雄，第三次是商汤率领东夷诛灭夏桀，第四次是武庚（纣王之子）与东夷共反周公。四次争斗，东夷败了三次，所以宋襄公此举，也是为了牺牲夏少康的后人鄫子，以取悦后羿的后人东夷诸族。另外，东夷诸族在西周初年就曾支持商朝遗民叛周，如今宋襄公恢复了商王室的人祭传统，就是为了回顾这段历史渊源，重修殷商遗民与东夷诸族的旧好，同时宣示殷商的旧德与仁义，吸引东夷人归服宋国，支持他的称霸事业。

从这里更可以看出，宋襄公与齐桓公的称霸理念是有着巨大区别的。齐桓公的称霸策略，是"尊王攘夷"，宋襄公的称霸策略，却是"联夷复商"。宋襄公改变策略，一是由于前述的地缘与国力的原因，二是殷商遗民的复古情怀与民族优越感作祟，第三则是因为齐桓公去世后齐国霸业轰然倒塌，让宋襄公认为天命既不在周亦不在齐，恐怕要回到商人的手中来。

当然，宋襄公的天命观念与称霸策略，并非所有宋人都认同，甚至在宋国统治集团中也不乏反对的声音，这里面的代表人物，就是公子目夷。目夷说："古者六畜不相为用，小事不用大牲，而况敢用人乎？祭祀以为人也。民，神之主也。用人，其谁飨之？齐桓公存三亡国以属诸侯，义士犹曰薄德。今一会而虐二国之君，又用诸淫昏之鬼，将

[①] 继宋襄公行人祭之后，公元前589年，宋襄公的孙子宋文公死后，宋国居然"始用殉"，终于恢复了殷商"用人从葬"的恶俗，从而遭到了当时君子的严厉批评（《左传·成公二年》）。而杀祭鄫子的帮凶、东夷国家邾国在春秋晚期也恢复了人殉制度，如公元前507年邾庄公死后就"葬以车五乘，殉五人"（《左传·定公三年》）。

以求霸，不亦难乎？得死为幸！"目夷认为，首先，刑拘诸侯，这是周天子才有的权力，宋襄公爵位再高，也不能僭越；而且，祭祀是给人祈福的，民众才是鬼神的主宰，鬼神又怎么能接受活人的献祭呢，更何况是一国之君？齐桓公那么伟大，还有人说他德行不够；宋国想要以此种行为去求取霸业，岂不是太难了吗？这样胡搞，得以善终就算万幸了。

看来宋襄公复辟的市场并没有他想象的那么大，就连他兄长公子目夷都不认为殷商的辉煌还会重现，在目夷看来，周人的思想与制度都很好，如今没有复古的必要，大家还是向前看吧！

然而很可惜，执拗的宋襄公对于这些声音根本听不进去，他称霸的雄心与仁义的幻想已熊熊燃烧，无法浇熄，他决定一条道走到黑，不管不顾地继续仁义下去，殊不知他的所谓仁义，不仅已被后人解读成伪善，甚至已被斥责成残暴了。中国历史上残暴的人很多，但像宋襄公这样残暴却自称仁义的人却很少见，于是千年来的骂声缕缕不绝，人们大体认为宋襄公为王莽之流外仁内狠的伪君子。

一般说来，传统是一种财富，它给后人提供了办事的丰富经验和教训。但是，倘若这个包袱过重，就会束缚人的手脚，限制人的进步和发展，宋襄公的残暴就源自此。所以历史中才会出现这种怪现象，有时明显是错误的伤天害理的事情，却还有人以为是正确的、仁义无比的。

六、狐假虎威：自以为聪明的傻狐狸

宋襄公杀了鄫国国君祭神后，遭到了国内外舆论的广泛批评。

十年前葵丘之盟，齐桓公首创"束牲载书而不歃血"，即只宣读盟书而不杀牺牲之牛以歃血，非常之人性化。而今宋襄公竟杀死一国之君祭神，此残酷野蛮之举，实在是一种历史的倒退。正如一千多年后苏轼评论宋襄公之言：

> 宋襄公执鄫子用于次睢之社，君子杀一牛犹不忍，而宋公戕一国君若犬豕然，此而忍为之，天下孰有不忍者耶！

当时天下各界的声音，大抵如此。

然而，宋襄公在国内外一片反对声中，仍一错再错，意图挽回自己的霸主颜面。是年秋，宋襄公因曹南盟会时曹国的怠慢和不作为，大举围攻曹国，对其展开军事惩罚。

可是这次事情却没有那么顺利。

宋襄公打算以仁义称霸，主要是纠缠在一个"礼"字上，但他的哥哥目夷却认为，必须更看重一个"德"字，这种政治观念上的根本分歧，导致两人的争论没完没了。果然，这一回，公子目夷又开始唱反调了，他说："文王伐崇，军其城，三旬不降，退而修教，复伐之，因垒而降。今君德无乃有所阙乎？胡不退修德，无阙而后动。"目夷认为宋襄公"德"不够，甚至有些"缺德"，应该回去再修修品德，那样才可以像周文王般不战而屈人之兵。

宋襄公却对目夷的话不以为然，继续围攻曹国。颜面还是其次，更重要的是，曹都陶丘（今山东定陶）地处宋国通往黄河下游必经之路，乃宋国争霸的必争之地。事实上，曹地在夏商周三代都是中原王朝竭力经营的镇抚东方重镇，今在定陶附近的菏泽安邱堌堆遗址发掘出从早商到晚商连续发展的文化堆积，早商的文化面貌与郑州商城非常相似，晚商则与殷墟文化大同小异，可见几乎整个商代这里都有商人的聚落，不仅繁荣，和殷都的关系也非常密切[①]。无论从地缘上还是传统上，宋人对曹地都特别重视。到了春秋末年，宋国才终于吞并了曹国，开始与齐国争夺黄淮平原。

这次，宋国面对小小曹国，是吃了瘪的。攻打数月，毫无寸进。

就在这时，陈穆公突然站出来牵线，约齐、楚、鲁、郑、陈、蔡

---

① 罗琨：《商代战争与军制》，中国社会科学出版社，2010，第141页。

六大国会盟于齐,盟会主题是深刻缅怀之前的霸主齐桓公,继承齐桓公之精神,勿忘齐桓公之德,并修齐桓公时之旧好。

忽闻此信,宋襄公顿时傻眼。

一直以来,诸侯间凡有盟会,宋襄公总是每会必至,表现得最为积极,然而这一次六大国盟会,如此重要的活动,竟然将宋襄公拒之门外。宋襄公顿时就明白了,此次盟会名义上是齐桓公的追思会,实际上是以另一种方式在对宋襄公进行批评与否定,要他好好反省,知难而退!

宋襄公不是傻子,对种种外交信息并非不懂分析。于是,一股莫名的羞耻与尴尬涌上心头,他的自尊严重受创,几天几夜吃不下饭。终于,他一声长叹,率领宋军退出了曹国。

小国都不听他的,大国更是不理他,一个被孤立的国家如何才能在乱世中生存?宋襄公在梦想与现实之间跌跌撞撞,头破血流,血泪模糊了双眼。

宋襄公回到宋国后,闭门思过,日夜忙于国事,励精图治,整整一年没有参加任何诸侯之间的事务,公子目夷还以为他真的在修德,内心非常欣慰。宋国地处中原的心脏,水陆交通四通八达,是一个交通枢纽,宋人又有殷商的经商传统,所以只要稍稍努力,宋国的国库就会满出来,钱这么多干啥用,称霸啊!

第二年(前640)年底,修完德的宋襄公终于跳了出来,向天下大声宣布:你们开会不带我一起玩儿,我就自己开会请你们一起来玩儿,然后一起推选我做盟主,你们讲好不好哇!

公子目夷赶紧一盆冰凉的水浇下去,大呼:"小国争盟,祸也。宋其亡乎!"

目夷把形势看得很清楚,认为一个小国,却要争盟称霸,那基本是找死!

鲁国的著名君子臧文仲听到了也叹:"以欲从人,则可。以人从欲,鲜济。"

意思是说：将自己的意愿顺从别人，可实现双赢。强迫别人顺从你的意愿，多半就不行了。

看来臧文仲也是个有识之士，不愧是与周内史叔兴、晋国荀息、郑国叔詹、宋国目夷齐名的智者，只不过目夷看的是形势，他看的是人心，非常懂得分析人的欲望。

总之一句话：做人做事必须以己度人，量力而为，一厢情愿，自不量力，恐怕只会惹祸上身。

可惜，宋襄公已经沉浸在追求理想的狂热之中，再多冰水也无法浇熄他的热情。他想了一个"好办法"，派人向齐楚送出重礼，让这两位大佬支持自己称霸。有这两位大佬点头，其他小国还能不俯首称臣吗？宋襄公想，当年齐孝公是靠宋国出兵才登上君位的，现在自己有求于他，他好意思不答应吗？而楚国虽然强大，地位却不高，楚成王的王位是他自称的，实际爵位只是一个子爵，他想要介入中原事务，也得靠自己这个公爵吧！如果他不愿意，大不了多给他些钱，宋国有的是钱，拿钱砸死他！

这个逻辑，就好像那个著名的狐假虎威的故事，齐楚就是老虎，宋襄公就是那个狡猾的狐狸，只要大家不说破，宋襄公的计谋就能得逞！

于是，在宋襄公十二年（前639），宋国邀请齐楚两个超级大国在鹿上（宋邑，今山东巨野东南）盟会，三大巨头历史性地坐在了一起。

自齐国霸业中衰后，楚成王借此良机，重又将其魔爪伸向中原，将原先归附于齐的蔡、许、陈、郑等国陆续拉拢到楚国阵营之中，现在只要再搞定宋国，则中原之形势，尽在其掌握中矣！所以他也想趁此机会去见识一下宋襄公，看看这位被齐桓公、管仲看重的年轻人到底是啥货色！

至于齐孝公，他欠宋襄公好大的一个人情，自然也不能不去。而且在齐孝公看来，齐国屡经内乱，当务之急是稳定政局恢复元气，势必不能再贸然称霸，招惹祸患，如今既然有宋襄公不知天高地厚强出头,他何乐而不为呢?于是他也欣然前往,并在会上表现得谨小慎微,态度低调。

齐孝公或许不是一代雄才,但他绝对是个聪明人,而且是个懂得审时度势,有自知之明的聪明人,管仲与齐桓公何等眼光,他们是不会乱挑继承人的。

宋襄公没想到齐楚两大国居然真这么给面子,于是一咬牙,当即提出要以公爵之位执牛耳为盟主。

在宋襄公看来,楚国在殷商时只是个小部落,连见商王的资格都没有。西周建立后,楚君也只是个子爵,周王盟会时负责看燎火的,根本没有入盟的资格,如今让他入盟已经是很看得起他了,他自然不配当盟主。这就是"礼",是宋襄公他毕生尊奉、宁死也不敢稍有违逆的"礼"。

楚成王肚子都快气炸了:什么礼不礼的,我堂堂楚王,干吗要去守周礼?就算是周天子亲至,我楚王都不一定卖面子,你宋襄公算啥啊!

但是在表面上,楚成王还是收起狼牙,披上羊皮,装出了一副食草动物的温顺模样。他心想,这里毕竟是人家的地盘,真闹起来恐怕得吃亏,不如暂且咽下这口恶气,等有机会再来秋后算账。

宋襄公的虚荣心得到了莫大的满足,他开心坏了:谁说荆蛮都不懂礼、不讲理的,你看楚子就很守礼,也很通情达理嘛!看来寡人"仁"名远播,天命所归,足以感化万邦,千秋霸业,便自今而始。

就这样,三大巨头表面和谐、各怀鬼胎地在鹿上之会上会晤。宋襄公在会上提议:宋国愿意再次作为东道主,邀请天下各国来一场衣裳之会,大家不带兵车,不置武装,坦诚相待,友好相会,打破长久以来的隔阂,一举解决各国之间的矛盾与争端。

对此,齐楚两国国君均表示同意,并对宋襄公尊崇仁义、热心诸侯事务的行为表示了赞赏。宋襄公客套了一番,又提议:由于齐楚两国在诸侯间威望卓著,各国诸侯的邀请工作就由两位国君分别来进行,宋国会尽全力做好一切招待事宜，到时希望两位国君能联合各国诸侯，举行一次有史以来最盛大的衣裳之会（各国都不带兵车，只穿礼服前往的友好盟会），共同尊奉自己为盟主。

说完，宋襄公取出早已准备好的盟书，率先签上自己的大名，然后让楚成王和齐孝公也来签。

面对这份烫手的盟书，齐孝公谦虚地表示自己心有余而力不足，同意是同意，但还是不多掺和了。

齐侯不肯强出头，宋襄公还以为他真的是在谦虚，于是也不计较，心想：中原这些诸侯我自己请也是一样的，关键还是楚国那边的诸侯。于是他转而又去问楚成王。楚成王又好气又好笑，心想：你这个公爵那么能耐，为什么不自己去请，现在却来求我这个子爵，真是狐假虎威，令人鄙视！

然而，楚成王最后却一口答应了，大笔一挥签上自己的大名，如此之爽快，连宋襄公都觉得有些诧异。

签字立盟后，三国国君又一同携手观看了商周礼乐，气氛友好而热烈。至此，大会圆满成功，宋襄公的霸业完美升级，只差一小步，就能达到巅峰。

真的吗？真的这么容易吗？

七、宋襄公被楚成王欺负成渣，凭什么是春秋五霸？

其实，面对宋襄公的没脸没皮，齐孝公虽然虚与委蛇，但心中是很不爽的。没错，当年齐国内乱，是宋襄公带兵护送他去临淄即位的；但齐国毕竟是超级大国，虽然遭遇内乱，国力有损，但也不可能去做宋国的小弟，好在齐孝公是个老实人，他也不想跟宋襄公翻脸，所以随便打了个哈哈，把事情糊弄过去就是。

至于楚成王，虽然是一代枭雄，但毕竟是个外来户，一直被中原大国视为蛮夷。宋襄公觉得，自己肯带他玩就已经很给他面子了，他还敢不支持寡人？然而宋襄公的庶兄、宋国贤臣目夷却认为楚成王可不是好惹的人，当年齐桓公与管仲处心积虑数十年，都搞不定这位南方霸主，宋襄公仅凭他那点小聪明，就想让这位枭雄为自己张目，这怎么可能呢？

所以等到八月份会期将至，宋襄公真的准备一个保镖不带地依约前往盂地（宋邑，今河南睢县西北）参加盟会时，公子目夷赶紧劝他说："楚夷国也，强而无义，请君以兵车之会往。"

宋襄公却道："不可。吾与之约以乘车之会，自我为之，自我堕之，曰不可！"

公子目夷见宋襄公不听劝，心内大急："你是君子，想要以诚待人，不肯出尔反尔，这是好品质，但并非所有人都是君子。你觉得楚成王像个君子吗？不如多派些兵去，这里毕竟是宋国的地盘，谅他楚人不敢拿我们怎么样！"可宋襄公死活不听。

宋襄公的确是个老古板，却不是疯傻之人，他难道真不知道这次盟会的危险吗？鲁国算是个礼仪之邦吧，当年柯邑之盟不还是无耻地绑架了齐桓公？连鲁国人都不讲信用，自居蛮夷的楚国就更有可能不讲信用了。当初召陵之盟，楚国明明与中原八国歃血为盟，信誓旦旦从此盟好，血迹未干，楚国就把许国打了个哭爹叫娘，其信用何在？

但是没办法，论国力，宋连楚一个小指头都比不上，楚真要对宋不利，宋襄公多带兵车去也没用，还不是一样打不过人家？而且这样更糟糕，人家会说是宋国先不讲信用的，楚国打得好，打得有理！

不讲信用被人打，打了都白打；讲信用被人打，至少占据了道德优势，能换取诸侯对宋国的同情，以及对楚国的憎恨，从而再造当年八国伐楚的盛况，这未尝不是一招苦肉计。

于是，宋襄公比后世的关公还气派，连把单刀也不带，就空手赴会了，心中还抱着一丝幻想：楚国人当着天下诸侯的面，应该不敢公然违约的吧？

宋襄公错了，要楚成王讲信用，老母猪都会上树，这世上没有白捡的霸主之位。楚成王之所以这么爽快地答应宋襄公，不是因为给宋襄公面子，而是另有所图。自齐楚召陵之盟后，楚成王一直想进兵中原，只因为中原诸侯采取了联合抗楚的战略，使楚国难以北进，而如今自作聪明的宋襄公主动送上门来，楚成王正好杀他一个下马威，取得宋国这个中原核心，则天下可得也！

宋襄公更错的是，天下诸侯并没有如他预期的那样都来。他自己去请的诸侯，除了被他打怕了的曹国，其余各国，表面上很客气，但都说忙，就连齐孝公也借故不来，就差说出那句"你也配"了；至于楚国那边的诸侯陈、蔡、郑、许倒是都来了，不过他们都是楚国的跟班小弟，对楚国唯命是从。

结果理所当然的，楚成王在盟会上扒下自己身上的羊皮，露出满嘴的狼牙，伏兵尽出，将可怜的宋襄公跟个小鸡仔似的抓了起来，然后胁迫陈、蔡、郑、许与临阵倒戈的曹，一同出兵攻打宋国。

值此危急时刻，齐、鲁、晋、秦等中原大国并没有如宋襄公预期的那样出兵相救，楚国方面的联军将宋都商丘团团围住，一连数月，半个援兵未至。

大家的态度再清楚不过了：这是你宋国与楚国之间的矛盾，我们管不着，被耍了是活该，被揍了是找死，跟楚国人讲信用更是犯傻，还想在我们这儿捞点同情分，没门儿！

别的国家不救宋国还情有可原，齐国内乱全靠宋襄公相助平定，但此时仍然不发一兵，可见在国家利益面前，所谓仁义，所谓邦交，全都是虚的，只有宋襄公还拿它当块宝，妄图借此而称霸天下，岂不是很傻很天真？

宋襄公对公子目夷长叹道："子归守国矣，国，子之国也。吾不从子之言，以至乎此。"

公子目夷见宋襄公奋不顾身，竟将后事托付于自己，不由也长声叹道："你不说我也会这么做的。"（君虽不言国，国故臣之国也）

宋襄公这一次沦为人质，眼睁睁地看着自己的国家陷入危难，他的心情如何，我们不得而知，但是从后面事情的发展来看，他对自己固守信礼并无一丝后悔之心，如此一个旷古未见的化石级老顽固，叫人说他什么好呢？

另外一边，趁乱逃回宋国的公子目夷在宋都商丘即位为君，率领国人对楚军进行了殊死的抵抗，楚成王一时不能取胜，便派人去威胁宋人说："子不与我国，吾将杀子君矣！"

然而宋人却并不吃这一套，他们回答楚王说："吾赖社稷之神灵，吾国已有君矣。"他们表示，宋国已经新立了君主，楚国不要妄想用原来的国君勒索宋国，撕票就撕票，怕谁啊！

春秋时期有一句很流行的话叫"郑黠宋狂"，意思是郑国人心思狡诈爱耍流氓，宋国人神经有病是偏执狂；还有一句话叫"郑昭宋聋"，意思是说郑国人眼睛亮，善于看风向，随时变化，策略灵活，所以懂得审时度势；而宋国人全都是听不进话的聋子，骨头超硬，宁折不屈认死理。之后，楚国也好多次想把宋国打服，但一次也没成功过，这种坚强不屈的文化精神，反而让战国时宋国亡在了郑国的后头。

一晃几个月过去了，宋国被打得很惨，但始终没有屈服，楚军虽然强大，却一时也没辙了。

原来，宋国地处广阔的豫东平原，地势平坦，无险可扼，为四战之冲地，敌人可长驱直入，宋人为自保，数百年都在不断地修筑城池，以依靠高大坚固的城墙和宽阔而深的护城河来抵御外患。

据现代考古发掘证实，宋国的城池大多高达11.5—12米，远超当时各大强国（如同一时期的鲁国城墙才4.5米）。宋都商丘，更为四面环绕沼泽地区之超强防御堡垒，楚军虽强，但想轻易啃下这块硬骨头，没那么容易。基本上春秋时楚攻宋，大多为围城战，只有耗着打，攻是攻不下来的。战国时楚还曾让鲁班制造云梯攻宋城，但宋国的守城大师墨子一出马，就连鲁班也只能知难而退。

事实上，宋襄公之所以敢跟强楚叫板、争盟，除了自恃仁义之外，也有倚仗宋国坚城易守难攻之故。

果然，楚成王最终耗不下去了，再这样苦耗着非但宋国打不下来，反而会耗个两败俱伤，让其他诸侯趁机占便宜，不如见好就收吧，给宋国一个教训便是。

于是楚成王派大夫斗宜申去鲁国献捷，将打宋国得来的部分战利品送给鲁僖公，明着不说，实际上是想让他来做调停人，给自己一个台阶下，毕竟就这样退兵有点没面子。

鲁僖公心领神会，笑纳了这些战利品，这个小滑头对救宋这种吃力不讨好的事情不感兴趣，但对调停这种讨好又不费力的事情当然义不容辞。是年秋，鲁僖公与楚国方面的诸侯会于薄地（今河南商丘北），并劝楚成王放了宋襄公，退兵与宋国讲和。

楚成王早就想放宋襄公了，这废物除了拿来耍宝没半点利用价值，简直就是支垃圾股，长期持有纯属浪费，不但升不了值反而耗粮食；杀了吧，等于脏了自己的手，还会大失人心，跟在股市上割肉没啥两样，还不如赶紧脱手还给宋国。再说了，宋国那个目夷看起来挺厉害，让他当国君还不如让宋襄公这志大才疏的来当，敌人的愚蠢就是自己的幸运嘛！

楚成王就坡下驴，放了宋襄公，不仅转手了一支"烂股票"，而且卖了鲁僖公一个人情，小赚一笔，何乐而不为呢？

宋襄公虽然恢复了自由，但国内已有新君，于是他跑到了卫国，与母亲重聚。

短短几天，从霸主到囚徒，从囚徒再到一无所有的平民，经历了这么多事，宋襄公累了，他想过一段平静安乐的日子，将这段不愉快的回忆彻底忘去。至于宋国的前途，就交给新君目夷吧，他在国难之际沉着冷静，干得不错，既然如此，那就继续干下去。

目夷却不想接这个烫手山芋，于是他亲自来到卫国请宋襄公回去，并说："国为君守之，君曷为不入？"

目夷是明智的，他虽暂代了国君之位，但宋襄公在宋国国内仍有大批支持者，万一这些人不服气，生出什么乱子来，那可如何是好？

宋襄公回到宋国复位，心中没有后悔，只有恼恨，此次受辱，他不怨天不怨地，只怨那郑、许、陈、蔡、曹等国诸侯，心中恨死了他们，甚至比恨楚成王还多。这些国家明明都是诸夏的一分子，却跟着自居蛮夷的楚国一起欺侮他这个商王朝的后裔、周王朝的公爵，真是岂有此理！

宋襄公痛定思痛，终于明白，光靠盟会是解决不了楚国问题的，必须打一仗，堂堂正正地打一仗，来展现宋国的精神，重振诸夏的勇气！此战无论输赢，只讲仁义，因为只有仁义才能将华夏诸侯重新团结在一起，基于利益关系的联盟是没有任何凝聚力的！

于是，宋襄公积极备战，日夜练兵，准备在适当的时机与楚国来场"仁义大战"。他坚信仁者无敌，即便他屡战屡败，但最终的胜利一定会属于宋国；他坚信他的仁义即便不能感动荆蛮，但一定能感动上天、感动所有华夏诸侯。

实话实说，虽然宋襄公的迂腐贻笑大方，但在那样一个久远的时代，"仁义"还是很有些市场的，所以薄之会楚成王虽然如愿做了盟主，但他的无信无义之举也让一些华夏诸侯感到反感。盟会结束后，有些归附楚的诸侯（史书所载的有许、陈二国）便倒向了宋襄公这边，并拒不承认楚成王的霸主地位。所以楚成王一生虽颇有战绩，曾灭国十一，逼平齐桓公，打爆宋襄公，但仍无法名列春秋五霸之一。

基本上来说，"霸主"这个名词在春秋时代，与后世充满了武力色彩的专横霸道之意还是不同的。《左传·成公二年》里齐国外交家宾媚人说："五伯之霸也，勤而抚之，以役王命。"五霸能称霸，是因为他们辛苦自己，安抚诸侯，带领大家服从天子的命令。这才是"霸主"的真正含义。所以史学家班固在讨论春秋五霸人选之时，就说："宋襄伐齐，不擒二毛，不鼓不成列。《春秋传》曰：'虽文王之战不是过。'知其霸也。"言下之意，宋襄公是春秋时代的道德楷模，可与周文王比肩，即便武功差一点，也足以名列五霸。

总之，宋襄公虽然连遭失败，但宣扬了仁义，闯出了名头，他信心满满，觉得形势一片大好，他决定就趁这个机会，兴兵报仇，一举定鼎霸业！

在那些下着雨的夜晚，宋襄公仍然怀抱着梦想，安然入睡。梦里，他仿佛听到了自己先祖殷王武丁南伐荆楚时的豪迈宣言：

"唯女（汝）荆楚，居国南乡。昔有成汤，自彼氐羌，莫敢不来享，莫敢不来王，曰商是常。"（《诗经·商颂·殷武》）

八、飞蛾扑火的宋襄公：小丑还是勇者？

之前，宋襄公单刀赴会，被楚成王所擒，遭遇百般羞辱，后来虽然被释放回国，但已颜面全无。按道理，经此挫折，宋襄公应暂时放弃争霸行动，包羞忍耻，闭关苦练，君子报仇，十年不晚。可宋襄公与众不同，他不仅没有吸收经验教训，反而恼羞成怒，想要进一步证明自己的仁义与道德。别人是不撞南墙不回头，宋襄公是撞了南墙也不回头；别人是不见黄河不死心，宋襄公是见了黄河也不死心；总之是一条道走到黑，走自己的路，走到无路可走！

身为宋襄公的庶兄，宋国贤臣目夷对宋襄公再了解不过，所以他忧心如焚，一声长叹："祸犹未也，未足以惩君。"

就在这山雨欲来风满楼中又过了几个月，到了第二年（前638）的三月份，郑文公突然带着大量聘礼亲自前往楚国朝见楚成王。消息传来，宋襄公再也无法淡定了。

郑国是中原的心脏，西为成周与秦晋，东为宋国与齐鲁，如果它彻底倒向楚国，那么中原这铁板一块就会从中被打裂，迟早分崩离析。郑国君主郑文公是个有名的墙头草，谁的拳头硬谁就是老大。当年齐桓公在时，他还颇向着中原，每次都拼力抗楚。等到齐桓公一死，转过年他就跑去朝见楚成王了。楚成王大喜，赐给他许多青铜，这可是非常贵重的战略物资，所以楚成王特意下了一个文书，要求郑国不许拿来制造兵器。郑文公说，那好吧，于是就铸了三口大钟，以纪楚德。

不管怎么说，郑文公得了大好处，所以这几年来他一直跟宋国唱反调，上一年甚至跟着楚国一起来打宋国，而现在又跑去朝见楚成王了，看来是要彻底跟着楚国混啊。

宋襄公闻信拍案而起：一个出身王室的姬姓贵族，一个堂堂的周朝伯爵，却屡次自愿主动、卑躬屈膝地去向一个南方蛮夷子爵献媚，频繁得比朝见周天子还甚，简直岂有此理！好，就先去揍郑国，打狗给主人看！

听到伐郑的消息，有的人很激动，有的人很振奋，也有人很担心、很纠结，公子目夷甚至表示："所谓祸在此矣。"然而，宋襄公对此一律不管，仍宣布大军开拔，朝郑国进发。

在明代冯梦龙的《东周列国志》小说中，宋国此次伐郑是倾举国之兵单独前往，但事实并非如此。宋襄公这个没落霸主也不是一点儿号召力都没有的，据《春秋》记载，当时加入宋国联军的不仅有姻亲之国卫、归附之国滕，而且还有楚方面的小弟许国。另外陈国此时也倾向于宋国这边，为联军提供了大量军事物资。

由此可见，薄之会宋襄公受辱归国后，做了大量行之有效的外交工作，将很多楚国方面的小弟争取到了自己这边。特别是许僖公，十几年前还曾咬着玉、赤膊着上身跑到楚国投降，如今却成了宋襄公的忠实小弟。人们常说宋襄公是在错误的时间打了一场错误的战争，在笔者看来，事情并没有那么简单。很显然，楚国的无信无义之举让一些华夏诸侯反感，于是他们纷纷叛楚投宋，楚成王外交受挫必求于军事，就算宋襄公不动手，楚国也迟早会动手的，宋楚两大阵营迟早一战。关于这一点，宋襄公或许早就考虑了。

事实上，宋地方三百里，说大不大，说小不小，兼地处天下南北交通之地，是所谓襟带河济，屏蔽徐淮，舟车四达，商务辐辏之国。无论从地理位置还是其势力来说，宋都是北进中原的楚国霸图路上的大肥羊和拦路虎，就算宋襄公忍气吞声闭门自保，楚王也不会放过宋国的。由此可见，宋襄公的不自量力并非像公子目夷说的那样是徒惹祸端，他也是很无奈的。局势险恶，危机四伏，也许有人愿意忍，甚至愿意像郑国那样向对方屈膝，但宋襄公绝不愿受此屈辱，就算豁出性命，也要搏上一搏，赌上一赌！

宋襄公的策略，就是想尽快打服郑国，从而将中原南部的诸侯结成强有力的抗楚同盟，守望相助，以抑制荆楚势力继续北上扩张，在这一点上，宋襄公与齐桓公殊途同归。

但是很显然，齐国的军事实力是远非宋国可以比拟的。据史料记载，齐桓公时代的齐军共有三军，按春秋军制，一军为一万二千五百人，所以齐军的总兵力有三万多，而兵车则共有八百乘（见《国语·齐语》，另外，春秋初期八百乘兵车已是相当惊人，与春秋末年晋国号称四千乘兵车没有可比性），再加上齐国每次军事行动，都有大批小弟跟在后头，人马雄壮，可谓威风八面。但是宋国在春秋初期一直只有一军，军事统帅称大司马，宋襄公即位后由公子目夷担任；后来宋襄公受辱回国，谋霸之心不已，故将宋军扩为左、右二军，使公子目夷将左军，特设左师之职（其大司马之职，则由公孙固改任），宋襄公则自将右军（故当时尚无右师一职）。

从《左传》的记载来看，宋国伐郑，左师公子目夷并未参加，可见左军是负责守国，宋军中只有右军出战；而卫是新建之国，许、滕则是积弱小邦，派出的兵恐怕更是有限；综上所述，宋襄公伐郑之兵应该不会超过两万，而郑国的领土与人口虽略小于宋，但郑军训练有素，战斗力颇强，宋襄公就这么点儿兵就想打服郑国，恐怕没那么容易。事实上，七十多年前宋殇公曾举宋国之力与郑庄公大战十余年，也是败多胜少，况且此时郑国还有楚国这座大靠山撑腰。

果然，郑文公见宋襄公率诸侯联军来攻，并不慌乱，他一面坚守，一面紧急派人向楚国求援。楚成王见宋襄公竟敢打他家狗，大怒，便召集群臣商量救郑。楚国君臣一合计，要救郑，不如先攻宋。宋国被攻打，宋军自然得回师，郑国之围自解。于是楚成王一拍板：就这样办。

楚国军事实力素来强大。按《左传》记载，之前齐桓公时，楚攻郑一次性就出动了兵车六百乘，且楚之军制与华夏诸侯军制不同，楚军每辆兵车所配步卒远超中原诸夏，达到一百五十人之众，故可推知楚军机动兵力至少有九万，非常之可怕！当年齐桓公引八国之兵都不敢与之一战，宋襄公有这个胆子跟楚军拼上一拼吗？大家拭目以待。

楚军进入宋境后，所向披靡，很快攻到宋都商丘附近，好在宋襄公还算机敏，他一听说楚军出动，就立刻回师自救，竟比楚军早一步到达泓水（睢水支流，故道在今河南柘城西北）北岸驻防，将楚军抵挡在泓水以南。从战役角度而言，宋军迅速回师，提前抵达战场，以逸待劳，将楚国的计谋化于无形，并占据主动，这是很对的。这说明宋军中有人才，这位人才就是宋军新任大司马公孙固。

楚人见宋军调动颇有章法，知道碰到对手了，加之楚军长途奔袭，陷于劣势，便不再进攻，而将大军驻扎下来，派人向宋襄公约战。

宋襄公当然应战，这些年中原诸侯畏楚如虎，个个都跟缩头乌龟一般，宋襄公都替他们害臊！值此万马齐喑之际，必须有个人勇敢地站出来与楚国来场男人与男人之间的决战，无论是输是赢，反正不能让楚蛮子看扁了！

宋襄公非常清楚，对付楚国这样的贪狼之狼，只能让自己硬起来，越软越是助长对方的气焰，越怕越是要被欺负，左右拼它一场，就算输也要输得轰轰烈烈。

然而，宋襄公的决定遭到了宋军高层的普遍反对。

长久以来，楚军在中原所向披靡，从来没有遇到过实力相当的对手，宋军当然也不会例外，所以大司马公孙固劝宋襄公道："天之弃商久矣，君将兴之，弗可赦也矣！"

公孙固的话代表了很大一批宋国人的意见，他们认为上天已经抛弃了殷商，所有努力都是徒然的，宋襄公欲图复兴大商，不仅不会成功，而且会遭到上天的惩罚。他们认为，现在宋军不应在此与楚军决战,而应趁着楚军有所顾忌,还未渡河,赶紧撤回国都商丘,利用商丘那长期经营的牢固防御工事,做长期坚守准备。宋国国库充实,利于久守,而楚军长途远来,运输困难,利于速战。只要宋军坚守城池,时间一长,楚军自退,又何必跟他们拼个你死我活呢?

宋襄公摇了摇头,苦笑一声,叫公孙固闭嘴。

公孙固长叹而退,他实在想不通宋襄公为什么明知毫无胜算仍不惜拼命一击。这不是找死吗?楚军兵力强盛,连强大的齐国都不敢跟他们正面对决,宋国挑这头干吗?

宋襄公看着公孙固的背影,视线渐渐模糊,他的眼眶已经湿润。

不用公孙固多说,宋襄公岂能不知晓这一战的危险?叔兴之谶言犹在耳,悲剧的宿命已然注定,这一战,他或许就是抱了必死的决心来的,飞蛾扑火在所不惜。数十年来,中原诸侯皆畏楚如虎,谁也不敢与其一战,这次,就让自己这伟大的殷商后裔,跟这群荆蛮来场堂堂正正的阵地野战,让对方见识一下诸夏的勇猛与无畏吧。宋襄公想的或许是,反正也打不过楚国,不如轰轰烈烈地败一场,尽情展现自己的仁义与正义,反衬楚人的无耻。这样即使他们胜了一时,也会永远失掉诸侯们的心;而自己则用一时的失败,获取了万世的仁义之名。

这是弱者的生存之道,弱者无法比拼实力,那就只有比拼仁义、比拼道德。基于利益关系的联盟是没有任何凝聚力的,只有勇气与信仰,才能战胜一切!

宋襄公确实精神可嘉。可惜,勇者与傻子只有一线之隔,执着与顽固也只有一线之隔。

九、中国的贵族时代终结在两千六百年前他的一声叹息之中

宋襄公十三年(前638)十一月一日,在料峭的寒风之中,春秋时期最愚蠢、最可笑,也最悲壮、最感人的一场战役——泓水之战爆

发了。

由于人数较少的宋军已经提前占据了战场，楚军只能冒险渡河进攻。

我们知道，春秋时代的主要战争形式是车战。以战车作战有两大要素非常之关键。

首先是地形。春秋时候的战车驾驶起来非常麻烦。不仅车体长、横面宽、轮子大、底盘高，而且还得用缰绳同时驾驭四匹桀骜的骏马，这得从小就开始训练，是先秦时贵族的必修课。即使最优秀的驭手也需要足够平坦的地形，否则随时有可能整车倾覆。

其次是阵形。由于战车笨重，驾驭困难，机动性太差，所以只能使用大排面横列方阵作战方式：两军对垒的战车都以横排前进，迎面对冲，敌我车辆两两交错，战车兵从车上立直了身子，趁着与敌车一错轴的时刻，拿戈往旁边车上的人脑袋上招呼，或者用矛去戳。正因为如此，所以前后排间隙要足够，这样才不会追尾；左右列的间隙也要足够，这样才能确保错车时两两夹击对方战车——就好比《尚书·牧誓》里面讲到武王伐纣，每行进个五六步，就要停下来整顿队形，并不单单是为了展示军队纪律，那是有实际用途的。

由此可见，春秋时车阵作战，谁占据了有利的地形，谁的阵形更稳固、更整齐，谁就更有可能获胜。众所周知，渡河之时阵形紊乱，很容易被对方趁乱击溃，那么楚军怎么如此不加防备就渡河呢？

大多数人的看法，是认为楚军人多势众，根本没有把宋军看在眼里，认为随便打都能获胜，所以才会大摇大摆地渡河。

少数人的看法，是说楚军此乃诱敌之计，就等着宋军钻进自己的埋伏圈里，好来个瓮中捉鳖。

两种见解都有道理，笔者在这儿不予置评，但当时宋军大司马公孙固显然认同的是第一种看法，他对宋襄公说："彼众我寡，及其未济击之。"他提议半渡而击之，打对方个首尾不能相顾。

但是这条妙计在毕生尊奉古军礼的宋襄公看来，是绝对不能允许的。他摇了摇头说道:"不可。吾闻之也,君子不厄人。吾虽丧国之余,寡人不忍行也。"在当时,战争只是贵族之间的游戏,荣誉比胜利更重要。一个贵族,如果不是通过堂堂正正的战阵而打败敌人,那是一件非常羞耻的事情。宋襄公此时大概想的是,自己身为春秋霸主,更加不能违反规则,否则何以服众?更何况,宋国的国力确实远不如楚国,就算这次通过偷袭打败了楚军,也必定会遭到楚国更疯狂、更残忍的报复。从这个角度说,宋襄公的选择有其合理性,并不能简单斥为愚昧迂腐。

事实上,在春秋三传之中,宋襄公的答词虽略有不同,但都很朴素庄重,尽显其君子之风。可在流传更广的明代《东周列国志》小说中,小说家冯梦龙给宋襄公编了另外一套说辞,说是宋襄公于战前在车上预先竖了一面大旗,上绣"仁义"二字,并说:"汝见'仁义'二字否?寡人堂堂之阵,岂有半济而击之理?"

冯梦龙很有才,在他的笔下,宋襄公完全变成了一个舞台上的小丑,喜剧效果十足,一副无厘头的蠢人形象。从此在人们的印象中,泓水之战演变成了一出搞笑的闹剧,悲壮之感全无。

过了一会儿,楚军已完全渡过泓水,但是乱哄哄的,正在整理队列,部署阵形,公孙固又劝宋襄公趁乱进攻,打他个立足未稳。

这依然是不被当时诸侯礼仪所允许的,所以宋襄公还是摇了摇头道:"不可,吾闻之也,君子不鼓不成列。"

而在《东周列国志》中,宋襄公再次变化形象,从小丑变成了流氓,他竟朝公孙固的脸上吐了口口水,骂道:"咄!汝贪一击之利,不顾万世之仁义耶?寡人堂堂之阵,岂有未成列而鼓之之理?"

冯梦龙又在恶搞了,宋襄公朝手下大将的脸上吐口水,举动好似街头无赖一般,这与他迂腐君子的形象岂非矛盾?

文字真是太神奇了,一个活得太认真以至于较真的悲剧人物,也可以被塑造成一个极具喜感的拙劣小丑,被打扮得面目全非。

正说话间,人多势众、身经百战的楚军已经排好阵势,漫山遍野黑压压一片，好不吓人。

每一个宋国将士，包括宋襄公在内，脸上都露出了害怕的神色。

这些勇敢的战士也是人，只要是人就会在危险面前感到害怕。眼前的楚军强大到令人战栗，在那样的大势之下，宋军的结局早已注定，这种挫败感和悲剧命运足以让任何人失去斗志。然而这个世界上还有一种东西叫作信念，或者叫作坚持，它能让人鼓起勇气奔向失败……楚国人可以挺进中原，但是在此之前，先得从宋国勇士们的尸体上踏过去！

于是，宋襄公圆睁双眼，奋然振臂，传令大军击鼓进攻，然后亲率兵车一马当先杀向楚阵，宋军为主将气势所鼓舞，遂一齐呐喊，朝失败冲锋而去，楚军同时击鼓，两军交错，杀声震天。

——冲啊，勇敢的甲士们，公平痛快地去战斗！

为了宋国的尊严，为了君子的荣耀，宋襄公与他的勇士们豁出一切，拼死一战，虽然悲壮的结局早已注定，但这是宋襄公的选择，也是他的宿命……

宋襄公实在是个傻子，这样的傻子，当今这个世界上已经再也找不到了。

大战终于结束了，月色映照在商丘城头，悲伤而静谧，宋襄公捂着流血不止的大腿，躺在战车上呻吟，城门大开，公子目夷带人迎了出来，将这帮残兵败将接入城内。

宋军败了，大败。这支军队人数又少，且为新建，好不容易提前到达战场，可以对楚军半渡而击之，却又被迂腐地遵守军礼的宋襄公所否定，非要跟拥有丰富作战经验且人数众多的楚军摆开阵势公平对攻，结果很快就陷入苦战，而宋襄公由于身先士卒，也被一箭射中大腿，无力再指挥战斗，只能率众撤退，为了掩护他撤退，数百忠心耿耿的"门官"竟全数战死，宋军损失惨重。所谓"门官"，也就是春秋时国君的亲卫队，由卿大夫子弟组成。

继齐桓公之后，宋襄公的霸业也灰飞烟灭，随风飘散了，只不过一个散得凄凉，一个散得悲壮。

从此，笑声在围观的看客间回荡千年，笑宋襄公的仁，笑他傻，笑他咎由自取。

然而，宋襄公对此不仅不后悔，甚至连反思也不肯。他丧师辱国，祸及百姓，国人纷纷指责于他，他却反而说："君子不重伤，不擒二毛。古之为军也，不为阻隘也。寡人虽亡国之余，不鼓不成列。"

这句话里所谓"不重伤"，就是指不能打击已经在战场上受伤的敌人。乘人之危对无法再战斗的弱者出手，这是卑鄙小人的行径，所以应该停止战斗。

这句话里的"二毛"，不是指两根毛，而是两种颜色的头发，即头发黑白相间之意；所谓"不擒二毛"，就是指不能俘虏头发已经花白的老兵，如果俘虏了，也要战后礼送回国，尊老敬贤的优良传统不能忘，即便是你死我活的敌人也该如此。

"不为阻隘"与"不鼓不成列"，意思是"不阻击敌人于地形险要之处"和"不攻打还没有结成阵势的敌军"。在春秋时代，不待对方摆开阵势就进攻的战例还并不多见，《左传》中记载的战例何止数百，但此等战例只有四次，一为鲁攻宋，一为晋攻狄，一为鲁攻莒，一为吴攻楚。

现在的人听到这些古军礼，一定会觉得很可笑，但在宋襄公的时代，它却是为华夏诸侯所普遍奉行的战争法则。虽然偶尔有人违反，但大多数人还是很守规矩的。我们来讲三个典型的例子吧。

第一个例子就是前面讲的那个好鹤的卫懿公，此君平常虽然混蛋，但死得却相当"贵族"。《左传》详细记录了当时谁是他的御者，谁是他的车右[①]，谁冲锋在前，谁坐阵在后。——在戎狄面前，他这样的战

[①] 春秋时战车每车载三人，车左是主将，负责射箭，御者居中，负责驾车，车右则执戈矛，负责近战并保护主将（故又称戎右）。车右还有一个重要职能，过去因为路不好，车容易陷到坑里或者是被木头等物挂住，这个时候车右就得下去推车，所以车右基本由大力士充任。

术无异于自杀,尤其是卫懿公坚持不肯撤去他的旗帜,这导致他始终都是狄人重点攻击的目标,结果自然是败得很惨。

第二个例子则发生在百年后的宋国。当时,宋国的华氏家族叛乱,公子城率军平叛,与叛将华豹相遇,华豹张弓搭箭,向公子城射来,结果却偏离目标。华豹动作敏捷,又一次搭箭上弦。公子城一见,对他不屑地大喊:"不更射为鄙!"意思是:按照战礼,双方一人一箭,你射了我一箭,现在应该我射你一箭了。你不守规则,岂不太卑鄙了!

被公子城一喊,华豹很难为情,就放下弓,垂手而立,老老实实地等公子城射他。结果公子城一箭射死了华豹。华豹是个叛将,按理属于"乱臣贼子",但就算是这样的"乱臣贼子",也严格地恪守军礼,而且史书并没有嘲笑华豹愚蠢,相反却肯定他以生命维护了贵族的礼法与武士的尊严。

第三个例子就是孔子的高徒子路,打仗时帽带断了,他宁死也要先系好帽带再去作战,结果帽带系好了,自己也被敌人杀死了。

在那个遥远的时代里,为什么会产生这样的战争法则呢?这些后来罕见的战争法则,到底具体有哪些内容呢?这些上古军礼为何后来又逐渐隐没了呢?我们一个一个来回答。

在战国以前古人的意识里,天下为一家,大家长是"天子",各国都是兄弟或姻亲之邦,亲戚之间有矛盾,可以用战争来表达怒火,但目的只是为了定出个胜负,杀伤不是追求的主要目标。只要对方服个软,认个错,就行了,点到为止,无须斩尽杀绝。这样才能保证战争之后两国能重新恢复兄弟之谊,打打闹闹还是一家人嘛。

因此,那时候的战争,在现代看来,形式大于内容,既不残酷也不血腥,反而有些优雅。春秋时代的战争就像一场公平、公正、公开的体育比赛,参赛的运动员,多由贵族车兵(称甲士)组成,奴隶和平民(称徒卒)则好似在旁加油打气的啦啦队,通常只负责运输辎重、喂马煮饭等后勤工作。

既然是贵族的公平决斗,当然有贵族的规矩:

第二篇 宋襄之仁:旧信仰与旧战礼的崩溃　　195

第一，战争要选择时间，不能伤害农时，耽误农业生产。不要有意利用对方民众的困苦，更不能在对方国丧的时候展开进攻。

第二，战争之前，要先到太庙去祭告祖先，强调自己打的是一场正义的战争，然后还要占卜，如果不吉就不打，因为这说明祖先不同意。

第三，占卜吉了，还要给对方下战书，约好时间地点，不能"不宣而战"。完了还要大摇大摆地击鼓出境，不能偷偷摸摸隐藏行军路线。另外战场的选择也有讲究，必须选空旷的"隧野之地"，农田或都市这样的人口密集地则是绝对不行的，因为这样会伤及无辜百姓。

第四，进入敌人的国家后，不能施暴于庙堂圣地，不可以打猎伤害农业，不可以破坏建筑物，不能焚烧居所，不能砍伐林木，不可以抢掠六畜、庄稼和其他器械。

第五，在正式开战之前，还要派勇士去对方营地挑战，美其名曰"致师"。这时候双方的勇士单打独斗，双方的士卒各自为"运动员"加油打气，"致师"一般只活捉不杀人，打击对方的士气而已，游戏的意味更显浓厚。

第六，致师结束后，双方"运动员"入场，等到完全摆开阵势，这才开始面对面冲锋，冲锋过程中战车还不能相撞（杀伤力太大），必须错车而战，并且持何种武器的人应站在什么位置都有严格规定。战场上看到了对方的国君，还得从车上跳下来，摘掉头盔，敬个礼，戴上帽子，然后才能上车开战；开战时碰上老弱病残，不能加以伤害；对方如果受伤了，还要把他带回军营好好治疗，然后礼送回国。

第七，既然类似于竞技比赛，当然是一战定胜负，双方一冲锋，谁的阵脚先乱，谁就算输，对方一投降，这仗就算是打完了。所以战斗往往很快就结束，甚至一回合就能分出胜负，经常是白天打仗，晚上就可以回家陪老婆，追逃在当时是没有市场的，军礼明文规定：追击步兵，只要对方逃跑超过百步，另一方就不能再追赶；追击车兵，一方撤退超过九十里，另一方也不许跟踪追袭，应该原地列阵，放归老弱俘虏，欢送败军回国。所以"五十步笑百步"并不奇怪，因为逃到百步之外，就没有危险了，而只逃了五十步，还要跟敌人作战。逃五十步，自然要比逃一百步的勇敢啊。

幼稚吧，可笑吧，这些臭规矩在现代人看来，的确很是古怪。可这些在人类社会早期，却真真正正地出现过，不仅出现过，而且是一个阶级不可更改的文化信念。在中国，这个阶级被称为贵族士大夫，在欧洲，这个阶级被称为贵族骑士，在本质上他们是相似的，只不过欧洲这个阶级出现得要晚一些。中世纪以后，欧洲渐渐分为若干并立的国家，由于这些国家信仰相同，语言相通（拉丁语），故彼此之间虽有战争，但也秉持着骑士之精神（当然，关乎信仰的宗教战争除外），视贵族之荣誉与君子之精神胜过生命。

基于此等贵族之荣誉精神，中世纪的战争一般不杀俘虏，不伤害非战斗人员，也不对毫无防备、没有披挂整齐的骑士发动攻击。两国交战之时，需要等待双方列阵完毕，然后两方主帅还要来到前线会面，互示敬意，说许多的客套话，最后互请先行开火。过意不去的一方，只得先动手，然后对方才开始还击。战争结束后，俘虏了对方的骑士，还得陪吃饭、陪喝酒、陪沐浴，待如上宾，等他的领主拿钱来赎。如英法百年战争期间，被俘的法国骑士就经常受邀与胜利者英国人一起盛饮娱乐，活得安然舒适。当然，作为一个俘虏，也得遵守规则，老老实实待着，如果不交赎金就逃跑，从此以后就不要在贵族圈里混了。这样的人的纹章或画像，走到哪儿都会被倒挂起来以示鄙视，相当于"社会性死亡"。比如，普瓦捷战役失败后，法王约翰二世被英军统帅黑太子爱德华俘虏回英格兰，在把一个儿子安茹公爵路易一世留下做人质后，约翰二世回国去筹赎金，不料这孩子逃跑了，约翰二世为了挽回名誉，竟然自愿返回英国做人质，数月后死去。

印度贵族时代的战争也有类似的规则和礼仪。古印度婆罗门教《摩奴法典》就规定：身为一个高级种姓的武士，不应攻击不在战争状态之人、如睡眠的人、无甲胄的人、手无寸铁的人、武器损坏的人，甚至悲伤的人。而且，印度贵族不是说说而已。公元前326年，亚历山大东征印度，在著名的海达斯佩河战役中，以逸待劳的印度军就坐等希腊军队渡河、休息、调整、布阵，一切准备完毕才开战，结果印度军战败了。这与宋襄公的泓水之战何其相似。亚历山大的希腊军队也同样是讲规矩的，在高加美拉大战前，谋士提议夜袭波斯大营，亚历山大毫不犹豫地拒绝了，说"偷来的胜利是不光彩的"。另外，古希腊人在战争间隙还常设有"中场休息"，以便交战双方从战场上取回阵亡者的遗体进行安葬[①]。

总之，我们不能简单地用今天之标准去评判古人的是非。泓水之战里宋襄公他不蠢，他也不是不懂得打仗，他只是按照贵族的老规矩办事而已，不幸的是这个老规矩渐渐不合时宜，最终消失在了失败者的血液里，与战亡者一同被深埋在了地下。社会是不断演进的，演进的方向，取决于生产方式，也取决于历史传统。

十、泓水之战的教训

宋楚泓水之战，可以说是春秋历史上的一个转折点，在这次战争中，宋襄公谨守上古军礼，结果却遭受惨败，并身受重伤，为天下所笑。

自春秋始，礼崩乐坏，诸侯相征，社会矛盾激化，古代温和的"以战为礼"思想已经不能适应新形势下的斗争需要。所以，泓水之败，与其说是宋一国的失败，不如说是周礼的一次崩坏。等到战国以后，礼法已近乎消亡了。清人顾炎武就说："春秋时犹尊礼重信，而七国则绝不言礼与信矣。"

宋襄公的悲剧，在于他处在新旧时代的交替处，旧的规矩行将过时，新的规矩尚未立下，这个时候最需要的就是妥协与变通，可惜宋襄公偏偏就是个从来不知变通的顽固分子，他执迷不悟地坚守着古老

---

① 杜君立：《历史的细节：技术、文明与战争》，上海三联书店，2016，第58—59页。

的梦想与规矩，却无论如何也想不到，就算他不守规矩，不讲仁义，人们也不会对他有多少微词；他守规矩讲仁义了，一旦失败，反而会遭到国人与后人更大的责难与耻笑。据《左传》记载，当时不仅宋国国人纷纷嘲笑、指责宋襄公，就连他的庶兄、宋国贤臣公子目夷也忍不住严厉批评他说："君未知战。勍敌之人隘而不列，天赞我也。阻而鼓之，不亦可乎？犹有惧焉。且今之勍者，皆吾敌也。虽及胡耇，获则取之，何有于二毛？明耻教战，求杀敌也，伤未及死，如何勿重？若受重伤，则如勿伤；爱其二毛，则如服焉。三军以利用也，金鼓以声气也。利而用之，阻隘可也；声盛致志，鼓儳可也。"

宋襄公与公子目夷的争论，不啻一场时代性争论，究竟在新形势下还要不要遵守古代的规矩，这是一个问题。

公子目夷的观点是：宋襄公根本就不懂战争，战争就得不讲规矩。如果真要有规矩的话，唯一的规矩就是要争取胜利。强敌在前，本来胜算就小，对方没有布好阵，这是上天赐予我们的好机会，为什么不利用？战争的目的就是要多杀敌人，还管他们是不是老头子，有没有受伤？如果敌人已负伤就不再打击他们，那么一开始就不该让他们受伤；如果要在战场上照顾那些年纪大的敌人，那不如直接向他们举手投降算了，何必还要打这一仗呢？击鼓列阵本来就是为了提振士气，打仗时利不利用阻隘，鼓成不成列，要看效果好不好，效果好怎么都可以。

对敌人的仁慈就是对自己的残忍，公子目夷的话的确很有道理，后世的军事思想也基本是按照这个路子来的，但如此一来，战争也变得越来越残酷了。中国历史上最后一个坚持公平与仁义的战争方式的，或许就是被嘲弄千年的"蠢猪"宋襄公了。

其实，宋襄公的不知变通固然被人嘲笑，楚成王的野蛮与不守礼在当时也遭到了中原各国一致的谴责。

原来，宋国虽然惨败，但举国同仇敌忾，拼死抵抗，斗志更胜之前，楚军见好就收，知难而退，竟然一转身，跑到郑国索要慰劳去了。

虽然之前郑文公是因为归附楚国，才被宋国征伐，楚国也是因此才攻宋以救郑的，但在楚成王的强盗逻辑里，这一连串的事件，纯粹是楚国在帮郑国，所以郑国必须负责军费，并且要好好接待他这个老大，以表感谢才行。

据史书记载，泓水之战后仅七天，也就是十一月初八日晨，楚军至郑，郑文公夫人姜氏（齐桓公之女）、芈氏（楚成王之妹）亲自出城，慰劳楚军与楚成王，楚成王意气风发，还特地请她们参观了从宋兵尸体上割下来的左耳。次日，楚成王又亲自入城，接受郑文公的宴请，郑文公向楚成王敬酒九次（上公之礼），并陈上各类礼品百余件（天子之礼），极尽讨好，唯恐不周。宾主尽欢直至深夜，芈氏又亲自将楚成王送回军营。

楚成王以郑国恩人自居，又吃又拿，临走竟还娶了两个郑国女人，带回军中，这不仅违反了"戎事不迩女器"（战争过程中不亲近女色）的周礼，而且还有乱伦之嫌。据《史记索引》所云，楚成王娶走的是姜氏、芈氏所生之二女，也就是说，其中一个竟然是楚成王的亲外甥女！

此事之后，中原各国在同情宋襄公宁死守礼的勇气与悲壮，并慨叹郑文公卑躬屈膝、厚颜无耻的同时，也更加看清了楚成王的真面目，以至于郑国大臣叔詹都忍不住批评楚成王说："楚王恐怕难以善终吧！执行礼节最后竟然男女无别，破坏礼法，他将靠什么善终呢？"[①]

看来，宋襄公顽固守礼，固然不足为训，但楚成王处处以蛮夷自居，完全不讲礼，则更令人无法忍受。无礼的楚成王，再强大也不可能得到诸侯的拥护，特别是在宋襄公的反衬下，他显得更加无耻了，中原诸侯都对他反感日增，尤其是齐、晋、秦等大国，都想找机会教训他一下。因此，叔詹之言甚有预见性，楚成王此时之行为，便是他城濮战败及最后被儿子商臣所弑的伏笔。在春秋那样的时代，不守礼、

[①]《左传·僖公二十二年》载叔詹语："楚王其不没乎！ 为礼卒于无别，无别不可谓礼，将何以没？"

不遵守仁义道德也许能获得一时的成功，但最终难免被天下所抛弃。笑到最后，才笑得最美。

楚成王的惨痛教训，也让楚人意识到，光用武力是无法在中原取得一席之地的，他们必须调整自己的战略路线，遵从华夏文明的礼法道德，实现南北对话，才能真正称霸天下。所以楚成王的孙子楚庄王遵守华夏礼法，最终成功问鼎中原。楚庄王的巨大成功，也形成了良性循环。在接下来的战国秦汉时期，楚人很好地扮演了南北文明桥梁的角色，让黄河文明和长江文明进一步融合，铸成了中华民族的骨架。

十一、宋襄公一生中最英明的决定

宋襄公在泓水之战中大腿中了一箭，这本算不上什么致命伤，但他也有一定岁数了，多年为霸业奔波，不断经受挫折，早已让他身心重创，再加上春秋时期医药条件落后，没有云南白药，更没有什么消炎药止痛针，所以他的伤势日甚一日，眼见着活不了多久了。

可怜宋襄公，毕生梦想播种仁义，收获的却是命运无情的嘲弄，他只能黯然离开春秋的舞台，拖着一条伤腿在历史的荒原中踽踽独行。寒风萧萧，衰草斜阳。对面，死神微笑着，向他伸出冰冷的手。

宋襄公已经很可怜了，但这残酷的世界依然不肯放过他。第二年春，齐孝公发兵攻打宋国，包围缗地（今山东金乡东北）。想当年，齐孝公可是在宋襄公的全力支持下才当上国君的，这时候却跑来趁火打劫了，真是白眼狼啊……宋襄公闻信大受刺激，吐出一大口血，伤势愈发严重。

墙倒众人推，远古的梦想已经破灭，如今这个天下已经不再相信仁义，这就是现实，是残酷而无情的现实。可怜的宋襄公，不知觉悟了吗？

执着的人从不后悔于自己的坚持，想来宋襄公是不会觉悟的，他努力完成了自己的历史使命，千年的笑骂是后人的事情，一切已与他无关。他求仁得仁，可以死得其所了。

宋襄公十四年，也就是公元前637年的五月二十五日，一个闷热无比，简直就要将人逼疯的午后，宋襄公伤口严重感染，生命垂危。还好，在他弥留之际，所有的宗室重臣与妻儿老小都簇拥在他身边，恸哭着为他送行。

宋襄公用迷离的眼神环顾着周围那一个个熟悉的脸庞：哥哥公子目夷、妻子王姬、太子王臣（瞧他儿子这名字取的，宋襄公的性格展露无遗）、堂弟公孙固……他莫名地笑了。

他追了一辈子也没能追上齐桓公的脚步，临死一刻，他总算有一点比齐桓公强了。

公子目夷在旁，忍不住热泪盈眶，心中暗想：“国君一辈子糊涂，好在临死之前，总算做过一个英明的决定，天怜我宋，将来或许……”

原来，前段时间，流亡江湖的晋国公子重耳来到宋国避难。宋襄公虽伤重，但仍会见了重耳一行，并送了重耳一份厚礼：车二十辆，良马八十匹。虽然此时重耳只是一个流亡公子，穷困潦倒，落魄无依，在经过曹、卫、郑国时，不仅没有得到礼遇，还受到侮辱，但宋襄公目光如炬，一下子就看出重耳贤良，身边更有许多贤大夫，将来必成大器。晋是大国，只因最近陷入内乱而无暇外顾，一旦复兴，正可作为宋在诸侯事务中的重要政治依靠。所以，宋襄公送出的这份重礼，日后必得十倍回报。

当初，齐桓公心忧齐国内患，故将太子托付给宋襄公；如今宋襄公心忧宋国外患，却因厚待未来的晋文公，种下了一份善因，后面得到回报。春秋霸位虽无血缘传承，但隐隐间也有脉络可寻。

是日夜，宋襄公兹父中年而卒，一十四载的热血理想，曾几何时的风光霸业，至此全然化作梦幻泡影。他失败了，败得很惨，只能孤独寂寞地在历史尘埃中游荡，魂无所依，永远得不到他所梦想的位置，只留下了千古笑柄。然而，宋襄公的鲜血并没有白流。他自杀式的拼死抵抗，他近似顽固的执着与勇敢，他强大到离谱的信念，已经远远超乎了楚成王的想象,并因此引发了楚内部政权的轮替,导致楚军未能趁胜一口气入主中原,华夏诸侯仍要等待新的霸主出现。

从这一方面看,这位"愚蠢"的霸主也对中国历史有着一定的影响。

另外,世人皆以宋襄公之败为泓水战术失当之故,其实不然,宋襄公之败实在战略,而非战术。其战略之失误有二:

第一,中原诸侯多为周室宗亲,宋襄公不学齐桓公尊王以图霸,却只欲恢复已亡数百年之殷商故业,诸侯们岂能与他同心?要周室助亡国余孽复兴故业,岂不是笑话?

第二,宋处四战之地,四面皆是大国,实无称霸之资,若欲抵挡强楚挺进中原之势,只有放低姿态与中原各国友好结盟,合力抗楚,自不量力争做诸侯盟主,岂不是笑话?

故而宋襄公在战略与外交二项上,是零分交卷,实不可取。

宋襄公死后,宋太子王臣即位,是为宋成公。宋成公依照宋襄公的遗愿,将他葬在与卫国一水之隔的襄陵望母台附近,一个心比天高命比纸薄的春秋霸主,面向着白发送黑发的母亲,永远长眠。

与此同时,在宋国去往郑国的大道上,一支由数十辆马车组成的车队正如风疾驰。

为首的一辆马车上,一个重瞳长须的男子按膝而坐,目光如炬,神情从容而淡定。

车窗外,夜空中飘散着昏暗、阴郁、混乱不堪的气息,但在远处,似有一点微光,照亮路途,指引车队前进的方向。

他就是宋襄公口中的晋公子重耳,这个天下新的希望。

第三篇　晋文践土：由新型政治家与外交家组建的百年霸主诞生

宋襄公霸主梦的破灭，代表了旧信仰与旧战礼的崩溃；而齐桓公霸业的一世而终，则代表了旧制度的不可持续性。归根结底，齐桓公任用管仲等贤人，只是一时之好，并未形成制度，所以一旦身死，则贤臣尽去，繁华之后，只剩枯梗。

真正从制度上把问题解决掉的是晋献公与晋文公父子。首先，晋献公屠杀公族，尽逐群公子，彻底解决掉了君权的一大威胁，从此"无蓄群公子"成为晋国的基本政策，即除了太子之外，晋国历任国君的儿子都必须到其他国家任职，不得留在晋国；晋国由此成为春秋历史上唯一没有公族的国家，从而杜绝了齐国那样因诸子争位而丧失霸业的情况。然后，晋文公君臣又在长达十九年的流亡生涯中成长为务实的新型政治家与外交家，并将这些优良的传统一直传承下去，培养了一批又一批异姓贤臣，他们互相竞争又通力合作，共同秉持经济、政治、军事、外交四管齐下，仁义信礼与奇谋诡诈兼顾的既定战略方针，从而造就了春秋时代唯一的百年霸主之国。

当然，异姓卿族势力不断扩张，终将侵蚀君权。虽然刚开始，君主可以利用仲裁者的身份，在各大卿族之间搞平衡，但久而久之，卿族在互相吞并中越来越强大，并在争斗中形成了各自的平衡，终有一天要甩开老大另起炉灶，这就是著名的"三家分晋"。而当"晋"这个最大的霸主之国被瓜分，那也就象征着春秋霸主时代的彻底终结，更加残酷的战国时代来临了。

一、一个将自己同姓亲族和
儿子几乎全杀光的雄主

这一篇的主人公晋文公，名叫重耳。重耳的两个眼睛很大，而且每个眼睛居然有两个瞳孔，是个相貌出众的大眼帅哥，这也是他后来能招众多枭雄、美女喜欢的原因之一。

重耳的祖父晋武公本非诸侯，而是晋国公室中被封在曲沃的旁支小宗。按照周王朝的宗法制度，诸侯国与周天子一样，有大宗、小宗之分。大宗就是嫡长子，继承王位或诸侯之位，其他儿子都是小宗，只能做低一等的诸侯或卿大夫。这种依照血统划分的等级森严的宗法秩序，是周王朝在如此松散的分封政体下还能保持政局稳定的最大保障。

然而，东周以后，礼崩乐坏，各国的宗法秩序纷纷瓦解，让位于权力与实力之争，而地处边缘的晋国在这方面走得最快。由于曲沃是个富庶大邑，农业发展得更好，而且，从地缘政治的角度来看，曲沃位于运城盆地，南面有大量的华夏小国以供扩张，而翼城位于临汾盆地的东北角，地势局促，还得抵挡东北方向上党高地上的赤狄势力，这导致晋侯大宗愈耗愈弱，而曲沃小宗因位于肥沃而宽阔的临汾盆地中心腹地，越扩越强，渐有夺国弑嫡之野心。双方经过六十七年血腥厮杀，曲沃三代长寿宗主连杀五位短命晋侯，还赶跑了一位（简直比司马懿、司马昭、司马炎这三代还要拼），终于，曲沃武公率师入翼，吞并了嫡系大宗。考古发现，晋侯大宗的著名先君晋文侯墓在春秋初期曾遭到大规模官方破坏，足见此两系战争之惨烈，已经到了无所不用其极的地步。

"曲沃代翼"是周朝历史上第一次小宗取代大宗的篡位事件，如果事情发生在西周，周天子必然要联合诸侯诛讨之，然而东周王室已衰，诸侯内争，都无暇也无力管这事。再加上晋武公非常识相，将攻打大宗所获得的战利品尽数献给周天子，周天子就接受了贿赂，顺水推舟承认了晋武公的诸侯之位。此时乃晋武公三十八年（前678），晋武公已是七十七岁的耄耋老人，而齐桓公正值壮年，刚刚举行幽之盟，初建中原霸业，为了拉拢很少过问中原事务的晋国，将自己的小女儿齐姜嫁给了老迈的晋武公。晋武公已经这么老，当然不可能与齐姜有啥夫妻之实，结果晋武公的太子诡诸竟在病榻之前与齐姜私通，这简直就是唐高宗与武则天的春秋版本。

然而，齐姜并没有武则天的好命。第二年（前677），晋武公去世，晋献公即位，将齐姜封为夫人，齐姜却很快就去世了，只留下一子一女：女的叫作伯姬，后来嫁给秦穆公做夫人，男的叫作申生，被晋献公立为太子。

晋献公在东周诸侯中以铁血著称，他继位之初，由于公族势力强大，晋国的内政并不稳固。曲沃这一派，乃是小宗取代大宗，前车可鉴啊，特别是在和晋国嫡系大宗对抗的过程中，晋献公曾祖父曲沃桓叔、祖父曲沃庄伯的其他后代，也就是"桓、庄之族"都发展了自己的势力，隐隐有尾大不掉之势。晋献公感觉自己的位子坐得并不稳当，为了防止"曲沃代翼"的事件重演，他一狠心，竟用计离间桓、庄之族，使他们自相残杀，待其势力削弱，猛然出手，将他的这群堂兄弟乃至亲兄弟尽数杀死，然后任用没有根基的异姓大夫执政。也就是说，在其他国家几乎都仰赖公族执政，任人唯亲时，晋国率先实现任人唯贤，得以广纳天下才智，国力日盛。

另外，晋国的始祖本是周成王的幼弟唐叔，因他受封的时间已晚，中原土地早已被分封完毕，所以他获得的是一块接近戎狄的边区，也就是临汾盆地东部、汾河以东的百里地盘。这里本是唐尧与虞夏故地[①]，

[①] 所以晋国最初叫唐国，位于临汾盆地的北部（原为帝尧之都平阳，即今山西襄汾陶寺遗址一带），后来唐叔虞的儿子燮父将都城南迁至临汾盆地中部（即今山西曲沃、翼城交界的曲村－天马遗址），因此地位于晋水之旁，国号乃改为晋。晋也是《周易》的一个卦象，有太阳初升之意（把字倒过来看），用作国名可以说是个非常好的意象。

远古时期曾作为东亚农业文明的统治中心一千多年[1]，但自北方戎狄兴起，这里就成为一个文明废墟（《左传·定公四年》曰"封于夏虚"）与边防之国。就算到了晋献公时，晋国之侧仍有皋落之狄，"朝夕苛我边鄙，使无日以牧田野"（《国语·晋语》）。可见受戎狄侵扰，这是晋国的日常。梁庚尧《中国社会史》还提出，这些戎狄其实就是当年夏人的后裔，由于他们的文化经济停滞不前，所以到周代已被视为戎狄。许倬云也认为，这些戎狄很多都是姬姓，可能是先周迁往关中之前的夏裔同族[2]。看来大家几百年前都是一家人，只不过周人如今阔了，所以和往日穷亲戚有些不对付。

总之，由于常年与北方戎狄战争及联姻，晋人形成了尚武的性格，他们战力强盛，铁血悍勇[3]，且并不怎么喜欢讲规矩。当初周成王封唐叔在此时，就分给他"怀姓九宗，职官五正"，并允许其治国"启以夏政，疆以戎索"，就是让当地夏商遗民做他们自己的职官（五正）以为怀柔[4]，并以当地众多虞夏遗民的礼俗来教导夏民，以戎狄的法律来治理归附的戎狄。我们读史就会发现，《左传》的历法（晋国的历法）比《春秋》的历法（周王朝与鲁国的历法）要晚足足两个月，这就是晋国沿用夏代历法的缘故。因为周历是以现在的十一月作为正月，而夏历

---

[1] 陶寺遗址、坡头遗址、东下冯遗址等，全都位于由临汾盆地与运城盆地组成的晋南地区，这里正可谓中国的龙兴之地。事实上，考察尧都平阳陶寺遗址的葬制，可以发现当时已有比较完善的礼乐制度（发现成组礼器与乐器）、祖先崇拜与宗法秩序（故中国人向来称自己的国家为祖国），且最高权力的继承已是世袭制，而不是所谓的"禅让"制（高炜《陶寺考古发现对探讨中国古代文明起源的意义》）。

[2] 参阅许倬云：《西周史：增补二版》，生活·读书·新知三联书店，2018，第104—105页。许倬云认为，周人在夏朝时曾生活在山西，后来才迁往关中的。

[3] 据考古发现，晋国早期的生存环境非常残酷，其统治阶层亦连年遭受战争考验，在已发掘的晋国早期大墓群里，有多位晋国太子死于刀兵，遗骨上多有刀兵的痕迹。

[4] 据《左传·隐公六年》记载，曲沃代翼时有"九宗五正"顷父派儿子嘉父出面，收留流亡在外的晋鄂侯。顷父、嘉父皆为商的人名（对于氏族族长，周人称"公"，殷人称"父"），足见"怀姓九宗"乃殷商遗民。

却是把现在的正月作为正月①。

  与齐国等中原人爱搞面子工程不同，晋国人的礼法观念比较淡薄，而且兼容并蓄，做事灵活，讲求实际。既然周室已衰，杀人灭国都没人管了，那还不赶紧大杀四方？于是晋献公将都城从"翼"南迁到了"绛"，也就是将晋国的政治中心从临汾盆地搬到了运城盆地，得到了更为广阔的扩张空间。

  绛，即今山西省新绛县。其得名源头还是新绛县以北的绛山，与曲沃隔山相对。绛山其实就是临汾盆地与运城盆地之间的分水岭，今名紫金山，自古以来就富含大量铜矿、金矿，山色也因此呈现绛紫色，因而得名绛山。黄河流域铜矿资源大多集中在中条山脉，而中条山脉最大的铜矿就在绛山。绛山铜矿、金矿支撑起了夏商王朝对于黄河中游地区的野心，也支撑起了西周、春秋晋国与战国魏国的霸业。绛县的西吴壁遗址与曲沃的天马曲村青铜冶炼作坊便是绛山当年荣光的例证。

  如此，有了充足的地缘优势，又有了发达的青铜资源，晋献公遂开始大杀四方，短短数年，就连灭了耿（今山西区河津）、霍（今山西霍州）、魏（今山西芮城）、杨（今山西洪洞）等小国，并把耿、魏封赏给异姓大夫赵夙（赵国始祖）和毕万（魏国始祖）。紧接着他又向虞国（今山西平陆北）假道，率军向南穿过中条山的谷地，再由茅津渡南渡黄河进入今河南三门峡地区，吞灭了实力不逊于晋国的强大公爵

---

① 夏人的历法自古就非常发达，早在唐尧时期的都城陶寺遗址中，就发现了一座以观象授时为核心的兼有祭坛功能的复合型大型建筑（面积约1400平方米）。所谓"观象授时"，就是观测天文、气象与日月星辰的运行变化情况，并遵照上天的意志安排当时的政治、军事和经济生产活动，其实就是历法。《尚书·尧典》："乃命羲和（即羲氏、和氏，乃中国史载最早大巫师重黎的后代），钦若昊天，历象日月星辰，敬授人时。"出土遗址与上古文献都表明，中国最初观测天象以制定历法的，就是这山西的唐尧虞夏王朝。至今，我国农民所使用的历法仍然是夏历（又称阴历，农历），可见其历法之发达。

级诸侯国虢国[①]，然后回兵顺势灭了虞国。自此，晋国成为天下数一数二的大国，西有河西（与秦接境），东邻河内，南至崤函（与洛阳盆地为邻），北边翟狄，将今山西省的大部分地区尽收国土，成为春秋中期除楚国之外地盘最大的国家，为重耳后来成为春秋五霸奠定了坚实的基础。

介绍完了重耳的父亲，笔者再来介绍重耳的其他家人：跟大多数雄才大略的君主一样，晋献公老婆儿子一大堆：他在当太子时，便娶了贾国（今山西襄汾东）国君的女儿贾君做夫人，贾国被晋武公灭掉后，贾君地位下降，又无法生育，没有子女，结果被废黜。然后，晋献公纳了他的庶母齐姜为妻，生了一男一女，此前已述。另外，他还在翟国（位于今山西交城，应为狄人中的一支白狄）娶了一对姐妹花（非亲姐妹）狐姬和小戎子为夫人，她们各生了一个儿子，分别叫作重耳、夷吾。这样还没完，后来晋献公攻打骊戎（原本在陕西临潼的骊山附近的戎部族，为男爵，此时应已向东迁徙），又抢来了骊戎之君的女儿骊姬、少姬来做夫人。晋献公所有的这些大老婆小老婆中，骊姬长得最漂亮，《庄子·齐物论》有云："毛嫱、丽姬，人之所美也，鱼见之深入，鸟见之高飞。"她是沉鱼落雁的原型，很为晋献公所宠。骊姬生了个儿子，叫作奚齐，她的妹妹少姬生了个儿子，叫作卓子。

值得注意的是，晋献公所灭的魏国、霍国、杨国、虢国、虞国都是姬姓诸侯，与晋同姓，再加上此前灭掉的贾、韩等姬姓国，晋国可

[①] 周文王弟弟虢叔后裔的封国。这是一支以猛虎为族徽（虢在甲骨文中，乃以双手与虎搏斗之形，意为勇猛似虎）的古老周人部族，乃周王室的重要藩屏与左膀右臂，三门峡虢国墓群展示了它在春秋初年的强大（这里出土了中国最早的编钟与铁剑，以及规模庞大的车马坑群）。而虢公亦世代为周王卿士，护翼周室，并代周天子征讨不臣。周平王、桓王时期，周天子甚至将原本由郑庄公专断的国政交予虢公，导致周郑大战；另外，当年曲沃代翼时，虢公也多次奉周天子之命，讨伐曲沃，救援翼城，并收纳晋国流亡公子，可以说是曲沃晋氏的世仇了。作为春秋前期周王室的支柱之国，虢国被灭，对于周王朝的趋于衰弱甚有影响，对于晋国霸业的崛起更是意义重大。虢国被灭后，其遗民"以邑为氏"，并世居太原，故称"太原郭氏"（古时虢郭相通），后为中古时代一大著名门阀士族。

与楚国并称为灭杀周宗室的杀手。其他大国也灭国，但多少要给周天子面子，不敢随随便便灭了姬姓国。楚自认是蛮夷，所以不管那么多，晋这么做就有点奇怪了①，可见其杂有戎狄之风②，且从成立之初，就是一个充满了血腥味的尚武国家。

晋献公趁着齐桓公晚年霸业衰弱的时机，收买贿赂，玩弄阴谋，不择手段，假道伐虢，又内屠宗室、外灭同姓，还与戎狄及同姓通婚③，完全不讲一点周礼，简直跟楚国自称蛮夷一样，将自己当作戎狄了，这在春秋初年那样的时代还是太任性，迟早会出问题，果然，到了晋献公晚年，晋国就乱了。

据史书记载，跟很多国家一样，晋国内乱的开始，是因为一个女人，一个美若天仙却心如蛇蝎的戎狄女子——也就是晋献公那位最美的夫人骊姬。骊姬为了让自己的儿子奚齐继承君位，整天在晋献公面前造谣污蔑，说太子申生想谋杀晋献公。晋献公虽然打仗治国很有一套，可是耳根子却软得很，枕边风一吹，就受不了了，一怒之下，就废了申生的太子之位。

但是，史书的记载显然并不那么全面。晋献公一生雄才大略，他通庶母，杀公族，在位二十六年，"并国十七，服国三十八"（《韩非子·难二》），平均一年要拿下两个国家，可以说是在一片尸山血海中创立了自己的基业，这样一个人，岂会那么容易为一小女子所骗？笔者猜测，晋国太子申生身份特殊，他既是春秋霸主齐桓公的外孙，又是铁血强邻秦穆公的大舅子，而且颇有贤名，在朝中有里克等一大批

---

① 春秋初期宗法制色彩还颇浓厚，所以晋国假道虞国伐虢时，虞君还盲目乐观，谓："晋，吾宗也，岂害我哉？"岂不知晋人连自己的同宗都灭，何况别国？

② 晋国的天马－曲村晋侯墓葬中就出土了大量戎狄风格的器物，包括野猪、鹿和回首鸟形青铜器，都是草原地区流行的装饰。尽管铸造工匠把鸟塑造成孔雀形象，但它看起来是内陆大草原地区的猛禽的改造（杰西卡·罗森《祖先与永恒》）。

③ 献公所娶的贾君、狐姬、小戎子、骊姬、少姬全都是姬姓，其中贾君与狐姬姐妹还是晋国始祖唐叔之后。《国语·晋语四》记郑叔詹之言曰："同姓不婚，恶不殖也。狐氏出自唐叔，狐姬，伯行之子也，实生重耳，成而隽才。"韦注："狐氏，重耳外家也，出自唐叔，与晋俱唐叔之后，别在犬戎者。"

重臣支持，很可能严重威胁到晋献公的权位，因此，晋献公想借骊姬等一帮佞幸之手除掉申生。如前所述，晋献公在此前已将自己的堂兄弟与亲兄弟尽数杀死，只剩他自己这一条血脉；为他属意的接班人奚齐而杀同为他亲生儿子的申生，也是符合他一贯的做事方法的。晋献公的行为自有其一以贯之的逻辑，与骊姬的撺掇或许关系不大。

也许正是因为如此，申生才在被陷害后拒绝辩解，也拒绝逃亡，只说："吾君已老矣，已昏矣！吾若此而入自明，则丽（骊）姬必死；丽（骊）姬死，则吾君不安。所以使吾君不安者，吾不若自死。吾宁自杀以安吾君，以重耳为寄矣！"（《春秋穀梁传·僖公十年》）然后自杀了事。因为他知道铁血无情的晋献公绝不会放过自己，他不如一死，还可以留下一个孝顺的美名。另外，申生最后将重耳托付给里克，显然他认为众兄弟之中，只有重耳最贤，若他能继承君位，定能重整晋国，创建霸业。

然而，晋献公显然不希望再有啥贤公子威胁自己了，还是将年方十岁的奚齐立为太子比较保险。为了日后君位的顺利继承，用老招数尽杀群公子比较保险，于是晋献公派人马去抓捕公子夷吾和重耳，罪名是知道申生的阴谋却知情不报，这简直就是欲加之罪何患无辞。公子夷吾得到消息后，激励民众，在他的封地进行了顽强抵抗，晋军攻打了一年，竟然没有攻下；直到一年后，晋献公派来右行大夫（步兵右统领）贾华率领的主力部队，夷吾的队伍才被打散，只得向西逃往靠近秦国的梁国（今陕西澄城），以寻求秦国的援助。

另外一边，公子重耳却不想抵抗，并表示："君父之命不可对抗，谁敢对抗，便是我的仇人！"当然，重耳不是个愚忠之人，他不抵抗，但他也不想死。当晋献公派来的宦官勃鞮（又称履鞮，名披，应是宫里一个管鞋的太监）闯进他的府邸，逼迫他自杀时，他也不多说，拔腿就跑，勃鞮提刀紧追不舍。好在重耳身手敏捷，竟徒手翻墙而去，勃鞮一刀砍下去，只砍断重耳的衣襟，好险！

其实，重耳之所以不想抵抗，也是知道自己根本抵挡不住晋国大军，还不如表示一下自己的孝心。据《左传》记载，早在十年前，也就是晋献公十二年（前665），晋献公派谋臣士芜在蒲邑和屈邑为重耳和夷吾筑城，没想到士芜身为朝廷重臣，竟然搞豆腐渣工程，在城墙中混杂了木柴和泥土（这样城墙便不坚固且易于燃烧），夷吾愤愤不平地举报，士芜却说这俩地方过几年就要打内战了，修那么认真干吗？这老头子火眼金睛，把晋国的局势早看透了。所以重耳也相当清楚，这破城墙根本挡不了正规军，还是撤吧！

重耳逃离自己的封地后，不敢再待在晋国，便带着一群随从逃到了姥姥家，也就是他母亲的故国翟国。翟国位于今山西交城，是白狄人建立的国家，善于骑射，重耳一行人正好在这里练习射猎，锻炼军事技能。

这一年是周惠王二十二年（前655）。同一年，齐桓公刚从召陵之盟回来，将楚国北进的野心暂时扑灭。而与此同时，后来让秦国称霸西部的百里奚也因祖国虞国被灭而亡命天涯，重耳与百里奚这两个改变了整个春秋历史的关键人物，竟然在同一年里遭受了如此类似的命运，历史的巧合，真是让人感慨万千。

二、重耳的政治智慧与情商远胜齐桓公

重耳逃亡时并非一人，有很多贵族贤士心甘情愿跟着他一起流亡，其中有十个十分厉害的人物：

第一位，赵衰，字子馀，乃耿邑大夫赵夙之孙，是后来三家分晋的赵国始祖，老成持重，是重耳的首席谋士，重耳以师礼事之。

第二位，狐偃，字子犯，戎人，重耳的舅舅，又名舅犯、咎犯，智计过人，是重耳的心腹亲属，重耳以父礼事之。

第三位，胥臣，字季子，后曾任司空，故又称司空季子。他知识渊博，有经济之才，是重耳的文化老师，重耳长事之。

第四位，先轸，食采于原，又叫原轸，军事天才，后来著名的城

濮之战的指挥者，是重耳最为倚重的军事顾问。

第五位，魏犨，乃魏邑大夫毕万之子，后来三家分晋的魏国始祖魏武子，他勇武过人，忠心事主，故长期担任重耳的车右，也就是贴身保镖，心腹侍卫。

第六位，介子推，晋国贤士，忠义耿直，深受重耳敬重。

第七位，颠颉，魏犨的搭档，也是重耳的第二护卫。

第八位，狐毛，狐偃的大哥，也就是重耳的大舅，一直担任狐偃的助手，也是个不错的参谋人才。

第九位：狐射姑，狐偃之子，也就是重耳的表弟，后来被封于贾地，因此又称贾季，乃贾姓始祖之一。

第十位，壶叔，心思细密，是重耳的大管家，负责重耳的饮食起居和后勤工作。

这十个人有文有武，每一个都是可以独当一面的人才，可是他们都放弃了在晋国的优渥生活，跟着落魄的重耳颠沛流离，亡命天涯，尽管受尽磨难，却仍坚持追随重耳，为什么？除了重耳自幼谦恭下士、交游广阔之外，最重要的原因是当时晋国内乱，政治环境太差，所以他们才会紧随重耳，以争取最大的政治利益。

由此可见，重耳是不幸的，却也是幸运的。因为他有十大人才相助，形成了春秋最牛流亡政治团队。大家患难相从，甘苦与共，一同流亡江湖十九载，一直忠心耿耿，无怨无悔。可以说，重耳这一生还是令人羡慕的，而且，他不仅有最好的男人，还有最好的女人。

俗话说"家和万事兴"。妻妾的贤能与否，往往直接影响到古人事业的成败与高度。重耳的妻妾，一个比一个美貌贤淑，一个比一个聪敏贴心，协助重耳这个颠沛流离的落难公子在中年之后重登君位，成为晋文公，并带领中原诸侯合力将强楚打得满地找牙，开创了晋国之后百余年的光辉霸业，中间除了一鸣惊人的南天神鸟楚庄王，基本上无人能动之分毫。

据史书记载，重耳的妻妾有十人，但他在出奔之前只有两位妻子，其他都是在流亡途中娶的（包括秦女五人，狄女一人，齐女一人，周王室女一人，楚女一人），目的是打感情牌，与各国联姻，加重自己的政治筹码。重耳虽然妻妾众多，但他显然不是好色之人，比如《战国策·魏策二》就记载："晋文公得南之威，三日不听朝，遂推南之威而远之，曰：'后世必有以色亡其国者。'"

所以，重耳择妻，皆以贤能为主，美貌次之。比如，他最早的两个妻子，一个名叫杜祁，另一个名叫逼姞。逼姞为他生了长子欢，也就是日后的晋襄公；杜祁为他生了次子雍，后来在秦国担任亚卿；都是文韬武略的好孩子，可见其母教导之功。

重耳流亡出国后，并未带上妻儿，所以翟国国君为此心忧，心想：我们国家向来好客，可不能让大国公子寂寞啊。刚好这个时候翟君讨伐了同族的咎如（赤狄的一支，隗姓，又称"东山皋落氏"，散居在太行之野），抢来两个美女，于是把其中的妹妹季隗嫁给重耳，生下伯儵、叔刘；把姐姐叔隗嫁给了赵衰，生下了赵盾。这是重耳的第一个桃花运，亡命天涯，寄人篱下，却管吃管住，还有美女送，看来重耳的流亡生活也不算太差。

重耳在翟国地位超然，又有独具异族风韵的温柔乖巧的美人儿相伴，现在连儿子都生了，俨然就要在翟国安下家来，宁静地过完下半辈子了，可是别忘了，怎么说他也是晋国的公子，而且是拥有继承晋国国君资格的贤公子，命运之神岂会允许这样一个经天纬地的人才，就此老死翟国呢？

重耳和他的弟弟夷吾逃出晋国后，过了五年，晋献公就逝世了，临死之前，他还拖着病体想去齐桓公的葵丘之盟凑下热闹，却在半路被老爱坏人好事的周室上卿宰孔拉住一通劝，说什么齐桓公好大喜功，又乌云盖顶，必将有乱；你们晋国也会有乱，还不快回去稳定大局？不要去葵丘瞎掺和。

晋国因与中原远隔太行山，从前不爱掺和中原的盟会，这次晋献公特意去参加，是想探听一下齐国的虚实，毕竟他逼死的太子申生，也是齐桓公的外孙，不知道人家对此有没有意见；而宰孔刚从葵丘之会上回来，知道此次会议的一个重要议题就是"无易树子，无以妾为妻"，这显然就是针对晋献公的，所以他好心劝晋献公回国避一避，不要去自讨没趣；晋献公心领神会，立刻掉头回家。结果，他一回家就死了，他心爱的小儿子奚齐即位。

宰孔果然是乌鸦嘴，晋献公尸骨未寒，重臣里克就杀死了奚齐，让人迎接重耳，想拥立他做国君。

送上门的君位，没人不想要，重耳和他的谋士团队却认为，里克弑君虽是为了旧主废太子申生报仇，但弑君毕竟是大逆，不能跟他混在一起！在大丧大乱中入国夺权，有悖礼教道德，虽成功于一时，但必有无穷的祸患随之而生。君主以正道为先，失掉民心的支持与拥护，江山又岂能坐得稳？于是，重耳以违背父命乃是不孝的名义，坚决地辞谢了里克，留在翟国观望。

这就是公子重耳身为成熟政治家的厉害之处了。晋国的内乱，本质上是由于"曲沃代翼"而引发的公族大乱斗，总得折腾个十几年，才能平息怨气，才能痛定思痛。路边的野桃谁都想摘，但真正聪明的人只摘熟桃子，半生不熟，吃了得拉肚子，正所谓"始不固本，终必槁落"。所以，重耳还是得等，还是得忍。成大事者，必须戒急用忍，不争一时之得失，不在乎一事之成败，这才是大见识、大气度、大格局。

懂得什么时候争，很强；懂得什么时候不争，更强。

从这一点上来说，晋文公比齐桓公要厉害。

如此，里克只好去梁国迎回了重耳的弟弟夷吾并拥立了他，这就是晋惠公了。晋惠公夷吾虽然一向扮演成一个贤公子，但实际上是一个见识短浅的家伙，平常不怎么能看出来，可一旦沾染到权位之争，就变得唯利是图、心肠毒辣、不择手段，他可不管什么生桃熟桃，总之先吃了再说，而且要连皮带核吃干抹净，所以他一回到晋国，就背信弃义，与助他上位的秦国交恶，并诛杀了里克等一干老臣。如此一来，晋国在外得罪大国，外交丢分；在内诛锄异己，国人不附，自然要出大问题。晋惠公六年（前645），秦晋韩原一战，晋国大败，晋惠公也被秦国俘虏，后来虽被放回，但威望大损，更加害怕重耳回国跟他争位，于是他派了之前刺杀过重耳的宦官勃鞮带着勇士潜往翟国，再次刺杀重耳。

世上没有不透风的墙，这件重要机密被重耳留在都城的内线探知，写信给重耳通风报信，导致勃鞮刺杀失败。

看来，翟国是待不下去了，毕竟这里也是夷吾的母国，翟君虽然对重耳很好，但实在难以对抗晋国强大的外交压力。事已至此，为了不给人家添麻烦，重耳和他的一干手下只能选择继续流亡了，可天下虽大，哪里是他们的容身之地呢？

想来想去，他们决定逃往齐国。重耳与赵衰等人商量：自从齐桓公称霸后，齐国已是东方第一大国，又富庶又强大，是天下贤士最向往的地方，而且自齐国称霸中原以来，虽然威震四方，但一直无法辐射到太行山以西。葵丘之盟，诸侯毕至，只有晋献公走到一半又回去了，显然还是觉得齐国影响力不够。更重要的是，齐国的重臣管仲、隰朋刚死，其他贤臣也都老迈，高级人才青黄不接，齐桓公现在急需一批贤能的大臣来辅佐他，此去一定会得到重用。齐国是中原霸主，谅那夷吾也不敢动我们！

赵衰等人都觉得此言有理，于是大家便分头回家，收拾的收拾，辞行的辞行。

此去前途未卜，重耳不想让自己的妻儿跟着自己一起逃亡，只有含泪和妻子季隗告别："我要走了，等我一切都安定下来后，我就会来接你的，你愿意等我吗？"

"会，不管多久，我都会等你回来的。"季隗坚定地说。

重耳叹了口气，流着眼泪说："此去祸福未知，前途未卜，也不知我还能不能活着回来，这样吧，你等我二十五年，如果我还没回来，你就改嫁吧！"

关于重耳的年龄，史书上是有争议的，《史记》认为重耳逃亡的时候四十三岁，《左传》和《国语》则记载为十七岁。笔者从前比较相信《史记》的说法，因为这样一来重耳的一生可就太传奇了，想一想，他四十三岁流亡，六十二岁才回国为君，一个糟老头子，却一路老树逢春招来桃花朵朵，屡遭磨难却又次次绝处逢生，大器晚成而终能奋起，六十三岁又开始争霸，六十六岁亲自出征城濮，快六十七岁才称霸天下，这可真是一段光芒万丈的最美夕阳红啊！古代那么多帝王，就没这么晚才成就大业的。刘备那么倔，六十三岁也只能魂断白帝城，把未竟的事业留给诸葛孔明。

但后来笔者觉得，《左传》和《国语》的说法更靠谱。重耳要季隗等他二十五年，如果按照《史记》的说法，重耳四十三岁流亡，在翟国十二年，此时已经五十五岁了，一个五十五岁的老人要老婆等自己二十五年，等自己八十岁来接她，对自己的寿命也太自信点了吧。古人能活过七十岁的都很少，重耳凭什么觉得自己能活到八十岁，而且还能重温旧梦？另外，据史书记载，晋献公二十二年（前655），也就是重耳逃离晋国那一年，重耳的姐姐穆姬嫁给了秦穆公，如果重耳这年四十三岁，那么秦穆姬是年近五十才出嫁吗？这当然不可能。史书还记载重耳的外公狐突活到了晋惠公十四年（前637），按照《史记》的说法，这年重耳都六十二岁了，那他外公岂不是要将近一百岁？

所以，还是《左传》中重耳十七岁逃离晋国来到翟国的可能性更高，离开翟国时他二十九岁，风华正茂，对未来仍充满憧憬。

这也是为什么，面对重耳哭丧着的脸，季隗笑了："我已经二十五岁了，再等二十五年，恐怕都行将就木了，还能改嫁谁？公子放心走吧，哪怕白头如雪，哪怕黄泉再会，我也一定会等着你的。"

重耳给了季隗一个二十五年的承诺，季隗却给了他一个一生的承诺，此一生，她决定一心一意地抚养好他们的孩子，坚定地等他回来。

跟自己一起生活了十二年的丈夫就要走了，此去经年，天涯两望，不知何时再见，季隗却将心中的万般不舍深深地隐藏在心底，淡然面对这一切，表现得比重耳还要坚强，因为她知道好男儿志在四方。为了不给重耳压力，她给了重耳一个一生的承诺，这是怎样一种高尚的情操和动人的情怀！重耳娶妻如此，真是羡煞后人。

相比季隗，重耳就显得有点过分了，竟然要求别人平白等他二十五年！看起来真是想装大方又自私，一点都不可爱。不过，这毕竟是在两千多年前的父权社会，不可拿现代人的眼光来看待古人。不管多少年，重耳能劝妻子改嫁，这已经不是普通贵族男子能做到的了。设身处地想，他肯定是放不下、舍不得妻子的，但他只能离开。

七年后，重耳在秦国的帮助下重回晋国，即位为晋文公，便把所有夫人全接了回来。从政治上考虑，他立秦国公主文嬴为夫人，之后依次为逼姞、季隗、杜祁等。杜祁虽为重耳最早的夫人，但因为逼姞之子为长子，所以甘居其下；另外照顾到翟国是重耳的母国，也是晋国的强邻，杜祁又自甘退居季隗之下。齐桓公只有六位如夫人，但六位如夫人为争宠夺嫡打得不可开交，五个公子也相继篡弑，骨肉相残，将齐国的霸业生生折断；而晋文公足足有十位夫人，却一个比一个识大体，免除了重耳的后顾之忧，保证了晋国政局的长期稳定，这在"春秋篡弑叹纷然，宋鲁杀君只隔年"的时代，简直太难得了！

三、喜欢土坷垃的晋文公

重耳等人欲前往东方大国齐国避难，须绕过晋境，经东周王城西北而行，才能到达梦想之地临淄。这一行何止千里之遥，而且古代交通又不方便，这期间的艰辛可想而知。重耳知道艰辛，却没想到这么艰辛。原来，他们刚刚过了周王城，为重耳守藏（掌管盘缠行李）的内竖头须（内竖，指未成年的内官家奴）就一个人卷款逃跑了，众人没了盘缠，饥困交迫，实在走不下去了，只好借道卫国，想在这儿打点秋风，也好接着上路。

众人一路辛苦，终于来到卫都楚丘（今河南滑县八里营乡殿上村卫国都城遗址），已是风尘仆仆，狼狈不堪，一个个面黄肌瘦，活像逃难的灾民一般，守城门的人见他们如此，便拦住他们，问他们是哪里来的，大臣赵衰说："车上坐的是晋国公子重耳，要到齐国，请开门借个道儿。"

守关将领本来不相信，可是看到重耳标志性的双瞳眼，还是派人飞马快报了卫文公。自从卫国被狄人攻破之后，国灭民散，最后只剩五千人迁到黄河南岸，靠了齐桓公的救援才得以复国，这些年卫文公励精图治，埋头苦干，有时还亲自下田劳动激励民众，省吃俭用，好不容易攒下些家底，近年又被狄人与邢国屡屡侵扰，扰得他苦不堪言，于是他变得越来越小气，此时已是个远近闻名的铁公鸡，哪里愿意接待这群饿鬼？而且重耳有浓厚的狄人背景，这也让卫文公深深感到不爽，因此他吩咐守门的将领将其拒之门外，说："卫国新难，社稷幸存，公子还是换别家去蹭饭吧！"

重耳无奈，只好在城门口蜷缩着露宿了一夜，然后兜了个大圈儿绕城而行。

卫文公犯了大错误，他实在不应该这么小气，为了一点接待费而得罪重耳，后来重耳当了晋国国君，讨伐楚国时，顺道把卫国给揍了一通，所以说做人千万不能太势利、太贪小便宜，否则最后吃亏的还是自己。

好，咱们书归正题，且说重耳一行被卫侯拒之门外，只好忍饥挨饿绕道接着走，走了一天，终于来到卫北边境的五鹿（今河南濮阳南），眼看已经中午了，骄阳似火，仿佛要把原野上的一切都烤焦了似的，就连风，都凝成了固体，他们有气无力地挪着步子，没有人说一句话，因为他们要节省说话的力气，用来走路。

突然，他们不约而同地停住了脚步，因为在前面一大片广袤的庄稼边，有一群农夫正蹲在田埂上狼吞虎咽地吃午饭，而这一幕，彻底地摧毁了他们的胃神经。

重耳吞了口口水，对舅舅狐偃说："你去跟他们要点吃的来吧，我实在饿得受不了了，再没东西吃就要饿昏了。"重耳毕竟享惯了福，他哪里吃过这种苦。

狐偃觉得自己身为大夫，去跟人家讨饭，实在不合体统，可他的年纪更大，更受不住罪，无奈只好厚着脸皮走到那群农夫的面前，结结巴巴地说："我们，我们是从晋国来的……车上坐的是我们的主公晋国公子重耳。……我们远道而来，粮食吃完了，你们，你们能不能分给我们一点儿啊……"

农夫们从没见过这么有风度的叫花子，不由乐了：好哇，你们这些大官也有今天啊，哼，看我们这次怎么捉弄你们。于是，他们装出一副为难的样子说："你看，我们都是些种田的农夫，吃饱了还要干活呢，哪有多余的分给你们吃啊！"

重耳在旁大窘，一片绯红从脸颊蹿到了丹田，只好讪讪地说："既然如此，能不能送我们个盛食物的瓦罐？我们好再去找别人。"

一个农夫说："倒是怪可怜的，好，那我就行行好吧！"说着他就捧过一块土坷垃来，笑着说："你们这么穷，干脆吃土好了！"

重耳顿时石化了。这是啥意思？

农夫们指着面面相觑的贵人们前仰后合地大笑起来，暴脾气的魏犨可一点都不欣赏他们的幽默感，冲上前去一把夺过土块扔在地上，挥起老拳就要揍人，重耳也回过神来，气得扬起马鞭，想要发泄一下情绪。狐偃却突然一拍天灵盖，从后拉住重耳，捡起地上的土块满脸喜色地说："得饭易，得土难。土地，国之基也。天假手土人以土地授公子，这可是大喜啊！公子应该快快拜受才是。"

看来狐偃真的饿昏头了，明明被这群农夫给调戏了一番，却认为这是大喜的兆头，大家都情不自禁地摇起头来。

不想，重耳居然真的郑重其事地下车跪在了土块前，大家见状，也只能跟着纷纷跪了下来，虔诚地对着那土块膜拜起来。

农夫们一看，笑得简直想哭："原来这个世界上真的有神经病……"

重耳当然不是神经病，更加不是饿昏了头，怎么说呢？他这可以算是一种行为艺术，其象征意义远大于实际意义，因为，就像沙漠里的人需要一滴水一样，困境中的人需要一个希望。

而他们的希望，就寄托在这一块土坷垃上。

当时，他们已经几天没吃饭了，身体已经到了可以承受的极限，现在他们最需要的就是精神的力量，理想、信念和希望是支撑他们继续走下去的唯一动力。不管这块土坷垃能不能给他们好运，他们都宁愿相信这是吉兆，相信不管经历多少苦难，总有一天他们会回到自己的祖国，成为那片土地的统治者。

从此，重耳将那块土坷垃收藏起来，作为自己最珍贵的宝物，斯土斯民，这才是一个君主最重要的东西。

十余年后，晋文公重耳成为天下霸主，攻打卫国时曾占据五鹿半年，后来又归还了卫国。但百余年后，晋国进一步扩张，最终还是兼并了五鹿，使其成为晋国的领土。

四、临淄

精神的力量很强大，但是终究不能当饭吃，这一天，大家实在饿得走不动路了，只好停下来休息。重耳又饿又困，有气无力地问狐毛："舅舅，我们还有吃的吗？"

狐毛说："介子推已经去找吃的了，还没回来，要不咱们在这儿等一会儿，这么久还没赶上来，说不定他已经弄到吃的了。"

大臣魏犨说："我看我们还是别指望他了，这么久还没赶上来，这恰恰说明，他一定是找到吃的后自己先偷偷吃光了，怎么可能会留下来给我们吃……"

重耳打断魏犨说："不可能，介子推不是这样的人，我相信他。"

大家又等了许久，还是不见介子推的踪影，心中不免有些动摇了，于是纷纷开始挖野菜煮菜汤来充饥。重耳养尊处优惯了，哪里喝得下这难吃的野菜汤，可是又实在饿得没法，只好皱着眉头捏着鼻子使劲往下灌。

正在难受，突然，介子推回来了，他不知从哪儿弄来了一罐肉汤，踉跄着跑过来说："公子，我弄到肉汤了，快喝一点填饱肚子吧！"

重耳端过来尝了尝，发现味道好极了，只是口感有点怪，便疑惑地说："真好喝啊，来，大家也来喝一点。对了，你这是打哪儿弄的啊，没见你打到什么野味啊？"

介子推苦笑说："这哪里是什么野味啊，这是臣的大腿肉。"

大家正在品尝美味，听到这话差点将嘴里的肉吐出来。什么！这是介子推的肉！难怪介子推腿上缠了块布，而且刚才走得有些不利索呢，原来……

介子推背过身去，满脸凄凉："对不起，臣没有用，没有要来食物，只好用自己身上的肉来给公子充饥。"

重耳听了这话，感动得几乎掉下泪来："你为什么要这么做？你，你这让重耳情何以堪啊……"

"身体要紧，公子您的年纪也不小了，如果饿坏了，咱们的大业就全完了，臣的肉虽然又老又粗，但是如果能帮助公子恢复体力，那一切就都值得了。公子，就算是为了我，也请您把这碗肉汤都喝光吧。"介子推捧着那碗肉汤，一脸渴望地看着重耳。

"好，好，我喝……"重耳端起汤碗，大口大口地喝了起来，滚烫的泪水从他的双瞳中涌了出来，一滴一滴掉落在碗内，和汤水混在一起，让这碗肉汤变得格外苦涩[①]。

众人纷纷转过头去，默默流下泪来。

就这样饱一顿饥一顿，重耳一行跋山涉水，翻山越岭，历尽千辛万苦，终于来到了梦中的天堂——齐都临淄。望着临淄巍峨的城墙，这支形同乞丐的队伍的喜悦程度，实不亚于久旱逢甘雨。

在齐桓公与管仲的治理下，当时的临淄已成为非常发达的都市，

---

① 介子推割股啖君的故事出自《庄子·盗跖》与《韩诗外传》，而未见于《左传》《史记》，这并不一定是真事。

这里人民富庶，百姓安乐，不仅是当时流行和时尚的风向标，更是各国百姓向往的天堂。这个繁华而浪漫的城市，充斥着生活优渥的贵人和环肥燕瘦的美女，大街上到处都是酒店商铺①和富丽堂皇的建筑物。

乡下人进城的重耳和他的一干手下何曾见过这等场面，一个个都惊呆了，就像刘姥姥进了大观园，左看看右看看，只觉得大街上那些身着华服的齐人个个脸上都带着悠闲和骄傲的神色，那种从内而外透露出的优越感让他们都有点自惭形秽了。重耳感慨地说道："真是个美丽的城市啊，什么时候咱们晋国也能发展成这样就好了！"

一路惊叹，一路感慨，重耳他们终于来到了齐国的宫殿，见到了传说中的中原霸主——齐桓公。

齐桓公对于重耳的到来还是十分欢迎的，他表现出一个泱泱大国统治者应有的风范和气度，立马大摆宴席为重耳接风。

齐桓公很开心，想当年自己年轻时也是流亡国外，浪迹天涯，他与重耳可谓同病相怜，而且，当年葵丘之盟只有晋献公不给他面子没有出席，现在他的儿子居然跑来投靠他了，这极度满足了他的虚荣心，他决定要好好地招待一下重耳，让大家看一看什么叫作真正的天下霸主。

身为主人，身为长辈，齐桓公首先要做的事，就是表现一下自己对重耳生活的关心，特别是私生活方面的关心，于是酒过三巡后他在席间问道："一路辛苦了，不知公子此行有没有携带家眷呢？"

重耳苦笑着回答："我一路逃亡，自身难保，又怎么敢带家眷呢？"他这么说着，不禁又想起来自己在晋国与翟国的妻儿，眼眶不觉有些发红。

---

① 关于临淄市场的繁荣，有学者指出，《左传》中至少有三次记载齐国贵族在临淄城中的市场上集结私家武装、相互杀伐的史实（分别发生在前545年、前544年和前532年）。这三次战斗均非一般的私家械斗，而是达到一定规模并且有战车参战的。由于战车只有在大而开阔的场地上才施展得开，此等规模的战斗选择在市场上进行，这从一个侧面说明当时临淄城中市场的规模是非常大的。参阅赵鼎新：《东周战争与儒法国家的诞生》，夏江旗译，北京联合出版公司，2020，第137页。

齐桓公是出了名的好色，他听了这话，同情地摇了摇头说："可怜啊，寡人如果独处一夜，就像苦挨了一年一般，你这么多天孤枕难眠，一定难受死了吧。这样，寡人给你精心挑选一个绝世美女来伺候你，包你满意！"

齐桓公这个霸主果然名不虚传，扶危济困，推己及人，有酒一起喝，有福一起享，真是讲义气，重耳非常感动。

之后，齐桓公在齐国的宗女中精心地挑选了一个叫作齐姜的美女嫁给了重耳，这还不算，他还大方地送了重耳华宅美屋，以及二十辆马车，八十匹马，并派专人接待他们，好酒好肉伺候着，不许稍有怠慢。

二十辆马车，八十匹马，这是什么概念！要知道，在春秋时代，马匹是稀缺物品，非常的珍贵，据西周青铜器铭文记载，市场上一束丝加一匹马就可以换五个奴隶，所以一个大国总共也不到一千乘马车，可是齐桓公一口气就给了重耳二十乘马车。齐桓公的大方着实让重耳他们高兴了好一阵子，连连感叹："霸主就是霸主，够大方！"

当然，齐桓公这么做其实是僭越礼制的，按照《周礼》，各级诸侯出行的车队规模是有限制的。天子出行，也不过随行车辆十二乘，重耳一个大国公子，却足足有二十辆马车，这是不是太嚣张了一点儿？

齐姜则是齐国宗女之中的翘楚，高贵时尚，美艳典雅，多少大国公子前来求婚，没想到最后竟落到了重耳这个三十岁的流亡公子的手里。

春秋的城市，临淄最是繁华；春秋的女子，齐女最是美貌。当年齐国公主庄姜嫁到卫国，卫人便十分惊艳，竟成就了千古颂美人之绝唱："手如柔荑，肤如凝脂，领如蝤蛴，齿如瓠犀，螓首蛾眉，巧笑倩兮，美目盼兮。"（《诗经·卫风·硕人》）齐女不仅美貌，而且多情，当年齐襄公与其妹文姜的乱伦之恋，震惊天下；齐桓公与他的九个姊妹，也有道不清的暧昧关系；哀姜与鲁国权臣庆父的私通，更是搅得鲁国风云变色。不仅齐国贵族女子如此，民间女子亦是独立自主，尤以对心仪的男性主动热情出名，如《诗经·齐风》之中就有一首《东方之日》。

> 东方之日兮，彼姝者子，在我室兮。在我室兮，履我即兮。
> 东方之月兮，彼姝者子，在我闼兮。在我闼兮，履我发兮。

意思是：

> 太阳升起在东方，有位美丽好姑娘，进我家门在我房。进我家门在我房，跟踪前来求交往。
> 月亮升起在东方，有位美丽好姑娘，来到我家门里边。来到我家门里边，踩在我的脚跟前。

可见，齐女大都是奇女子。她们敢爱敢恨，也是因为在各国之中，齐国女子地位最高，《汉书·地理志》就说："国中民家长女不嫁，名曰巫儿，为家主祠。"这个长女不嫁的风俗，大概是因为齐国是丝织品生产中心，一个能干的织布女，收入远远超过普通男性劳动力，父母舍不得把这样的女儿嫁出去，也就可以理解了[①]。而《管子》也相当关心"处女操工事者几何人？"未嫁的处女是齐国的重要劳动力资源，一旦嫁人，就要做家务带孩子，对女性的职场发展是个很大限制。齐国

---

① 此古俗在同属于先古"岛夷"文化区的东北地区也有所映现，满族史研究学者定宜庄教授就指出，直到相当晚近的时代，满族仍然有类似"长女不嫁"，以所谓"大姑奶奶"持家的风习。杨联陞《国史探微》则认为，这其实是中国东方早期母系社会的遗留，因其妇女地位较高，故而长女主祭。而据考古发现，与东夷同源的殷商妇女地位也较高，如死后可以独立受到祭祀，能独立经营田产，拥有财富等。部分贵族妇女，比如著名的妇好，还曾统领军队，指挥作战，甚至主持祭祀、占卜，这在周人的宗法制度下是无法想象的。或许这也与两族的经济差异有关，研究发现，商业与牧猎成分多一些的民族，其妇女地位往往更高，而农业民族则是更为典型的父权社会。

姑娘人美手巧，能挣会花，经济独立，绝非男人的附属品①。所以在齐国，常常是女人挑男人，而不是男人挑女人。《诗经·陈风·衡门》有云："岂其取妻，必齐之姜？"就是劝男人，天涯何处无芳草，何必死缠着齐国美女不放？

可以想象，重耳在得到风情万种的齐姜的滋润后，会是如何激动，如何乐不思蜀。

于是，伴着迟来的爱情和齐鲁的风月，重耳在临淄定居下来，开开心心做起了齐国的上门女婿。在临淄的这段时间里，晋国的坏消息不断，晋惠公夷吾在兵败秦国后，不仅丧权辱国，而且在国内大肆诛杀异己，丧心病狂，重耳和他的手下们心急如焚，常常周旋在齐国大臣贵族之间，多方争取舆论支持，凝聚协助的力量，企图返回晋国。齐姜也多次利用自己宗女的身份请求齐桓公派遣大军护送丈夫重耳返国，以推翻夷吾，重振晋国，但齐桓公每次都含糊带过，说要从长计议，这一从长就让他们等了两年。

齐桓公是个聪明的生意人，齐国有的是钱，拿出一点点来供应一个流亡公子以博取一些义名是件很划算的事情，可是一旦要动真格的，他就不乐意了，多一事不如少一事，南方日渐强大的楚国和周围不听话的郑宋等国已经够让他头痛了，他哪有心思派兵去和那遥远的晋国较劲。况且，他也已经老了，此时大概已年过八十，人生苦短，时日无多，剩下的日子还是好好地享受一下美女和美酒吧，建功立业，那应该是年轻人去做的事。

为了让重耳不来烦他，也为了减轻自己的愧疚，齐桓公只有赐给重耳更多的物质享受，让他也一起夜夜笙歌，喝酒享乐，纵情声色。终于，齐桓公的糖衣炮弹生效了，舒适的生活，齐姜的温柔，还有齐桓公的态度，一点一点地将重耳的雄心壮志消磨殆尽了。一旦处在一

---

① 其实夫权乃是自秦代军事化集权政治打破家族势力之后才开始兴起的（军事化集权政府更加需要成年男子为国耕战服务）。学者杨宽也认为秦"用法令来对女子作严厉的压迫，是前所未有的"。（杨宽《战国史》）

个安逸的环境里，人就会失去奋斗的动力，重耳也是如此。

可重耳万万没想到，仅仅两年后，一代霸主齐桓公就结束了自己风流倜傥而又精彩纷呈的一生，在齐国一个冷冷清清的宫殿里，在饥寒交迫中孤独地死去了，在他生命最后阶段陪在他身边的，只有一个翻墙偷溜进来给他送终的小妾晏娥。

齐桓公死后，诸子争立，整个临淄陷入了一片混乱之中。

不久，在宋襄公的帮助下，齐乱稍平，齐孝公即位，但齐国国势已衰，再也没法帮到重耳他们了。

这样一闹又过了三年，五年的时间就这么浪费了。随着希望愈发渺茫，重耳变得更加堕落，每天都陪着齐姜，他的一帮手下往往几十天也见不到他一次。最终，大家再也无法忍受这种浪费生命、埋没理想的无聊生活了，于是找了个机会硬拉了重耳去开会。正好齐姜家是齐国的宗室贵族与丝绸大户，家中有成片的桑林，大家就跑到桑林深处，开始密谈。

"如今齐国已衰，诸侯皆叛，临淄这地方我们不能再待了！"重耳的首席谋士赵衰率先发言道。

"不错，现在齐国已无用武之地，多留无益，公子，我们还是改投他国，再作打算吧！"重耳的舅舅狐偃附和道。

"唉，其他国家也未必会帮我们啊，我看咱们还是在临淄终老算了，人生在世安乐才是第一位的！"宿醉未醒的重耳半躺在席上，有气无力地说。

也难怪重耳灰心。如今晋惠公虽然乱来，但总未到天怒人怨的地步。重耳感觉自己的政治理想实现的希望非常渺茫，不如就留在这温柔乡里。

可重耳的一些随从不想就这么算了。猛将魏犨忍不住大声斥道："公子，我们可不是来这儿养老的啊！难道你宁肯在齐国做上门女婿，也不愿回晋国做国君吗？难道你不再爱我们晋国了吗？"

没想到重耳居然一点都不在意魏犨的无礼，呵呵一笑说："我当然爱晋国，不过临淄有我爱的美酒，有我爱的琼楼玉宇，有我爱的娇妻美人，这样活一辈子不也挺好……"众人没办法，只得暂且作罢，各回各家。

重耳也回到府中，齐姜赶忙摆下宴席，一个劲儿地劝重耳喝酒。正喝得开心，齐姜突然流下泪来。

重耳见此情景，不由愣了，搁卮问道："夫人，你怎么了？好好的为何要落泪呢？"

齐姜赶忙擦了擦眼泪说："公子，好男儿志在四方，可如今你却纵欲怀安，待在齐国做上门女婿，这岂是大丈夫所为？其实你们在桑林商量事情时，被我的蚕妾偷听到了。不过放心，我已将那个蚕妾杀掉，以免走漏风声。"

所谓蚕妾，就是养蚕的女奴。当时这位女奴正爬到桑树上摘桑叶，结果不小心听到了重耳他们的密谋，因此被杀人灭口了。看来齐姜看着虽然温柔可人，内心却十分强大，甚至可以说是冷酷，颇有政治家的心思和手段，厉害厉害！

重耳一愣，忙摆手否认："没有这回事！"

齐姜长叹一声说："你还是走吧，如今晋国无宁岁，民无老成之君，国人无不对公子翘首以盼，赵衰等人也无不对公子忠心耿耿，公子您怎么能留恋妻子，贪图享乐，苟且偷生，置国家于不顾呢？妾为公子羞！"齐姜苦口婆心，语重心长，但重耳就是不听，只是端起酒杯狂饮，神情无比落寞。

借酒浇愁愁更愁，心事重重的重耳很快把自己灌醉了，像一摊烂泥一样瘫在地上，一面乱笑，一面说着些胡话。齐姜认真听了，分明是七个字："吾不动，必死于此！"

哀莫大于心死，重耳的痛苦齐姜心里再明白不过了，也正是因为如此，她才要他离开。长痛不如短痛！

齐姜静静地看了丈夫最后一眼，然后朝门口叫了声，狐偃等人立刻蹿了出来，大家兴高采烈，连着席被把重耳抬到了外面早已准备好的车上。

"夫人深明大义,忍痛割爱,以成公子之名,贤德千古难有!"狐偃向齐姜拜别道。

齐姜没有回话,低着头,陷入回忆之中。她与重耳夫妻恩爱五年,五年的欢快时光,仿佛发生在昨日。

喝酒无疑是件很痛快的事,可是喝醉酒,特别是喝闷酒喝醉了就完全是另外一回事了——第二天一早,重耳从宿醉中醒来,仍觉得头昏脑胀,便翻了个身迷迷糊糊地说:"夫人,端杯水来,我口渴得很……"

狐偃不敢答话,只是默默地端了杯水递给了重耳。

重耳闭着眼睛一饮而尽,只觉得舒服了很多,便将杯子还给狐偃,说:"夫人,我还是很晕,你扶我下床走走吧!"

狐偃心里害怕,不敢上前,只好一个劲儿地给旁边的魏犨打眼色,魏犨装作没看到。

这时,早晨的第一缕阳光暖暖地照在了重耳的身上,车子晃动,马身上散发出了熟悉而又陌生的味道,重耳大感不对劲,张目问道:"你是谁?"

狐偃怯生生地回答:"是我,狐偃。"

重耳茫然四顾,这才发现美酒佳人早已没了踪影,重纱幔帐化作一片荒野,一觉醒来人事已非,而他深爱的临淄和齐姜早已落在上百里之后了。

清晨的冷风吹过重耳那醉得有些迟钝的脑袋,他敲了敲头,终于理清了头脑里纷乱的思绪,知道自己被狐偃等人和齐姜给合谋算计了,自己又从一个腐败的贵族,变成一个可怜的流浪者,之前五年的生活,仿佛只是一场黄粱美梦。

重耳气得推被而起,下车怒道:"你们竟敢骗我!快点送我回去,除了齐国,我哪也不去!"

狐偃早就想好了说词,忙赔笑说:"公子不要生气嘛,我们这也是为你好啊,再说我们连夜赶路,现在已经离开齐国一百多里了,齐侯知道我们跑了,一定已经派兵来捉拿我们了,咱们千万不能往回走!"

重耳感觉自己都快气炸了,一把夺过旁边保镖魏犨的长戈,不由分说朝着狐偃就是一刺,狐偃吓得一个箭步跳下车来,迈开老腿就跑。怒火攻心的重耳还不罢休,举着长戈在后面狂追,口里骂骂咧咧地说:"你个老家伙竟敢耍我,我弄不死你!"

两个人就这样在清晨的寒风里你追我逃,气喘吁吁,好一幅奇怪的情景!

赵衰、狐射姑、介子推、颠颉等人看事情不对劲,赶忙跳下车来劝架,抱腰的抱腰,夺戈的夺戈,跪下的跪下,哭泣的哭泣,场面一片混乱。

狐偃也是个五六十岁的人了,从来没像刚才这么狂跑过,现在只觉得自己的身体仿佛虚脱了一般,腿一软跪倒在地:"跑不动了,跑不动了,公子你把我杀了吧……"

赵衰见状,赶紧站在两人中间,哭笑不得:"你们两位这么大年纪,这是干吗呢!"

狐偃站起来喊:"你让他杀了我,为了大业,我心中无憾!"

重耳闹腾了半天,也累得够呛,听到这话扔了武器,气呼呼地说:"这是你说的,大事不成,我吃了你!"狐偃苦笑:"大事不成,我都不知埋在哪里,谁能与豺狼争食!"此时,重耳的酒也彻底醒了,于是乖乖回到车上,叹了口气,重新出发。

渐渐的,临淄离他们越来越远了,重耳转过身去,怔怔地望着东方,跟着车子一晃一晃,终于忍不住喃喃道:"别了,夫人;别了,临淄!!"

五、晋文公的流浪之旅:妥妥的一部公路电影

这是春秋历史上最重要的一年。

这一年，中原大国君主郑文公，竟然跑去南方朝见楚成王，向荆蛮俯首称臣。

这一年，晋惠公夷吾病重，在秦国做人质的晋国太子圉孤身逃回晋国，谋取君位。

这一年，周襄王赦免了庶弟王子带勾结戎人犯上作乱之罪，将他召回成周，却埋下了日后他再次勾结狄人作乱的危险。

这一年，宋襄公不自量力讨伐楚国的小弟郑国，却在泓水被强楚击败，重伤归国，一蹶不振。

这一年，郑文公为了讨好自己的带头大哥楚国，把自己两个漂亮的女儿送给了楚成王，楚成王笑纳了。

这一年，狄人持续侵扰中原，晋国内政不稳，秦晋之间矛盾激化，大战一触即发。

这一年，善恶模糊了它的界限，道德冲破了它的底线，仁义变成了笑柄，礼乐化作了狗屎。

这一年，无尽的战火，焚毁了城池和村庄；持续的兵燹，将千万白骨抛于路上。

这个时候，中原诸夏最需要的是一个真正强大的领袖。全天下都在期待一个能继承齐桓公霸业的尊王攘夷的君主，而可怜的晋国公子重耳正抱着车辀流亡四方，不知自己路在何方……

这一年是晋惠公十三年（前638），距离晋国公子重耳逃离晋国时的晋献公二十二年（前655），已经足足十七年了。

这十七年来，重耳在翟国娶过妻生过子，在卫国挨过饿受过辱，在齐国开心过幸福过，差点就要终老齐国，但晋国混乱的局势再次触动了他们一行人的心弦，使他们再次开始了他们的列国之旅。重耳此时也认识到，自己在政治上有着无法逃避的责任与宿命。他只能向前走，不回头。

重耳一行离开齐国后，便准备去宋国。途中必须经过曹国，曹国是个小国，夹在齐鲁楚宋等大国之间，谁比较牛就依附谁，是个典型的骑墙派，而曹国的君主曹共公也是个典型的老痞子、老顽童，平日里最喜欢享乐玩闹，一点儿正经事都没有的。

跟周围的大国比起来，曹共公分量实在太轻了，要钱没钱，要兵没兵，要地盘没地盘，说话没分量，中原诸夏，谁都能欺负他一把，换谁也受不了这种刺激，偏偏曹国又血统尊贵，是周文王第六子、大周元勋曹叔振铎的封国，而晋国虽然是个大国，且也是姬姓诸侯国一员，却是周成王的庶弟唐叔虞的封国，且僻处山西，与戎狄通婚，满身土气，大家都视其为低一等的国家。这样一个晋国"土老帽"落难来求助，曹共公还不得好好摆摆架子！

别拿豆包不当干粮，我曹共公大小也是宗室正统，岂是你们这帮庶孽能比的！对了，听说重耳是个骈肋，嘻嘻……

何为"骈肋"？有二解。一解见《左传·僖公二十三年》孔颖达疏："肋是腋下之名，其骨谓之肋……骈训比也，骨相比迫若一骨然。"意思说肋骨紧密相连，长成了一块，其实这很影响呼吸，属生理畸形，但古人认为这是圣人之相。二解就是说重耳胸部肌肉发达到看不到肋骨，见《史记·商君列传》："多力而骈肋者为骖乘，持矛而操闟戟者旁车而趋。"另见左思《吴都赋》："袒裼徒搏，拔距投石之部。猿臂骈肋，狂趭犷猤。"笔者认为还是第二解比较符合事实，重耳应是一个肌肉发达、威武雄壮的美男子，否则不可能让那么多美女、贤士对他死心塌地。

不管怎么说，重耳的胸肋很有看头。曹共公难忍好奇，他那个思路古怪的脑袋里产生了一个疯狂的想法，忍不住放声大笑：嘿嘿，今晚有好戏看了！

于是，曹共公派人把重耳一行迎进了曹国，让他们住在了一个简陋的房间里面，更气人的是，给他们安排的伙食居然只有粟米稀饭，而且居然几乎看不到粟米！

在齐国吃惯了大餐的重耳等人受不了这等委屈，一个个忍不住骂起娘来：好你个小气鬼，这等差劲的饭菜也敢拿出来，这不是拿我们当叫花子吗!

从前落魄郊野的时候，重耳也不是没吃过稀饭，可这次不一样，这可是尊严问题，于是他把餐具一扔，大声说："岂有此理，不吃了，给我烧水，我要洗澡!"

这个房间虽然差劲，但热水还是有的，重耳走进浴室脱了衣服便开始泡澡，洗到舒爽处，突然听到门外有人大笑着说："原来骈肋是这个样子，好古怪，好威猛啊……"

"是啊，真是大饱眼福啊!"

重耳大惊失色，赶忙穿上衣服，冲了出来，只见门外站着一群男女，正七嘴八舌地讨论自己的身材，他们看到他那副气急败坏的样子，赶忙嬉笑着跑走了。

重耳气坏了：搞什么，这房间太差了吧，居然随便就能让变态进来偷看我洗澡。曹君在哪儿？我要找曹君说道说道!

旁边一个侍者强忍笑意，小声回答说："对不起公子，刚才领头偷看您裸体的就是我们君主，他平常没什么爱好，只对人体有点特殊的兴趣，你千万不要在意啊……"

"什么！"重耳感觉一阵恶心，他万万没想到，身为一国之君的曹共公竟然是个变态偷窥狂，而自己堂堂一个大国公子居然像个动物一样被参观，是可忍孰不可忍！

这真是一个疯狂而堕落的时代，有乱伦的齐襄公、博爱的齐桓公、恋鹤的卫懿公，没想到还有曹共公这样无礼无耻的偷窥狂。重耳感到万分屈辱，他当了晋君后，讨伐楚国时，顺道攻下了曹国，把曹共公抓起来关了好几年禁闭，这个偷看男人洗澡的死变态，也总算受到了他应有的惩罚。天理循环，报应不爽。

当然，曹国也并不是人人都淫贱，有个叫僖负羁的大夫就是个大大的贤臣，他的妻子也极有见识，听说重耳受辱，便劝丈夫说："吾观晋公子之从者，皆足以相国。若以相，夫子必反其国。反其国，必得志于诸侯。得志于诸侯而诛无礼，曹其首也。你何不早做谋划？"

僖负羁一听，有道理啊，不管重耳这帮人会不会得志，对他们好点总没错，至少可为曹国留条后路。于是他连夜准备了一顿大餐，还在食品当中藏了一块白璧前去道歉。

重耳这时候正又饿又气，但在别人的地盘上又不好发难，只好强压屈辱，忍字当先，这时忽听说有个叫僖负羁的大夫前来道歉，心情总算好了一些，便将他带来的大餐一扫而光，但将那块白璧还给了僖负羁："来就来，送什么礼呀。好意心领，重礼不能收。"

"一点小意思不成敬意，还请公子一定要笑纳。"

"你要是当我是朋友，就把这东西收回去，听到没有！"重耳生气了。

之后，不管僖负羁怎么劝，重耳就是坚持不收，倒不是他不爱财，从前齐桓公送他二十辆马车他都笑纳了，这点东西算什么？可他知道僖负羁只是一个小国的大夫，这块白璧说不定是他一两年的收入呢！友情无价，就算再困顿，那白璧也不能要。

离开了曹国，重耳等人又来到了宋国。当时，可怜的宋襄公已经重伤在床，没多少日子了，负责接待的，是公子目夷。

宋襄公一辈子糊涂，可是在对待流亡公子重耳这件事上却做了一个无比英明的决定，他虽然伤得厉害，但还是吩咐目夷隆重地接待他们，并又送了他们二十辆马车，这样加上齐桓公所赠，重耳一行就有了四十辆马车，算是颇有阵仗了。

只是，在接下来的日子里，宋襄公的伤一天比一天重，宋国经过泓水一战也国力大伤，根本不可能再帮助重耳他们复国了，郁闷的重耳等人也只好告别了宋襄公，带着满腔的失望离开了宋国。

重耳在心里，其实是很欣赏宋襄公的，此人在无比恶劣的环境下，还能领导宋国军民，进行那场毫无胜算的泓水之战，即使遭受如此惨败，宋国却始终没有人背叛他，这足以证明宋襄公还是很有个人魅力的。是非功过虽难评断，不管怎么说，他绝对是个令人难以忘怀的风度君子。所以后来晋楚争霸，晋文公及其后来的晋国国君都非常重视晋宋两国的友好邦交，屡次出兵救宋之难，宋也一直是晋的忠心盟友。

但是友好关系是一回事，反思与教训是另外一回事，宋襄公的失败，给了重耳很多的启示，如何从中总结经验教训，并创造出一条新路子来，达到仁义与谋略的完美结合，这是他现在就必须考虑的问题——说不定，很快就能用上呢！

重耳走后，宋襄公的伤势日甚一日，终于在第二年五月伤重而死，而他生前一直梦想的春秋霸业，也随着他的这满腔遗恨，飘落在滚滚红尘之中，烟消云散了。

重耳等人离开了宋国，又来到了郑国，郑文公是个什么样的人，大家都很清楚了，谁的拳头硬，谁就是他的老大，小国要在乱世中夹缝求存，就必须如此。

说他趋炎附势也罢，见风使舵也罢，这些虚名郑文公统统不管，在他心里，国家安全最重要，多一事不如少一事，少管闲事少出事，多管闲事多麻烦。郑国虽然是楚国的小弟，但也不敢得罪晋国，收留晋国的流亡者，这在政治上有风险。对于精致的利己主义者来说，任何有风险的事情，都不能做。

因此，郑文公说："我们还是不要蹚这趟浑水，把他们赶走算了！"

郑国上卿叔詹反对说："君上，我看这重耳重瞳骈胁，有圣人之相，必为上天所庇佑。而且晋郑两国乃兄弟之邦，一向同舟共济，晋国子弟，岂能不加礼遇？"原来，在一百多年前，郑晋两国先君郑武公与晋文侯曾并肩作战，保护周平王脱离戎狄掌控而迁都成周，并杀死了周平王的竞争对手周携惠王，可以说都是东周的开国功臣。《国语·周语》中周室重臣周桓公就说："我周之东迁，晋郑焉依。"

郑文公却推脱道："现在流行内乱，南来北往的逃亡公子那么多，哪能个个都热情招待！寡人又不是开慈善院的。"

叔詹又说："既然主公确实不想礼待他，那干脆一不做二不休把这伙人杀了，否则日后要是让重耳发达了，回国做了国君，我们郑国必有大难！"

看来，比起郑文公，叔詹更是一个精致的利己主义者。重耳日后能不能发达还未知，至少从当时的情况来看希望还相当渺茫，就算人家发达了，会不会报复也是未知之数，怎么能因为这小小的可能性就要杀了人家呢？由此可见，叔詹比郑文公更加厌恶风险，这就是小国的生存之道。

不过，郑文公还是觉得叔詹有点太过小心了，于是只吩咐门官闭门勿纳。重耳等人又吃了一个闭门羹，只好忍气吞声，去往他们的下一个目的地——楚国。重耳这一路历经了世态炎凉，他那政治家的老练，正是在这种苦难中渐渐被磨砺了出来。

好在，苦日子终于要到头了，这楚国跟郑、曹等小国可不一样，他们不怕得罪晋国当权者，反而善待重耳这些流亡者，因为这样可以用最低廉的成本，获取极大的政治资本与道德美名，这是包赚不赔的生意。楚成王很开心，一直以来，他的爪子最多只伸到黄河南岸，黄河以北的大国晋国却从没来往过，如今重耳来归，正可借其身份大做文章，何乐而不为呢？

楚成王心有所求，自然对重耳一行十分礼遇，不仅"庭实旅百"（庭间放了上百件礼器）高规格迎接重耳，并设国宴而以"九献之礼"招待于他。所谓"献"，就是古代的一种饮酒礼仪。首先，筵宴的主人品尝酒味，这称为"尝"；待宾客入席后，主人取酒爵到宾客席前敬酒，称为"献"；完了客人也要到主人面前回敬，称为"酢"；之后再由主人把酒注入觯中，先自饮，随劝客人同饮，叫"酬"①。这一整套周礼，就叫"应酬"。"应酬"的次数越多，就表示对客人越尊敬。

当然，这应酬也不能没完没了，否则这饭就吃不完了。一般最高礼节，就是重复这套礼节九次，称"九献之礼"，乃"上公之礼"也。而这"上公之礼"，正是上次郑文公招待楚成王用的。楚成王有样学

---

① 关于这套饮酒礼仪，《诗经》有云："幡幡瓠叶，采之亨之。君子有酒，酌言尝之。有兔斯首，炮之燔之。君子有酒，酌言献之。有兔斯首，燔之炙之。君子有酒，酌言酢之。有兔斯首，燔之炮之。君子有酒，酌言酬之。"（《小雅·瓠叶》）

样，首次用如此高规格的周礼来接待他国贵族，主要是因为上次他违反周礼，受到了中原贵族的笑话（指泓水之战后他带了两个郑国女子侍寝），这次想要扳回一局；其次也是表示对重耳一行的尊敬与重视，并且也想炫耀一下楚国的富强。

但重耳心里明白，自己如今只是一个流亡公子，并没有资格接受如此隆重的礼仪，传出去影响不好，干脆还是谢绝好了。赵衰却认为，如今晋惠公已然病重，晋国政局不稳，重耳得位的机会大增，而今楚成王这么做，正是重耳在诸侯间树立自己名望的绝佳时机，重耳又何必妄自菲薄呢？

重耳一听，也有道理。那就接受吧，且看楚成王到底有何想法。

果然，没多久，楚成王就开始亮招了："公子若返晋国，将何以报寡人？"

重耳一下子就明白了，看来，像楚成王这样的枭雄，每一分投入，就要一分回报，绝不可能做赔本的买卖。当年重耳的庶兄夷吾为了能得到秦国助力返晋为君，曾向秦承诺割让河西之地；结果一回国就毁约，惹得秦晋纷争不休，已传为天下笑谈。楚成王这是想试探一下重耳，看看从重耳这里能不能捞到啥好处，如果重耳愿意给好处，且不反悔，那么楚成王就要加大投资力度，全力助重耳上位了。

好在重耳多年流亡，早已看尽世态炎凉，一番玲珑心思远胜常人，当下便决定先避重就轻、装傻充愣，看看能不能糊弄过去，顺便争取点时间，思考下到底要怎么处理此事。

重耳回答说："子女玉帛则君有之，羽毛齿革则君地生焉。其波及晋国者，君之余也，又何以报？"楚国啥都有，晋国只有楚国玩剩下的，真不知道如何报答您。

楚成王心里暗骂了一句老滑头，嘴巴上却依然笑着，不肯放过，继续追问："虽然，何以报我？"你还是得说说，让我高兴高兴。看那样子，就差拉着重耳订盟约了。

重耳知道糊弄不过去了，只好严正表明了自己的观点："若以君之灵，得复晋国，晋楚治兵，会于中原，其避君三舍。若不获命，其左执鞭弭①，右挂橐鞬②，以与君周旋！"

重耳的意思是：如果将来你我在战场上交战，请允许我退避三舍。（"舍"是军队行军一天的距离，定为三十里。三舍就是九十里。）这就是给您的报酬。如果您还是无法谅解我的话，不好意思，我只能与您一决高下了。

这就是重耳高于夷吾之处了。夷吾为了自己的利益，连国格人格都可以不要。而重耳即便在最落魄的时候，甚至生死前途都在对方一念之间时，也不肯出卖晋国的任何利益，或做出任何虚伪的承诺，而且重耳这句话，说得不卑不亢，既对对方表示了感激与尊重，也展示了自己的勇气与尊严，维护了双方的人格与国格，展现了高雅的春秋外交礼仪。穷，气不改；达，志不改；这才是真正的英雄风范。

听到这句话后，楚成王终于明白了重耳的态度，知道此人志向远大，恐怕不仅是想做个晋国国君那么简单，日后是要争做霸主的。他彻底打消了出兵帮助重耳归国的想法，不再加大投资了，大家混个脸熟便算了。然而，楚国令尹成得臣却不爽：你一个流亡者，受了我国的礼遇，自然该跪舔才对，不卑不亢，就是不逊。而且看这情形，楚国是无法从重耳这里占到啥便宜了，干脆杀掉，以除后患！让重耳回去，晋国日后必成楚国大敌。

楚成王对成得臣的说法却不以为然，他说："晋公子贤而困于外久，从者皆国器，此天所置，庸可杀乎？且言何以易之！"

一向心狠手辣的楚成王怎么这会儿却有妇人之仁了呢？而且他说出的大道理一套一套的，这不是他的作风啊？要知道，当初他可是在

---

① 孙机认为，所谓"弭"就是弓形器，也就是古代骑马者和驾车者用来绊挂马缰而解放双手的工具。它的用法是将弓形器紧缚在御者或骑者的腰间，即可通过其两条曲臂挂住辔绳，通过弓形器驾车御马，这样御者便可以拿出武器参与战斗；而战斗完毕或暂停时，又可根据需要随时将辔绳解下，重新用手操纵。参阅孙机：《商周的"弓形器"》，载《中国古舆服论丛》（增订本），文物出版社，2001。

② 杨伯峻注："橐，音高，盛箭矢之器，鞬，音犍，盛弓之物。"

外交盟会上直接绑架了春秋霸主宋襄公的狠人，如今怎么变成个老夫子一般，实在不可解。

有人解释说，这是楚成王对重耳惺惺相惜，识英雄，重英雄，甚至是为重耳之个人魅力所倾倒，以至于感情战胜了理智。

这个解释貌似颇有道理，一个充满了独特魅力的帅大叔，不仅招女人喜欢，男人也会很欣赏的。

当然，如此读史是非常幼稚的，楚成王乃弑兄篡位、灭国十二的一代枭雄，岂会因"宋襄之仁"而养虎遗患？不可信。

真实的原因是，成得臣出自楚国王族以下最大的家族若敖氏，实力强大，锋芒太盛，严重威胁了王权，所以楚成王不得不留点外患，转移内部矛盾，免得内部争斗又起。

另外，泓水之战中宋国人拼死抵抗的精神，让楚成王感到夺取中原实属不易，所以改换策略，希望改善形象，以取得中原诸侯政治上的认同。

而且，晋国的西邻是秦国，晋国若持续衰弱，秦国便会蚕食晋国而强大，对楚国也不是啥好事，还是先保持天下四强（秦、晋、齐、楚）的战略均衡为好。所以，重耳不能杀，这个烫手的芋头，还是丢给秦穆公来处理为好！

六、秦晋之好：两个强国的崛起之路

在公元前7世纪中叶，在东周的舞台上渐渐形成了四个大国，分别是齐、秦、晋、楚。其中秦国发力最晚，但地缘最好！

秦国，原是居住在秦亭（今甘肃张家川）周围的一个嬴姓附庸小国。西周末年，秦襄公护送平王东迁有功，被封为诸侯，赐以宗周故地，定都于雍（今陕西凤翔南），正式建国。经文、宁、武、德、宣诸公，国势逐渐强大起来，秦穆公继位后，举贤任能，内修国政，外图霸业，欲东进而染指中原，可惜秦偏居岐西，出口为晋、虞、虢等国所扼，交通不便，道路险远，秦国别说称霸了，就算想要与中原诸侯交流，都有诸多困难。特别是虞、虢两国，地势最为险要（虞扼茅津，虢据崤函），可惜两国军事实力太差，又不懂战争谋略，反被晋献公所灭。晋国得了虞、虢，便生生挡住了秦国东向发展的道路，所以秦穆公不得不寻求妥协，娶晋献公的大女儿伯姬为夫人，和晋国结成"秦晋之好"。后来晋国内乱，秦穆公又帮助晋国公子夷吾回到晋国即位为晋惠公，条件是晋国割让河西五城[①]。没想到晋惠公是个出尔反尔的小人，过了河就把桥拆了，不但不报答秦穆公，反而出兵攻打秦国，两国遂爆发了著名的韩原大战，此役秦以四百乘兵车，大破晋国兵车七百乘，晋军几乎全军覆没，晋惠公夷吾也战败被俘。秦穆公从此威震列国，名扬天下。

虽然秦穆公抓了晋惠公后不久又把他放了回去，不过不可能无条件释放，他的条件就是拿回河西五城，并且要晋惠公将太子圉送过来当人质。败国无外交，秦穆公的条件已经很厚道了，晋惠公哪里还敢讨价还价？

太子圉是一个苦命的孩子，虽然出身钟鼎之家，但一辈子都活得很可怜，从生到死，没有一刻不生活在白眼和恐惧之中。他出生在晋惠公出亡梁国[②]的时候，母亲是梁国的公主，按照当时的习惯，小孩出生后必须算命，结果很不吉利，说这小孩是奴隶的命，晋惠公倒也直白，干脆就将他的名字取为圉（意为牧马的奴隶），后来他的命运果然跟他的名字一样。他沦为了秦国的人质，一待就是六年之久。

可以想见，圉背负着这样一个屈辱的名字和身份在秦国的六年，过得是如何煎熬。

史书上没有记载圉的生卒年份，但夷吾流亡梁国的时间是晋献公

[①] 有的史料称五城，有的称八城。所谓河西，就是黄河以西，洛水以东的这片土地，位于关中平原的东部。整部秦晋关系史，可以说都是围绕这块土的归属问题而展开的，其时而属秦，时而属晋（魏），直到商鞅变法后，秦国强大起来，才稳占了这块土地。

[②] 今陕西韩城，位于秦晋间的河西地区，乃秦国始祖秦庄公少弟嬴康的封国。

二十三年（前654），算上娶妻生子的时间，圉当出生在晋献公二十四年（前653）之后，而他被送去秦国当人质的时候是晋惠公八年（前643），当时最多才十一岁，只是个孩子，却必须应对相当复杂的局势。

秦穆公把自己的宝贝女儿嫁给了这位少年，这当然不是因为同情圉，而是完全基于政治的考量：他的女儿怀嬴其实就相当于一个高级间谍，主要任务就是笼络住圉，让晋国的下一代君主在感情上更亲近于秦国，日后在秦晋关系中做出更有利于秦国的决策。

怀嬴和圉都是聪明人，他们当然明白这其中的意味，这场婚姻根本就是一个阴谋，与其说他们是夫妻，不如说他们是摆在一起的两颗政治棋子，这里面没有任何爱情可言，证据就是在这如同死水般的几年婚姻中，二人并未生下子嗣。

两个同床异梦的人走到了一起，怀嬴看不起自卑的圉，圉也处处提防怀嬴，两个人心照不宣地生活在一起，共同等待着一件事，那就是晋惠公的死，只有晋惠公死了，圉才可以回国即位，得到解脱。然而，晋惠公还在当打之年，他的死亡恐怕遥遥无期。

到了第三年，圉坐不住了。原来，圉的外公，也就是梁国国君无道，大兴土木修筑城池沟堑，百姓疲惫不堪、怨声载道，秦穆公借机派兵吞并了梁国。听到这个消息的圉更加恐慌了，他当时毕竟只是个十余岁的少年，看问题比较简单，而且他从小在梁国长大，对梁国有深厚的感情。现在自己外公的国家被灭了，秦国人恐怕会更加看轻自己，自己以后的日子要更难过了，他想逃回晋国，却又不敢，就这样又熬了几年，晋惠公突然病重，眼见着没有多少日子了，圉再也不想等了，他决定逃回晋国，和秦国划清界限，走上独自发展的道路，于是他跟自己的老婆怀嬴商量说：

"吾母家在梁，梁今秦灭之，我外轻于秦而内无援于国。君即不起，病大夫轻，更立他公子。"

老公要逃跑，怀嬴该怎么办？如果是一个普通女子，一定会阻拦，因为这是自己父亲安排给自己的任务，于情于理于公于私，她都必须予以劝解，然后报告给秦穆公处理；如果是一个利欲熏心的女人，则一定会想办法留住圉，然后说服秦穆公立刻派兵让圉当上晋国国君，这样她就是晋国国君的夫人了，她可以舒舒服服地在晋国享福，有自己父亲撑腰，量晋国人也不敢拿她怎么样，甚至还要想方设法地讨好她。

但是善良而独立的怀嬴最终两个都没有选择，因为她不想也不屑为政治利益去牺牲自己的幸福，她更不想守着一个胆小无能的丈夫过完这后半辈子。也许圉的出走，对他们都是一种解脱，所以她选择了放手，并且保守秘密，就算秦穆公发现后会责怪她甚至惩罚她，就算之后她会永远寂寞地待在深深的院墙里孤独终老，她还是义无反顾地这么做了，这就是她对父亲安排给自己的命运的无言抗争。好一个自尊倔强的女性，这也许就是春秋时代的人性解放吧！

当然，秦穆公很快就发现自己的便宜姑爷跑了，气得在朝堂上破口大骂："这个忘恩负义的小白眼狼，老天不会保佑你的！"刚好当时晋惠公夷吾的哥哥重耳正流亡在楚国，为今之计，与其让夷吾父子继续胡闹，威胁秦国战略安全，不如另选投资对象，扶持相对老实的重耳上位。于是秦穆公派大夫公孙支去楚国找楚成王，想要接走重耳。楚成王本来也想扶助重耳上位以获得一些利益，但重耳嘴巴很硬，楚成王没能得逞，他想：不如把这块"鸡肋"送给秦穆公做个顺水人情。当然，重耳临走时他说得很好听：

> 楚远，更数国乃至晋。秦晋接境，秦君贤，子其勉行！

重耳也早在楚国待腻味了，于是辞别楚王，来到了秦国，秦穆公大喜，马上一口气送了重耳五个美女，用以政治联姻，亲上加亲，再结秦晋之好。

重耳明白，自己这位三十五岁的超龄老郎官，这次必须为了秦晋两国的传统友谊和自己的大业，再去奋战洞房了。让他头疼的是，这五个新娘，还包括他大侄子圉的前妻怀嬴在内。

原来，此时晋惠公已经病死了，太子圉即位，是为晋怀公。在这种情况下，把晋国国君的原配给改嫁掉，才能显示秦国的政治立场。

可怜的怀嬴，作为一个女人，终究还是无法选择自己的命运，更可恨的是，在五位新娘之中，她姐妹文嬴才是重耳正妻，而她只不过是四个陪嫁媵妾中排行最末的一个。秦穆公的用心很明显：反正这个怀嬴也嫁不出去了，侄子不要，干脆把她当成添头送给伯父算了，已经送给晋国的东西，秦国是不会再留下来丢面子的！当然这件事，秦穆公一开始不打算让重耳知道，因为他知道重耳一定不会接受。他偷偷地把怀嬴混在了五个新娘里面，想来个瞒天过海。

秦穆公这么做，对怀嬴真的很不公平，但是作为一个弱女子，她又能怎么样呢？好在怀嬴也并不是好欺负的，在新婚之夜，她做了一件事情，让所有的人（特别是重耳）目瞪口呆。

这一夜，重耳被秦穆公和他的一帮大臣们劝了很多酒，醉醺醺地走进了洞房，一排美丽的新娘晃花了他的眼睛，一种莫名兴奋冲上了他的头顶，只觉得这十几年的颠沛流离仿佛是一场大梦。完成自己的大业指日可待，娇妻美人陪伴左右，人生如此，夫复何求呢……

按照当时的习俗，洞房之前必须由媵妾捧着盛水的器皿伺候新郎洗手，于是，怀嬴拿了勺子舀水给重耳洗手，洗过了，按礼，重耳应该等媵妾拿手巾给自己擦干，可重耳喝醉了，得意忘形的他完全忘记了这些细节，他随手一挥，水珠溅到了怀嬴的脸上。

要知道，在上古特别是商周时代，不管是祭祀，还是婚丧大典，宴前饭后要洗手擦手都是一项极其重要的礼仪[①]，称为"沃盥之礼"。《礼记》中说："进盥，少者奉盘，长者奉水，请沃盥，盥卒授巾。"沃盥之礼所用的礼器，使用方式与今天的洗脸盆不同，人们并非在盘中直接

[①] 先秦时人们吃饭主要用手捏，孔颖达正义："古之礼，饭不用箸，但用手。"吃肉时，用刀割开后也是用手抓着往嘴里送的。匕、箸只用于舀汤、夹菜。所以古人都十分讲究手的卫生，饭前肯定要洗手，人人也要佩巾，以为擦手之用。但宴席中一向有专人服侍，其职多由女性负责。参阅许进雄：《中国古代社会——文字与人类学的透视》，上海人民出版社，2023，第263—265页。

洗手，而是用"活水"洗手。古代并没有自来水，人们要洗手，就必须让侍女用一个铜匜，伸进圆腹双环的铜缶里，舀出满匜的水，然后从上向下浇水，水从匜前面的流口流出，洗后便落在另一侍女在下面捧着的双耳圆铜盘里①。

既然"沃盥之礼"是古人一个重要的礼节，当然不能像现代人洗手这么随便，重耳这么做，既不庄重，也不合礼节，但是这种小事，地位卑下的媵妾一般来说是不能也没有权力说三道四的。可敏感而自尊的怀嬴却突然发飙了，她气愤地大声指责重耳道："秦、晋匹也，何以卑我！"

整个房间突然变得鸦雀无声，所有人都愣了，重耳的酒也一下子醒了：怎么回事？这媵妾好生厉害，她怎么敢如此大胆地指责自己的主君，听她言辞，其身份恐怕没那么简单！于是重耳立刻道歉，然后去了解情况，结果发现这位"野蛮女友"竟然是秦国公主，从前还是自己的侄媳妇，按照伦理，自己绝不可接受，好在提早发现，现在退回去还来得及。

重耳本人自然想干脆拒绝这个亲事。但对这件事，重耳的智囊们却纷纷提出不同意见。

胥臣博学多才，先一番引经据典，从黄帝讲起，说了一大通各族之间通婚的道理与好处，然后表示："今子于子圉，道路之人也，取其所弃，以济大事，不亦可乎？"

而狐偃说得更直白干脆："将夺之国，何有于妻？"

赵衰则精研周礼，他引用了一大堆礼志中的章句，然后表示："今将婚媾以从秦。受好以爱之，听从以德之。惧，其未可也，又何

---

① 著名的曾侯乙墓就出土了这样一套洗手用器，包括一件精美的铸镶红铜纹饰盥缶、一件短柄的椭圆形铜匜，以及一件口大、圈足、腹浅而平的承盘，盘中还装饰着水族动物纹饰，使用功能和艺术功能达到了完美统一。远在陶器时代也有这样的用具，在被认为是尧都平阳的山西陶寺遗址中发现了一个彩绘龙盘、一对大口罐和一件单耳小罐，放在一起，明显组成了一套沃盥用具——用单耳小罐从大口罐里舀出水，盥洗双手，陶盘接水。

疑焉？"

话说到这份上，重耳也不好再坚持了。他明白，这不仅是一场婚姻，其中还有重大的政治利益，他根本无法拒绝。用现在的话说，迎娶怀嬴，就是重耳与侄子晋怀公决裂，与岳父秦穆公结好的投名状。

重耳回去找到怀嬴，"降服而囚"，也就是脱去上衣，像囚犯那样谢罪。他又去找秦穆公，秦穆公听说自己搞的小动作因为女儿的行为暴露了，也尴尬得很，只好说："我的女儿里，这个最出挑。她以前嫁过你侄子，现在我想把她再嫁给你，怕传出去不好听，才不敢告诉你。弄得你这么尴尬，是我的错。这事怎么办，全听你的。"重耳郑重地向他表示，要按照周礼，重新聘娶怀嬴。怀嬴非常高兴，因为通常来说，媵妾受之即可，没有明媒正娶的。而且众所周知，重耳是天下闻名的贤公子，当年在如狼似虎的楚成王面前都能不卑不亢，如今却在自己一个女人面前认怂，看来重耳对自己是真心的。

重耳将怀嬴送回秦宫，然后派遣随从向秦穆公正式"纳彩""问名""纳吉""纳徵""请期"，最后亲自迎接，将怀嬴隆重地娶了回来，完成大礼。

事情总算皆大欢喜了，王子（纠正一下，是老王子）和公主过上了幸福的生活，怀嬴也从此改称"辰嬴"，做了重耳的"野蛮夫人"。史书通常只记载一些王侯将相之事，女性不过只是历史的点缀，可这一小段记载却已让辰嬴光芒四射。她绝地翻身，终于获得了自身的尊严与秦晋双方的尊重。

七、《诗经》中的外交

秦穆公二十三年（前637），秦穆公将自己的女儿们嫁给流亡在外十八年的晋国公子重耳，以表达秦国愿意支持重耳回国干掉侄子自己即位，解决晋国乱局的意愿。但是，事是这么个事，话可不好这么说,大家都是文明人,都是有身份有素质的人,怎么能开口闭口杀人夺权呢?秦穆公于是想了个办法,宣布要召开一场盛大的宴会,或者说"歌会",来委婉地谈谈这笔买卖。重耳知道关键的时刻到了,便想让自己的心腹谋臣、舅舅狐偃陪自己一起去,狐偃却认为自己能力虽强,但在《诗经》水平上不如另一位谋臣赵衰,便主动让贤,请赵衰担任重耳的傧相。

原来,周代贵族在外交对答时,常常要引经据典,而被引用最多的就是《诗经》。这是因为古代不像现在有什么普通话,在重大的外交场合上大家如果都说自己国家的方言的话,根本没办法沟通,于是大家便约定俗成地使用西周乐官以"雅言"收集编订的《诗经》来进行交流[①],这样既显得比较委婉,避免意见不合时的激烈争吵,体现君子风度,又颇有艺术感与音乐感,可充分发挥贵族们的优雅与从容。因此孔子教导儿子说,"不学《诗》,无以言",又教导学生说:"诵诗三百……使于四方。"君子们只有熟读《诗》,才能出使四方,否则在社交场合搭不上话,那可就贻笑大方了。

与战国时代的雄辩外交与实力外交相比,春秋时代主要是飨宴外交与诗礼外交。诗礼特别是飨宴诗礼在外交上尤其重要。在招待前来聘问的国宾及庆祝盟誓的飨宴上,各国的傧相们(外交官)都必须根据场合与听者的具体情况,从《诗经》中选取合适的诗句,在席间优雅地将其唱诵出来。而听者也需要从赋诗者的诵咏中听出其真意,然后做出得体的反应与评价,这都需要极高的文化修养与判断领悟能力,并且要熟知各国的传统与典故。从这方面来说,春秋时代可以说是一个诗化的时代,每个国家的每个贵族都是诗人,他们每天的生活,都充满了典雅的诗情与浪漫的诗意。

---

① 《论语·述而》:"子所雅言,《诗》、《书》、执礼,皆雅言也。"意思是孔子诵读《诗》《书》和主持典礼时均采用"雅言"。钱穆在《论语新解》中认为,"古西周人语称雅,故雅言又称正言,犹今之国语,或标准语。"邵鸣九《国音沿革六讲》亦云:"雅言者,正言也。谓道次谈论,或用方言,至于讽诵《诗》《书》,胪传典礼,则其言必一出于雅正……田夫野老,或用方言,而士大夫则无有不知雅言者。"

在重耳的众多随从之中，赵衰不仅博学多闻，熟悉礼仪，而且了解《诗经》的水平是最高的；而秦穆公这人虽身处西陲，但极其仰慕中原文化，极其重视礼仪，因此狐偃才会坚持让贤，以免出丑；而重耳也觉得此次宴会极其重要，应该派赵衰去镇一下秦国人，让他们见识一下晋国人的文化档次！

宴会开始了，秦穆公用款待国君的礼节来招待重耳，赵衰做傧相，完全按照宾礼进行，宴会结束后，秦穆公对大夫们说："你们呀，好好学学人家赵衰，看看人家，多有才华！"

接着，在第二天举行的宴会上，酒过三巡，菜过五味，大家吃饱喝足后，就开始讨论正事，一唱一和起来：

在乐工的伴奏下，秦穆公首先赋了一首《采菽》，出自《诗经》中的《小雅》。

这首诗描写的是春秋时代诸侯朝见天子的情景，意思就是说：我秦穆公可是把公子您当成诸侯来招待的，日后我们还要作为同僚，一同去朝见周天子，怎么样，够意思吧！

赵衰一看秦穆公唱得不错，唱功好，音色独特，音准节奏也很棒，而且感情诠释也很到位，便马上叫重耳答赋一首《黍苗》，来好好表现一下自己，这首诗也出自《小雅》。

这首诗是西周宣王时徒役赞美召穆公营治谢邑之功的作品，意思就是说：重耳我仰望秦君您，就像久旱的黍苗仰望上天下雨一样，在您的帮助下，我一定能收获黍谷，归祀宗庙，成为晋国百姓的君主。而秦君您如果能放心大胆帮助我重耳，那必能像从前的召伯一样，四方归心，一匡天下！

秦穆公也是个文化人，焉能听不出其中的弦外之音，便又摇头晃脑地吟唱了一首《鸠飞》，又名《小宛》，也出自《小雅》。

这首诗乃借思念去世父母之情，表达世道混乱，兄弟互勉之心。秦穆公借之既表达了对流亡在外的重耳的同情，也表达了在这周室衰弱、礼崩乐坏的乱世之中，秦晋两国更须兄弟同心，共同展翅高飞之意。

听了秦穆公如此掏心挖肺的煽情言语，重耳十分感动，为了表示感谢，他又感情丰富地答赋了一首《沔水》，也是出自《小雅》。

这首诗描写的是百川归海的景象，借以抒发心忧百姓的情怀。重耳借以表达对晋国这些年动乱的喟叹和自己对晋国的思念，并表示自己如果回到晋国，将像百川归海那样仰仗秦国。

话说到这份上，秦穆公应该明确表态了，于是他最后吟唱了一首叫《六月》的诗，仍是出自《小雅》。

这首诗记述的是周宣王北伐猃狁[①]的事，但其目的是通过对这次战争胜利的描写，赞美宣王时的中兴功臣，也即这次战争的主帅尹吉甫文韬武略、指挥若定的出众才能和堪为万邦之宪的风范。秦穆公这是把重耳比作了辅佐周天子、匡正诸侯国的功臣尹吉甫，以此祝愿重耳回到晋国后能够辅天子匡周室，重振雄风。

唱到这里，重耳真是太高兴了，走下台阶就是一拜，心里那叫一个感动：太好了，十几年的跌跌撞撞总算没有白费，我重耳必会做出一番轰轰烈烈的惊天伟业来！

秦穆公也赶紧走下一级台阶施礼辞谢，赵衰在旁说道："君称所以佐天子者命重耳，重耳敢不拜？"

此言一出，三人相视大笑，至此，秦穆公和重耳正式结为同盟。

另外，有意思的是，在《诗经》中，秦的民谣《秦风》里还收录了一首秦穆公的太子䓨（也就是日后的秦康公）在送重耳回国时原创的诗歌。这首诗题为《渭阳》，看来太子䓨是一路将重耳送到了渭水之北，依依不舍。重耳娶了秦穆公的女儿，而他姐妹穆姬嫁给了秦穆公。重耳是太子䓨的舅父，所以这首诗是这样唱的：

[①] 猃狁是位于中国北方与西北方的古代民族，同时也是匈奴的先民。郭沫若认为，所谓昆夷、犬戎、鬼方、荤粥、熏鬻、猃狁、休浑、匈奴，均一声之转（《中国古代社会研究》）。

我送舅氏，曰至渭阳。何以赠之？路车乘黄。

我送舅氏，悠悠我思。何以赠之？琼瑰玉佩。

据《毛诗序》说："（秦）康公时为太子，赠送文公于渭之阳，念母之不见也，我见舅氏，如母存焉。及其即位，思而作是诗也。"看来此时重耳的姐妹，也就是太子罃的母亲穆姬已经去世了，太子罃思念母亲，所以对重耳更加亲切敬仰，赠送他四匹黄马拉的诸侯专用大车（路车乘黄），又赠他琼瑰玉佩。秦晋之好，就在这一首首诗歌中飘荡，流传至今。

八、一生悲剧晋怀公：晋文公霸业的踏脚石

晋惠公十四年（前637）九月，晋惠公夷吾病重去世，其子圉即位，是为晋怀公。也就是这么巧，悲剧霸主宋襄公也是死在这一年；更巧的是，晋惠公与宋襄公还是同年即位的（前651）。这两位君主，都有满腔的雄心壮志，想要让国家强大，可惜都能力不足，最后都以失败告终，可谓难兄难弟。

大伯重耳的威名，晋怀公自然是知道的，后来又听说秦国准备出兵扶持重耳入晋为君，心中更是惊慌。晋怀公当时毕竟才十六七岁，且长期在秦国为质，在晋国没有什么根基；反而重耳在晋国有大量支持力量正蠢蠢欲动，晋怀公越想越怕，害怕得睡不着觉，于是决定先下手为强。

晋怀公的第一招，就是命令跟随重耳出亡的一干晋臣限三个月内返回晋国，过期不归，全家问斩。

国君的位子还没坐稳就想着杀人，色厉内荏，这不是明摆着怕重耳吗？不恤人心，制造恐怖，是典型的无德无能、缺乏安全感，晋怀公毕竟只是个青春期的少年，缺乏政治权谋，他除了这种蠢方法，也实在没有别的招了。

当然，晋怀公的悲剧，也和晋惠公安排不当有重大关系。明知道自己儿子在晋国没有根基，也不安排几个托孤大臣教导辅佐他，就看着他胡闹。要知道，中国的贵族家族，向来热衷分散投资；当年晋国骊姬之乱，各大家族就已开始对晋献公诸子分头押宝，比如郤氏家族中的郤芮是夷吾的死党，而郤縠、郤溱却是重耳留在晋国的内应；再如重耳有两个舅舅狐偃、狐毛都是跟随重耳流亡的得力心腹，但二狐兄弟的父亲狐突却留在晋国为官。总之，各大家族对重耳和夷吾是各自支持的，并没有坚定不移地一面倒，最终怎么办，还是要看形势的发展。晋怀公这时候要做的，应该是收买人心、稳定局势，而不是一刀切地逼人选边站，这样不仅不能震慑住反对者，反而会将更多人推向自己的对立面！

果然，流亡者没一个回来，就看晋怀公如何耍宝。晋怀公气急败坏、丧心病狂，竟然把老狐突给抓了起来，威逼其写信叫自己两个儿子回来，狐突当然不答应，他义正词严地说：

> 子之能仕，父教之忠，古之制也。策名（把自己的名字写在简策上，宣誓效忠）委质（向主公敬献礼品，以示臣服），二乃辟（罪过）也。今臣之子，名在重耳，有年数矣。若又召之，教之二也。父教子二，何以事君？刑之不滥，君之明也，臣之愿也。淫刑以逞，谁则无罪？臣闻命矣。

怀公大怒，当即命人把老狐突给杀了。狐突是晋惠公与重耳的外公，重耳都三十六岁了，狐突的年龄可想而知，他德高望重，出仕于曲沃代翼的创始人晋武公，可以算是晋国的开国老臣，晋怀公竟然说杀就杀了！国人听闻此事，都十分愤慨，要知道狐突不仅是四代老臣，而且一向受人敬仰，却无罪被杀，这岂不令人心寒？何况，正如狐突所言，春秋时君权有限，不能想干什么就干什么，必须遵从"古之制"，也就是说，封臣、家臣一旦"策名委质"，就必须一生依从于封君、家主，而不能"二"，哪怕父亲、国君都不能改变这项政治契约，这是分封制与宗法制的基本原则。晋怀公杀死狐突，也就等于杀死了这个神圣的契约，破坏了整个政权的政治基础。于是晋国的贵族纷纷离心，就连著名的智者太卜郭偃也称病不上朝，并大发感慨道："国君不好好对待百姓，就知道杀人，只怕要绝后了。"

总之，在晋怀公的恐怖政治下，晋国人心浮动，不断有大夫暗中派人来到秦国，愿为内应，迎接重耳归国。秦穆公也觉得事情不能再拖了，于是决定立刻出兵，助重耳夺回君位！

十几年前，也是秦穆公护送晋惠公夷吾入晋为君的，没想到夷吾是个白眼狼，翻脸不认人，成天找秦国麻烦。如今秦穆公又送重耳归国为君，真是感慨万千，他只希望秦晋能够永结同好，重耳不要再恩将仇报才好，他实在被莫名其妙的夷吾父子搞烦了。

于是，在秦穆公二十四年（前636）的春天正月，秦穆公亲自统领革车五百乘，畴骑二千，步卒五万，送重耳入晋。当重耳扔掉这些年流亡带的破烂，准备登船渡过黄河时，旁边的狐偃突然捧着一块玉璧送到重耳面前，然后一把鼻涕一把眼泪地向重耳辞行说：

臣负羁绁（马笼头、马缰绳）从君巡于天下，臣之罪甚多矣。臣犹知之，而况君乎？请由此亡。

重耳大惊：咱们眼看就要回老家共享富贵了，舅父你怎么这个时候要走呢？您这叫重耳情何以堪！

转念一想，重耳明白了，狐偃这是担心自己变成那个忘恩负义的夷吾啊。放心吧，我重耳得志之后，绝不会冷落功臣，成为一个无耻小人！

于是，重耳对着所有的从龙之臣，指天立誓道："所不与舅氏同心者，有如白水！"说完将手里的玉璧往黄河里一抛，不一会儿，那块玉璧就在滔滔的河水中翻滚着失去了踪影①。

暌违十九年，重耳终于回到了晋国的怀抱，终于回到了他日思夜想的故乡，他看着眼前既熟悉又陌生的一山一水一草一木，只觉得这些年的坎坷、不幸、饥饿、疲惫、苦难、孤独、绝望、屈辱、失败、恐惧、酸甜苦辣、欢乐忧伤、寂寞彷徨、生离死别、爱恨情仇统统在眼前一幕幕地闪过，现在这一切终于都要过去了，重耳跪倒在地，抚摸着家乡田野里肥沃的土地，无语抽泣。

接下来发生的事情则完全可以用一帆风顺四个字来形容了：

一月，重耳的军队包围了令狐，兵不血刃，令狐、臼衰、桑泉三地（今山西临猗一带）接连投降，怀公恐惧，逃往高梁（今山西临汾东北），见国君这么没用，晋军的斗志更加涣散，晋国大夫们全成了力挺重耳派。二月甲午那天，秦穆公派公子絷到晋军，与晋军主要将领谈判，晋军将领表示愿意迎接重耳入晋，为表诚意，特意撤退数十里，驻扎在郇城。

二月辛丑，重耳方面的谈判代表狐偃与秦晋大夫在郇城结盟，宣布共同拥护重耳为晋君。

第二日，得到消息后，重耳立刻率领本部人马驰入晋军，正式接管晋军的指挥权。

四天后，重耳率军到达晋国的龙兴之地曲沃。

丁未日，重耳到武宫（重耳祖父、曲沃一系晋国国君创始人晋武公的宗庙）朝拜，即位做了晋国国君，是为文公。至此，我们不能叫他重耳了，他现在是晋文公，是未来的天下霸主。

重耳流亡十九年得以称霸，这说明苦心志饿体肤动心忍性才能增益其所不能，这是重耳的经历教给我们的最宝贵的东西。

戊申日，众叛亲离的晋怀公在高梁被文公派人杀死，结束了自己可怜而凄惨的一生，死时应该二十岁不到。

---

① 古人立誓，需献物给鬼神，也就是把金玉布帛埋在地下，或沉入水里，给鬼神享用。所献之物越贵重，表示自己越虔诚。

从二月甲午日到戊申日，总共不到半个月时间，晋文公就从晋怀公手里夺得了政权，太快了，史所未见。

总结晋怀公这辈子，只能用悲惨两个字来形容，从生下来那天开始，他就生活在恐惧之中，从小跟着父亲在梁国流亡，长大后在秦国寄人篱下，身为人质，受尽了白眼和屈辱，就算回到晋国成为国君，也无时无刻不在防备着国外的重耳和国内的反对势力。他一生的机遇与选择都实在太少，其表现如此，结局如此，似乎从他的名字就注定了。总之，这就是一个彻彻底底的倒霉蛋可怜虫，所以后人将他的谥号称为"怀"，根据《谥法》，"慈仁短折曰怀"，"慈仁"或许还可以商榷，但是"短折"两字是再恰当不过了，从前一年九月即位，到第二年二月身亡，怀公前后只当了六个月的国君就众叛亲离一命呜呼了。哀哉！

九、郭偃变法与晋国的崛起

秦穆公二十四年（前636），秦穆公护送公子重耳入晋，打败倒行逆施的晋怀公，顺利即位，是为晋文公。然而，晋惠公与怀公父子毕竟在晋国执政了十四年多，拥有很多死党，晋文公的君位仍隐患重重，一个小小的错误就可能为暗藏的敌人所用，导致失败。

晋国大夫吕甥和郤芮就是晋惠公与晋怀公的死党，他们当时虽然放弃怀公，割肉止损，暂时投降了，但一直不安分，他们害怕晋文公像晋惠公那样狂剪异己，迫害自己，便决定先下手为强，杀死重耳，另立国君。于是他们去找了勃鞮前来商量。这个勃鞮前面也讲过，他乃是晋献公、惠公、怀公三朝的大内高手太监，两次被派去刺杀重耳的都是他，因为这事，怀公死后勃鞮就害怕地逃走了，现在是晋国的头号通缉犯。当夜，郤芮两人用暗号将勃鞮偷偷召到自己的府第，三人歃血为盟，约定二月晦日会齐，夜半一起举事。

吕甥看错了勃鞮，勃鞮虽然是个亡命之徒，却颇有权谋，且具有一定的政治见解,他认为晋国已经乱了太久了,不能再乱了,所以,他这边刚答应政变,回头就跑去晋宫告密了。

通缉犯居然自动送上门了,晋文公既奇怪又生气。他知道自己初登君位,一切应以稳定为要,不应妄开杀戒,但想让他一笑泯恩仇,对不起,做不到,于是他派人责备勃鞮说:"当年蒲城之役,先君命你一宿到达,你秒至。其后寡人田猎于翟国,你为惠公来杀寡人,命你三宿到达,你一宿便至。咱们俩什么仇,什么怨,虽有君命,何其速也?你当年砍断我的衣袖尚在,你还敢来,滚!"

勃鞮见晋文公不杀他,更加确认自己投诚的决定是正确的,于是他笑着说:"我不滚。我以为你在外奔波十九年,人情世故都已熟透,看来还是没有啊。"接着脸色一正,大道理脱口而出:

君命无二,古之制也。除君之恶,唯力是视……齐桓公置射钩而使管仲相,君若易之,何辱命焉?行者甚众,岂唯刑臣。

晋文公听了这话,立刻醒悟,勃鞮对自己的追杀乃奉君命而行,合乎忠君之义,难以指斥。齐桓公能做到任仇为相,自己为何就不能用理智战胜仇恨呢?于是他立刻出来接见了勃鞮,并请求原谅。勃鞮将吕甥、郤芮两人的阴谋全部告诉了晋文公,用实际行动证明了他从始至终都是晋国历任君主的忠犬。

晋文公闻信大惊,他知道吕甥、郤芮二人乃三世老臣,党羽众多,政治资源相当强大,若是硬干自己不一定能赢,于是他连夜从后门逃出了绛都,乘坐传舍车辆,一口气潜行了数百里,跑到秦邑王城(今陕西大荔东)与秦穆公秘密相会①,两人乃定计诛除内乱。晋文公暂且偷偷留在王城,观望形势,且看吕甥、郤芮那两个乱臣贼子怎么蹦跶。

---

① 《国语·晋语》:"公惧,乘驲自下,脱会秦伯于王城。""脱会"即秘密相会。"驲"即传舍车辆。春秋时高级贵族一般不乘传车,因为不合身份,晋文公乘之,正是为了掩人耳目。

吕甥、郤芮这两个可怜鬼此时还蒙在鼓里，浑然不知自己的阴谋已经为晋文公所洞悉，依然紧锣密鼓地准备着自己的造反计划，到了约好的三月三十日那天，勃鞮如期而至，与吕甥、郤芮率众杀奔晋宫，放起火来，火借风势，不一会儿就蔓延了整个宫室，但大家找了半天却不见重耳的踪影，眼见着火势越来越大，呛人的浓烟熏得他们喘不过气来，无奈只好放弃，冲出宫殿，二人心里一边打鼓，一边祈祷：老天保佑，但愿重耳葬身在那火海里就好了！

晋文公当然没死，他现在正在秦国的王城里优哉游哉地和秦穆公喝酒下棋呢，两人正聊得开心，突然有人来报吕甥、郤芮求见，秦穆公大笑说："哈哈，吕甥、郤芮二贼自投罗网来了！"

原来秦穆公一探听到吕、郤二人率兵焚烧宫室，就派人送了一封信给他们说："当初寡人帮重耳这小人返回晋国，他本来答应了事成之后要割河西之地给寡人的，没想到他一当上国君就反悔不给了，寡人这才发现重耳原来和他弟弟夷吾一样是个白眼狼，正想出兵讨伐这个不讲义气的小人，却听说他被两位大夫率领家众放火烧死了，这真是大快人心啊！寡人愿请二位来王城共商大计，以定晋国之后事。"

吕甥、郤芮二人正茫然不知该如何处置，接到秦穆公这封信不由大悦：有了秦国的支持，咱们另立国君就有底气了！

于是，吕甥、郤芮二人和勃鞮进了王城，来到宫室，弯腰行礼，却不见秦穆公回礼，心中不由奇怪，抬头一看，只见秦穆公旁边不知何时多了一个人，那人也不说话，只是满脸讥笑地看着他们。

这个人长得好面熟，好像在哪儿见过……哎呀，这不是本应该葬身在火海中的重耳吗？

太刺激了，吕甥、郤芮二人浑身酥麻，一下子瘫软在地，最后，吕甥结结巴巴地问道："你，你怎么在这儿……你不是已经烧死了吗……你，你是人是鬼？"

晋文公收起了笑脸，大怒道："逆贼，到了这个时候还认不出寡人吗？寡人哪里对不起你们了，你们要这么对我！要不是勃鞮通风报信，寡人早就被你们烧成灰烬了！"

吕甥和郤芮这才明白这一切都是个骗局，自己被晋文公、秦穆公、勃鞮三人合谋给耍了！正在此时，旁边的勃鞮冲了过来，拽起已经吓成一摊烂泥的两个人，像抓小鸡仔一样一手提溜一个出去，手起刀落，鲜血四溅，再一看，两颗人头已然跌落在了尘土之中。

可怜吕甥、郤芮也算是一时豪杰，当年晋惠公和晋怀公能当上国君也是靠了他们，现在却落得个身败名裂的下场，怪只怪他们选错了对手，晋文公是什么人？想他流浪列国十九年，献公杀不了他，惠公干不掉他，怀公搞不定他，临淄风月留不住他，饥饿屈辱打不倒他，阴谋政变伤不到他；也许，他真有上天庇佑吧！

秦穆公好人做到底，又派三千精兵护送晋文公浩浩荡荡地回到了晋国。文公荣归，重赏包括勃鞮在内的各大功臣，正在高兴时，忽然有人报告说，又有一个不识相的家伙前来求见，这个人就是当年文公流亡时掌管财务却卷款逃跑的贪污犯头须。

晋文公一听，气不打一处来，心想就是因为这个挨千刀的刁奴，当年把自己的盘缠全给拐跑了，害得他们几个差点饿死在路上，现在这人居然还有脸来见自己！他推说自己在洗头，不见不见就是不见！

头须却坚持要见，并叫人带话给文公说："我听说人洗头的时候，心是颠倒的，心颠倒，想法也就倒过来了，无怪我不能被接见了！其实见不见我没关系，只是身为国君而仇视匹夫，害怕的人就太多了。"

文公听了这话，顿时醒悟。自己刚刚即位，人心不稳，如果学晋惠公、晋怀公那样大肆诛杀反对派，固然可以坐稳江山，但晋国就永远不可能称霸了，所以，这个时候他更要团结一切力量，同心协力，才能将晋国人紧密地凝聚在一起，为接下来的称霸事业鸣锣开道。于是，重耳湿着头发就出来接见了头须，对他进行了亲切慰问。原来，头须卷款逃跑后没有私自贪污，而是留在国内，把这些财物都用来设法让晋文公回国，虽然最后没有成功，但实在是一片忠心哪。晋文公十分感动，便重重赏赐了头须，并与他跨车马同游于街市。另外郤芮虽然谋反，但其子郤缺并无过错，所以晋文公既往不咎，还任命他做了下军大夫（此人最终一路升到了执政上卿）。

国人，特别是吕、郤二人的余党眼见此景，不由目瞪口呆，一时皆倾心归服，晋国翕然而安。

其实晋国自晋献公以来，就是西边第一大国，只是前些年扩张太快，分配不均，所以积累了太多矛盾。晋献公死后，其子奚齐、卓子、晋惠公夷吾，其孙晋怀公圉相继即位，其间各大家族间选边争斗，互相倾轧十余年，到现在无论如何也累了。其实以晋国实力之强横，要不是内斗不休，这些年何以混得这么惨？向西，被国力远不如自己的秦国欺负；向东，让兵力远不如自己的齐国如此风光；向南，让楚国如此嚣张。现在好不容易出了晋文公重耳这样一个厚道、公平、明理而又知人善任的君主，可算是时势造英雄，他在最合适的时间上位，凝聚人心，消弭隔阂，使晋国十余年的动荡告一段落。接下来，晋文公准备做两件大事，让晋国正式走上平稳发展的道路。

第一件事，封赏功臣；第二件事，变法。

接受第一等赏赐的功臣，当然就是跟着晋文公流亡，对他导以仁义，亦师亦友的两个人——赵衰和狐偃。至此，赵、狐两家代替吕、郤二家成为晋国势力较大的两个家族。此外，文公为了纪念被晋怀公杀了的外公狐突，在晋阳的马鞍山下为他立了一个坟，后人也因此把这座山叫作狐突山。

接受第二等赏赐的功臣，是跟着文公流亡，出谋划策忠心耿耿的狐射姑、先轸、狐毛、胥臣等四人，这几个人的家族后来也成为晋国的世家大族，特别是先轸，其后辈多在六卿之列，主持晋国军政大权。

晋国的六卿跟周王室的六卿不同，指的是国家军队中的六位将佐。全国军队编制分上、中、下三军，每军各设一位将和一位佐，共六位将、佐，六位将佐皆为卿爵，因而习惯上称六卿。春秋时战争频繁，所以很多官职都是军政合一的，而晋国的六卿制度正是其中比较有代表性的官制。除了六卿（又称六正）之外，晋国还有"五吏、三十帅、三军之大夫、百官之正长、师旅及处守者"等诸多僚属系统（《左传·襄公二十五年》），这些大概都是晋国历代国君的创制。更需要注意的是，春秋时各国的卿位职衔，常在大夫们的聚会中自行推定，国君往往只是指定一个宰相而已（比如齐桓公便只指定管仲为宰相，具体官员由管仲及诸大夫自行选定），晋文公则创造了一个自己的标准（明贤良，尊贵宠，赏功劳，事耆老）来分配大家的官职。另外《国语·晋语》还说他"属百官，赋职，任功"，显然其选官标准牵涉组织统属体系、规定职权级别及责任政绩三方面；我们由此可以推测，也许晋国已经有了比较完备、成熟的官僚体系。

接受第三等赏赐的功臣，是跟着文公流亡，并在战场上不畏艰险、英勇拼杀而立下战功的颠颉、魏犨两位猛将。这两个大老粗觉得自己冒矢石，犯锋镝，跟着晋文公出生入死，立下那么多的汗马功劳，赏赐却只排到了第三等，心里不免酸溜溜的不是滋味——赵、狐他们不过是些耍嘴皮子的家伙，主公给他们的官居然比我们大，这太欺负人了！

然而，周王室的著名智者内史叔兴出访晋国，听说这件事后，却大加赞叹道："晋侯大概会成就霸业了，从前的圣贤君主都把德行放在首位，而把武力放在其次。晋侯的做法与他们已经比较相似了。"

除了以上三等赏赐，晋文公还赏赐了一些人，这些人虽然没有随同重耳出亡，但留在国内守护社稷，后来又作为内应，帮助重耳复国，重耳也一视同仁，给予他们重赏。这些人中的代表人物栾枝、郤縠，后来也成为晋文公称霸团队的六卿成员。

以上四等功臣，其家族后来大多成为晋国的六卿世家，是日后晋国政坛上最为重要的政治势力。这也是因为晋国经历了二十多年的内乱，公族损失殆尽，所以不得不高调分封功臣，以笼聚人心，而晋国也由此强大，造就了先秦时期分封制最后的辉煌。

等这些人统统都赏完了，还没轮到在文公流亡期间负责他饮食起居和后勤工作的大管家壶叔，壶叔可不答应了，想当初自己跟着晋文公忍饥挨饿，鞍前马后，睡得比别人都晚，起得比鸡还早，吃得比猪还烂，干得比驴还多，现在却迟迟没有得到赏赐，要牛耕田又不给牛草吃，做人可不带这样的！

晋文公说："壶叔啊，你要想明白，导以仁义没有你，出谋划策不见你，冲锋陷阵不靠你，你虽有苦劳，却没有功劳，不能算作功臣，所以等他们都赏完了，最后才能轮到你。怎么样，你还有意见吗？"

壶叔羞愧地说："主公赏赐分明，小人服了，以后我一定争取进步，为晋国的事业做出更大的贡献！"

叔兴和壶叔这两句话传出去后，晋文公的政治威望更高了。晋国政局稳定，人才济济，接下来就应该变法、发展经济了。十九年的流亡生涯，使文公和他的一帮大臣更加了解民间的疾苦，更加明白安定和谐对一个国家的发展是多么重要，《左传·僖公二十八年》就说他们："险阻艰难，备尝之矣。民之情伪，尽知之矣。"所以他们汲取各国经验，整顿国内政治，安抚人心，省刑薄敛，并开放关禁，促进通商，同时拯寡救贫，奖励垦荒，鼓励百姓往晋北方向迁移，扩大耕地面积，于是"政平民阜，财用不匮"（见《国语·晋语》）。晋国很快便强盛起来了。

另据《韩非子》记载："管仲毋易齐，郭偃毋更晋，则桓、文不霸矣。"看来，跟齐桓公时的管仲改革相似，晋文公也搞了一个"郭偃之法"。这位郭偃，本是晋国掌管占卜的大夫，又称卜偃，此人很可能亦是重耳流亡时留在国内的内应，主要负责在国内开展舆论战；另外，周朝的卜官大多是世官，且掌典籍，所以上知天文，下知地理，中知人事[①]，博观古今，既是预言家，也是国家的重要学者与智囊。

晋文公慧眼识珠，让这位舆论领袖与学者智囊一手主导了晋国改

[①] 古之占卜，一开始只是观察灼烧龟甲牛骨后出现的纹理，以判断吉凶；后来这种方法被广泛应用于天地万物，也就出现了观天之纹理的天文、观地之纹理的地理、观人之纹理的人文及观物之纹理的物理。所以先秦的卜官很多都是博古通今的大人物，甚至可以说是中国最早的一批学者与知识分子。参阅黄金贵主编、关长龙等著：《中国古代文化会要·礼俗篇》，浙江大学出版社，2016，第230页。

革，但由于郭偃不像管仲那样有很多徒子徒孙，所以他的主要改革内容不详，但据《商君书·更法》中记载，"郭偃之法"的具体精神是："论至德者，不和于俗；成大功者，不谋于众。"看来改革力度还是很大的。另外《韩非子》里还有一句话："故郭偃之始治也，文公有官卒；管仲始治也，桓公有武车，戒民之备也。"所谓官卒，就是卫兵，目的是防备有人闹事反对变法。可惜，郭偃的主要改革思想与内容都没留下来，这样一个能与管仲齐名的人物，最终被淹没在历史的长河之中，偶尔翻起的浪花，也让人看不真切。

十、清明节的由来

话说晋文公大赏功臣，从亡的，送款的，迎降的，出谋的，出力的，保镖的，驾车的，做饭的，统统都得到了赏赐，一时间，升官的，发财的，晋爵的，封地的，皆大欢喜。

可是就在这个欢庆的日子里，有一个人默默地待在家里，往朝门方向投去了落寞而孤傲的目光，这就是那个忠介耿直的介子推。也许是要赏赐的人太多了，也许是晋文公真一时疏忽了，把这个当年为了他割股啖君的大功臣给忘到九霄云外去了，这真是一个致命的疏忽，可以想见，介子推此时的心情是多么的落寞。其实，他完全可以像别人那样跑到文公面前去讨要封赏，不会有人责怪他，更不会有人看不起他，因为这是他应得的，也是大家乐于看到的。可是介子推是个高傲的人，他打心底看不起那些有一点点功劳就在那儿邀功讨赏的小人，他宁愿和老母回乡下过清苦而平静的日子，也不愿让这些铜臭和虚名污染到自己半分，于是他找到老母，跟她商量说："主公得以归国，那是上天保佑，我没办法像其他臣子那样贪天之功，所以想就此归隐，不知母亲你是怎么想的？"（成语"贪天之功"典出于此）

介子推的老母有些不甘心，于是劝他说："我知道你觉悟高，不想跟那些人争名夺利，可是你总应该去宫里见一下主公，跟他告个别吧！

怎么能就这么窝窝囊囊地走掉呢！"

介子推说："既然都不想要赏赐了，还见他做甚，这不是还在显摆自己吗？"

老母见他心意已决，于是支持自己的儿子："既然你不贪功名，想当个高风亮节的隐士，那我就跟着你一起归隐，当一个隐士的母亲好了。"

介子推说："既然决定要隐，就隐得干脆些，咱们不如躲到老家定阳（今山西介休）的绵山深山里去吧，那里山高林密，谁也找不到我们。"

就这样，介子推背着老母偷偷地离开了都城，躲进了绵山的深山老林中，结庐而居，草衣寒食，准备就这样孤独清苦地度完自己的余生。

介子推走后，他的好朋友解张很为他打抱不平，于是偷偷跑到宫门口挂了一个牌子，上面写着一首诗："龙欲上天，五蛇为辅。龙已升云，四蛇各入其宇。一蛇独怨，终不见处所。"文公出宫的时候看到这块牌子，一下子明白了其中的意思，一拍脑袋，懊悔地说："哎呀，寡人真是糊涂了，什么人都赏了，怎么唯独把介子推给忘了呢，我真是太不应该了！你们赶快传令下去，谁能帮我找到介子推，寡人就赏他上卿之爵、良田百万，决不食言！"

解张听说有官做，赶紧找到晋文公说："那首诗不是介子推写的，是我写的，介子推已经跑到深山里隐居去了，我带你们去找他！"

晋文公大喜："这次多亏了你，否则寡人的罪过就大了，趁着大错尚未酿成，你赶紧带我去找介子推，我要好好地补偿他！"

于是，晋文公带领众臣随扈，让新官上任的解张带路，浩浩荡荡地来到绵山脚下，派人上山寻找。但见崇山峻岭，崖陡洞幽，深谷野岭，草树萋萋，不管兵丁们怎么四处寻找，大声呼喊，都只听得流水潺潺，山虫乱鸣，林鸟群噪，空谷回声，哪里有介子推的踪影。大家一连寻找了好几天，都毫无所获。

这时魏犨不耐烦了，他想出了一个馊主意："主公，咱们这么多人这么多天地毯式搜索都没任何结果，介子推他八成是藏起来了，这家伙的脾气一向倔得跟个石头一样，我看我们再怎么喊他也不会出来的！不如派人在山上三面点火，留下一方，我就不信他不出来。"

晋文公别无他法，只好听从魏犨的建议，下令兵丁从陡崖攀上山去，将谷内的干草树木点燃，适时正值晚春时节，山顶风很大，火借风势，绵延数里，这场大火烧了三天三夜，倔强的介子推却始终不肯出来，最后和老母抱在一棵枯柳上，活活地给烧死了。

火终于灭了，可还是不见介子推背着老母亲出来，晋文公急了，赶忙命令多派兵丁，再次登山遍寻介子推，找不到他誓不回还。

皇天不负有心人，几天后，兵丁们终于在后山的深谷里找到了介子推和他的老母，不过找到的并不是活人，而是两具抱着枯柳的尸体，尸体的脸上，还带着坦然的微笑，仿佛这场大火对他们而言只是超脱的涅槃，根本没有任何的痛苦。

晋文公看着两具紧紧抱在一起的焦尸，想到十九年来一直跟着自己不离不弃的那帮好兄弟，如今封官的封官，晋爵的晋爵，一个个都得到了完满的结局，只有对自己最好的介子推最后落得个如此凄惨的下场，忍不住痛哭失声，迷离的泪眼中，他恍惚看到这样一幅画面：荒原上，如血残阳照在远处介子推流满了豆大汗珠的脸上，他端着一碗肉汤，跟跟跄跄地跑到自己面前，露出一个憨厚的笑容。"太好了，公子，我弄到肉汤了，快喝一点填饱肚子吧……"

事情到了这个地步，现在晋文公唯一能做的，只有尽力弥补自己的过失，希望介子推在九泉之下能明白自己的这一片心。

相传，晋文公下令将绵山周围的一大片土地封为介推田，赐给介子推家的后人耕种，并将绵山改名为介山，又将介子推的老家命名为旌介村，所住城邑命名为介休[1]，意思就是介子推曾经休息长眠的地方。文公还将火烧过的山谷称为焚烧林（至今当地乡民，将两山谷分别称

---

[1] 其实，介休原称"界休"，乃春秋之初晋国势力的北界之所在，也是赵韩魏三家与晋的分界处，这恐怕才是其地名的真正由来。"介休"这个地名则更像是后世附会介子推故事的结果。事实上，直到西晋时，界休县才被更名为介休县。

为大烧林、小烧林),将介子推母子隐居的岩洞改建成介公祠,并立"介庙"于山脚下柏树林中。

多年以后,楚国大诗人屈原因为这段感人的故事,为晋文公与介子推特意写了一段诗:"介子忠而立枯兮,文君寤而追求;封介山而为之禁兮,报大德之优游;思久故之亲身兮,因缟素而哭之!"[①]大诗人就是大诗人,一句话,便让晋文公悔悟不及,在报德封山后,身穿白衣,大声恸哭的声音态度,惟妙惟肖地跃然纸上。

另外,据说晋文公还下令让随从人员把焚烧林的几块烧焦的残木带回去,给自己做了一双木屐;他每天上朝时都要穿上木屐在宫厅行走,每当听到自己走路时呱嗒呱嗒的声音,就不由低头看着木屐,睹物思人,感慨万千,悲恸地说:"悲乎,足下!"后来人们将最忠诚、最尊敬的朋友称作"足下",其典故就是从这里来的。

晋文公焚烧绵山之日,正值二十四节气中清明的前三天,文公回到国都后便令全国上下每年从那天开始一月之内不得举火炊烟,只能吃冷饭,谓之禁火,也叫禁烟,或者叫作寒食,这就是"寒食节"的由来。

后来到了东汉的时候,并州刺史周举认为寒食一个月让并州百姓"老小不堪",威胁到人们的身体健康,遂上书要求把寒食节期改为三日,但到曹操时仍未实行,曹操只得发布《明罚令》以废止禁火[②],不过

[①] 出自《九章·惜往日》。这也是介子推焚死的最早记载。在《左传》与《史记》里,介子推只是隐居而并未被烧死。这个感人的故事也许只是战国末年人编的故事。除了屈原的楚辞外,《庄子》与《吕氏春秋》亦有记载,完整的故事应定型于西汉以后。复旦大学教授裘锡圭在《寒食与改火》一文中也认为,寒食节可能来自商周时代仲春之末的禁火习俗(此为森林火灾多发期),而介子推焚死之事,其原型应是在民间改火活动(仲春之末断旧火,季春之初改用新火)中用新火烧死代表谷神的人牲,从而祈求风调雨顺,并祈求这一年的生活能无疾病灾殃,甚至吃被焚者的肉也被认为是一种吉祥的事情,这应该也是介子推说中割股饲主一节的原型吧。

[②] 东汉桓谭《新论·离事》和《后汉书》皆提及此事,《明罚令》全文则出自《太平御览·时序部》:"闻太原上党、西河、雁门冬至后百有五日皆绝火寒食,云为介子推。子胥沉江,吴人未有绝水之事,至于子推独为寒食,岂不偏乎!且北方沍寒之地,老少羸弱,将有不堪之患。令到,人不得寒食,若犯者,家长半岁刑,主使百日刑,令长夺一月俸。"

中国老百姓都是很念旧的，所以寒食节的传统习俗依然流传到了今天，只不过把冷食的时间改成了三天或一天。另外，中国的老百姓还是很聪明、很懂得创新的，他们根据各地的条件和寒食的特点，创造出一些特殊的寒食节食品，凉菜冷食花样百出，形成了与岁时节日相联系的风味小吃，丰富了中华民族的饮食习俗。

另外，据说晋文公后来率众臣到绵山焚烧林祭奠介子推时，发现那棵老柳树竟然死而复活，长出了翠绿的嫩条。晋文公想起介子推生前希望他将来施行清明政治，感慨万千，遂下令将柳树命名为清明柳，还要求晋国百姓家家门前插上柳枝为介子推"招魂"，登绵山踏青，扫墓野祭，抒发思念之情。这就是"清明节"的由来。

由于清明节气在寒食第三日，相距太近，到了唐宋以后，人们渐渐地就把这两个节日混成了一个节日，而祭奠介子推的习俗也慢慢演变成了祭奠先人。于是，每到清明时节，一家人扶老携幼，带上供品，三三两两，先先后后地，纷纷走往自家的祖坟，烧一点纸钱，清理一下祖先的坟茔，寄托自己的哀思。

现在的清明节已经演变成单纯的扫墓了，其实古代清明节的习俗是非常丰富的。人们一方面祭扫新坟、旧坟，悼念逝者，另一方面也是借着好天气，春游、踏青、种树、斗禽、斗鸡子、放风筝、插柳、戴柳[①]。这也是因为清明节要寒食禁火，为了防止寒食冷餐伤身，所以人们都要来到户外参加一些体育活动，健体强身，比如荡秋千、蹴鞠、打马球、射柳、牵钩（拔河）等等。看来古人真的很浪漫，扫墓与踏青相融，追缅、祭奠先人与赏玩春光结合，既有祭扫亡灵的悲酸泪，又有踏青游玩的欢笑声。晚明张岱《陶庵梦忆》甚至记载说："越俗扫墓，

[①] 前四项今多见。后四项古俗解释一下。《荆楚岁时记》曰："（寒食）斗鸡，镂鸡子，斗鸡子。"所谓斗鸡子，就是乡间小儿互相碰撞鸡蛋作为游戏。在古代，用作碰撞争斗的鸡蛋多是染色、雕镂过的，十分精美，故称"镂鸡子"。放风筝今亦多见，但在古代另有深意，其最早源于巫术，认为把风筝放飞，就带走了邪气、晦气。插柳则是把柳条插在门楣轿子上，称可以驱鬼辟邪。戴柳是拿一根柳枝，从根部剥开皮，缓缓往下拉，使树皮和树叶卷成球状，再戴在发髻上，谓可免蛊毒。

男女袨服靓妆,画船箫鼓,如杭州人游湖,厚人薄鬼,率以为常。"明末刘侗、于奕正《帝京景物略》亦描述了北京人扫完墓"哭罢,不归也,趋芳树,择园圃",摆开祭墓酒菜,饱饮美酒,"列坐尽醉"的场景。

其实清明节不就应该这样吗？是时寒冷的冬天已经过去,充满了生命与希望的春天已经到来,天气晴朗,万物萌动,风和日丽,大家一起缅怀过去,展望未来,生灵死魄,生死交融,共叙离别的思念,一起在田野里,敞开胸怀,放飞心灵,享受大自然的恩赐。阳和启蛰,整装待发。介子推地下有灵,如果知道自己的事迹被广为传颂,自己的纪念日成为后人不可或缺的节日,亦当略感欣慰。

十一、周天子的婚姻危机
给了晋国最好的机会

晋国富强之后,晋国的地位自然也相应提高了,周襄王于是特意派了两个特使宰孔和内史叔兴来到晋国,向晋文公颁赐侯伯的任命。这可是与当年齐桓公等同的荣耀,晋文公非常兴奋,将两位特使以诸侯的级别好好地招待了一番,临别的时候还送了不少珍贵的纪念品。宰孔和叔兴吃人嘴短拿人手软,回去后自然少不了到处宣传一番,晋国的地位更高了。

周襄王之所以这么做,也是形势使然,当时天下危机四伏,齐宋等国又已一蹶不振,只有晋国自内乱结束后欣欣向荣,面对复杂的环境,周襄王必须未雨绸缪。

他第一个担忧是：王室东南方的郑文公自从投靠了楚成王,胆子变得越来越大,先是欺负自己的老伙计滑国（姬姓,位于今河南偃师）,接着又扣留了自己派往郑国为滑国求和的使者伯服,真是越来越不听话了！他靠了赤狄的军队,才成功教训了郑国一回。

他第二个担忧是：王室西边的戎狄与自己的庶弟王子带勾结,对自己的王位虎视眈眈,这两颗定时炸弹,不知何时就会突然爆炸！

为了应对越来越危险的局势，周襄王决定一方面交好晋国，另一方面跟狄人中的赤狄联姻。他娶了狄人首领的女儿叔隗，一个美艳无比的女人。

周襄王犯了个大错误，并不是所有人都跟重耳那般能消受艳福，叔隗这个美女更喜欢年轻帅气的小伙子，比如周襄王的弟弟王子带，长得玉树临风、潇洒倜傥，一下子把叔隗给电晕了。一时间，天雷勾动地火，地火引燃干柴，二人相见恨晚，激情勃发，春风一度，半晌贪欢，一顶巨大的绿帽子戴在了周襄王的脑袋上。

周襄王大怒，废了王后叔隗。没想到，王子带立马勾结了狄人，反攻过来，周军大败，周室大臣周公忌父（周公旦后裔）、原伯、毛伯、富辰都被俘了，周襄王堂堂周天子，被奸夫淫妇赶出家门，被迫逃亡郑国。王子带一不做二不休，干脆在温地（今河南温县西南）自立为王。

周襄王流亡之后，才发现自己有多丢人，哭求了一遍中原各大诸侯，却没人搭理他，这就叫礼崩乐坏，各国都有一本难念的经，有仇的要报仇，有冤的要报冤，没事的要捣蛋，你搞我来我搞你，闹个不亦乐乎，根本没人愿意管这闲事。这可真是让人唏嘘，想当年，齐桓公年年开会要大家尊王攘夷，结果盟主一去世，会议精神就没了。最后，还是从没参加过齐桓公大会的秦穆公站了出来，派兵驻扎在黄河边上，准备渡河去勤王。不过秦要勤王，必须经过晋的地盘，所以晋国大臣狐偃赶紧跟晋文公建议：

求霸莫如入王尊周。周晋同姓，晋不先入王，后秦入之，毋以令于天下。方今尊王，晋之资也。

对周人而言，事有疑便求于卜，晋文公拿不定主意，便召了算命大师兼变法家、太卜郭偃前来卜算凶吉。郭偃用龟甲算了半天，说道："吉。遇黄帝战于阪泉之兆。"晋文公一听，赶紧谦虚："啥？黄帝？当不起当不起。"郭偃赶紧说："周礼未改。今之王，古之帝也。"晋文公一听：原来是说周天子乃黄帝啊，那这里面也没我呀，你再用筮草算一遍吧！郭偃只得再掏出一套工具来算了半天，突然欢天喜地地大叫道："吉。遇'公用享于天子'之卦也。"意思说晋文公将战胜敌人，接受周天子的盛情招待与特殊赏赐。

晋文公一听，不由大喜，立刻派了两拨使者，一拨使者去辞退秦军，另一拨使者则带着大量礼物，去送给轵道（太行山中的一条孔道，又名轵关陉）中的草中之戎和丽土之狄，向他们借向东之道；然后晋文公便率领大军朝着称霸之路大步进发去了。秦穆公也是很想勤王的，帮周天子捉奸这种好玩又体面的事情，谁不想掺和一下呢？可惜他勤王必须渡过黄河，还要经过晋的地盘，远途作战，后勤困难，而且必须征得晋的同意，诸多难题无解，所以只好待在黄河边，眼睁睁地看着晋文公迈上了成功的康庄大道，那叫一个揪心！一百三十五年前（前770），正是秦国、晋国还有郑国进入镐京，联手驱逐了犬戎并协助周王室东迁的；然而一百三十五年后，秦穆公却眼睁睁地看着晋国独自立此大功了。

晋文公二年，也就是公元前635年的春天，晋文公派左、右二军（晋为次国，有二军）向东穿越轵道，驻扎在阳樊（今河南济源东南）。接着兵分两路：一路围攻温地，负责捉奸；一路到郑国汜地（今河南襄城南），负责送周天子回家。温地的王子带虽然有狄军相助，但毕竟不是强大晋军的对手，结果一战而溃。王子带带着自己的小情妇叔隗正准备乘车逃跑，被晋军追上抓了起来，在隰城杀死了。

如此，晋军既赶走了戎狄，又平息了王子带的叛乱，迎回了周天子，一口气达成了"尊王"和"攘夷"两项大功，完美接过了齐桓公的旗帜，另外还替周襄王除去了王子带这个大麻烦。虽然王子带两次叛乱，惹出无穷事端，但他毕竟是周襄王的亲弟弟，周襄王自诩仁德，总不好意思杀他，现在由愣头青晋国人代劳了，真是再好不过。周襄王为了酬谢晋文公之功，在周王宫大摆宴席特设甜酒款待，赐给晋文公币帛，晋文公有的是钱，哪里在乎这些玩意儿，想到自己年纪不小了,也是时候考虑一下身后事了,便说:"天子您也过得不富裕,臣怎么能要您破费呢?您要是真想谢我,不如赐我死后可以隧葬,那臣在地下都会感激天子您的。"

襄王一听这话头就大了:好你个重耳,脸皮还真不是一般的厚,要知道这个隧葬可不是那么简单的,需要在地下掘了墓道,送柩入内安葬。《礼记·丧大记》郑注曰:"礼,唯天子葬有隧。"诸侯死了以后只能用绳子悬棺入墓安葬,是不能拥有这个冬暖夏凉的高级隧道的,如果硬要改悬葬为隧葬,那就是僭越,那就是不敬,那就是没把天子看在眼里!孔子说:"唯器与名,不可以假人。"周人把周礼看得比天还大,晋文公居然在这个时候跟襄王要求隧葬,那不是明摆着借功要挟周襄王,给周襄王好看吗?①

晋文公这么做是有他的深意的,他想试探一下周天子对自己的态度,如果周襄王让他僭越,那么自己能有此殊荣,这辈子也不算白活;如果周襄王不同意,那就必须拿出点实在的东西来回报自己。不管怎么样都赚翻了!所以,晋文公请隧,与齐桓公当初想封禅还是不一样的,齐桓公只是单纯膨胀了,暗地里想爽一下,晋文公却是明目张胆地逼宫,实在有些无礼了。

周襄王虽然没什么实力,但是他还是有自己的底线的,于是断然拒绝说:"当天子又苦又累,除了死后葬礼隆重一些,其他的也没什么大不了。但是,天下毕竟不能有两个天子,如果分出先王的大礼来报答私德,那么,叔父也会厌恶寡人,责备寡人吧!若叔父能光裕大德,改朝换代,创建自己的天下,那为显丰功伟绩,自然可用天子的服饰文采以镇抚百姓,到时寡人就算被放逐到荒远边疆,那也没什么好说的。而如果叔父您仍尊奉周室,愿意屈尊位列于公侯,那么就请遵守

---

① 根据考古发现,两周时期天子与诸侯的墓道其实没那么讲究,大多数诸侯都有墓道,有的诸侯还有两条,如北赵晋侯墓地是西周初年到春秋初年的晋侯墓地,其中绝大多数都有墓道,甲字形大墓有16座,只有一条墓道,中字形大墓有2座,有两条墓道。大概当时明面上规定是不能隧葬,但大家都背地里偷偷挖墓道——所以后来周襄王讪讪地说:"若不然,叔父有地而隧焉,余安能知之?"

先王订立的制度，不要更改这些重要的礼仪。否则寡人如何对得起先王和百姓，又如何推行政令？实在不行，叔父有的是土地，就是开通墓道举行隧礼，寡人又从何知道呢？"周襄王这番言论，软中带硬，柔中带刚，委婉中还带着点愤懑，虽然没有明说半个不字，但全都是有理有据的拒绝，让对方哑口无言。

晋文公听周襄王都这么讲了，只得打个哈哈，说：算啦算啦。

就这样，周襄王侃侃而谈，维护了周天子的尊严，但晋文公毕竟有功，以后还得仰仗他，况且，在如今四大强国（晋秦齐楚）中，只有晋国才是同姓诸侯，依靠他们总比依靠别国要好。当年周幽王死于骊山，戎狄立了周平王做傀儡，而畿内诸侯则立了周幽王之弟为周携惠王，最后还是晋文侯联合秦、郑杀入关中护送周平王东迁，后来还派兵入关杀死了周携惠王[1]，这才保住了如今东周一脉的政治地位。这几代的恩情，总是要还的。

于是周襄王叹了口气，说："寡人虽然不能赐叔父隧葬，却可以给您南阳地区所属的阳樊、温、原、攒茅等四邑的土地，这样可以吗？"

周襄王宁愿失去大片的土地，也要维护天子的颜面，那么晋文公也只有乖乖笑纳了。周襄王给的这个南阳是个什么地方呢？中国地处北半球，山的南面和水的北面都能照到太阳，所以山南水北谓之阳，山北水南谓之阴。而南阳之"南"为山之南，"阳"为水之北，山是太行山，水是黄河，所以"南阳"就是太行山以南黄河以北，与洛阳盆地隔河相望的这么一块三角形地带，即后世所谓河内之地。晋国得了南阳，就等于掌握了从秦晋高地通往黄河下游平原的所有通道[2]，其军

---

[1] 见《清华简·系年》："邦君诸正乃立幽王之弟余臣于虢，是携惠王。立廿又一年，晋文侯仇乃杀惠王于虢。"可见当时关中王畿的"邦君诸正"都支持周携惠王。

[2] 其实也只有两条主要通道。第一条是黄河南岸的豫西通道，也就是从关中平原沿渭水南岸东行，过华阴，穿越崤函古道，过陕、焦、曲沃等城邑，经洛阳、成皋、荥阳至管城（今河南郑州），到达豫东平原。第二条就是晋文公新得到的这条黄河北岸的晋南—豫北通道，也就是由渭水北岸的临晋（今陕西大荔）东渡黄河，沿中条山北麓东行，翻越王屋山，从轵（今河南济源西北）穿过太行山南麓与黄河北岸之间的狭长走廊（即南阳之地），进入冀南平原。

事、政治与战略意义非常重大。

既尊了王、攘了夷，争得了好名声，又获得了莫大的实利，这就是晋文公的好算盘。所以孔子说："晋文公谲而不正，齐桓公正而不谲。"顾栋高也说："盖天下之无王，自晋始，及势既强大，乃复勤王，以求诸侯。"晋国内屠宗室、外灭同姓，与周室本已疏离，可最终竟能勤王定霸，得到诸侯的拥护，顾栋高表示佩服。

晋文公确实是春秋五霸中的异类，他一生亡命十九年，辗转八国，尝尽了人情冷暖，尝尽了世间的酸甜苦辣，经历之丰富超越当时任何一人，他基本上已经活成一个人精了，而一个人一旦活成人精，又怎么能不诡谲、不狡诈呢？

当然，也许正是因为他在仁德下隐藏着这份诡谲与不尊礼法，最终导致了晋国两百年后的分裂。

美国气象学家爱德华有一个著名的蝴蝶效应理论。看来，这个理论在历史上也同样适用，谁能想到，这场由周襄王婚姻危机引发的闹剧，在经过复杂的转折后，最终有了神奇的结果：正是由于晋文公被赏赐了南阳之地，所以才能由此通道南下打赢城濮之战，最终使晋国称霸天下长达百年；而正是这巨大的政治与经济利益，才让晋国六卿争斗，最终三家分晋，开启战国。

十二、大器晚成

周襄王给的这四座城池对晋国意义相当重大。晋国虽然地盘广大，但僻居黄河以北、太行山以西，交通不便，难以介入中原事务，更别说称霸中原了。而周襄王给的这片地区，号称南阳，也就是太行山与黄河之间的一条狭长通道，可从晋南直达豫北，迅速挺进中原，这就是晋国奠定百年春秋霸业的第一步。

然而，虽然有周天子的金口玉言，但晋国为了接收南阳还是花了好大工夫，关键是这些地方在天子脚下多年，从上到下很多都是周室的姻亲，这些王亲国戚个个大有来头，压根就没把晋国放在眼里，他坚守城池，不放晋人入城。负责接收阳樊（今河南济源西南）的晋军气火了，将阳樊团团围住。

阳樊大夫仓葛根本不吃晋人这一套，他站在城头上发表了一通义正词严、感人肺腑的演讲："你们看看，这城里头哪个不是夏商的后嗣、周天子的姻亲，你们竟敢如此苛待我们？"

晋文公一听，有道理啊，便表示，既然这些王亲国戚看不起晋国，那就让他们收拾包袱走吧，不为难他们了！于是阳樊人全数迁走，晋军接收了这座空城。

原邑（今河南济源北）的城主则是周天子的卿士原伯贯，怎么说也是个堂堂的伯爵，只比晋侯低一级，自然更加不服气！晋文公知道这块硬骨头一定不好啃，于是亲自前去平定，并命令只带三日的粮食围城，三天对方不投降，晋军就解围退兵。可是，到了第三天晚间，城里有了晋军间谍传出的消息，说原人准备明天开城投降，让晋军再等一日。文公说："我命令只等三日，现在三日之期已满，明早自当离去。"

晋军军官们都很不甘心，纷纷劝文公再多等一日，文公却对这些目光短浅的军官们进行了严肃的批评教育："你们这些人的觉悟还是太低啊！信，国之宝也，民之所庇也，得原失信，何以庇之？损失更大。"第二天一大早，他就领兵依约撤退三十里扎营。城头百姓看到这幅情景，竖起大拇指说："晋侯宁愿失城也不失信，这是一个靠得住的好君王啊！"于是大家纷纷表示愿意投降晋国，做个光荣的晋国人。

归纳晋文公的一生，无非"以退为进"四个字，无论是从前的拒绝晋君之位，还是后来城濮之战的退避三舍，都很好地实践了这一政治策略。当人生遇到困局时，适当地做出退让，让出一片海阔天空，未尝不是解开死结的最好办法。从这个角度来说，晋文公可以算是中国历史上最有耐心的政治家了，他十七岁就流亡国外，三十六岁才回国为君，十九年虚耗青春，等到终于可以做大事了，他却仍能保持如此耐心，冷静成熟而不冒进，深思熟虑而又稳重，实在让人敬佩。

再说原伯贯见自己已失民心，只好打开城门，来到晋军营地，表明愿意投诚。晋文公大喜，赶忙命令大队人马就地驻扎，自己则只带着原伯贯与几个近臣，返回原城，一路上民众夹道欢迎，争相瞻仰晋文公。至此，原邑百姓归顺了晋国，晋文公委任他手下最讲信用的赵衰做了原大夫，兼领阳樊；狐毛之子狐溱为温大夫，管理温邑[①]；原伯贯则改封冀地，其后世为晋大夫。

值得注意的是，原邑在今河南济源北，南临黄河孟津渡口，控制着晋国南下争霸的重要通道；而冀在今山西河津东北，与秦国隔黄河相对。晋文公此举是用自己的亲信来统辖这个通往中原的要地，而把原伯贯及其族众置于受秦威胁的边境充当防护盾。晋文公不愧是位老成的政治家，举手投足之间都是谋略。

至此，晋文公花了将近一年的时间，才终于收服了南阳这一块极其重要的中原跳板，打开了自己东进称霸的道路，也拉开了春秋晋国称霸时代的序幕。正如顾栋高在《春秋大事表》卷四《晋疆域论》所言："（晋）自灭虢据崤函之固，启南阳扼孟门、太行之险，南据虎牢，北据邯郸，擅河内之殷墟，连肥鼓之劲地，西入秦域，东轶齐境，天下扼塞巩固之区，无不为晋有。然后以守则固，以攻则胜，拥卫天子，鞭笞列国。"

十三、楚成王的霸业功亏一篑

晋文公重耳即位后，晋国虽然安定了，但整个中原仍然相当混乱。

晋文公二年（前635）春，卫国攻打老冤家邢国，战斗相当激烈，邢军守将国子正在巡城，他身边的礼氏兄弟突然发难，一人抓一只手，

[①] 《国语·晋语》云："异姓之能，掌其远官。"远官就是地方官的意思。从《左传》的记载来看，晋国的历任原大夫与温大夫皆非世袭，人选一直在换，可见其有民无土，带有公邑长官的意味，而非封建领主。这是晋国在官僚政治上的一大进步。

将国子丢下城去，活活摔死。卫军趁机进攻，大败邢军，并将邢国吞灭。原来，礼氏兄弟正是卫文公派去诈降到邢国的间谍。

众所周知，在齐桓公时代，齐国就是邢国的保护国，如今齐国霸业虽衰，但仍是大国，卫文公胆子很大呀！另外，邢国也是姬姓诸侯，与卫国同姓，卫文公却无视礼法以诡计灭之。看来，这位老兄也是个狠人！

然而，正当卫文公雄心勃勃，想干一番大事业的时候，时间这个最大的杀手逆袭而来，这年冬天，卫文公病逝，其子太子郑即位，是为卫成公。

卫成公年少即位，威望与手段都远比不得其父，如今又得罪了齐国，再不想办法就别想混了。于是，卫成公即位后的第一件事，就是与鲁、莒二国结成同盟，以抗衡齐国。

卫成公即位后的第二件事，就是将妹妹嫁给了楚成王，与楚结成姻亲关系。如此，有楚国这位老大撑腰，又有鲁国、莒国两个盟友，大家联手，当可与齐、晋抗衡。

面对楚、卫、鲁、莒的同盟，齐孝公有些慌了，这不是把我大齐国给包围了吗？不行，我齐国霸业虽衰，但也不是那么好欺负的！

于是，在晋文公三年，也就是公元前634年夏，齐孝公不顾群臣的反对，亲自率领兵车二百乘，侵犯鲁国的北部边境。

鲁、卫早有同盟，自然守望相助，于是卫军攻齐，齐腹背受敌，无法取胜，只好听从鲁国辩士柳下惠的建议，与鲁、卫议和，快快然撤兵而去。

齐师虽退，鲁国的君子们还是心有余悸，遣使去向楚国求援。与此同时，曹国国君曹共公也派人去讨好楚成王，表示要归附楚国。只有一个宋国，对楚国并不服气，毕竟当年宋成公的父亲宋襄公就是死在楚军手里，杀父之仇不共戴天，但凡有办法，宋国绝不可能归顺楚国。

此时中原再也没有能够挑战楚成王的对手了，楚国的势力遂迅速扩张，地理偏南的陈、蔡、郑等国早已归附于楚不必说，靠近北方的卫、鲁、曹如今也一下子投入了楚国的怀抱。楚成王感觉自己取威定霸的时机已经成熟，于是加紧训练兵马，筹备攻打齐、宋。

就连曹、鲁、卫等老牌姬姓诸侯都归附了楚国，看来，齐桓公、宋襄公之后的中原诸侯已再无团结可言。如果楚国这次再搞定齐、宋，恐怕中原就尽在其掌握了。

晋文公三年（前634）冬，楚军正式出动了，大军出方城隘口往东，横穿汝、颍流域，经过陈都宛丘（今河南淮阳东），来到宋国，然后一路兵马由成得臣和司马斗宜申（字子西）率领，围攻宋国的缗邑（今山东济宁金乡）；一路兵马由申侯（即申国的国君，申被楚灭后为楚大夫，仍称申侯）率领，继续向东来到鲁都曲阜，联合鲁军，北向伐齐。另外，对齐国，楚国有一笔政治筹码在手，那就是齐国内乱时逃到楚国，后被楚成王全部封为上大夫的齐桓公七公子。在这七位公子中，实力最强的是公子雍，所以楚国和鲁国准备扶持公子雍上位，他们很快就攻克齐国的谷邑（今山东东阿），将它作为公子雍的封地，派当年那个害死齐桓公的易牙辅佐他，并派申侯领甲士千人协防。这就是齐国在战略地缘上的劣势了，归根结底，齐之领土被渤海、济水、泰山所挟，其兵力向中原方向的投送因此受到限制，楚国正是利用这一点，联合鲁国和卫国对齐国进行封锁，使其无法染指中原事务。

果然，齐孝公对谷邑莫如之何，只有任由公子雍这头恶狼酣睡在其卧榻之侧，随时威胁自己。第二年（前633）夏，齐孝公在无比的抑郁中悄然离世，齐国再次爆发内乱，齐孝公的弟弟公子潘与奸臣卫开方联手杀死太子，篡权夺位。如此，齐国自顾不暇，就更不敢管楚国闲事了。

连齐、宋这俩前任霸主都如此窝囊，还有谁敢出头呢？当时，楚国的阴影已弥漫中原，周王朝的危机从来都没有如此紧迫过。怎么办？怎么办？

第二年冬天，楚成王再接再厉，又"御驾亲征"，纠合自己的小弟陈、蔡、郑、许四路诸侯，一同伐宋。宋国当年连楚一国都打不赢，现在哪里是这五国联军的对手？宋成公想起自己老爹宋襄公的遗泽，赶忙派司马公孙固去晋国告急。

晋文公听说宋国快挺不住了，立刻召来他的一干心腹大臣，商量对策。

先轸率先表态："报施救患，取威定霸，于是乎在矣。"

所谓报施，是指当年重耳落魄流亡宋国时，宋襄公对他礼遇有加，还大方送他二十辆马车，滴水之恩自当涌泉相报。所以，这次答谢宋襄公之恩、解救宋国危难、示威于诸侯、成就霸业四件事可以一次性搞定！

然而，晋文公仍是犹豫，因为晋、宋之间隔着亲楚的曹、卫两国，劳师远征，有侧背遇敌的危险；而且楚军实力强大，当年齐桓公为霸时，率领八国军队都不敢与楚国正面对决，只能妥协退让。可以说，近一百年来，楚国几乎打遍天下无敌手，如今更是又多了一大票中原小弟，而晋国这边目前只有宋一个盟友，双方若决战，晋国胜算实在不大。为祖宗基业负责，晋文公有退缩之意是正常的。

这时狐偃眼珠子一转，想到一条妙计："楚始得曹而新昏（婚）于卫，若伐曹、卫，楚必救之，则齐、宋免矣。"

狐偃这个办法相当高明，有反客为主之妙，在作战中避免与敌人做直接的硬拼，采取巧妙的方法，以间接路线打击和震撼敌人。若直接扑向宋国，不仅要顾虑后方交通线的安全，而且客场远征，对晋军相当不利。此战略正中晋文公下怀，既能救齐、宋，又能给当年欺负过自己的卫、曹一点颜色看看，并可以此举杀鸡给猴看，警告那些聚在楚国麾下的诸侯要认清形势，不要再跟着楚国一条道走到黑，弃暗投明才是上策。

战略方针既已确定，晋国君臣随即进行了战前准备，将原来的两个军扩编为上中下三个军，按惯例，大国三军，次国二军，小国一军，晋国如今已经是数一数二的大国了，又逢战事，扩军势在必行。此三军实为六部，将佐各掌其一，就是六卿了。其位次为中军之将第一，中军之佐第二，上军之将第三，上军之佐第四，下军之将第五，下军之佐第六，每位将佐各自指挥一部分兵力，也就是说，晋军的编组颇有弹性，其兵力可以分开使用。

六位将佐中以中军将之地位最尊，故又称元帅。元帅既掌军又治民，是仅次于国君的最高行政长官。晋文公在群臣之中最信任的人就是赵衰，而且赵衰还是他的连襟兼女婿（晋文公回国后，又把自己的女儿嫁给赵衰），他便想让赵衰担任中军元帅。赵衰是个老好人，最喜欢干的事就是谦让，他跟晋文公建议说："郤縠德高望重，都五十岁了还好学不倦，坚持学习《诗》《书》《礼》《乐》等先王典籍，而且更加敦厚。敦厚笃定者，不忘百姓。他来当这个元帅最合适不过了！"晋文公同意了。

扩军工作在大家的共同努力下进展神速，很快就到了检验成果的时候。晋文公三年（前634）十二月，晋文公在被庐举行了盛大的大蒐礼。所谓大蒐礼，就是国家定期举办的阅兵式与狩猎赛。《周礼》郑玄注："兵者，守国之备。孔子曰：'以不教民战，是谓弃之。'兵者凶事，不可空设，因蒐狩而习之。"所以贵族与国人们都要来参加，军事演练结束之后，还要选举与任命将帅，救济一些穷人，公开一些刑法，惩治一些罪犯，这是一种颇具古风的军事民主与立法行为。

在被庐，三军将士开始大阅兵，大家迈着整齐威武的步伐，齐声大喊："晋国必胜！"晋文公高兴地挥手致意。

阅兵已毕，晋文公公布了他的六卿人选，供全体国人考察通过。具体名单如下：中军将是郤縠，中军佐是郤縠的弟弟郤溱；上军一对搭档也是亲兄弟——狐偃和狐毛，狐毛是大哥，狐偃自然也要谦让一番，便让狐毛当上军将，自己担任上军佐；郤、狐两家都大丰收了，轮也该轮到赵衰了吧，可是谦让达人赵衰又开始推辞了："栾枝比我谨慎，先轸比我有谋略，胥臣比我知识渊博，他们都比我更适合当下军的将佐。"

晋文公明白赵衰一直谦让的真正用意。郤縠是晋文公即位前旧臣中最有势力、最有威望的一个老臣,郤氏家族也是晋国的实力派贵族,如果让他们掌管中军,能更好地团结晋国卿大夫中的旧势力;而且,郤氏家族中还出了一个逆臣郤芮,曾作为晋惠公父子的死党拼命谋害晋文公,任命郤縠为中军将,能充分体现新君不计前嫌、宽宏大量的用人格局,让其他左右逢源的家族对于自己的前途更有信心。这与之前重耳赏赐头须、勃鞮以及宽恕郤缺的政策是一以贯之的。而赵衰之后的再次谦让,则是为了让更多的人才担任要职,也让更多的家族紧密团结,称霸中原是一项复杂而艰难的事业,不仅需要各方面的人才,也需要各方势力更加团结。在利益和权力面前,赵衰能够团结同事,大公无私,表现出了良好的政治素养,晋文公从此对他更加信任了。

晋文公欣然接受了赵衰的建议,让栾枝当了下军将,先轸担任下军佐。六卿之中,从亡派三人(狐偃、狐毛、先轸),留守派三人(栾枝、郤縠、郤溱),如此,晋文公便正式实现了两派卿大夫的融合,成功组建了一个团结、和谐、一致对外的六卿班子。而赵衰在政治上的一次次谦让(后来狐毛去世,上军将出缺,赵衰又将其谦让给先轸的儿子先且居)也让他在晋国卿族中积累了极高的德望,此后赵氏家族虽经历风风雨雨,却一直屹立于晋国政治舞台之上,这与先祖赵衰一次次谦让也有关系。正所谓"积善之家,必有余庆",为子孙积累财富,不如为子孙积累德望与福报,这就是赵衰告诉世人的道理。

六位将佐之下,荀林父担任御戎(即晋文公指挥车的司机),魏犨担任车右。

阅完兵、拜完将,晋文公又发表了一通战前总动员,之后三军正式开始实战演习,以训练战阵、熟悉配合、磨炼意志。至此,一场惊天动地的大战已箭在弦上,一触即发!

十四、项羽和信陵君的兵法祖师

晋文公四年(前633),是楚成王最志得意满的时候,不仅郑、许、陈、蔡等靠南的中原诸侯都成为楚的仆从国，鲁、曹、卫等靠北的诸侯也宣布奉他为盟主，于是他率军大举攻打齐宋，齐国是大国，倒还能应付，宋国就惨了，宋成公当然抵挡不住，只得向晋国乞援。晋文公欲救宋称霸，就必须经过曹、卫二国，但曹、卫都是亲楚的，所以晋文公决定先攻打曹国。

原来，曹国不仅事楚最坚，而且当年晋文公重耳流亡曹国时，曾被曹共公偷看过裸体，所以必须教训，以报此奇耻大辱。为了伐曹，必须跟卫国借道，而卫成公刚娶了楚成王的女儿，成为楚国的女婿，当然不肯放晋军过去；况且，有当年重耳之父晋献公假道伐虢的先例，把路借给晋人，也真是一件很需要勇气的事情。

晋文公听说卫国不肯借道，大怒，正要攻打卫国，晋军第六把手、下军佐先轸却要文公先暂停攻击，迷惑一下卫国。于是，晋军当即回师向西，从郑国与卫国之间的棘津（古黄河渡口，在今河南延津东北）绕道黄河，扑向曹国。卫国人松了一口气，正准备喝点酒压压惊，却不料晋军在曹国扫荡了一下后，猛然又转向攻打卫国，一举攻克了卫邑五鹿；这里正是当年重耳流亡在外被卫国拒之门外后流落之处。先轸此战，也算是给君王雪了当年之耻。另外，先轸这个声东击西之计似乎是他的首创，在这之前还没有见过哪位将领有如此之操作。

事已至此，卫国总该求饶了吧。但卫成公还是决定再扛一扛，毕竟他老丈人楚成王也不是好惹的。晋楚两个到底谁的拳头硬，还有待观察。

看来，还是有必要好好教训一下卫国，否则后患无穷。可就在这个时候，晋军元帅郤縠突然因恶疾暴毙了，大军未动主帅先亡，整个晋军陷入了一片悲恸之中。郤縠德高望重，是晋国旧贵族中的首脑人物，对维护晋国各派势力的团结相当重要，文公闻信也是唏嘘不已，但军不可一日无帅，由于先轸在五鹿之战所表现出来的杰出的军事才能，文公下令将其由下军佐直接提拔为中军将顶替郤縠，另派司空胥臣为下军佐，以顶替先轸的空缺。

晋文公的用人策略真的很有一套，对于人才，他从来就是不拘一格的。先轸并非晋国显赫大家族出身，只来自一个小族，前辈中只有一个先友，做过当年晋献公太子申生的车右。但晋文公通过多年观察，发现先轸在军事上很有天赋，可以重点培养。当时的战争都还是堂堂之阵、仁义之师，除了曹刿等少数几个不讲规矩的，大多数战争都还只是贵族间的竞技游戏，尚未有任何兵家技巧可言，宋襄公更是完全不觉得兵法诡谋有存在的必要。先轸这位小族出身的新派人物，却在大时代中渐渐觉醒了，开始吸取宋襄公等人的经验教训，逐渐揭开战争的本质，同时也揭开中国军事新思想新时代的序幕。

事实上，先轸应该可以算是中国历史上最早有确切记载的兵家，《汉书·艺文志》于"兵形势家"下录有《孙轸》五篇，图二卷，排在《楚兵法》与《蚩尤》之后，但前面两部都是传说中的远古兵法。所以，孙轸才是兵家四大门派（兵权谋、兵形势、兵技巧、兵阴阳）中兵形势家的真正祖师。孙轸是何人？班固并未明言。但据1972年山东银雀山出土汉简《孙膑兵法》中《陈忌问垒》残文曰："田忌问孙子曰：'子言晋邦之将荀息、孙轸之于兵……'"孙轸是继荀息后之晋名将。古音孙、先一音之转，可相假借，故孙轸应为先轸。荀息为晋献公时谋主，曾有假道伐虢之计，先轸应是继承了荀息的一些军事思想，将其发扬光大。很可惜，《孙轸》五篇在东汉以后已经失传，但根据班固所言，"形势者，雷动风举，后发而先至，离合背乡，变化无常，以轻疾致敌者也。"从后来先轸在五鹿之战及后面城濮之战的表现来看，他智谋精深、机变百出，而且尤其擅长运动战、闪电战与穿插战术，令敌防不胜防，与兵形势家的做派类似。另外，在后世兵形势家中，有两位大人物信陵君和项羽（各有兵形势之兵书《魏公子》二十一篇与《项王》一篇），也有类似的做派，应该都是继承了先轸的军事思想。就连兵权谋家的始祖孙武，似也深受先轸军事思想的影响，而他那享誉世界的《孙子兵法》，更可以说是站在先轸、司马穰苴等巨人肩膀上完成的。

另外一边，卫国失去了五鹿这个重要的屏障，防御变得捉襟见肘，不久，战略要地敛盂（今河南濮阳东南）也被先轸攻下，卫都楚丘彻底暴露在晋军面前。紧接着，晋文公和齐昭公在敛盂进行了双边会谈，两国缔结了友好关系，以共抗楚国；看到晋国势如破竹，又与齐国达成战略同盟，那些骑墙的小国也开始玩起了花样。鲁国本已投靠楚国，还曾助楚国攻打齐国，助卫国抵抗晋国，但见势不妙，立刻杀了援助卫国的鲁大将公子买，向晋国认错，表示这是他的个人行为，和鲁国无关，同时又派人去跟楚王说，之所以杀掉公子买，是因为他在卫国防守不力。

可怜公子买，竟一人顶二锅，一头分两用。看来，鲁国虽然以秉持周礼自居，动不动号称自己忠厚守礼，但在国家战略上却保持着灵活而狡诈的外交作风。这年头，谁拳头硬就是老大，如果还没分出谁才是真正的老大，那就两边都不得罪，等分出胜负，谁赢了就抱谁大腿！

这样一来卫国就惨了，齐晋结盟，鲁国人又跑了，卫国四周全成了敌人，楚军虽强，远水解不了近渴啊！卫成公也傻眼了，整夜整夜地睡不着觉，赶忙派大夫宁俞前往敛盂谢罪求盟。晋文公心里很清楚，卫成公只是因为形势而暂时服软罢了，不管怎么说，他是楚成王女婿，骨子里还是亲楚派，随时有可能反水，盟约不一定能拴住他，所以宣布继续打，一定要打到卫成公亲自前来服软为止。

宁俞吃了个大头钉，只好灰溜溜地跑回卫国。这个时候先轸已率领晋军兵临城下，整个楚丘已完全陷入混乱之中，人心惶惶，谣言满天飞，别说打仗了，就连朝议都无法正常举行。卫国的殷商遗民（与宋国人是亲戚）与亲晋大夫们纷纷起兵逼宫，要卫成公亲自去向晋文公赔罪。卫成公没有办法，只得带着一些亲信逃出卫国，跑到宋邑襄牛（今河南睢县）那里找老丈人哭诉去了，原来，楚成王正在这里围攻宋国。

看到卫人放逐了卫成公，晋文公才算出了一口气，与卫国定约，并让卫国大夫元咺与成公之弟公子叔武暂摄卫之国政。

十五、玩火自焚的猛将

晋军拿下卫国后，接下来准备对付曹国。对于曹国，重耳是有怨气的，想当年他流亡在外时，曾在洗澡时被曹共公偷看过裸体，此奇耻大辱，必须让曹共公加倍偿还。

听说晋国大军攻来，曹共公急忙召集文武大臣商议对策。曹国大夫僖负羁当年曾在重耳流亡时赠予其饭食，觉得晋文公或许会卖他几分薄面，就想作为谈判代表前去乞和，但曹共公觉得晋文公这个人睚眦必报，若求和，或许曹国得保，自己却要遭殃了，卫成公就是前车之鉴。

于是，曹共公誓死不降，率军死守城池。曹国虽然是个小国，但曹都陶丘（日后的定陶），城防坚固，极难攻克。别说是攻城武器落后的春秋时代了，就算是战国末年的秦相魏冉、秦朝末年的楚将项梁，都曾对陶丘大邑徒唤奈何。

结果，晋军猛攻陶丘数日，不仅毫无所获，还在城墙下留下了一大堆尸体。行为艺术大师曹共公看着城下那些尸体，眼珠一转，又想出了一个猥琐的招数，让人将战死的晋兵吊在城楼上暴尸，给晋国士兵参观，想以此震慑晋军。

城下的晋军正久攻不下，现在又看到自己的战友被像鱼干一样挂在城楼上，都心生恐惧，口中哀叹不绝。那年头能够参军的，至少都是士，都是有出身有尊严的，怎么能够接受如此侮辱，于是纷纷提议要向曹人求和以换回战友族人的尸体。晋文公见军心已乱，越发焦躁起来："好你个曹君，你好毒啊！"

见此，晋军中的舆人[①]纷纷为主分忧，他们为晋文公出了个更毒的招数："他们能暴我们的尸，咱们就不能搞他们的坟吗！干脆咱们移去

[①] 关于舆人的身份，童书业认为其必非奴隶或贱民，而为国都中甲士一类人物。参阅童书业：《春秋左传研究》，上海人民出版社，1983，第144页。晁福林进一步指出，舆人除了是甲士之外，其主要特征是拥有自己的车辆，所以自带车辆从军服役，可以说是国人之中较为富裕的一个阶层。正因为舆人在国中地位颇高，其态度影响力颇大，所以才产生了"舆论"一词。参阅晁福林：《春秋战国的社会变迁》，商务印书馆，2022，第521页。

曹都城外墓区宿营吧！"

文公沉思了一会儿，咬牙说："你不仁我不义，好，就这么办！"原来，先秦时期，人们讲究"坟墓相连，民乃有亲"（见《逸周书》），故多有合族而葬的习俗，每个城邑的国人墓都在固定的一片地方，这在考古上已经得到了很多证明。而晋军在墓区扎营，难免会产生一些基本的土方作业，就算没破坏到坟茔，那些生活污水也足以让曹人的祖先不得安宁！

果然，曹人在城楼上看到此景，吓得魂飞魄散，连忙求饶，然后赶紧把晋兵的尸体用棺材装好送出城来。不料棺材刚出城，一群晋军不知从哪儿冒了出来，一口气冲开城门，杀进城去。

从宋襄公泓水之战到晋文公陶丘之战，只不过经过了五年而已。显然，就在这短短五年间，中国的战争形态已经发生了巨大的变化，底线这种东西，一旦被突破，就再也没有什么意义了。

曹军见大势已去，纷纷扔了兵器，跪地投降。晋文公率众顺利进到城内，屁股还没坐热，就赶紧命人立即清点曹国的文武官员，该捉拿的捉拿，该法办的法办。一查之下，晋文公痛心疾首，曹国区区一个小国，竟然有三百多个乘车的大夫，肉食者如此之多，老百姓怎么养得起啊！而且这三百多人大多是酒囊饭袋，好不容易有个贤臣僖负羁也不知道用，焉能不亡？

想到这儿，晋文公便将曹共公关押起来，听候处置[①]，然后又赶紧派人去找僖负羁，准备大加封赏，并宣布赦免僖负羁全族，甚至不允许晋军进入僖负羁一族所聚居的闾巷，以报当年僖负羁赐食之恩。很多曹人听说此事，都带着亲戚跑到僖负羁的闾巷来躲避兵灾，据《韩非子》记载，其总数竟有七百余家[②]。

[①] 曹本是春秋大国，但经此一役后被晋国彻底控制，大量国土也被晋国割让给宋、鲁二国，从此一蹶不振，至战国初年为宋所灭。

[②] 《史记·管蔡世家》："晋文公重耳伐曹，虏共公以归，令军毋入釐负羁之宗族间。"《韩非子·十过》："曹人闻之，率其亲戚而保釐负羁之间者七百余家。"釐负羁即《左传》之僖负羁，僖古同釐。

跟着晋文公攻打曹国的魏犨和颠颉听了这个命令，又是嫉妒又是不平，都愤愤说道："劳之不图，报于何有？"意思是说：我们这么大功劳还没封赏，就忙着报恩，真是岂有此理！

魏犨和颠颉的怨尤是有原因的，他们二人都曾跟随晋文公流亡十九年，历尽艰难，劳苦功高，可晋文公设立六卿的时候，没有从亡经历的郤氏、栾氏个个占据高位，魏犨却仅仅得了个车右的职位，颠颉更只是个普通的大夫，他俩心里能服气吗？

于是二人一发狠，等到月黑风高时，率领一些士兵，把僖负羁所居闾巷围了个水泄不通，在前门、后门一齐放起火来，顿时火光冲天，将那漆黑的夜色映得一片通红。魏犨趁着酒意，冲进去想找僖负羁麻烦，不料房檐被焚毁，轰然倒塌，魏犨躲避不及，一根被焚毁的大梁正好砸在他胸脯上。魏犨还来不及叫唤，喉咙一甜，一口鲜血已然狂喷而出，待他使出吃奶的劲儿推开大梁，跳将起来，颠颉忙带人救起魏犨，送上马车，回家休息去了。

这时已有人向晋文公通报了火情，晋文公一听，心头暗暗叫糟，急忙派人前去救火，可是已经来不及了，大火把僖负羁家烧得干干净净，至于僖负羁的生死，史书没有记载，倒也不好揣测。

但史书记载了文公对魏犨和颠颉两个活宝的处置。

晋文公认为，魏犨、颠颉二人一向居功自傲，现在又变本加厉，一进城就杀人放火，造成如此恶劣的影响，不杀不足以平民愤，不杀不足以明军纪。不过魏犨乃毕公高（周文王第十五子，西周毕国国君）与毕万（晋献公名臣）之后，为魏氏家族之首领，拥有魏邑的大量封地，若是杀了，恐怕对晋国团结有损，而且魏犨曾追随自己流亡十九年，忠心耿耿，作战勇猛，真要杀他还真舍不得。这样好了，听说魏犨受伤了，如果他伤势不重，那就留着他继续为晋国效力，如果他伤势太重，那就按军法杀了，也免得他受苦。

于是，晋文公派了一个使者，前去慰问魏犨。

魏犨虽然行事粗猛，但脑袋还挺灵光的，不是一个莽夫，他一听说有使者前来探望,赶紧强撑着身体爬下床来,与使者相见。使者开门见山:"我听说将军伤势很重,特地带了慰问品前来看望,怎么样,医生怎么说?"

魏犨强忍剧痛,大笑说:"我魏犨身经百战,大伤小伤无数,这点小伤算什么!你看……"说着他站了起来,先是表演跳高三百次,接着又立定跳远三百次(距跃三百,曲踊三百),不是使者喊停,他说不定还想来一段舞蹈表现一下自己的柔韧性。

使者忙说:"好了好了,我知道你厉害,行了吧?你多多保重,我也要回去跟主公复命了。"

看着使者走了,魏犨这才松了一口气,瘫倒在地,心有余悸。

而晋文公听说魏犨伤势并无大碍,就放过了他,并杀了那个货真价实的莽夫颠颉。据《商君书·赏刑》记载,晋文公其实还给了颠颉一次机会,召他入朝解释,不料颠颉竟然敢迟到,晋文公一怒之下将他处以"断椎"之刑,所谓"断椎",就是打断脊梁骨。

另外,魏犨毕竟犯了军法,他的车右官职是做不成了,晋文公将他贬为普通军官,在军前听用,以戴罪立功,并让大夫舟之侨顶替魏犨为车右。然而,城濮之战后晋军回师打算渡河,负责船只事宜的舟之侨却不在,等到晋师回国献俘之后,晋文公便以擅离职守之罪杀了舟之侨,以正军法。战国时期三晋成为法家的发源地,其重刑之传统,也许就是从这儿开始的。

另外,魏犨最终也没能戴罪立功,可能是由于受伤时勉力强撑,之后武功大不如前,他的政治生命也走到了尽头。城濮大战后,他郁闷地回到了自己的封地,沉迷于声色犬马之中,最后郁郁而终。好在他的子孙们都还蛮争气的,到了魏犨的孙子魏绛,终于得到晋悼公的赏识而由大夫升为卿,官任新军佐,并徙封安邑(后来的魏国都城),再过数十年,魏绛之孙魏舒成为中军将,执掌了晋国国政。从此,魏氏一直名列晋国六卿。而魏舒的曾孙,就是战国七雄中魏国的创立者、伟大的变法家——魏文侯魏斯。

十六、玩火自焚的楚成王

晋军正在曹国休整之时,另外一边,宋国已经快支撑不住了。原来,楚成王为了避免与齐晋等大国交战,已经让楚军从齐国撤了回来,与齐议和,然后专心攻打宋国。此时宋国已被围困了快一年,实在撑不住了,于是仗着体内最后一口真气,一面垂死挣扎,另一面派大夫门尹杀出重围去到晋军处,请求晋军迅速增援。

晋文公何尝不想打败楚国,称霸中原,可楚齐如今已议和,光凭借晋、宋二国之力,不一定能打过楚与郑、许、陈、蔡的联军,何况晋军到宋地乃远离本土作战,孤军深入,万一战败,晋国将前途尽毁,于是他忧虑地对先轸说:"宋人告急,舍之则绝。告楚不许。我欲战矣,齐、秦未可,若之何?!"

先轸不愧是一代兵家,他出主意说:

"使宋舍我而赂齐、秦,藉之告楚。我执曹君而分曹、卫之田以赐宋人。楚爱曹、卫,必不许也。喜赂怒顽,能无战乎?"

也就是说,当初宋国许诺给晋国的财物,晋国不要了,让宋国转送给齐、秦两个大国,请他们去做和事佬劝楚国退兵。同时又将曹、卫二国的地盘分一些给宋国。楚国一生气,就会继续打宋国,齐、秦调停失败,为了挽回颜面,自然会站到晋国这边,一起对付楚国。

这实在是一个相当高明的计策,一计就牵扯了七个国家,调动了天下几乎所有大国。非大战略家,无以规划出如此大计。

晋文公闻言大喜,并大赞:"爱卿这真是妙计!"

"哈哈哈哈……"君臣二人再也忍不住得意之情,相视大笑。

另外一边,楚成王还算老到,他一下子就发现了晋国的外交陷阱,于是竟接受了齐、秦的调停,将大军退回到申邑,然后命令宋国前线的大将成得臣也立即撤军,成得臣却想再坚持一下,至少要把宋国拿下再退兵。

关于楚军主将成得臣这个人，他的军事能力毋庸置疑，但此人行事颇为刚愎，且对士兵过于严苛，曾经在阅兵时一天用鞭子责打了七个士卒，用长箭刺穿了三个士卒的耳朵，所有的大臣都认为他执法如山，治军有道，是一个难得的将才，只有楚国贵族蒍吕臣十三岁的儿子蒍贾认为他行事太拘成法，不知变通，勇于任事，昧于决机，刚愎自用，指挥超过三百乘就必败无疑。

楚成王也深知成得臣虽然能力极强但太过刚愎，便又让人苦劝成得臣，要他千万不可与晋军交战："晋侯在外十九年矣，而果得晋国。险阻艰难，备尝之矣；民之情伪，尽知之矣。天假之年，而除其害。天之所置，其可废乎？《军志》曰：'允当则归。'又曰：'知难而退。'又曰：'有德不可敌。'此三志者，晋之谓矣。"总之，晋国人是很强的，如今又在外交上占了上风，不如暂作忍让，先让他们这一场，才有机会赢得下一场。

成得臣能做到楚国令尹，自然也不是毫无政治眼光，他也知道这仗不好打，最好能通过外交手段来解决问题，于是他苦思冥想，想了个鬼主意，派大夫宛春出使晋军，说："请复卫侯而封曹，臣亦释宋之围。"他让晋文公把曹、卫二国的土地吐出来，并厚待他们的国君，这样楚军便会解去宋国之围。

晋文公的谋士狐偃一听气坏了："子玉（成得臣）无礼哉！君取一，臣取二，不可失矣。"他认为楚国拿一个宋国换曹、卫两个国家，晋国亏了，不能答应。

然而先轸的脑袋非常清醒，他一下子看出成得臣的诡计，这家伙太鬼了，如果不答应他的和议，那就是穷兵黩武，弃宋不仁，显得太没爱心；而且当年晋文公流亡楚国时曾受楚成王招待与恩惠，若主动与楚战则是背恩，显得太没人品。忘恩负义，违礼不仁，形象分就全没了！这样一来，楚国一句话对宋、曹、卫三个国家施了恩，而晋国却招了三个国家的怨，如何还能实现霸业？况且，晋国此次出兵本就是为救宋而来，若公开拒绝楚的方案，又如何向秦、齐等盟军解释？

但是，答应他的和议也不行。因为这样的话，一则卫、曹、宋三国都会对楚国的存续之恩铭感于心；二则楚国距离宋国远比晋国要近，他这次虽然放弃了，但找到机会必然卷土重来，到时晋国再想召集这么多国家来救宋就没这么容易了。

总之，成得臣这一招，等于将自己立于不败之地，无论对方答不答应，他都赢了。

晋文公听到先轸这么一分析，感觉头都大了，没想到成得臣这求和里竟有这么多猫腻，答应不行，不答应也不行，那到底该怎么办呢？

先轸笑道："好办，咱们既不答应，也不拒绝，不理他就是。不理他，他就没有在道义上谴责我们的借口了。当然，不理他只是消极的行动，我们还是得有些积极的举措。具体来说，就是私下答应为曹、卫复国归地，以此逼他们给楚国写绝交信，还是话很难听的那种。成得臣被激怒，若北上来攻，则宋围自解；这样一来，咱们就把破坏和平的罪责推到了楚方，而晋则有主持正义的名声，从而可获得广泛的舆论支持；第二就是使楚孤军深入，又失去曹、卫支持，后勤兵马供应线难以畅通，而晋军则以逸待劳，以静制动，可得全胜。另外，既然咱们不准备答复成得臣的和议，不如把他派来的谈判使者宛春给扣了，可以火上浇油，让成得臣发怒，智商降低。"

晋文公一听大喜，先轸这一招先反间再引蛇出洞，双管齐下，天衣无缝，果然精妙。

晋国依计行事，成得臣果然大怒，发誓要与晋决一死战，他派人回复楚王说："非敢必有功也，愿以间执谗慝之口。"成得臣这也是在内外压迫之下的无奈之举：在外，晋国欺人太甚；在内，就连蒍贾这样的小屁孩都敢看不起自己！所以成得臣一定得打赢这一仗，以证明自己的能力，稳住自己的地位。

说到这里，必须给大家交代一下背景了。春秋早期到中期，楚国除了楚王之外，实际掌握军政大权的还有斗、成、屈、蒍四大公族，其中，斗、成二族出自若敖氏，自然结成一党（成得臣本是楚国令尹斗伯比的儿子，因获封成邑而改称成氏，与斗氏分族）。而蔿氏（若敖之孙楚厉王熊眴的后裔）和屈氏（熊眴之弟楚武王熊通之后，楚成王即楚武王之孙）地位稍低，他们又结为一党。楚武王时期（前740—前690年），若敖氏开始崛起，斗伯比、斗廉、斗祁、斗谷於菟、成得臣等人先后担任楚国令尹等，而蔿、屈二族却只能屈居在若敖氏之下，心里十分郁闷。若敖氏每建一次战功，他们都要酸半天。这一次楚国暌违五年重犯中原，最后的战果如何，对于四公族的权力洗牌十分重要，在这个敏感时刻，成得臣自然成为四大族两派党争的焦点人物，他的成败决定了两派的命运和权力走向，所以成得臣一定要打这一仗，不仅是为了自己的政治前途，也是为了若敖氏的荣誉和尊严。

与此同时，若敖氏的强大也逐渐引起了楚王的不安和猜忌。若敖氏尾大不掉，不但完全把持了楚国的政治军事大权，还可以自由挑选令尹，任命自己的族人，这对楚王的王权是个极大的威胁。另外，四大公族的矛盾也让楚成王十分头痛，领导者最大的难题，就是平衡各方势力，协调各方矛盾，他既不想看到成得臣战胜晋国，若敖氏坐大，也不想看到成得臣战败，丧师辱国，最好的办法，就是不要打这一仗，等他解决好内部的不安定因素，再来跟晋文公一决高下。可是楚成王万万没想到，楚国内部矛盾竟演化出如此复杂的局面，让成得臣甚至想在战争中以侥幸取胜来回敬蔿、屈二族对他的"抹黑与谗言"。

将在外君命有所不受，事已至此，这一仗已然不可避免，楚成王只好尽量保存实力，不把主力交给成得臣。楚成王将自己的嫡系部队全部撤走，只给成得臣派去了西广和东宫（楚太子的亲卫）数千王卒增援部队[①]。这样一来，成得臣即使战败，损伤的也只是他若敖氏的实力，若敖氏实力受损，四大家族的实力自然就均衡了，谁也无法坐大，这

---

① 王卒是楚王出征时的随身卫队，由王族子弟组成，其精华是左、右"二广"，每广有战车一卒30乘，按楚国军制，每乘战车配兵150人，也就是说楚王只给了成得臣区区4500个士兵。这与其说是来增援的，不如说是来监视的。

也不失为一个退而求其次的好结果①。

看到楚成王这个态度,成得臣也只好赌一把,出动了自己所有的若敖私卒。所谓私卒,就是楚国贵族的宗族亲军,主要为车兵。春秋时期,楚国王族子弟和大贵族在自己所封的食邑上各自拥有武装,这些武装不属国家编制,故称"私卒"。贵族以私卒听从楚王之命出征的形式向楚王纳赋。私卒多以各自宗族的子弟为兵员。若敖的私卒,共六卒,每卒兵车三十乘,六卒则总共兵车一百八十乘,每乘战车配兵一百五十人,共约二万七千人,再加上楚成王派来的四千五百个王卒的部队,总共三万一千五百人,这是这次战争中楚军最强大的中军。再加上楚国小弟陈、蔡、郑、许四国及申、息两邑的地方兵作为左右二军,楚军的总兵力在八万以上。而晋军三军有驭具齐全的兵车七百乘②,华夏诸侯军制,每乘配兵75人,则晋军大约有52500人,再加上齐、秦两国的盟军,晋国方面的兵力应该也在七万以上,双方可以说是势均力敌。但由于楚帅成得臣这边有严重的情绪问题与保存实力的想法,所以这场规模浩大的城濮之战还未开战,楚国就早已埋下了失败的伏笔。《孙子》曰:"主不可以怒而兴师,将不可以愠而致战。"愤怒会拉低人的智商,使人做出错误的决策,楚成王与成得臣的悲剧足以为戒。

十七、城濮之战

晋文公五年(前632)四月一日,为了打击国内不利于自己的舆

---

① 事实证明,这并不是个好主意。后来成得臣虽然战败,却只损失了楚国的地方部队与陈蔡郑许等盟军,而保住了若敖私卒大部分主力,楚成王逼迫他自杀,导致若敖氏与楚成王彻底决裂。数年后,成得臣之子成大心支持楚太子商臣发动政变,弑杀了楚成王。可见君王可以玩弄谋略,但还是要小心,不要过分,否则容易引火烧身,玩火自焚。

② 见《左传·僖公二十八年》:"晋车七百乘,韅、靷、鞅、靽。"韅是马腹带,靷是引车的皮带,鞅是套在马颈上的皮带,靽是套在马臀部的皮带。史书通过这四个字,表示晋军驭具整齐鲜明,装备强大,军容肃穆。

论，为了保住若敖氏在楚国四大家族中的领导地位，为了给着着领先自己的晋文公一点颜色看看，楚帅成得臣不顾楚王的反对，率领楚、郑、许、陈、蔡五国联军，从河南商丘一路北上，长途奔袭两百余里，寻求与晋军主力决战，双方在曹都陶丘（今山东定陶）附近摆开阵势，战争一触即发。就在这个时候，晋文公突然下令全军撤退九十里，再与楚军交战。如前所述，当年晋文公流亡楚国时，曾受到楚成王款待，并表示日后若回国即位，晋楚一旦交战，晋军要主动退避三舍，以报楚君之恩。一舍就是当时军队一天行军的路程，大约为三十里，三舍就是九十里。

军吏们对此纷纷反对，说："以君避臣，辱也。且楚师老矣，何故退？"晋文公一国之君退让于楚国外臣，这是一种耻辱啊！何况晋国之前激怒楚军北上，调动敌人以逸待劳的策略已经实现，现在没有必要再退让了，直接打就是了！

只有晋文公的智囊狐偃表示："师直为壮，曲为老。岂在久乎？微楚之惠不及此，退三舍辟之，所以报也。背惠食言，以亢其仇，我曲楚直。其众素饱，不可谓老。我退而楚还，我将何求？若其不还，君退臣犯，曲在彼矣。"

行军作战，讲究的是士气，所谓理直气壮，有理再疲惫气都壮，无理再精神气都衰。晋军退避三舍，实践诺言，是为守礼而有道，则晋军理直；楚军若追，以臣犯君，是为悖理而无道，则楚军理屈；晋国以有理战无理，以气壮战气衰，则晋军必胜。这么做，既能在士气上取得优势（且让前来助战的秦、齐两军缩短了行军距离），又可以在政治上向天下证明自己的信义，何乐而不为呢？

于是，在晋文公与狐偃的坚持下，晋军还是主动后撤了。楚军闻信，很多人觉得可以见好就收了。根据春秋时的军礼，如果一方是国君亲临战场，另一方是以臣子做统帅的话，一旦国君退避，为人臣者是不能追赶的。

但成得臣认为楚国不用管中原华夏的破规矩，于是令大军继续追击，疾行九十里，一直追到濮水南岸的卫地城濮，才追上晋军，成得臣吩咐大军背靠丘陵安营扎寨，占据住有利地形，与晋军遥遥相对。

城濮这个地方在今天山东鄄城西南临濮镇一带，位于山东、河南交界地，是河济平原的中心，这里依山傍水，河网交错，是个进可攻退可守的好地方。

然而，大战在即，晋文公却犹豫了。因为军队中正在传唱一首歌谣："原田每每，舍其旧而新是谋。"意思是说：休耕田上杂草繁茂，必须除掉旧的杂草种上新庄稼。在古代，民谣常被认为是预言，晋文公觉得上天可能在批评他对楚国忘恩负义。狐偃只好再给晋文公打气："战也。战而捷，必得诸侯。若其不捷，表里山河，必无害也。"

其实开垦新田既可以解释成"得新忘旧"，也可以解释成"舍旧谋新"，所以归根结底，晋文公还是想赢怕输，患得患失，担心自己因为要的太多而失去已有的。狐偃只好再给晋文公分析分析地缘。原来，晋国所在的地方就好似一颗切割完美的平行四边形宝石，镶嵌在中国大地，它东有太行，西有吕梁，南有中条，北有恒山，黄河绕其西侧与南面，四面的边界真是天造地设，故谓表里山河。就算晋军输了，到时只要从城濮渡口后撤，渡过濮水，然后沿濮水之北，西向至棘津渡口，北渡黄河，进入太行山区，把太行险径与黄河渡口一封，那楚军再强，又奈我何？在冷兵器时代，晋地就是这么难打！

可晋文公还是念叨往事，说当初楚王对自己那么好，自己得报恩哪！将军栾枝急了，忙道："汉阳诸姬，楚实尽之，思小惠而忘大耻，不如战也。"楚国已经把汉水北岸的随、邓、唐、申、息等十几个姬姓诸侯全给灭干净了，恩才多小，仇有多大，开战才是正义啊！

大家好说歹说，总算劝住了晋文公，可晋文公还是害怕，晚上还做噩梦，梦见自己又回到了当初流亡楚国的时候，自己和楚王正在饮宴，楚王突然要求和自己手搏为戏，自己信心满满地上前迎战，却发现身上一点力气也没有，一个回合就被楚王击倒在地，楚王大笑着压在自己身上，一棍将自己脑袋击破，然后凑上来用力咀嚼自己的脑浆，喷喷声不绝于耳。晋文公大叫一声从噩梦中醒来,满身大汗,脑海里还一个劲儿地浮现着楚王狰狞的面孔。看来,在重耳的潜意识里,楚成王是个蛮荒野人式的人物,至少绝无中原贵族的宽厚,一旦落在他手里会很惨的。

大家在帐外听到呼号,赶忙跑了进来,听完这个相当狗血的梦境,目瞪口呆,好在狐偃又挺身而出,给晋文公一通瞎解梦,说:"吉。我得天,楚伏其罪,吾且柔之矣。"意思是说这梦听起来大凶,其实这体位乃大吉也。晋文公躺着可以说是仰望星空,得到了上天的支持;楚成王趴着,这是认罪的造型。而脑浆是人体里的阴柔之物,所以这是以柔克刚啊!

这解释实在牵强得可以。很难想象,一代枭雄晋文公会相信这样莫名其妙的加油鼓劲。或许,以上晋文公这些貌似唐僧的窝囊与犹豫,都是晋国君臣合演的一出前戏罢了。毕竟,晋文公之前对待曹、卫两国的手段,实在称不上仁义;而如今称霸在即,如果再不表演得好一点,这就说不过去了。此次战争,晋国好不容易召集了一大堆盟友,当时,宋成公、齐国上卿国归父与大夫崔夭,还有秦穆公的小儿子慭都聚集在城濮,晋文公怎么可能说不打就不打呢?他无非是趁着此次诸国高层云集,借此表演舞台,上演仁义戏码罢了,之前的所谓"退避三舍",也是同样的道理。当然,作为一名演员,演技固然很重要,但演戏都要有个限度,演过了就穿帮了,晋文公深知在表演上克制与控制比释放更重要,如今就连做噩梦这种烂俗的情节都出来了,再演就太煽情了,于是就此打住。战后,晋文公把首功出人意料地给了狐偃,而没有给此战的真正指挥者晋军统帅先轸,原因大概也就在这里吧。战争永远只是政治的延续,晋文公此人,还真是通透啊!

就在晋国君臣为了一个奇怪的梦而演技爆发的同时,楚军主帅成得臣也做了一个梦。通观《左传》这本史书,真的非常喜欢记录梦境,大概巫史同源,史官们习惯将人们潜意识中的物象与情绪暗流看作神意或天意,并以此指导凡间的军事政治活动。

成得臣到底做了个什么梦呢？他没有梦到对手晋文公，却梦到黄河之神对他说："给我琼弁玉缨，我就给你宋国的地盘！"

原来，成得臣有一件装饰有玉的贵族冠帽（琼弁），其冠带上还缀有珍贵的玉石（玉缨），可以说相当贵重豪华，是成得臣的心爱之物，自己还没来得及用，怎么肯送给河神呢？于是他想都没想就拒绝了这个要求。

梦醒后，成得臣同样把这个梦告诉了自己的部下，大家一听，搞什么啊，平时请神享用都怕神不接受，好不容易黄河大神亲自开口了，怎么能不给呢？他们推举楚国大夫荣黄前去劝说："死而利国，犹或为之，况琼玉乎！是粪土也，而可以济师，将何爱焉？"

然而，成得臣仍然拒绝了。荣黄失望地对楚军将士们说道："非神败令尹，令尹其不勤民，实自败也。"

成得臣为什么不肯献出这副玉冠呢？应该不是小气的问题，归根到底这是一个自尊的问题。政敌们不看好自己的能力也就罢了，如今就连河神也不看好自己的能力，要自己靠他才能取胜，这太屈辱了！无论如何，自己一定要将一场荡气回肠的胜利奉献到国君、将士、政敌乃至神灵面前，人定胜天，何况胜神？

不管成得臣到底是怎么想的，这失败的阴影，已经笼罩在了楚军将士的心头。只有成得臣自己仍然信心满满，派了楚右师大将斗勃（字子上）送去一封战书，上面写着："请与君之士戏，君冯轼而观之，得臣与寓目焉。"意思说：敝国战士久仰贵军英勇善战的大名，所以恳求君上批准我们做一次角斗游戏，君上您可以靠在车的横木上好好地看戏，我有幸也能奉陪观赏一下。

这番外交辞令，轻松儒雅，没有一点硝烟味，就如同两个绅士在做象棋比赛，如此风度翩翩，却又明显透露出一股轻蔑与狂妄，汉语的语言艺术真是让人惊叹。当然，晋文公不会示弱，于是让栾枝去楚营回了一番更为得体有礼且更霸气的话："寡君闻命矣。楚君之惠未之敢忘，是以在此。为大夫退，其敢当君乎？既不获命矣，敢烦大夫谓二三子，戒尔车乘，敬尔君事，诘朝将见。"意思是说：敝国的国君已经接受了您的要求，楚君的恩惠我们不敢忘记，所以退避至此，以信守当年的诺言，岂敢抵挡贵国的威武之师？不过，既然敝国还没有接到贵军的停战之令，那也只好拜托使者您转告贵军的三军将士，准备好你们的战车，忠于你们的国事，明天早上见。

晋文公五年（前632）四月四日晨，军事史上的壮举——举世瞩目的城濮之战终于要打响了，微曦的晨光中，晋文公登上一座高丘——有莘之墟（夏商时期有莘古国的城丘遗址，在当时也算是一个文物古迹了），看着山下整齐划一、军礼娴熟、斗志昂扬、车甲齐备的晋国士兵，感觉自己从来没有这么近地接近过成功，他伸开双臂，仰面望着天空，口中喃喃地念道："神啊，保佑我吧，请赐给我军力量，赐给寡人无上的霸业！"

山谷里响起晋军如雷的呼喊："我军必胜，楚军必败，把楚国人赶回老家去！"

晋文公听着耳边战士们山呼海啸般的呐喊声，开心地说道："少长有礼，其可用也！"

阅军已毕，晋军开始砍伐树木补充战具，做战前的最后准备。与此同时，楚帅成得臣也站在他战无不胜的雄师面前，傲气冲天地宣布："今日必无晋矣！"

紧接着，双方十余万军队开始在城濮平原集结，飘扬的旌旗和闪亮的盔甲让清晨的朝阳都失去了颜色，整齐的脚步声和惊人的车马声打破了山谷的宁静，肃杀的气氛压得所有人都喘不过气来。城濮平原的上空真可谓战云密布，天地为之变色。此时此刻，大家都清楚地明白，这个往常人迹罕至的山谷将在几个小时后被战士的鲜血所淹没，而中原大地的命运，也将在那个时候赫然揭晓：谁是可悲的末路英雄，谁又是天下真正的主宰！

战争终于打响了，晋军统帅先轸首先派出了晋军第六把手"下军佐"胥臣率所部晋下军，去攻打楚右师斗勃下辖的陈、蔡部队。

这一招叫作先捏软柿子。

高手都是善于寻找对方弱点的，这就是高手的高明之处。陈国和蔡国的部队，正是楚右师中最薄弱的环节。这两个小国，打从春秋初期开始，就是跑龙套的角色，跟在大国的后面分杯羹吃，不但不能增加己方的战力，还处处捣乱，从前的周天子-周桓王攻打春秋小霸郑庄公，就是栽在了他们这群搅屎棍的手里。在先轸看来，对于这样超烂的军队，基本一个冲锋就能击溃。

这一招在兵法中又叫作避实击虚。先以自己的局部优势和主动，向着敌人局部的劣势和被动，一战而胜，再及其余，各个击破，全局就会因此转成优势，转成主动。

先轸的另一个高明之处，就是同意胥臣把虎皮蒙在驾车的战马上，朝陈、蔡部队冲去。

即便在春秋时代，虎皮也是一种很稀罕的东西，难以大规模装备军队。笔者猜测，这里的虎皮或许只是在战马护甲上用彩漆绘制了类似老虎皮毛的黄黑相间的条状斑纹。这玩意儿吓不了人，但足够吓唬马了，陈、蔡军的战马一看老虎来了，吓得掉头就跑，拉都拉不住。

陈、蔡的士兵本来打仗就很烂，现在战马不听指挥，他们更是武功全废，一个个被晋军打得抱头鼠窜，溃不成军！

其实这也不能怪他们，从古到今，哪有人这么打仗的！

怪就怪在先轸他们太有创意了。此等怪招，旷古皆无，这简直就是深层次的心理战，它涉及动物学和心理学等诸多层面，非常具有"高科技"含量，由此也可见晋军在战前做了非常充足的准备工作。

结局可想而知，陈、蔡部队冲乱了楚军的阵脚，楚右师于是大败，楚将斗勃重伤离场。

看来，陈、蔡部队果然素质低劣，所以先轸只出动了下军一半的兵力即胥臣部来对付他们，而另外一半栾枝部则安排在晋军右翼，以增强狐偃、狐毛晋上军的力量。这是因为晋上军所面对的楚左师，乃楚军中非常著名的王牌地方部队"申息之师"，这申、息二国原本是春秋初期在南阳盆地的大国，楚文王耗其一生才将此二国吞并，使楚军拥有了一支逐鹿中原的强大劲旅。基于此，先轸便做了这么一个大胆而创新的部署，将一半的下军调入上军阵中，完全没有按照春秋时代的传统军礼来布阵。更离奇的是，晋上军增加了一半的力量，却在遇到楚左师的进攻后，不战自退了！

楚左师统帅斗宜申莫名其妙，这才刚交手，晋上军便如同潮水般向后撤去，上军将狐偃的帅车更是拉着两面大旗，呼啦呼啦的，跑得比谁都快！而下军将栾枝所率下军将士还在战车后面拖着从附近山上砍下来的树枝，跑起来尘土飞扬，造成全军撤退的假象，借以迷惑楚军，诱敌进攻。只能说，先轸真是世界上最早的"特效大师"，骗死人不偿命啊！

换作后世兵家，一看就知道晋下军这是在佯退，《孙子兵法》曰："佯北勿从。"敌方战，形势未衰，便奔走而退兵者，必有奇伏，这是千万不能追的。但别忘了，当时还是"以战为礼"的春秋初期，"佯退"是很少见的，那时候的军队只有打输了或害怕了才会退，在战略上假装撤退，大部分人闻所未闻。

所以，斗宜申虽然有些疑惑，但他也来不及想那么多了，到手的胜利决不能让它溜走，追吧！

就这样，楚左师几百辆战车同时进发，浩浩荡荡地驰车猛追，不一会儿就消失在漫天的沙尘之中。

好了，楚国人已经上当了，现在晋军要做的，就是把胜利装进袋子，收紧袋口，拉上拉链，打包回家。

春秋时候有一条战礼："逐奔不过百步，纵绥不过三舍。"（出自《司马法·仁本》）意思是说击败敌人之后，在战场内追击不能超过百步，而在战场外追击的纵深不得超过九十里。这其实并不完全是礼节问题，也是战法的需要。因为春秋时候的战争，靠的是战车与步兵的协同作战，一般来说，一辆战车共配七十二名步兵，左右后各二十四名，负责掩护战车两翼及后方，以弥补战车冲击力强但防守薄弱的缺点。因此,以战车追敌,其纵深绝对不可过长,否则步兵很有可能被抛在后面,导致两边被敌人各个击破。

可惜,被胜利冲昏头脑的斗宜申,将这个战场上最基本的道理,完全抛到了九霄云外。他一个劲儿地追啊追,浑然不知后面狂跑的步兵早就跟前面的战车脱节了。

楚军追得正起劲,晋军却突然停下来不跑了,飞扬的灰尘散尽,斗宜申惊讶地发现:前方的晋国战车竟然不知何时已掉过头,排成一道圆弧,朝自己反攻而来,战鼓响起,一声声一下下,重重地敲在楚军士兵们的心头,就像是在敲响他们的丧钟!

斗宜申的心中闪过一丝不祥的预感:事情要遭!

他的预感很快被证实了,在楚军士兵惊慌失措的叫喊声中,在自己的侧后方,无数晋军士兵黑压压地朝他们涌来,竟然是本来应该正在与楚中军鏖战的晋中军里最为精锐的公族部队[①]!

斗宜申的心头闪过了一个极为可怕的念头:自己遭到了晋上军和中军的夹击了,这是什么奇怪打法啊!

可怜的斗宜申,他真的完全蒙了,按照老祖宗传下的规矩,双方对阵,三军应依次决战,己方的左军对敌方的右军,己方的右军对敌方的左军,最后是中军对中军,鸣鼓而击之,合计较量三次,其游戏规则有点像今天的三局两胜淘汰制球赛。每次较量的时候,其他各军就等着看,直到决出胜负。他们晋国人怎么能不按牌理出牌,硬从中军抽出公族部队来打我们呢?这不合规矩啊!

斗宜申很搞笑,先轸为啥要按牌理出牌,他就不能自定牌理吗?

---

① 自晋献公灭、逐群公子之后,晋国就再没有了近支公族,这里的公族部队指的是晋国早期公族远支,即胥、籍、狐、箕、栾、郤、柏、先、羊舌、董、韩十一族"实掌近官"(负责国君的内务、宿卫等亲近事务)的"诸姬之良"(《国语·晋语四》)。然而到了春秋末年,晋之公族已经凋落,公族贤臣叔向(出自羊舌氏,即晋武公之子伯侨之后)云:"虽吾公室,今亦季世也。戎马不驾,卿无军行。公乘无人,卒列无长。"可见就连晋国公族部队的"公乘""卒列"等军事武装都无人率领了,因为这十一公族在晋国的六卿斗争中已几乎消失殆尽了。其又云:"肸(叔向名羊舌肸)之宗十一族,唯羊舌氏在而已。"(《左传·昭公三年》)

他的牌理,就是集中优势兵力攻敌一部打歼灭战,日后所有兵家都必须学他这个牌理,不学就得打败仗。这也就是《孙子兵法》所谓"并敌一向(集中兵力,投入一个方向)""我专(集中)而敌分"。

这世界变化太快了,这就是宋襄公、斗宜申之辈的悲哀所在。

可怜的斗宜申,他越想越混乱,完全忘记了指挥军队。战场上瞬息万变,当斗宜申还在傻傻愣神的时候,先轸率领的公族部队已经迅速地杀上来,攻打楚军战车的侧翼薄弱部分,并包围了落在后面的楚军步兵。没有战车的掩护,手持短兵且疲惫不堪的楚军步兵只有任由晋军战车屠杀的份儿。斗宜申眼睁睁地看着自己的步兵被晋军巨大的战车压成肉饼,侥幸逃脱的也被战车上的甲兵挥戈砍成两半,死伤无数。

与此同时,前面的狐偃、狐毛、栾枝部队也冲进了楚军车阵中,没有了步兵在战车两翼及后方的掩护,只拥有单一长兵器的楚军车兵也变得不堪一击,纷纷败逃。斗宜申见大势已去,只好长叹一声,在少数亲兵的保护下冲出重围,狼狈地爬山逃命去了。

另外一边,成得臣也明白大势已去了,因为他的中军部队遭到了晋中军佐郤溱与下军佐胥臣部的顽强阻击。晋军用数十辆巨大的重车首尾相连,结成环状,在阵前横列,以为屏障,再将弓箭手和长戈兵部署在重车的后方,而其他机动兵力则躲在阵内,层层布防,密不透风,楚中军好几次冲锋都无功而返,反而在阵前留下了近千具楚国勇士的尸体。

成得臣的脸都绿了,左右二师已然惨败,自己又寸步难进,这可怎么办哪!他明白,他在这里拖得越久,局面对自己越不利,胜利正从他的手边一点一点溜走。

于是他疯了般命令,冲,冲,冲!

郤溱、胥臣当然不会让楚军得逞,先轸交给他们的是一个死任务:无论如何,也决不能退后半步,只要拖住楚军中最精锐的中军,晋军主力必能全歼申息之师。没想到吧,战国孙膑"田忌赛马"的理论,先轸早就实践过了。

当然，楚国中军毕竟是成得臣最引以为傲的"若敖私卒"与楚军精锐王卒组成，乃楚国的最强战力，那冲劲可不是地方部队所能比的。双方都陷入了苦战之中，将士们睁着已经杀红了的双眼，扯着已经沙哑的喉咙，不断地战斗着，厮杀着，直到拼尽自己身上最后一丝力气、最后一滴鲜血。

面对楚军如潮水般的攻击，郤溱、胥臣感觉自己都要撑不住了，眼看就要崩溃，战场右翼的地平线上，突然出现了一条漫长无边的黑线。很快，黑线就变成了黑压压的一大片，晋军士兵坚毅而兴奋的脸庞清晰可见。

"辛苦了，郤溱、胥臣，现在跟我们一起接收战果吧！"先轸负手站在高高的战车上，衣袂飘拂，长发飞扬，宛如战神下凡。

成得臣终于面对面见到了这个宿命的对手，绝望的感觉从脚底蔓延上来，让他的身体一阵阵的虚脱。

——完了完了，左右二师都完了！我输了，先轸，我输得心服口服。

如今，楚国只剩下了楚中军这一支孤军，又被晋三军合围，大势已去。

成得臣重重地一跺脚："撤！"

先轸跟在后面掩杀了一阵，最终还是放成得臣跑了。他可没有斗宜申那么傻，穷追猛打，乃是车战的大忌。

此一役，不可一世的楚师在城濮损失了三分之二（约五万多人）的兵力，元气大伤，虽然楚军的中军主力及成得臣的若敖私卒保全了大部分，但鼎鼎大名的申息之师几乎全军覆没，楚国的小弟陈、蔡、郑、许四国也损失惨重，战后除了最为弱小的许国，其余三国都立刻投入了晋国的怀抱。晋国此后的百年霸业，自此正式确立。

十八、棋解城濮之战

城濮之战，可以说是中国历史上第一个记载完备的决定性会战战例，它对于中国战争史与战略领域之研究有着非常重要的意义，且能提供若干有意义的教训，值得深入分析。

此一战，晋国君臣团结，上下一心，政治、外交、军事三管齐下，层层设计，步步料敌先机，前后左右，来路去路，纹丝合缝，无不一一算到，这就像是下棋一般，谁算的步数越多，谁的段数也就越高，而成得臣空有一身勇力和精卒，可惜不会算子，就算再多给他几个车马炮，他也只是个业余选手，怎么下得过晋文公这个高手。当然，晋文公的棋下得再厉害，没有好棋子，他也是巧妇难为无米之炊，也亏得有先轸、狐偃、赵衰、栾枝、胥臣这些好用的文棋武子，晋文公才能得心应手，越下越精。总结晋文公之胜，可归于以下几点。

帮手：俗话说"一个好汉三个帮"，有了好帮手，做什么事情都事半功倍，当然，帮手也不能乱选，好帮手能帮着加分，坏帮手却只能越帮越忙，给人添乱。晋文公就选对了帮手，齐国、秦国，全是霸主级别的大国；楚国选的帮手却是郑、许、陈、蔡！这里面也就郑国有一点实力，其他三个，都是上不了台面的小国，忙一点没帮上，乱倒是捣了不少，这一对比差距就出来了。

人际关系：找到了好帮手，人家不肯帮，那还是白搭。晋文公就是得了人缘好这个便宜。从前流亡诸国的时候，他就在齐、秦那里跟人家搞好了关系，称兄道弟的，有了事情别人自然会来帮忙。晋文公的人际关系搞得好，讲义气。宋国人被楚国人揍了，他二话没说就跑去帮忙，宋国人见他仗义，就来给他送礼，他也不要，转手就给了齐国人和秦国人，既卖了人情又赚了名声，自己还一个子儿没花，晋文公做人那可是做成精了。要搞好人际关系还要懂得"变通"，当初晋文公流亡时，曹国人和卫国人对他差劲，又是驱赶又是偷看人家洗澡的，太没品了！所以晋文公找机会狠狠地揍了他们一顿，两方的关系可谓坏到了极点，可是真要和楚国人开打的时候，晋文公又一改常态，把曹、卫的土地还给了他们，目的就是为了不让曹国人和卫国人站在楚国人一边。为了晋国的霸业，晋文公可以把个人恩怨抛在一旁，他既可以跟楚成王这个从前的朋友反目为仇，也可以跟曹、卫这两个从前的敌人称兄道弟，这便是"变通"的最高境界！

情报：《孙子》曰，"成功出于众者，先知也。先知者，不可取于鬼神，不可象于事，不可验于度，必取于人，知敌之情者也"。对于一场战争的成败，情报的准确性是相当重要的。但在《孙子兵法》出现之前，春秋各国对此似乎并不太重视。而在城濮之战中，晋方对楚方的情况似乎知道得相当清楚，是以能谋定而后动。因此，晋军应有极佳的情报来源，虽然《左传》对此并无记载，但在《国语·楚语上》中却透露了一个重要秘密。原来，在三十年前楚国一次内乱中，楚国王孙启逃到了晋国，并在城濮之战中为晋军决策提供了大量情报，据载他在战前曾表示："是师也，唯子玉（成得臣字）欲之，与王心违，故唯东宫与西广实来。诸侯之从者，叛者半矣，若敖氏离矣，楚师必败，何故去之！"

用人：一个好领导，一定要懂得用人，古往今来所有出色的政治家，无不对人性有着深刻独到的见解，用人不疑，疑人不用，赏罚分明，知人善任，这样才能上下一心，发挥出所有人的主观能动性，将事情做到尽善尽美。曹共公不懂得用忠贞贤德的僖负羁，最后身败名裂；楚成王错用了刚愎自用的成得臣，最后丧师辱国；而晋文公在十九年的流亡生活中和他的一干文臣武将朝夕相处，患难与共，谁能参谋，谁能任事，谁能打仗，他都一清二楚，了如指掌。

如果把晋文公比作汉高祖刘邦，那么先轸就是他的韩信。行军打仗，克敌制胜，先轸说自己第二，春秋没有人敢自称第一，在中国的历史上，先轸是第一个拿战争当一门学问、当一门艺术来研究的人。迂回，惑敌，阻击，埋伏，战术层出不穷；围点打援，诱敌深入，避强击弱，各个击破，战略精彩纷呈。什么反间计，心理战，围魏救赵，田忌赛马，这些经典的兵法其实都是先轸玩剩下的。有这样百年难得一遇的军事天才，晋军怎么能不着着领先、每战必胜呢？成得臣碰上了这么可怕的一个对手，输了也可以理解，换了谁，也不可能表现得太好。

如果把晋文公比作汉高祖刘邦，那么狐偃就是他的张良。狐偃性格上虽然稍嫌冒进，但每逢大事，却总能运筹帷幄，决胜于千里之外，晋文公亲秦、勤王、救宋、退避三舍这些最为关键的决策，无不是在征求了狐偃的建议后实施的。另外，狐偃乖巧机灵，善于言辞，但统筹全局能力较差，所以晋文公把他当成自己的智囊，用于出谋划策，而没有让他统率全军，这非常合理。

如果把晋文公比作汉高祖刘邦，那么赵衰就是他的萧何。论打仗，他比不过先轸；论韬略，他比不过狐偃；但是他有一个最大的好处，就是谦恭有礼，忠厚仁义，他是文公最信任的一个人，也是和其他大臣最亲近的一个人，这样的人往往能在纷繁复杂的人际关系中担任一个润滑剂的作用，帮大家协调关系，缓和矛盾。别看这种人不起眼，却是一个团队中最为不可或缺的人物。所以当晋文公初建三军的时候，赵衰说什么都不肯担任将佐，而是让给其他更有才能的人，他的这些事迹，是不是可以跟萧何月下追韩信媲美呢？另外，赵衰精通《诗经》，文化水平也很突出，所以晋文公把他当成自己的心腹，负责晋军的军纪执法，并让他奉礼应对，处理晋国的外交事务，而没有让他参与城濮之战的指挥决策，这也是晋文公知人善任的一个明证。

栾枝、胥臣，这两个人才都是赵衰推荐的，赵衰对他们的称赞是栾枝贞慎，胥臣多闻，从城濮之战他们的表现来看，确实所赞无差：栾枝虽然没有跟着晋文公一起流亡，但是他对晋国的忠诚，绝对不可怀疑，当晋文公流亡在秦的时候，正是他甘当内应，坚定地站在了晋文公这一边，为晋文公的上位立下了汗马功劳。在城濮之战中，他又在敌众我寡的情况下坚守阵地，为全歼楚师争取了宝贵的时间；胥臣知识渊博，涉猎甚广，估计在动物学方面也有过深入的研究，给战马披虎皮,这样的绝招恐怕也只有他这样见闻广博的大学者才能实践得起来。晋文公让他们独当一面,最后在城濮之战中起到了决定性的作用,可见凡是大功,断非一人可立,各种各样的人才都是有用的。

这些人在晋文公的领导下,各安其位,各展其谋,整个晋国就像一个巨大而精密的仪器,运转得井然有序、有条不紊;反观楚国,四大家族争权夺利,关键时刻楚成王又和主帅成得臣意见分歧,整个楚国就像一个破旧不堪的大卡车,虽然马力强大,但是部件磨损,上下脱节,稍微一碰,就得分崩离析。所以说楚国的失败其实在楚军离开宋国的时候就已经注定了,城濮一战不过是走个过场罢了。

经历:所有成大事的人,都有过超乎常人的经历。中国历史上各个王朝,大多是开国之君最为雄才大略,因为他们经历最丰富。晋文公虽然不是一个开国之君,但他经历过的艰难险阻、颠沛流离,绝对不会比任何一个开国之君少;他本是贵公子出身,却先后遭遇晋献公、晋惠公追杀,被迫流亡国外十九年,前后游历八国,挨过饿,受过辱,尝尽了世态炎凉,所以楚成王说他"险阻艰难,备尝之矣,民之情伪,尽知之矣"。长期的流亡生活,不仅丰富了晋文公的阅历,也充实了他的知识,增长了他的见闻,提升了他的才干,磨炼了他的意志,最终使他具有了同时代其他诸侯所没有的素养,这对一个政治家而言,是最宝贵的一笔财富。事实上,所有见过晋文公的人,都对他的个人魅力,给予过极高的评价。

宋国司马公孙固说晋文公好善不厌,从年长到年幼的,他都能以礼相待。

楚成王说晋文公志向远大而生活俭朴,言辞文雅而合乎礼仪,豁达而有文采,处于困境而不急不躁,不卑不亢。

晋国贤臣叔向则说晋文公好学不二,守志弥笃。

另外,在流亡的十九年中,晋文公目睹了叱咤风云、不可一世的齐桓公是如何任用奸佞、错误安排身后事,导致齐国霸业土崩瓦解的;所以他回到晋国后远离奸佞、举贤任能,晋国得以大治;他还目睹了雄心勃勃的宋襄公，是如何死守仁义不知变通而败师亡身的，所以他总结了宋国的经验教训，仁义诡道双管齐下，灵活运用，与时俱进，以能达到实际的战略目标为最终目的，而不是死抠仁义两个字不知道变通。晋国位于山西，与中原列国交往并不密切，而晋文公君臣却在长达十九年的流亡生涯中，与齐、秦、宋等大国搞好了关系，并在楚、曹、卫、郑等国了解了对手很多情况，这些都使晋国在中原有了存在感，也使得晋国君臣成为当时最了解天下局势的人，这对晋军在城濮之战中取得胜利起到了至关重要的作用。更重要的是，在晋文公即位之前，晋惠公自私自利，诛杀异己，内不能安国，外屡屡受制于秦国，政局混乱动荡，国人期望英明新君的出现，晋文公在此环境中即位称霸，正当其时。

以上四点，便是晋文公即位仅四年便能称霸天下的原因，长期聚集的能量，一旦爆发，能不猛且烈乎？

十九、春秋时代最接近霸主之人

司马贞《史记索隐》说："五霸者，齐桓公、晋文公、秦穆公、宋襄公、楚庄王也。"这也是如今历史学界与历史教科书上通用的一种说法。

然而，这五位霸主的霸业都与一人有关，这个人就是春秋时代的准霸主——楚成王。楚成王一生灭国十一，曾打败过宋国、齐国，还曾将郑国、鲁国、曹国、卫国、陈国、蔡国、许国等中原诸侯都纳入自己的麾下。可以说楚国在先秦时成为超级大国，楚成王是最重要的奠基者。

齐桓公敬畏他。在召陵之盟，是楚成王克制了自己的野心，与以齐国为首的中原诸侯联军成功议和，才成就了齐桓公的完美霸业。否则若双方开战，鹿死谁手还很难讲，就算齐国获胜，也将遭受重创。

宋襄公敬畏他。泓水一战，宋襄公惨败于楚成王，并伤重而亡。

虽然在临死之前，宋襄公死鸭子嘴硬，认为自己是谨守军礼，奉行仁义，但他内心恐怕也不得不承认，宋楚实力相差甚远，他与楚成王争霸，实在是自不量力。

秦穆公敬畏他。如果不是楚成王将流亡国外的晋国公子重耳护送到秦国，秦穆公也不可能扶持重耳成为晋文公。如果不是楚成王将一代贤才百里奚让给秦穆公，秦国也不可能迅速大治，成为西方霸主。

晋文公也敬畏他，故他与楚交战之前，特意退避三舍。当然，楚成王也很敬畏晋文公，内心并不想与其正面交手，奈何楚国大将成得臣违反王命，擅自出击，导致城濮一战，楚军大败，除了自己的若敖私卒大部分保全，陈、蔡、郑、许的仆从国军队全都损失惨重，楚国申、息两邑的地方部队也损失殆尽。楚成王本来就恼火成得臣违逆王命，如今又打了败仗，于是派人对成得臣说："大夫若入，其若申、息之老何？"意思是：你现在回国，有何颜面面对申、息父老？

成得臣知道自己死定了，但他还想争取一下，便让他的儿子成大心去向使者求情，请求戴罪立功。

然而，楚成王最终拒绝赦免成得臣。他是一个猜忍的君王，当初他故意少给军队，就是想让成得臣用自己的若敖私卒作为主力去攻打晋军，这样无论胜败，尾大不掉的若敖氏都会被削弱。可没想到大败之下，成得臣还能保住自己家族的部队，损失的只是申、息两邑以及仆从国的兵马——光这一点就让楚成王无法放过成得臣了。而且楚国向来有统帅兵败自杀的惯例，据统计，春秋时期楚国的军事长官及贵族，自杀者至少有十七人[①]。所以楚成王让成得臣赶紧死，这也可以说是尊重传统，如果成得臣不服造反，他就干脆一股脑儿灭掉若敖氏，一劳永逸。

成得臣并不想因为自己而牵连整个若敖氏，若敖氏只想专权，不想造反，于是成得臣最终没有回国，在连谷自杀身亡。

---

① 参阅王准《春秋时期楚人自杀现象探析》。也许，楚人项羽乌江自刎，也并非仅是他个人性格所致，还受到了楚人传统的影响。

成得臣死后，楚国的权力开始重新洗牌，若敖氏的头号反对者、蒍氏家族的蒍吕臣升任令尹，晋文公听到这个消息后，大喜过望地说："莫余毒也已（没有人能危害我了）！蒍吕臣实为令尹，奉己而已，不在民矣。我击其外，楚诛其内，内外相应！"晋文公在楚国待过大半年，他知道蒍吕臣在楚国贵族中根基尚浅，威望不够，恐怕难以镇服若敖氏，所以说蒍吕臣执政最多只能做到维护自己，而无法造福百姓，也就再无法威胁到晋国了。

身为一代枭雄，喜欢玩弄谋略权术也很正常，但玩过头就会引火烧身。楚成王这次可真是过头了，其实成得臣是个不错的军事人才，其失败主要是由于楚国贵族间的内耗，逼死他还怎么争霸中原呢？西汉时大司空何武便将成得臣对楚国的重要性比作信陵君之于魏国，范增之于西楚，并表示："楚跨有南土，带甲百万，邻国不以为难，子玉（成得臣）为将，则文公侧席而坐（谓因忧惧而坐不安稳），及其死也，君臣相庆。"（《汉书·傅喜传》）更糟的是，成得臣之死并未让若敖氏伤筋动骨，反而让若敖氏团结一致，想要给楚成王点颜色看看。过了几年，楚国太子商臣发现自己地位不稳，竟联合若敖氏发动政变，逼楚成王自杀。

楚成王临死之前想吃一只熊掌，做个饱死鬼。残忍的商臣却连父亲这个临死的要求也不肯答应，继续逼迫，楚成王只好自缢而死。

事实上，楚成王也没那么爱吃熊掌，只不过熊掌要煮上好几天，可以拖延时间，等待援军。老父亲这点小计谋，儿子当然一眼看穿。

曾让中原诸侯战栗胆寒的一代枭雄楚成王，就这样凄凉死去，曾经的威名与武功，就此化为云烟。他这一生，曾与春秋四位霸主展开过激烈竞争，然而无论胜败，每次都不幸地沦为配角，眼睁睁地看着那座霸主的"小金人"被别人捧走，到最后还悲惨地死在儿子手上，他的命运真可以说差到了极点。

而商臣即位为楚穆王后，将若敖氏的首领、成得臣之子成大心升为令尹。从此，若敖氏在楚国的权势越来越重，从楚成王四十五年

（前627）到楚庄王九年（前605）二十余年，楚国四任令尹都是若敖氏，楚穆王的儿子楚庄王即位后大权旁落，只得韬光养晦，苦等机会，然后一飞冲天，消灭若敖氏，最终实现了祖父楚成王的两大梦想——巩固王权与称霸天下。

楚成王死时，楚庄王不过五六岁，看不出什么雄才大略。但楚成王地下若有知，见自己的孙子这么厉害，亦当欣慰。

二十、春秋时代最货真价实的霸主

另外一边，城濮之战后，晋军在城濮的楚营里开了三天庆祝胜利的联欢会，然后满载着战利品，高奏凯歌，回到晋国。周襄王感觉自己也要意思一下，于是派了卿士王子虎前去慰劳褒奖，说："从前先君昭王伐楚，丧六师于汉，卒于江上；后宣王伐楚，亦丧师于南国；再后来，齐桓公联合八国诸侯共同伐楚，与楚大夫定盟于召陵，未能伤楚分毫；数百年来，我们竟未能在楚国那里得过半点便宜！今君侯大败楚师，一吐百年怨气，实乃不世之功。故而天子决定亲自前来接见你，犒赏三军，特令臣先来报知。"

周天子贵为天下共主，竟然肯亲自前来与诸侯盟会，这个面子可真是大了去了！就连齐桓公，也只是跟太子盟会过，晋文公居然找了天子来开会，这是何等的尊宠和荣耀啊！齐桓公要是地下有知，恐怕也要嫉妒地从土里面爬起来抱怨几句。这也没办法，随着周室的愈发衰弱，周天子已经真切地认识到，现在已没有比和霸主合作更好的选择了，伟大属于霸主，光荣属于天子，这就够了，反正他已和伟大无缘了。

晋文公闻信，心里那叫一个爽啊，于是二话不说决定让郑国大出血本，在郑地践土（今河南原阳西南）为周襄王建一座行宫，然后相约于五月初十在那里恭候天子大驾。

晋文公五年（前632）四月二十七日，晋文公率领大军来到践土，开始为周天子建行宫。此次会盟之所以在郑地举行,一则此地处天下之中,影响力可以辐射各国;二则给归附楚国的郑国点颜色看看,让他们来负责承担周天子与诸侯们的一切费用开支,作为惩罚。

果然,郑文公心中害怕,竟一连派出了九批使者前来求盟,晋文公于是大发善心,答应郑国的求盟,收了郑文公做小弟。

五月初九,郑伯亲自来到践土,对晋侯又是送礼又是赔笑脸,让晋文公觉得很有面子,两国随即签订协议,约定郑国只要以后不再跟楚国眉来眼去,老老实实服从晋国,并按时给晋国交纳"保护费",晋国就会尽全力保护郑国。

五月初九的夜晚,对晋文公来说,注定是个不眠之夜,第二天五月初十的正式会盟,将会是他人生中最风光荣耀的日子,从明天开始,他将成为霸主。

五月初十,继三十年前齐桓公"葵丘大会"后最大的一次诸侯盛会——"践土之盟"顺利召开了。

与会的各诸侯有宋成公王臣、齐昭公潘、鲁僖公申(这都是老哥们儿了)、郑文公捷、陈穆公款、蔡庄侯甲午(这都是觍着脸从楚国联盟倒戈回来的墙头草)、莒兹丕公期(这是东夷代表),还有两个特殊人物,那就是卫成公的弟弟叔武和卫大夫元咺(卫成公因附楚背晋已被卫人驱逐)。

缺席的各诸侯有秦穆公任好(因路远,只是送了封信给晋文公表示一下祝贺),许僖公业(楚国的忠实小弟,骨头硬讲义气,结果会后被大家揍了一顿),曹共公襄(仍因附楚而被晋文公关押着)。

其实这些人多来一个少来一个都没关系,关键是周天子要来,他才是今天面子最大的人。于是,大家会合了以后,便在老大哥晋文公的带领下于三十里外迎接周襄王,然后回到践土,仪式正式开始:

第一步,献俘。奴隶社会的奴隶很大一部分来自战俘。城濮之战,楚国被打得落花流水,被抓的俘虏自然也不少,晋文公要想当霸主,就得出点血,况且这也是自古以来的传统战礼。晋文公一口气献给了周襄王楚国俘虏一千人,缴获的战车一百乘。

第二步,回赠。晋文公送了周天子几乎一个加强营,这可不是小数目,周襄王当然也要稍微意思一下,过了两天(五月十二日),他果然赏赐了文公六样好东西。

一是衣:大辂之服与戎辂之服。

天子行大礼所乘的车子称大辂,行军礼所乘的车子称戎辂。大辂之服与戎辂之服就是这种专用车马的全套装饰与礼服,即钩、樊缨、大旗之类,以及乘者衣服。这车驾礼服,可不是一般诸侯能够享用的,时尚华丽,庄严肃穆,用料考究,做工精细,款式独特,相当拉风!

二是食:秬鬯一卣。

"卣"的象形字就是一个置于皿上之有提梁的酒器形,实物是一种椭圆形的有盖大扁壶。秬就是黑黍,古人视为最好的嘉谷。鬯则是祭祀用的香酒,字中小点便是表明酒酿中的酒糟。所以秬鬯,其实就是以黑黍酿酒,然后将郁金香草捣烂,混合二者同煮而成。需要指出的是,我国古籍中的这种郁金香草跟源于荷兰的郁金香花没有什么关系,现代它的名字叫麻黄草。麻黄草夏日为绿色,郁郁葱葱;秋日变为淡黄色,冬日为枯黄色,故美称为"金";来年春夏返为嫩绿色,夹有淡黄色,可谓"郁金"。麻黄气味微香,味涩,微苦,由此可合称"郁金香"。麻黄草中含有麻黄碱,具有兴奋神经的作用,在古代被用作致幻剂。

所谓秬鬯,其实就是麻黄药酒,饮用这种酒,可使人精神兴奋,产生幻觉,兼之香味扑鼻[①],因而成为先秦时期祭祀用酒的主角。周代金文中有秬鬯之赐,每每名列赏赐礼单之首。殷商甲骨卜辞中亦提到用此酒祭祀祖先,一次所用可达二十卣、三十卣以至百卣,可见商人嗜酒远超周人。

[①] 《说文》中,鬯释为:"以秬酿郁草,芬芳攸服,以降神也。"另外,古人认为神虽不饮食,然而喜欢嗅香味,鬼神吸食香气,古人称为"歆"。《诗·大雅·皇矣》孔颖达疏云:"鬼神食气谓之歆。"

三是器：珪瓒一副，彤弓矢百，玈弓矢千。

所谓珪瓒，也就是以珪为柄的勺子，用于祭祀时盛灌酒，另外两套红色弓箭也都是天子专用奢侈品，代表着天子的礼仪与权威。

四是行：大辂。即天子所用之车，特赐晋侯享用。

五是虎贲三百人。

六是诰命。周天子亲自宴飨晋文公，并命王室重臣卿士尹氏、王子虎与内史叔兴宣布策命："王说：叔父您应该恭恭敬敬服从王的命令，安定四方的国家，并纠正天子的过失！"有了这个策命，晋文公就是正式的诸侯霸主了，比齐桓公还要货真价实。

第三步，辞谢。古之礼，臣子送天子东西，天子一般笑纳就可以了，而天子给臣子东西，臣子一般都要再三辞谢，称为三让。晋文公遂逊谢再三，然后谦受，之后又依礼三次出入，觐见周天子。整个礼节搞得相当像样。

第四步：盟誓。五月二十六日，晋文公穿上天子刚送给他的大辂之服，率先登上高坛，杀牛祭天，执牛耳与众诸侯歃血为盟。

晋文公重耳站在高高的盟坛上，听着诸侯们大声盟誓，心中百感交集，二十多年艰辛的奋斗之路在他脑海里不断闪过，那些难忘的画面穿越时空，深深地触动着他的心灵，让两行热泪情不自禁地夺眶而出，划过他历经沧桑的脸庞，滴落在地。

他，晋文公重耳，曾经流离失所，终于得偿所愿，站在了时代的巅峰，当上了名副其实的春秋霸主。所以说人这辈子，千万不能安分守己混吃等死，要抗争，要超越，要充满战斗的激情，要不断寻求人生的可能性，只有这样的生命，才算是不负韶华，生生不息。

在这激动的时刻，晋文公决定，在这年冬天再举行一次更加盛大的盟会，除了这次与会的诸侯，晋文公还要请来陈国、邾国、秦国三国的国君，总共十国国君参与盟会，再加上再次被请来的周襄王，温之盟可以说是春秋历史上规模最大的盟会了。

当然，晋文公这个行为还是相当僭越的，孔子在《春秋》上就说：

"天王狩于河阳。"①因为"以臣召君,不可以训"②,所以孔子委婉地说周天子是来这里打猎的,只不过恰好碰到诸侯们在这里开讨论会,所以顺便莅临指导了一下。这种春秋笔法,和前面周天子被劈腿的王后赶出家门,却写作"天王出居于郑"是一样的。后来,人们就约定俗成,把君王无奈出走称为"狩",宋徽宗、宋钦宗被金人掳走,叫"北狩"。光绪被八国联军打跑,逃到西安,叫"西狩"。其实他们自己才是被狩猎的对象吧!

但不管怎么说,晋文公终于实现了宋襄公想实现却无力实现的理想,结束了齐桓公死后天下十年无霸主的混乱状态,并一举奠定了晋国的累世霸业。从此,晋国历代君臣秉持着经济政治军事外交四管齐下、仁义信礼与奇谋诡诈兼顾的既定战略方针,使晋国霸业经历八世,由晋文公至晋平公,维持了百年之久(前636—前532),其间虽偶有挫折(指晋灵公、晋厉公时晋国的内乱),但始终屹立不倒,直到三家分晋,三晋中最强的魏国仍然是战国初期无可置疑的绝对霸主。

---

① 当时称王的异族不少,有的华夏诸侯也称王自娱(郭沫若《两周金文辞大系图录考释》认为春秋时郑国便曾称王),所以《春秋》皆尊称周王为"天王",表示他的崇高地位是没有匹敌的。

② 本来,按照周礼规定,诸侯是要定期朝见周天子的。《孟子》曰:"一不朝则贬其爵,再不朝则削其地,三不朝则六师移之。"虽然春秋时代已经没人理会这一套了,但像晋文公这般"以臣召君"还真是前所未有的僭越,可见王室的权威到了春秋中期,已几乎是荡然无存。而齐桓公开创的"尊王攘夷"的争霸旗号,至此也渐渐扛不下去了。

第四篇　秦穆霸戎：边缘族群的发展探索之路

20世纪初，德国社会学家奥本海出版了一本小册子《论国家》，提到了一个国家起源的"地理机会"的问题。所谓地理机会，意思是具体的历史发展从不是在空中抽象地完成的，而必当在一处或几处关键的地理部位上首先获得条件，最早发生，然后还是依靠地理，渐渐扩大，最后完成。英文中的"发生"一词，就被写作 take place，直译是"得一个地方"，足见地理位置的作用，向来为人们所重视。

奥本海在这本书中，还提到了一个观点：在纯粹农民居住区的经济和社会条件下，并不易产生国家，甚至说"原始农民从未成立过国家"；他还援引地理学家拉策尔的观点，认为农人与牧人之间的矛盾与冲突，是早期文明发展的推动力，"国家首先在那些与遥远的草原接壤的富裕的农民地区产生"。而刚好，我国历史上第一个分封制国家周与第一个郡县制国家秦，都是在农牧边缘地区的泾渭之间产生，此事若非巧合，则进一步证明了地理在历史发展中的重要作用。

事实上，不仅关中的周秦是如此，太行山谷中农牧业拉锯处产生的虞夏等氏族国家，甚至西亚两河流域的那些文明古国，都能印证奥本海的这个理论。而现在也有越来越多的历史考古学家发现，在农牧业接壤的边缘地区，往往存在着明显的、活跃的社会变异潜力。其实这就像人生一样，有的人站在中心，而有的人处在边缘，边缘人虽没有中心人那样闪亮登场的风光，但他们的人生，充满了活跃的激情，也充满了变异的机会。这就是大文明与小人生的共通之理。也许，蓦然回首，会发现，那精彩就在灯火阑珊处。

一、大秦的血与火之歌

秦国祖先的创业史,和秦穆公的一生一样,充满了艰辛和悲壮。咱们从头讲起:

根据《史记·秦本纪》的记载,三皇五帝之一的颛顼帝有个孙女,名叫女修。女修织布的时候,有一只燕子掉落一颗蛋,女修正好肚子饿,二话没说把它给吃了,这一贪嘴不要紧,没多久女修竟然怀孕了,而且还生了个大胖小子,名字叫大业,而这个大业就是所有嬴姓包括秦人的祖先了。当然,这只是个传说,明显违反了达尔文的进化论,其实这个传说反映了母系原始社会血族群婚的习俗,人们"只知其母,不知其父",所以干脆说是燕子生的。事实上,秦人的祖源神话与殷商如此雷同(玄鸟生商),这说明他们与殷商一族血缘密切,都属于东夷这一个大族群。证据还有四点:

证据一:秦人向来以远古东夷部族创始人少昊为祖神,秦人又自称颛顼帝(亦东夷之君)孙女女修之后,有日神崇拜的传统,可见其与东方的东夷族群大有渊源。《山海经·大荒东经》云:"东海之外大壑,少昊之国。少昊孺帝颛顼于此。"少昊、颛顼都出身东海之滨,且颛顼又号高阳氏,所谓高阳,即崇高的太阳。殷人也是一个隆重崇日的民族。透过他们的甲骨文的记载,就会发现它们几乎每日早晚都有迎日出、送日入的崇拜仪式,而且是要商王亲自主持、杀牲以奉、虔诚不怠的[①]。

证据二,秦人的"嬴"姓可能是"夷"字的音转,"夷"最早见于金文,由"大"和"弓"两部分组成,意思是带弓箭的人(殷商甲骨文常常称东夷为人方),读音与嬴相似。

证据三,秦人有"以狗御蛊"的习俗,即在建筑物的地基或墓葬中殉狗以抵御"蛊"的侵扰,这是典型的殷商与东夷遗风,在殷墟考

---

① 详细卜辞略,可参阅廖群:《大美中国·史前夏商卷:"神美"隐现》,陈炎主编,上海古籍出版社,2017,第186页。

古与秦人墓葬中常有发现。《史记·秦本纪》上也说:"(德公)二年,初伏,以狗御蛊。"《史记·封禅书》上则说:"(秦德公)作伏祠。磔狗邑四门,以御蛊菑。"秦德公迁都雍城后第二年,便按照东夷古俗在都城四个城门杀狗御蛊①,这当作秦国建国的一件大事。

证据四,西周的询簋、师酉簋铭文中有"秦夷"之称,徐中舒认为这就是秦为东夷的明证②;《春秋公羊传·昭公五年》亦明确表示:"秦伯卒,何以不名? 秦者夷也。"

《史记》还记载了大业及他的一些孝子贤孙的伟大事迹,比如帮大禹治水、与夏启争位(伯益)、助商灭夏(费昌)、给商王开车(孟戏、中衍)之类,而秦人就是出自大业后代中的一支:鸟俗氏,史书上说他们身体长得很像鸟,但说人话(应是鸟图腾部族祭司在刻意模仿鸟类)。从各方的记载来看,鸟俗氏在周朝之前应是生活在黄河下游的一支半农耕半畜牧的东夷部落,后来又与殷商联姻,"遂世有功",成为殷商的一个重要盟邦,地位显贵,至少是诸侯的级别。

然而,到了商朝末年,这又是一个关键时刻,秦人却押错宝了。从前他们曾助商灭夏,这次他们却助纣为虐。特别是当时鸟俗氏的首领飞廉、恶来父子二人,都死心塌地跟随商纣王与周武王对抗,结果双双被周人干掉。值得注意的是,一些学者认为,飞廉等同于民间故事与《封神演义》中的东岳大帝黄飞虎,"黄飞虎之祀,至今在山东与

---

① 凌纯声《古代中国与太平洋地区的犬祭》研究发现:"中国犬祭的分布,自古迄今多在海洋文化区……太平洋其他地区的犬祭,与中国古代犬祭有许多类似之点。"秦人最早应该是生活在临海的东夷地区,具体活动区域或者说封地是在嬴邑,即今山东莱芜一带。另外王明珂在《游牧者的抉择——面对汉帝国的北亚游牧部族》一书中指出,东北亚的乌桓人亦有以狗随葬的习俗,乌桓是森林、草原牧民、猎户,无论为了保护牧畜还是打猎,人们都要借重狗。近代民族志资料也显示,协助狩猎的狗在森林草原人群的日常生活与文化中有特殊地位。由此可知,秦人与东夷原先生活在环渤海的森林地带,大概也是以狩猎为主要生计的。

② 详见徐中舒:《先秦史论稿》,巴蜀书社,1992,第207—208页。铭文中的"秦夷",似乎是周人军队中的一个特殊作战单位,与其他夷人同列。后世王朝之中,也颇有征召这种少数民族战士守卫京畿的传统,如汉有胡骑、越骑,三国有叟兵、飞军,明有土兵、狼兵等。

玄武之祀同样普遍"(傅斯年《周东封与殷遗民》)。也就是说,泰山之神正是秦人的祖先,怪不得秦始皇统一天下后心心念念要去泰山封禅了。

后来,鸟俗氏又跟随众多嬴姓邦族支持商纣王之子武庚发动叛乱[①],却又被周公旦平定。前面就说过,周公旦虽是圣人,但行事作风相当狠辣,他平定叛乱后,便将鸟俗氏流放到西陲[②],为周天子守边,其社会地位一落千丈[③]。据祝中熹先生由《山海经》《尧典》等古文献及陇南一带出土文物考证,"夸父逐日"的古代神话,其原型正是秦人西迁的这段经历。秦人在长期迁徙中的艰难困苦,便是他们后来坚韧不拔精神特质的源流所在。

总之,秦在西周时期,已沦为一个地位低下的边陲小部落,在西周贵族的眼里,就是抵御西戎的炮灰与奴隶,像牲畜、物品一样,可以买卖、赠送和赏赐。要不是后来秦人里出了个超会养马的非子与非子那敢打敢拼的曾孙秦仲,他们永远都没有办法翻身做主人。

原来,中国的平均气温从商代晚期到西周晚期(约前1200—前

---

① 据《逸周书·作雒解》:"周公立相天子,三叔及殷、东徐、奄,及熊、盈以略……凡所征熊、盈族十有七国。"盈通嬴,盈族即嬴族也。

② 西陲,又名西邑(后来才泛指西部边疆),位于今甘肃西和县与礼县交界处,也就是两汉三国时期的西县县治所在,诸葛亮北伐所出之祁山便在其境内。此地虽处西北,却是黄河支流渭水与长江支流汉水交汇之处,东来的秦人定居在此,便等于同时具备了东南西北与夏夷戎狄的身份。现代考古在这片地区发现了40多个秦早期定居点,包括三处修筑了城墙的城址(西山、大堡子山和上坪)。另外,此地远古时曾被犬戎支占据,故又称西犬丘。关中另有一犬戎古邑亦名犬丘,还曾做过周懿王的都城,位于今陕西兴平,后遭废弃,故又称废丘,楚汉时雍王章邯的都城与葬身之地便是在此。

③ 据《清华简·系年》:"周武王既克殷,乃设三监于殷。武王陟,商邑兴反,杀三监而立彔子耿。成王屎伐商邑,杀彔子耿,飞廉东逃于商盖氏。成王伐商盖,杀飞廉,西迁商盖之民于邾虐,以御奴虘之戎,是秦之先,世作周卫。"这里面的"彔子耿",就是武庚。从这个记载来看,三监或许并未叛乱,而是被武庚杀害了。"商盖氏"就是我们前面在讲宋国前史时提到的鲁都故地奄国。而"邾虐"就是陇西的古代名山朱圉山,位于今甘肃省天水市甘谷县,这里便是秦人西迁后最早居住之地,后来才向南迁到了西犬丘。此山山体呈红色,多凹坑,相当奇特。

850），有一个直线下降趋势，大概 350 年间竟然下降了 4 摄氏度左右①，特别是在西周中期周孝王时期（前 897—前 886），气温下降得特别快，而气候也开始从温润变得特别干旱（古气候学家发现前 1100—前 1000 年青海湖水位明显下降），自然资源遂更加匮乏。北方戎族本是周人灭商的盟友，且曾长期与周人进行马匹交易（见《穆天子传》），此时为了生计，竟也开始侵扰周的地盘，甚至逼得周懿王将都城迁往犬丘，可见当时情形之严峻。《汉书·匈奴传》也说："懿王时王室遂衰，戎狄交侵，暴虐中国，中国被其苦。"

周懿王的叔父周孝王即位后，痛定思痛，决定在陇南的汧水、渭水之间大肆繁殖马匹，大力发展国家牧马事业，以摆脱对戎族的马匹依赖。这片地区自古便是优良的养马地，特别是在汧水上游的陇山之上，有一大片肥美的"关山草原"，号称是长城以南最优质的天然草场，从这里养出来的马匹特别强壮，是周人对抗西戎的重要储备。

然而，在周孝王七年（前 878），悲剧发生了，《竹书纪年》载："冬，大雨雹，江汉冰，牛马死。"周王朝出现了重大的缺马危机，关键时刻，周孝王请来了西陲首领大骆的庶子非子，利用他出色的畜牧技术②为周王室繁殖养育马匹，结果，"马大蕃息"。周孝王一高兴，便

---

① 关于这段时期中国气候的情况，可参阅竺可桢《中国近五千年来气候变迁的初步研究》中的气温变化曲线图（又称竺可桢曲线），其中公元前 1000 年到前 850 年都属于冷期（平均温度低于 1950 年）。另据科学家对长江和汉水结冰的纪录和花粉化石的研究，推算西周中后期的气温可能比今天低 0.5~1 摄氏度。

② 这是秦人的传统特长了，据说秦人远祖伯益，即"为舜主畜，畜多息，故有土，赐姓嬴"。事实上，当时华夏诸侯一般以猪牛羊为祭祀的三牲（三牲齐备称太牢），而秦却一直用的是带有游牧特色的骝马、黄牛和羝羊，且有秦德公一次用牲三百牢的记载。另外，秦人早期文献《石鼓文》几乎每章都言马，而周人最早的文献《周颂》的篇章则大多是农事，其形容农获和农作有"万亿及秭"、"其崇如墉"和"千耦其耘"的语句，并引《卫风》"邦家之光"，而没有一个马字出现（侯外庐《中国古代社会史论》）。

将秦邑①分封给了非子②,秦人这才正式拥有了"秦"的名号。从此以后,秦邑的秦嬴与西陲的大骆之嬴也算分家了。

不过即使如此,嬴秦也只是升为了周王室的一个小附庸而已③,地方不足五十里④,只能算个家臣⑤,都没有爵位,压根就上不了台面。可见秦国的起点比中原列国要低,秦国最终能征服天下,当真是一步一个脚印走出来的。

虽然秦人的起点低,但他们从来就没有放弃过努力,这时候周朝发生一件天大的事情,由于周天子厉王暴虐无道,忍无可忍的国人把他赶下了台,西戎趁机起兵入侵,甚至灭掉了西陲的秦人祖邦大骆。秦人的机会终于来了,他们的首领秦仲自告奋勇,要帮刚继位的周宣王去讨伐强悍的西戎,结果,秦仲跟西戎打了足足三年的仗,最后牺牲在了伐戎的战场上。秦仲用自己的生命,换来了周王室的信任。周厉王之子周宣王在"共和行政"后即位,励精图治,志在中兴,并希望能对严重威胁周朝统治的诸戎部族展开反攻,于是召见了秦仲的五个儿子,交给他们七千兵卒,命令他们带领这支周秦联军打回老家,为父亲报仇,而有了这支生力军,秦仲的长子秦庄公终于打败西戎⑥,夺回了祖邦西陲也就是西犬丘,并赢得了周宣王赏赐的"西陲大夫"

---

① 关于秦邑的所在,学术界尚有争议,有人认为是在甘肃清水县的秦亭,即李崖遗址一带;有人则认为还是要尊重司马迁的记载,秦邑应在汧渭之会,也就是今陕西宝鸡陈仓区千渭之会国家湿地公园一带(可以想见三千年前此地水草之丰盛)。

② 上古时代常有以生产领域的成就、贡献取得统治权的事例,三代以后,这样的事例就难觅得了。

③ "庸"即"墉",指城墙,"附庸"本意是靠近城邑的田地,引申为依附于王室或诸侯的贵族小领主。

④ 据《礼记·王制》:"不能五十里者……附于诸侯曰附庸。"

⑤ 《史记·周本纪》便记载了周太史儋的一个预言:"始周与秦国合而别,别五百载复合,合十七岁而霸王者出焉。""始周与秦国合"即指非子封于秦,成为周天子的家臣,"而别"指周平王东迁,封秦为诸侯,"别五百载而复合"指五百年后秦灭周,而秦灭周后十七年开始大举攻赵,拉开了秦灭六国的序幕。

⑥ 秦庄公系其子秦襄公被封为诸侯后给予他的追称,不然以他生前的大夫爵位,是不够资格如诸侯般称公的。

的爵位。看起来，秦人似乎终于要开始发迹了，但事实上，周人仍把秦人当作守边的炮灰而已，所谓封赏，不过是个称号，惠而不费，便能让他们去跟西戎拼命，何乐而不为呢？

秦人没有选择，他们只有凭借自己的血肉，为全族杀出一个未来，于是，坚强勇敢的秦人继承秦仲遗志，不断和西戎拼死争斗。秦仲的孙子世父甚至把国君的位置让给了弟弟秦襄公，自己风餐露宿，去找西戎报仇，临行前他说："戎人杀我祖父，我不杀戎王，誓不归来！"多么有血性的一个老秦人！然而，在一次激烈的战斗中，世父不幸被西戎俘虏，并被折辱了一年多才放回来。经此一事，秦人愈发努力拼搏，终于在秦襄公末年基本占据了陇西之地，切断了陕北陇东一带戎族与陇南地区戎族之间的联系。

总体来说，秦人在西方的崛起，与西周王朝的衰弱大体同步。而为了对付当时气势正盛的西戎，西周王朝与秦人也结成了越来越紧密的政治从属关系，但西周在关中的统治最终还是崩溃了，周幽王三年（前779），戎族大举侵入镐京，关键时刻，却没有一个附近的关中诸侯或属邦愿意拯救日落西山的周王朝，最终，犬戎在骊山下杀死周幽王，西周灭亡了。这时候西戎的老对手秦人闪亮登场，秦襄公率先领兵勤王，并跟迟迟赶来的晋国等关东诸侯一起将周幽王之子周平王护送到了关东洛邑继续当他的天子，是为东周。

经此一役，关中王畿的岐、丰、镐一带几乎都被戎人占据，整个渭河平原都陷于一个长期无序和无政府的状态。考古发现，岐、丰、镐三地的考古遗存在西周末年有一个明确的断层。一些学者还指出，正由于西戎突然来袭，关中七姓贵族随王东迁[1]，大量的青铜器遂被匆匆埋于周原和丰京的地下。若干窖藏到今天又重见天日，仍完整如新，乃至金色灿然[2]。另外关中地区的西周墓也是因此遭到了大规模破坏，

---

[1] 《左传·襄公十年》载周大夫瑕禽所言："昔平王东迁，吾七姓从王，牲用备具，王赖之。"

[2] 详见郭沫若《扶风齐家村青铜器群》及罗西章《周原青铜器窖藏及有关问题的探讨》。

反映在考古上，这里的西周墓葬几乎是十墓九空，比如西安张家坡墓地发掘的365座西周墓葬、车马坑、马坑中，被盗掘的墓葬高达322座，这其中虽然有不同时期的盗扰，但大部分都是西周末年破坏的。在《诗经》的《大雅》《小雅》中，亦颇有一些篇章（如《雨无正》《召旻》《苕之华》《桑柔》《小弁》等），讲述了这些关中贵族在逃难过程中颠沛流离的痛苦与悲愤欲绝的怨叹。乱世之音怨以怒，亡国之音哀以思。西周的覆亡，当时人的哀伤，由不朽的诗句，长为后人掩卷叹息："知我如此，不如无生！"①

这以后周王室就元气大伤，再也无力经营关中之地。为了表彰秦襄公的勋劳，也为了利用秦人的力量遏制猖獗的西戎，周平王宣布封秦襄公为伯爵诸侯（位于五等爵中第三等，高于楚的子爵），并大方地送给他一张空头支票——戎无道，侵夺我岐丰之地，秦能攻逐戎，即有其地！

这样，秦才不再是附庸了，正式成为诸侯，《史记》称"襄公于是始国，与诸侯通使聘享之礼"。也就是说，秦至此才算终于建国②，秦国的历史开始了。

秦人兴奋之余，还真想兑现周王这张空头支票，因为他们敏锐地认识到，以西戎的原始经济与政治形态，是无法填补周王室东迁后关中的巨大权力真空的，秦人的剑与犁，迟早会插遍关中这片四塞之地。

于是，秦襄公回去后就开始厉兵秣马，不出三年，杀得犬戎七零

---

① 出自《诗经·小雅·苕之华》，参阅许倬云：《西周史：增补二版》，生活·读书·新知三联书店，2018，第326页。这些贵族们甚至一改从前对天的敬奉，乃至痛斥昊天，如"昊天不惠，降此大戾"（《诗经·小雅·节南山》）"浩浩昊天，不骏其德"（《诗经·小雅·雨无正》）等。

② 1978年宝鸡太公庙村出土的秦公镈有铭文135字，其中有"商（赏）宅受或"四字，"受或"即受国，"或"是"域"和"国"的共同初文。"或"是一个象形字，"口"代表人们居住的城邦，上下两横则表示维护城邦的城墙或壕沟，右边的兵器是戈，象征军队。古人认为没有城、城墙、军队，就不能称之为国。参阅辛怡华、陈亮：《发现"中国"——道不尽的"何尊"身世》，载中国历史研究院主编《十件文物里的中国故事》，中国社会科学出版社，2022，第113页。

第四篇 秦穆霸戎：边缘族群的发展探索之路

八落①，戎主实在干不过这帮勇悍而经济发达的秦国人，只好灰溜溜地逃到了更为偏远的西荒之地。秦襄公继续努力，终于在临死之前打到岐山，并在征途中去世。秦襄公的儿子秦文公继承遗志，又奋斗了十六年，这才彻底征服了岐山地区。

在此期间，秦襄公、秦文公率领族人翻越陇山（今六盘山），沿着汧河，一路将都城从西陲又迁回了原先在汧渭之间的封邑秦邑。

秦人从此在陇东扎下根来，开始向西经营周人原先的发祥地，也就是水土肥美的周原，并将拥有丰富农耕经验的故周遗民据为己有，不仅增加了人口地盘与经济实力，而且继承了先进的周文化，大大提升了文明水平。至此，渭河平原西部一带，几乎全都属于了秦国。更令人振奋的是，到了秦文公之孙秦宪公时代（前715—前704），中国气温终于回升到了接近中晚商温暖期时的水平，关中农业亦迎来了大发展时代，而其他一些干不过秦人的戎族也陆续被逼北返，回到比从前更温暖些的今陕北、甘肃地区放牧去了。

秦宪公时，秦人灭掉了西戎所建立的亳国，攻占其都荡社（今陕西西安长安区），将地盘推到了渭河平原的中部。秦宪公之子秦武公又向南吞并了小虢国（今陕西省宝鸡市东），甚至还一路将势力推进到渭河平原东部的华山脚下。为了巩固对新获领地的控制，秦武公十年（前688），秦人首开制度，在关东西部的天水戎族地区设置了邽和冀两个县（伐邽、冀戎，初县之），次年又在关中部与东部设置了两个县，杜与郑②。这也是中国历史上最早的设县的记载之一。看来，与中原诸侯相比，秦的君权一向较集中，似乎部族时代"父权（家长）制"的色彩更为浓烈，故春秋战国之交很多诸侯都被卿大夫架空篡权，秦

---

① 《诗经·秦风》中有《小戎》一诗，描述的是秦襄公所率秦军的车马精良，反映的就是秦襄公升为诸侯后，与西戎奋力周旋的战争气氛，故《毛诗序》云："美襄公也。备其兵甲，以讨西戎。西戎方强，而征伐不休。国人则矜其车甲，妇人能闵其君子焉。"

② 杜县就坐落在先前秦人所灭之戎人小国——亳的旧址上，即今西安市长安区；郑县则位于今华山附近的渭南市华州区。

君却因其拥有较多直属的县而保住了地位，并最终实现了彻底的君主集权与郡县制度。

到了秦武公时期，秦国已基本占据了整个关中，终于算是发达了。关中是个四周高中部低的断陷盆地，其在渭河、泾河、洛河等河流的冲积下堆积了大量深厚而肥沃的淤泥，凭借沃土与丰富的物产，素有"天府之国"之称①；又因河流众多，地盘广大，而有"八百里秦川"之称。秦国拥有了这个完整的地理单元，便拥有了定鼎的基石。有人说秦国是春秋初期的暴发户，笔者不同意这个观点，秦仲以下六代国君跟强悍的西戎打了一百多年的仗，在战争的血与火中不断成长，无数老秦人献上了生命，这才能够抓住周室西迁这千载难逢的机遇，一举翻身，这是多么感人，多么励志！再说了，骊山之乱后，西戎崛起，对中原构成严重威胁，如果不是秦人以拼命三郎的勇气与战斗精神遏制并削弱了西戎，春秋初年恐怕不止"南夷与北狄交"，还得再加上西戎捣乱，那周王朝可就更加危险了。

经过数百年艰辛的创业，嬴秦终于从名不见经传的一个小小部族，成为雄踞西方的诸侯大国，真正走上了争霸的舞台。从这以后，看到周王朝已日落西山的秦人便开始萌动他们的小心思：既然我们占据了周的龙兴之地，那么是否意味着以秦代周而主宰天下的时代即将到来了呢？

不错，秦人早在春秋初年的秦襄公时代，就已经有了受命于天，代周而起的想法。据《史记·封禅书》：

> 秦襄公既侯，居西垂，自以为主少皞之神，作西畤，祠白帝，其牲用骝驹、黄牛、羝羊各一云。

及《史记·六国年表》：

---

① 即天子府库之意。该称号一开始指关中，后来这个称号才让给了四川。

至犬戎败幽王，周东徙洛邑，秦襄公始封为诸侯，作西畤用事上帝，僭端见矣。《礼》曰："天子祭天地，诸侯祭其域内名山大川。"今秦杂戎翟之俗，先暴戾，后仁义，位在藩臣而胪于郊祀，君子惧焉。

原来，按照周礼，只有天子才可以祭祀天地，诸侯只能祭祀国内的名山大川而已，但秦襄公一被封为诸侯，便给祖神少昊建祠（即西畤）祭祀，这分明就是僭越。另外，考古也发现，在宝鸡附近出土的一套公元前7世纪初的秦公簋铭文上，竟多次使用了只限于周王使用的语词[①]。在秦早期文献《石鼓文》中，甚至有"天子永宁"的话[②]，秦人都自称天子了。当然，春秋时期礼崩乐坏，乱规矩的事多了去了，所以秦人的越线没引起什么大波澜，但仍有一些有志之士表示了担忧，所以太史公最后说"君子惧焉"。

君子见一叶落，而知岁之将暮；睹瓶中之冰，而知天下之寒。秦人这宁为玉碎的血性，这百折不挠的毅力，这引而不发的野心，都让智慧的君子们感到畏惧，感到一场可怕的风暴终将席卷天下，彻底颠覆天下的格局。

当然，中原各国大部分人对秦仍没太放在心上，只将其当作暴发户，既不用提防，也不用搭理，总之是各种排斥、贬低、冷暴力。比如，《春秋公羊传·僖公三十三年》上说："其谓之秦何？夷狄之也。"《战国策》上也说："秦与戎、翟同俗，有虎狼之心。贪戾好利而无信，

---

① 铭文曰："不显朕皇祖受天命，鼏宅禹迹，十又二公，在帝之坏。严恭夤天命，保业厥秦，虩事蛮夏。"从此铭文来看，秦人早期就有一种强烈的观念：秦人本身就是天命的接受者。他们不仅是周的继承者，而且还是古代传说中的圣王——大禹的继承人（鼏宅禹迹）。铭文中还提到秦人的先祖既参与了华夏的事务，同时也参与了蛮夷的事务（虩事蛮夏），是这两个对立世界之间的伟大调停者。（李峰《早期中国：社会与文化史》）

② 关于《石鼓文》的确切年代，学者意见纷纭，最可能是秦襄公时代的东西（杨慎、全祖望、郭沫若、侯外庐、张光远持此说），内容是秦襄公八年（前770）护送平王东迁之事。

不识礼义德行。"到了公元前 7 世纪中叶，也就是齐桓公初霸的年代，秦武公之侄秦穆公痛定思痛，决定改变现状，提高秦人的地位，去中原当霸主，为日后代周而起打基础；他知道这很难，但不管前方有多少困难，他都会勇往直前，直到生命的最后一刻。

二、养马的秦人为何最后能统一天下？

秦穆公即位于周惠王十八年（前 659），在此之前近百年的时间里，秦国人一直纠缠在和西戎余部的争斗中，眼睁睁地看着郑庄公与齐桓公在中原地区呼风唤雨，却无力东进争霸，究其原因，最重要的就是缺乏人才。尚贤，政之本也，一个国家要富强，需要各方面的人才，像郑有祭仲、高渠弥、颍考叔，齐有管仲、鲍叔牙，宋有目夷，晋文公更是有十大贤人，这些人才是国家的基石，也是称霸的必备要素。可惜在秦穆公之前，秦国的所有君主都没有认识到这一点，秦国骁勇善战的战士很多，但因僻居西北，文化落后，朝中往往连个像样的文臣都没有，历代国君又不肯花大力气去招揽人才、培养人才；在国家小的时候，还比较好管理，但随着疆域的不断扩大，秦国迫切需要政治上的人才，来帮助它"升级换代"，称霸天下。

秦穆公即位后，一眼就看到了秦国的瓶颈所在，于是立志走一条"人才强国"的新路子，既然本国文化人少，那就摆出姿态，用高待遇引进中原高质量人才。于是，这位年轻国君即位伊始，就郑重地宣布：东方的千里马们，你们都投入我们秦国的怀抱里吧！

姿态已经摆出来了，可是却没有一匹千里马肯来报到，只有几个长相猥琐满身穷酸的书生跑来混饭吃，秦穆公把他们统统都给赶跑了，心中郁闷至极：那些真正的人才咋都不来呢，难道我们秦国就这么讨人厌吗？

后来他终于想通了，秦国毕竟地处偏远，自然比不上东方诸国冠盖云集、灯红酒绿。没有人心甘情愿跑到乡下地方自找苦吃，谁不想在繁华富庶的地方生活呢？这也是人之常情。

想来想去想不出好办法，秦穆公一筹莫展。

正在秦穆公郁闷的时候，终于有个人来报到了，不过来的却不是千里马，而是鼎鼎大名的相马大师伯乐。

穆公苦笑，也好也好，总算是来了一个，虽然这人没办法帮他治国，却可以帮他相马，这也不错。前面也说过，秦人以养马发迹，这既是他们的传统特长，也是他们的经济命脉。秦人早期文献《石鼓文》几乎每章都言马；云梦秦简《日书》中也有一篇祭马神的祝词，详举优质马的种种特征，被视为中国历史上最早的相马经；秦国西周时有一先祖名大骆，所谓骆，白马黑鬃是也。

因此，伯乐对秦国的发展还是非常重要的。有一天，秦穆公对伯乐说："先生既然号称相马大师，那就请您帮寡人找一匹天下无双的千里马用来育种，好好改良一下我国的马种，如何？"

伯乐说："我老啦，头昏眼花，道都走不动，没办法帮主公您找马喽，您还要天下无双的，这不是难为我吗？"

秦穆公说："没关系，您老了，就让您家族里的人来传承这相马技术呗！"

伯乐摇了摇头说："儿辈们都不成器，要他们找一匹一般的好马容易，可是要找一匹天下无双的马，就凭他们的水平，哼，别指望了。不过有个叫九方皋①的砍柴人，倒是个相马的高人，我想您应该有兴趣见见他。"

秦穆公大喜："那还不快把他叫来！"

九方皋来报到了，大家一看，这人面黄肌瘦两眼无神的，怎么看也不像是个相马高手，秦穆公皱了皱眉，问道："先生当真认识天下无

---

① 九方皋的姓氏并非"九"，而是"九方"。殷商时有戎狄部族曰鬼方。"鬼"《史记》又作"九"，二字相通。鬼方之主又称鬼侯、九侯，应是臣服于殷以后之称。九方皋即此族之后裔。参阅徐中舒：《二重证据与文明探源：徐中舒先秦史论集》，生活·读书·新知三联书店，2018，第194页。

双的千里马？那您能不能对寡人好好地说道说道，什么样的马才是真正的千里马。"

九方皋神秘地一笑："只可意会，不可言传。"

秦穆公火了："你蒙寡人吧！什么叫作不可言传，如果真的不能言传，那你又是怎么学会相马之术的呢？"

九方皋解释说："这世间的所谓相马之术，只是相一般良马之术，因为对于一般的良马，它的特征很明显，是可以从其外表、骨相上观察出来的。而那天下难得的千里马呀，看起来与一般的好马差不多，论其特征，却是很难捉摸，若有若无，若隐若现，只能凭借自己多年相马的经验和心中的直觉来判断，这种玄之又玄的东西您要我怎么跟您说呢！主公您还是待在家里等我的好消息吧！"说完，九方皋就出发去各地找千里马了，这一去，就让秦穆公足足等了三个月。

这一天，九方皋终于回来了，他澡也没洗，就兴冲冲地跑来找秦穆公："报告，我终于找到千里马了，不过，那匹千里马眼下正在沙丘那个地方。"

秦穆公大喜，说："太好了，寡人这就派人去取。这千里马长啥模样呢？不会长了对翅膀吧！"

九方皋笑着说："当然没有，那是一匹黄色的母马，长得很漂亮，脸蛋好，身材也不错！"

秦穆公捏着鼻子："好，寡人马上安排人去。至于你，还是赶快去洗个澡吧！"

第二天，秦穆公派去的人回来了，不过带回来的根本不是什么黄色的漂亮母马，而是一匹长相猥琐的黑色公马，什么"脸蛋好身材也不错"，原来全都是胡诌！

秦穆公火了，立刻派人把伯乐叫了来，沉着脸说："瞧你推荐的是什么人，得，事全办砸了。寡人派他去找千里马，他却连马的毛色和公母都分不清，还说是什么相马高手，我看他是高度近视吧！你们现在就去把那头该死的马烤了给我当晚饭吃，我一看到它那衰样就火大。"

这时伯乐却突然长长地叹了一口气,郁闷地说:"我原以为九方皋的相马水平与自己不相上下,却没想到他的水平竟然已经高到这种程度,简直比我要高千倍万倍!太强了,太强了,在他的眼里,马已经没有了表象,而只有精神和灵魂,见其所见,不见其所不见,视其所视,而遗其所不视;得其精而忘其粗,入其内而忘其外;当真是眼中无马,心中有马,可以说是完全进入了马的精神世界。看来,九方皋相马的价值,远远高于千里马的价值,我这辈子都没办法达到他这种境界了!"

秦穆公听得一头雾水:"什么眼中无马心中有马的,不管了,是骡子是马拉出来遛遛,派人骑上去遛遛不就什么都明白了!"

于是大家一起来到马厩,将那匹所谓的千里马拉了出来,秦穆公命人骑了上去,结果众人还没来得及反应,那马在几秒钟之内,就消失在了众人的视线之中,一闪而过,竟然连飞扬的尘土和奔跑的足蹄印儿都没有。

众人面面相觑,刚才难道产生了幻觉?

大家正要互相证实一下,那马突然又出现在了大家的面前,就好像刚才根本没有跑走一样,只有马上的那个骑士,衣衫不整,头发散乱,全身虚脱地瘫倒在马背上,气喘吁吁地说:"太爽了太爽了,简直跟风驰电掣腾云驾雾一般,这马根本不是什么千里马,简直就是天马呀!"

大家这才回过神来,纷纷向秦穆公道贺:"恭喜主公,得此良驹,实胜过千军万马。"

秦穆公却没有说话,而是闭上眼睛陷入了沉思之中,过了好一会儿,才睁开眼睛突然一把抱住九方皋,开心地大声笑道:"谢谢你,太谢谢你啦!哈哈,寡人终于明白了,我终于想通啦!"

九方皋淡然一笑:"呵呵,主公终于学会了真正的相人之术了。"

秦穆公认真地点了点头。

他顿悟了。

原来，不管黄马黑马，跑得快的就是千里马。自己从前太拘泥于别人的外表和身份，不知错过了多少身怀奇才的千里马，既然求贤若渴，就应该不论外表和出身，只问有没有能用的才干，这就是"见其所见，不见其所不见"，若是每天去计较马的毛色和公母，那就永远也找不到千里马了。

三、最倒霉的春秋名相

这个世上千里马很多，但是伯乐很少，而春秋霸主秦穆公，就是春秋初年最大的一位伯乐。齐桓公所用的管仲，好歹还是个士人，而秦穆公为自己找的相国，竟然是个养马的奴隶。

周惠王二十一年（前656），刚即位四年的秦穆公踌躇满志，志在图霸，于是以勤王之名，穿越黄河与虞国、虢国的地盘，一路远征打败了周室西面的"茅津之戎"（今山西芮城东，扼守着秦晋之地通往中原的茅津渡口），在中原树立了自己的威望。然而，他还没开心多久，就发现一个巨无霸挡在了自己面前。

原来，老奸巨猾的晋献公看到秦国有意于中原，抢先下手，第二年就以"假途灭虢"之计灭了虢国和虞国。此二国虽是中小规模的国家，但战略地位非常重要，虞扼茅津，虢据崤函，皆控河西咽喉之要，晋国此举，便等于扼住了秦国图谋东进的重要孔道。正如顾栋高在《春秋大事表》之《春秋列国疆域表》中所言："献公灭耿，灭霍，灭魏，拓地渐广，而最得便利者，莫如伐虢之役，自渑池迄灵宝以东崤函四百余里，尽虢略之地。晋之得以西向制秦，秦人抑首而不敢出者，以先得虢扼其咽喉也。"

秦穆公深感晋国人之厉害，如此一来，自己再要东出，除非打败晋国，否则就只能向晋国借道了。想来想去，他觉得自己的实力离晋国还是有一定差距，于是决定用联姻的方式与晋结成盟友关系，共谋东进；适时晋献公有个未嫁的漂亮女儿伯姬，其母还是齐桓公之女，若是能够娶到手，可以一下子变成齐晋两个老牌强国的亲戚，岂不美哉？于是他派了大夫公子絷去晋国为自己求婚。老谋深算的晋献公也看出了此次政治婚姻的好处，毕竟他最近吞并了太多小诸侯国，风头太盛惹人妒，也需要稳定的后方与坚实的同盟，于是爽快地答应了秦国的求亲，二国结成"秦晋之好"。

其实从春秋到战国，秦国一直有相当浓重的中原情结，毕竟那里才是经济、文化最发达的地区。春秋时期，秦国一心与晋国交好，既是策略，也有向往中原文化的原因。

秦大夫公子絷不辱使命，成功地谈成了这门亲事，便急急忙忙地赶回秦国，要把这个好消息告诉秦穆公。在路上，他遇到流落晋国的嬴氏公族子弟公孙支，引以为奇才，便将他带回秦国。秦穆公听说终于有人才肯来了，心中狂喜，二话没说就任命公孙支为大夫，主持军国大政。群臣都很嫉妒，心想：公孙支寸功未立，凭什么一下子就爬到了我们上头！他们纷纷跑来跟秦穆公抱怨。

面对众人的抱怨与指责，秦穆公的心志却相当坚定，他向大家表示："你们难道真的不明白寡人的苦心吗？各国的人才为什么不肯来我们秦国，除了我们秦国穷之外，更大的原因是怕来了得不到重用，我让公孙支当大夫，就是为了向天下人证明，只要是真正的人才，寡人一定会让他有施展才华的机会，寡人就是这天下间最大的伯乐。"

没过多久，秦穆公又找到了一个更牛的人才。这个人才出身低微，在晋献公嫁女的陪嫁奴仆名单之中，他的名字叫百里奚。

百里奚，又称井伯，周桓王五年（前715）前后生于虞国的一个偏僻而宁静的小山村里，与齐相管仲大概是同龄人。不过百里奚的家境比管仲还差，虽然才高八斗，但穷困潦倒，家徒四壁，年轻时只得替人养牛为生，直到三十多岁，才娶到了媳妇杜氏，生下了儿子孟明视。

人生大事既已办完，百里奚就决定出去闯荡一番，希望某个贤明的君主能够慧眼识英才，做了官，一家人就不用再受穷了。临行之前，杜氏给丈夫饯行，瓦罐里熬了两升粟米饭，又做了一些咸菜，然后准备杀了家里重要的收入来源——一只下蛋的老母鸡，给百里奚炖汤喝。百里奚阻止妻子道："家中粟米不多了，留着母鸡下蛋，也好换些粟来。"杜氏道："郎君此去远游，不知何日得见，为妻宰鸡以表心意。"说着不顾阻拦，一刀把鸡给杀了。可是贫困的百里家却连烧火的柴火都不够，百里奚苦笑一声，拿了柴刀准备上山砍柴，杜氏却一把夺过柴刀，一刀将房门给劈了，淡然一笑："咱们家什么值钱的东西都没有，还要这门何用，不如劈了当柴烧算了。"

百里奚的眼泪忍不住要掉下来了，他环顾自己这小小土室，上面是草束覆蔽的屋顶，破了底的瓦罐放在夯土墙中，当作窗户，用破麻布塞在窗缝里挡寒气，也挂在二室之间，稍微分别内外。下雨天，屋顶漏水，地面进水也是免不了的，如今就连房门都没了。穷成这样，再不想办法真是没法活了！于是，百里奚含泪喝下鸡汤，心中暗下决心，自己出去后一定要创一番功业，再也不要让家人受苦了。

就这样，周庄王十二年（前685），满怀抱负的百里奚独自一人离开了家乡，一路东行到了沿海发达地区齐国。他听说齐国十分强大，而齐襄公求贤若渴，对人才十分重视，可是他这个外地人身份低微，根本就没人肯帮他引荐，只好流落乡野，讨饭度日。

按照电视剧的惯常套路，这里肯定会有一个温暖贴心的男二号出现，果然，百里奚在讨饭的路上碰到了隐士蹇叔，蹇叔见这个蓬头垢面的乞丐骨骼清奇，殊非凡品，便留他一起吃饭。蹇叔也是个怀才不遇的士人，这对难兄难弟互相抱怨了一番，越聊越对味，一见如故，遂与鲍叔牙、管仲那般结为知交，决定互相扶持，共同努力成就一番事业。蹇叔的家境也不咋的，百里奚只好发挥自己从前的才能，帮村里人养牛为生。这时候齐国发生了一件大事情，公孙无知杀了堂兄齐襄公，自己当了国君，悬了个榜要招贤，百里奚得了这个好消息，便想去碰碰运气，蹇叔却劝他说："无知这家伙'无知'得很，而且他位子来得不明不白，迟早会被别人弄下台的，我看你还是不要去的好。"

老大哥发话了，百里奚只好乖乖地留了下来，继续养他的牛。没过多久，蹇叔的乌鸦嘴还真应验了，公孙无知竟被齐大夫雍林杀死，群臣遂拥立了公子小白为君主，这位就是大名鼎鼎的齐桓公了。在此期间，公孙无知的党徒们大多被清洗掉了。百里奚闻信，一时竟被吓怕了，虽然齐桓公也招贤，他却愣是没敢去，否则应该可以和管仲、鲍叔牙做同事，成为齐国霸业人才团队中的重要一员。

百里奚就这样错过了齐桓公，这时，他听说周王室的王子颓喜欢拿牛当宠物，在宫里养了一大堆牛玩，手下的牛倌儿们待遇都很好，奖赏拿得手发软。于是百里奚又想去王子颓那里讨生活，毕竟是当今周天子的弟弟，应该没那么容易被干掉吧！蹇叔却劝他说："王子颓这么喜欢养牛，难成大事，我看你还是不要去的好！"

百里奚说："我也想听你的，但实在挨不住穷了啊！我还是去碰碰运气吧！"

蹇叔见劝不动百里奚，只好说："好吧，那你就先去看看情况，等我料理完家事，就去洛邑找你。"

百里奚于是告别蹇叔，跑去见王子颓，王子颓听百里奚说起养牛来一套一套的，心中大喜，便聘用百里奚为家臣，帮自己养牛。没过多久，蹇叔料理完家事，就跑来和百里奚会合了，百里奚便带着蹇叔一起去见王子颓，王子颓也挺大方的，让人好好招待蹇叔，完事后百里奚就问蹇叔："怎么样，主公对我不错吧？大哥您也跟我一起来吧，待遇不错。我看再攒几年钱，就能把媳妇和娃都接过来一起过好日子啦！"

蹇叔摇了摇头说："我看王子颓这个人一脸颓样，志大才疏，性情浮华，身边的人也都是些面目猥琐只会坏事的奸佞小人，跟着他是没有好下场的，我们还是趁早走人吧！"

百里奚纠结地说："话虽如此，可……可兄弟我好不容易当一次官，虽然只是个养牛的，但大小也是个官。"

蹇叔叹了口气说："唉，看来你真的是穷疯了。这样吧，我有个朋友叫宫之奇,在你的家乡虞国当官,我帮你去说道说道,给你求个大夫啥的,也好遂了你的心愿。"

百里奚大喜:"太好了,你有这么好的关系干吗不早说,我离家已经好几年了,正想着回家看看呢!"

就这样,蹇叔和百里奚离开了洛阳,回到了百里奚阔别十年的家乡虞国,蹇叔把他介绍给了虞国大夫宫之奇,宫之奇抹不开蹇叔的面子,便将百里奚推荐给了虞公。虞公听说百里奚曾在洛阳镀过金,而且放着周王子的家臣不做,跑来投靠自己,顿时感觉虚荣心得到巨大满足,于是封他为中大夫,用来装点门面。不料,蹇叔观察了虞公半天,又开始叽叽歪歪起来:"我看虞公贪财短视,也不像个有为之君。大丈夫岂可轻易失身于人?咱们还是另寻明主吧!"

百里奚感觉自己快疯了。蹇叔怎么老是挑三拣四的,都年纪一大把了,还挑三拣四干吗呀?凑合凑合得了!有个大夫做就不错了,还跑去瞎折腾啥呀?反正这次自己坚决不走。

百里奚肯凑合,蹇叔却不愿凑合,他扬起了孤傲的脸庞,惋惜地说道:"贤弟为生计所迫,饥不择食,不得不屈身于小国暗主,我无法劝阻,也不忍劝阻,不过我蹇叔曾立下过誓言,不遇明主,决不出仕,为兄就此告辞,他日你要来找我,就到宋国来吧!"

就这样,两个好兄弟依依惜别,两人这一别,就是好些年。

送走了蹇叔,百里奚归心似箭,他满怀欣喜地赶回了家乡,想把家人接到城里,可是呈现在他面前的,却是一片残垣断壁的凄凉景象,原来几年前适逢大灾,他媳妇杜氏苦无丈夫的音讯,只有带着儿子外出逃难,生死未卜,已经不知道流落到什么地方去了。

百里奚心下大悲,派人到处寻找他的家人,只要还有一点希望,他就不会放弃。百里奚身居高位,自然有很多达官贵人想和他结为亲家,可他却一个也没有答应。时光飞逝,百里奚已经成了快七十岁的老人了,还是没有找到自己的老婆孩子,可他依旧没有放弃,只要他还活着,他就要继续地寻找下去。

在这些年中，蹇叔的预言竟然又一次应验了：周大夫边伯作乱，赶走了周惠王，将王子颓立为天子，可是他们的好日子没过两年，周惠王又跟着郑国、虢国的国君打了回来，将王子颓杀死，复辟成功。百里奚心想：还好听了蹇叔的话，否则就要跟着这王子颓一起死了。

紧接着，蹇叔的第三个预言应验了：倒霉的百里奚好不容易过了几年安稳日子，结果还是没能逃过蹇叔的乌鸦嘴，晋献公二十二年（前655），野心勃勃的晋献公想借道于虞以伐虢国，大夫宫之奇以"唇亡齿寒"劝谏虞君，虞君却因曾经接受过晋献公"垂棘之璧"（垂棘地方的美玉）与"屈产之乘"（屈地出产的宝马，四马为一乘）的贿赂而答应了晋国。百里奚在虞国当了挺久的官了，他深知虞君昏庸无能，很难纳谏，便缄默不语。结果晋在灭虢之后，返回时就灭了虞国，百里奚被晋军所俘，紧接着又被当成晋国公主伯姬陪嫁的奴隶送去了秦国。

三十年，三十年功名尘与土，转了一圈，百里奚最终把自己混成了奴隶。这时他才明白，蹇叔才是这个世界上真正的明白人，他服了。

四、商鞅张仪祖师爷，在春秋时已为大秦指出统一战略

百里奚也真倒霉，他一生坎坷，好不容易晚年在虞国当了官，却临了临了晚节不保，最后还要以奴隶的身份，没有尊严地死去，这实在让他无法接受。于是，百里奚走到半路就找个机会偷摸溜号了。他可能是想去宋国找他的老哥们儿蹇叔，结果走到半路迷路了，糊里糊涂跑到了宋楚边境宛城[①]。

到了楚国，百里奚重操旧业，帮人养牛，暂作容身之地。养牛是百里奚的老本行了，自然得心应手，被他喂养的牛都特别的肥壮。楚成王听说了百里奚很会养牛的事，就把他找来，问："你很擅长养牛，

---

① 楚地，即今河南南阳。"宛"在这里要念 yuān，据《汉书·地理志》颜师古注："宛音于元反。"

不知你有什么绝招？说给寡人听听看。"

百里奚心想，好不容易见到楚王这样的大人物，还是应该抓住机会好好展示一下自己，于是以养牛喻政进言说：要按时喂牛，体恤其力，心与牛合二为一。不料楚成王根本没听懂百里奚的养牛与治国之道，自以为很聪明地说：嗯，你这话很有道理，以后你就到宫里给寡人养牛吧！

楚成王就这样完美地错过了百里奚的治国大才。从年龄上来看，百里奚这时已经七十岁了，似乎，他已经没有机会从头再来了。

但历史这位神奇的"编剧"怎会让自己的主角匆匆退场呢？必须得加戏啊！

却说秦穆公看到晋国的陪嫁奴仆名单中有个叫百里奚的人，可是来的人里面却没有他，赶忙把负责人公子絷叫来责问。公子絷不以为然地说："不就是跑了个陪嫁的奴仆吗？没必要这么认真吧！"

秦穆公生气地说："你不知道我现在正在广招贤才吗？这百里奚从前好歹也是虞国的大夫，应该有点水平吧，怎么能轻易放过呢？"随即他转身问秦国大夫公孙支这位百里奚是何等人，因为公孙支在晋国待过，对晋国一带的人事非常熟悉。

公孙支大笑着回答说："哈哈，主公你这可是问对人了，这个百里奚非常有才华，主公应速将其寻来！"

秦穆公听说这个陪嫁的奴仆十分有才能，连忙派出四方人马，势必要找到这位大人才。

消息很快传来：百里奚在楚国帮楚成王养牛。

秦穆公大喜："太好了，还好楚成王没发现百里奚的高才，寡人有机会了！公孙支，你看寡人出多少钱，楚成王才肯把百里奚让给我们秦国，五百金够不够？"

公孙支摇了摇头："五百金？恐怕楚王不会答应……"

秦穆公哭丧着脸说："五百金还嫌少啊，你知道，各国诸侯里就属秦国最穷……"

第四篇　秦穆霸戎：边缘族群的发展探索之路　333

公孙支哭笑不得:"你听我说完啊,我不是嫌少,而是嫌多啊。你想想看,楚成王之所以让百里奚去养牛,就是还没有认识到他的治国奇才。我们要是给他那么多钱,楚成王不是傻子,一定会认识到其中的奥妙,到时候楚成王就绝对不会放人了。我们不如究其逃跑之罪,贱价赎之,这样楚成王认为百里奚不值钱,才会卖个人情还给我们哪!"

秦穆公这才恍然大悟,一拍脑袋说:"这真是关心则乱,寡人想岔了。子桑(公孙支字),还是你聪明!从前齐侯不就是这么搞到管仲的吗?寡人怎么没想到呢?"

说了就做,秦穆公马上派人带了五张黑色的羊皮去楚成王那里给百里奚赎身,说:"百里奚是我们秦国的陪嫁贱仆,不知怎的竟然跑到了君王这里,寡人要把他引渡回去治罪,这五张羊皮就当成是补偿吧!"

楚成王心想,这秦国国君也忒小气,我楚国地大物博,什么皮子没有,才五张羊皮?五百张羊皮都不稀罕,算啦,我楚国也不缺一两个养牛的,卖个人情给你们吧。去去去,去找百里奚过来。

百里奚正在养牛,忽有一天传来消息,说是秦穆公听说他逃到了楚国,大为震怒,派使臣送了五张羊皮给楚成王,说要把他换回去治罪,楚成王答应了,而且已经派人来抓他了。

与百里奚一同养牛的奴隶们听说后都十分伤心,以为百里奚此去必死无疑,纷纷跑来安慰,百里奚倒霉惯了,倒是十分坦然,便坐着囚车一路西行,离开楚国。

秦穆公在宫里不耐烦地踱着步子,十分焦躁:百里奚怎么还不来,寡人等得花儿都谢了。

正在这时,有人飞报:"报告,百里奚被公孙支大夫带回来了,正在殿外候见!"

秦穆公快步跑了出去:"不要什么候见了,寡人亲自去见他,我一刻也等不了了!"

秦穆公刚跑出殿外，就突然愣住了，失望之情溢于言表：不会吧，这位百里奚这么老了，还能干几年哪，怪不得楚王这么轻易放人呢！

百里奚见秦穆公亲自来迎，心里十分激动，颤巍巍地跪下行礼。

秦穆公看着百里奚颤巍巍的样子，心里越发不是滋味，他扶起百里奚，快快问道："老人家，您今年高寿啊？"

百里奚说："臣年七十，比姜太公钓鱼时还小十岁呢。"

秦穆公叹了口气说："请恕寡人直言。先生虽然高才，只是年纪大了些，可惜，可惜了啊，如能早生二十年的话，那就完美了，定能助我秦国称霸天下。"

百里奚笑了，他一生颠沛流离，历经坎坷，足迹遍布齐国、成周、虞国、楚国，几乎遍布大半个中原。这份经历使他对各地的风物民情和山川地理知之甚详，秦国想要称霸，找自己就对了，于是他信心满满地说道："让臣去逐飞鸟，搏野兽，那么臣确实老了。可是要坐论国事，比起姜太公八十岁还能帮武王定鼎天下，臣还年轻得很呢！"

秦穆公被这句豪言壮语一下子给镇住了，对百里奚的看法立马改观，于是他转变态度，恭恭敬敬地请教他道："我们秦国地处戎翟之地，中原列国都势利眼，看不起我们，拿我们当不开化的蛮夷，有什么盟会也不让我们参加。先生有什么妙招，能让我们秦国尽快富强，追赶上齐、晋、宋，参加诸侯盟会呢？"

当年夏为中原，视殷商为东夷；殷商入主中原，则视岐周为羌戎；如今秦人居西戎之地，自然也被中原各国当作蛮夷鄙视。百里奚虽然是中原人，但似乎没有这些坏习气，他说："秦公身居高位，还能对我这个亡国俘虏糟老头子不耻下问，真是让臣太感动啦。那就让我这糟老头子给您好好地分析一下吧。秦国地处岐、丰之地，山如犬牙，原如长蛇，只有一条崤函峡谷能与中原相通，真可谓易守难攻，这是秦国的第一个优势；第二个优势，秦国的周围都是戎狄部落，大大小小总共有十几个小国家，这些地方土地肥沃，民风剽悍，但各自独立，组织松懈，很容易吞并他们。所以秦公应当善用这两个优势，对西戎诸国德抚力征，以并其地，则可独霸西陲，然后紧扼山川之险，任他中原争霸不休，鹬蚌相争，我自猛力发展经济，戒急戒贪，忍字当先，待到中原列国因互相征伐而国力耗尽，我们再趁机长驱直入，此消彼长之下，天下还有谁是您的对手呢？"

百里奚此策先西后东，由内及外，稳扎稳打，真可谓定天下之策。后来秦穆公称霸西戎，就是走的这个路子；甚至数百年后商鞅与张仪之策，也是从百里奚战略思想上发展起来的。只可惜秦穆公虽颇认同百里奚之策，但他实在被"诸侯卑秦"的状况刺激狠了，以至于后来关键时刻还是急功近利，走了不少弯路。当然，这是后话了。

即便如此，在春秋初年那样的时代，秦穆公能将一个奴隶瞬间提拔为宰相，这已经是超越时代的政治创举了。秦穆公这一点也得到了孔子的盛赞，据《史记·孔子世家》记载："齐景公与晏婴来适鲁，景公问孔子曰：'昔秦穆公国小处辟，其霸何也？'对曰："秦，国虽小，其志大；处虽辟，行中正。身举五羖，爵之大夫，起累绁之中，与语三日，授之以政。以此取之，虽王可也，其霸小矣。'"

百里奚几十年怀才不遇而终得明主，这个故事告诉我们，做人一定不能失去信心，只要有能力，机会总有一天会来到自己身边；只有能耐得住寂寞和被忽视，才有可能最终迎来属于自己的阳光灿烂的未来。

接下来的三天，穆公和百里奚日夜问对，通宵达旦，废寝忘食，颇有几分相见恨晚的意思。

这三天是春秋时代秦国最重要的三天，大政方针，由此而定。

主公得了贤才，大家自然不好打扰，直到第四天两人聊得差不多了，公孙支才得以见到他们，不过，他不是空手来的，他带了一只雁来表示祝贺。

"主公您已经得到国家所需要的贤臣了，我特来为国家庆贺。"公孙支说。

秦穆公将雁笑纳了。

公孙支接着说:"秦国地处偏僻,人民愚陋无知,这是国家危亡的根源,百里奚之才高臣十倍,臣希望把上卿的位子让给百里奚!"

秦穆公觉得这样太委屈公孙支了,不同意。百里奚也反对:"这怎么行,凡事总有个先来后到吧。我能遇明主,是拜您所赐,我怎么好意思抢您的官做。"

公孙支说:"你能遇到明主是你的福分,我能遇到贤才并让位是我的福分,你别光想着你的福分,也要成全一下我的福分啊。你比我有能力,就该位居我之上,否则国家就乱套了。"

秦穆公笑着说:"这样吧,百里先生当上卿,子桑当次卿,共同辅佐寡人,这不是两全其美吗?"

百里奚又说:"秦公,我有一个朋友,此人之才高出臣十倍,臣想把他举荐给您。"

秦穆公心想,这个百里奚比公孙支强,现在又冒出个人来,比百里奚还要强,天哪,寡人的运气不会这么好吧!

公孙支忍不住插嘴道:"我知道是谁!宋国隐士蹇叔。"

百里奚说:"没错,就是蹇叔。当年臣流浪在齐国的时候,想去投靠篡位的齐君公孙无知,蹇叔劝阻了臣,臣听了他的话没有去,否则早就丧生在那场政变中了;后来我又想去投靠周王子颓,还是蹇叔劝阻了我,果然后来王子颓也篡位失败被杀,蹇叔又让我逃脱了杀身之祸;再后来我回到虞国当官,蹇叔也劝阻过我,说虞君贪财短视,迟早亡国。但我坎坷半生,实在穷得没法了,心里贪恋爵禄,便违心留下。结果虞国被晋国吞灭,我也沦为奴隶。我两次听了蹇叔的话,都得以化险为夷;一次没听,就遭遇国破被囚的命运,可见蹇叔的才能远胜于我,他现在就隐居在宋国,主公快派人去找他吧。"

这几个人互相举荐,推来让去,毫无私心,果然是知心的好兄弟。

秦穆公一听,心想,这个蹇叔还真神啊。于是他立刻下令,派公子絷带着重礼去宋国迎请蹇叔。

一个月后,公子絷带着人才回来了,不过请来的不只蹇叔一人,还有他的两个儿子白乙丙和西乞术。原来，蹇叔不仅有治国之才，而且很会教育子女，他的两个儿子，既知兵事，又通政务，也都是第一流的高级人才。

秦穆公听说这次访贤"买一送二"，这样算下来，自己只花了五张羊皮，就换来四个人才，真是太赚了，他大喜过望，立刻带着百里奚亲自出城迎接。

多年未见，两个老朋友又一次在异乡相逢，不由感慨万千，涕泪横流。

"这些年风风雨雨，老哥们儿，我们终于又见面了！"百里奚与蹇叔相拥而泣，看对方的满头白发随风飘动。

百里奚突然想到什么，忙道："大哥，你这回不会又来劝阻我吧，我跟你说，这次咱们碰到的真是个明主啊，断非齐君无知和周王子颓可比。"

蹇叔笑了："老弟以为我隐居于宋，就不知道天下大事了吗？我早已得知，秦主雄才伟略，求贤若渴，正是为兄梦寐以求的明君。咱们兄弟日后同仕秦国，可以共创一番事业了！"

秦穆公终于见到了渴望已久的蹇叔，立刻向他请教道："寡人此生最大的心愿，就是称霸天下，可是现在中原列国以戎翟看待秦国，连会盟都不让我参加，好郁闷哪。所以请教先生，秦国如何才能参与中原会盟，东进称霸天下？"

蹇叔摇头说："那个什么会盟不参加也罢，从今以后，不是他们不带咱们玩儿，而是咱们不屑跟他们玩。夫霸天下者有三戒，毋贪、毋忿、毋急。贪多就会嚼不烂，忿多就会失冷静，急多就会摔跟头。所以秦国目前的要务，是埋头发展生产，平定戎狄，只有先安定好关中地区，才能立足本国，寻求发展；等到国家强大了，地位自然高了，到时大家还不求着咱秦国去参加会盟？"

秦穆公陷入了沉思，之前百里奚劝他不要急于东向争霸，蹇叔也劝他不要急于东向争霸，难道寡人这辈子就没法实现这个理想了吗？

其实，秦长期与戎狄相处，文化落后，特别是长期存在殉葬传统与男女混居习俗，很难得到中原诸侯的认同，想打下一些地盘或许并不难，但要想当上中原诸侯共同信服的盟主，这几乎是不可能的，所以确实不如专心提高实力，发挥优势，等待时机。

秦穆公虽满怀狐疑，但仍封了蹇叔为右庶长，百里奚为左庶长，位皆上卿，谓之"二相"，又封公孙支为次卿，蹇叔之子白乙丙、西乞术为大夫，从旁协助。再后来，百里奚寻回了自己的儿子，也就是能征善战的孟明视，这样秦国的人才拼图终于完美。秦穆公、百里奚等人立法教民，兴利除害，奖励生产，加强军备，施德于诸侯，结果不出五年，巴人致贡，八戎来服，秦国大治。

五、彼此四十年的等待

大器晚成的百里奚终于实现了他年轻时的抱负，从奴隶一朝跻身为大秦的宰相，可是屈指算来，他已经七十多岁了。从三十多岁离家出外闯荡，到七十岁时功成名就，四十年来，他无时无刻不在思念着当年因家乡灾荒而逃散无踪的亲人，无时无刻不在苦苦地寻找家人的下落，可是这么多年来，妻儿都音讯全无，难道……难道他们真的已经在灾荒中死掉了？他不敢再想下去了，因为他实在没有办法接受这个残酷的现实，能在临死之前见到自己的妻儿，成了他此生最大的心愿，也是最后的心愿。

这一天傍晚，百里奚拖着疲惫的身躯下朝回来，吃了晚饭，独自一人坐在华堂上，环顾着穆公送给自己的这个空荡荡的大宅子，心里也变得空荡荡的，这么多年，他已经习惯了一个人独处，一个人怀念往事，年纪大了走不动了，回忆变成了他唯一的寄托和依靠。

暮色四起，夕阳斜斜地照在门外的院子里，倍显落寞。

起风了，萧瑟的北风吹进堂来，吹过百里奚斑白的须发——他的确老了，老得年轻时很多事都快要忘记了，可是他永远没办法忘记自己离开家乡的那一个早晨，妻子杀母鸡煮小米饭为他饯行的那幅画面，那是自己和家人见的最后一面，这一别，就是四十多年。

如果他们还活着，老妻应该快七十岁了，儿子也应该长成了一个中年人，呵呵，说不定连孙子都有了，如果他们现在出现在自己面前，自己会不会不认得他们了呢？百里奚怔怔地想着，脸上露出了略带几分凄凉的无奈笑容。

这时几个乐工鱼贯走了进来，百里奚纷飞的思绪回到了现实中。哦，又到了每日奏乐的时候了，他到了秦国以后，每天夜色来临的时候都要听一些家乡虞国的乐曲，以解思乡之苦，这已经成了他这些年唯一的习惯。这些熟悉的音乐能抚平他沧桑的皱纹，让他杂乱的心境宁静下来。

一曲将终，堂外突然多了一个满头白发的老妇，她躬身道："老妇人也略通音律，相爷能让我为您演奏一曲吗？"

堂内众人都愣了。这个老妇是谁？怎么如此放肆！百里奚的管家见此情景忙冲了上去，呵斥道："你不过是府里新雇来的洗衣妇，不好好干活，跑进来凑什么热闹，还不快出去，不要打扰了相爷的雅兴！"

"让她试试吧，我这个奴隶都能当上宰相，为什么洗衣妇就不能弹琴呢！"百里奚喝止了管家，把那个老妇召了进来，不知为什么，他觉得这个老妇看上去似曾相识。

老妇来到堂内，也不说话，面色从容地坐到琴边铮铮淙淙地弹了起来，随着流泉般清雅的琴声，她哀婉地轻声唱道：

> 百里奚，五羊皮，忆别时，烹伏雌（即母鸡），炊扊扅（指砍了家里的木门做柴火），今日富贵忘我为！

百里奚听到这儿，一下子愣了，抬眼直勾勾地看着那个老妇：她的脸上满是千沟万壑的皱纹，杂乱的长发像一缕缕白絮般飘飞在风中，那抚琴的有如枯枝的干瘦双手上，是一道道皲裂的口子，不知历经了多少生活的磨难和沧桑；只有一双明亮的眼睛，就如冷夜波涛中的一点灯塔，闪烁出凄婉幽怨的光芒，一下子照进了自己心灵的最深处。

这，这不就是这四十来年不断闪过自己脑海的那双眼睛吗？百里奚一下子站了起来，跟跄地走下堂来，紧紧地握住老妇的手，发出颤抖而嘶哑的声音："夫人，是你吗？"

"是我，夫君，我找你找得好苦啊……"两行清泪从老妇干瘪的双颊上滑落下来，滴在两个老人紧握的双手上。

四十年的分离在这一刻化作了四秒钟的对望，他们颤巍巍地紧紧抱在了一起，老泪纵横，像是秋风中的两片落叶，终于掉落到泥土里，埋在了一块儿。

原来，杜氏自百里奚走后，靠自己织麻过日子，转年碰上灾荒，无法糊口，掩埋了病死的老母后，就带着儿子孟明视逃荒，颠沛流离，一面抚养儿子，一面四处打听百里奚的消息。她历经千辛万苦，有一天打听到秦国有一个新任的宰相叫作百里奚，不知道是不是自己的丈夫，就辗转流浪到了秦国，进相府当了洗衣的女仆，希望找机会当面认一认。碰巧遇上乐工弹琴，她就借琴责夫一试，想不到对方真的就是自己日思夜想的夫君。

之后，百里奚和自己的妻儿一一相认，细数别情，很快，有人将此事禀告给了秦穆公，秦穆公也为他们一家团圆高兴，派人送了一堆礼物表示祝贺。次日，百里奚带着儿子孟明视入朝谢恩。秦穆公见孟明视勇武过人，就将孟明视拜为大夫，与西乞术、白乙丙并称为将军，号称"三帅"，专职掌管征伐大事。

好了，彼此等待四十年，故事终于有了个大团圆的结局，这个鼓琴责夫获团圆的故事也流传后世，成了一段佳话。

古往今来多少大英雄大豪杰，"力拔山兮气盖世"的有，"安得猛士兮守四方"的有，可是要说"至情至性，四十年痴心不悔"，试问天下，又有几人能做到呢？至情至性，方是英雄本色。史书载百里奚"劳不坐乘，暑不张盖，行于国中，不从车乘，不操干戈，功名藏于府库，德行施于后世。五羖大夫死，秦国男女流涕，童子不歌谣，舂者不相杵"。无论从哪个方面，百里奚的德行都毫无瑕疵，令人仰慕，而这正是他的可爱之处，也是可敬之处。

六、背信弃义的晋惠公

按照秦穆公新聘请的上卿百里奚和蹇叔定下的大计，秦国本应该先发展经济，待到独霸西陲之后再去考虑称霸之事的。可是接下来晋国发生的一件大事，改变了秦穆公的想法，让秦国的历史蓦然转弯。

公元前651年，是历史的转角。

这一年夏天，齐桓公在葵丘与各地诸侯会盟，达到了他霸业的顶点，也达到了他霸业的终点。

可以想见，这场规模盛大的葵丘大会，一定大大刺激了秦穆公的求霸之心。

另外，这次大会，重要人物晋献公并没有参加，因为这个以铁血无情著称的枭雄，其生命已经走到了最后一刻。

九月，晋献公病重将亡。没了主心骨，晋国乱了，秦穆公的心也开始躁动了。

按照晋献公的遗嘱，继承君位的是他最宠爱的美人骊姬的儿子，年仅十四岁的奚齐。不过他深知，自己杀死前太子申生，并驱逐了夷吾、重耳等庶子后，国内有很多人，特别是群公子的余党，都十分反对骊姬母子。所以，他临死之前将奚齐托付给了自己最信任的大臣荀息，说："寡人想让奚齐继承君位，可是他还年幼，大臣们都不服，恐怕要出乱子，你能帮寡人保住这个弱小的孤儿吗？"

荀息说："臣一定竭尽全力，不成功，便成仁。"

唉，傻荀息啊，这种话不能随便乱说的，承诺了就得兑现，一不小心当真要丢了性命的，不过此时的荀息，应该早就有了杀身成仁的觉悟，这就是中国士大夫独有的"忠贞"。

晋献公闻听此言，知道荀息已将生命托付给了这个承诺，于是放心地死了。

晋献公想得太美了，他以为只要有重臣荀息就能镇住场子，可是他错了，大错特错，他刚死，未及下葬，连尸骨都还没凉透，祸乱就不可避免地爆发了。

发动祸乱的是已死的前太子申生的支持者里克和丕郑，其实他们一开始也不想见血，所以在造反之前跟荀息来了个和平谈判，里克说："奚齐继位，不得人心，群公子旧部的愤怒已到沸点。天怒人怨，政变一触即发。你还是放弃奚齐吧，他当真有那么稀奇吗？"

荀息说："我还能怎么办呢？一死而已。"

一个月后，里克派人在晋献公的灵堂上当场杀死了新君奚齐。

荀息听说了这件事，便想实现承诺自杀，有人跟他说："奚齐虽死，骊姬的妹妹不还有个儿子卓子吗？你再立他为君吧！"

荀息只好又把卓子立为国君，总算是顺利安葬了晋献公。

又过了一个月，里克竟然在朝堂上当着群臣的面悍然杀掉卓子。

荀息再没有倒霉孩子可立了，只好兑现了自己先前的诺言，自杀了。当然，荀息这也是用自己的死，保住了荀氏家族的实力，后来，荀氏后裔在晋国六卿中独占其二——中行氏和智氏。

至此，晋国群龙无首，谁来当国君收拾这个烂摊子呢？

按照政变首领里克的意思，他想让公子重耳回来继位，因为重耳年龄更大，可惜重耳不肯蹚这个浑水，何况这里克心狠手辣，连弑二君，也实在让人心里打鼓。

重耳不肯蹚浑水，他弟弟夷吾想，不过他也怕权臣里克加害于他，于是想在国外找一个靠山来帮忙，夷吾和他的首席谋臣吕甥商量了半天，决定找他大姐夫秦穆公帮忙。

要别人帮忙就得送礼，这叫作利益交换，天生的阴谋家夷吾深深明白这个道理，便派他的第二号谋臣郤芮带了厚礼去贿赂秦穆公，并跟穆公约定："我如果真能顺利登位，愿意割让晋国的河西五座城池给秦国。"另外夷吾还给里克和丕郑各写了一封信,答应事成之后给里克汾阳之田百万,给丕郑负蔡之地七十万。

秦穆公早就有帮晋国平定内乱的心思了。

一直以来,秦穆公的理想就是称霸中原。但是东邻晋国却如一块巨大的屏障挡在东方,绕不开,吃不掉,穿不透,严重阻碍着秦国的东向发展。如果能得到河西五城,就可将秦国的势力扩展到黄河沿岸,并能借助夷吾参与中原事务,最终打开扼住秦国咽喉的这只巨手,东进争霸,指日可待。另外,秦定晋乱,也有经济利益上的考量,与商鞅变法以后秦人热衷耕战不同,春秋早期的秦人是靠东西贸易起家的,保障与晋国贸易线的安全非常重要。所以秦穆公心心念念,甚至号称这是上天交给他的使命。

秦穆公爽快地答应了夷吾,不久就命令大臣公孙支带领战车三百乘,护送夷吾回国继位,这就是晋惠公。

大功告成,公孙支便依约向晋惠公索要河西五城。

没想到惠公这个当口却想反悔了,他找来了自己的几个谋臣商量此事。

头号谋臣吕甥是个逻辑鬼才,他分析了一下,说这地不能给,当初晋惠公在梁国时,晋国非晋惠公之晋国,所以他压根无权割地给秦国,这承诺自然不作数。再说,这么大一片土地给了秦国,晋国还剩多少地?

二号谋臣郤芮说:"吕甥说得好。河西之地乃是先君一刀一剑辛辛苦苦打来的,就这么便宜了秦国,我们怎么对得起他老人家?"

这俩人翻脸真比翻书还快,一旁的里克打心里鄙视他们,说:"既然如此,你们先前干吗答应人家,现在答应了又不给,这不是言而无信吗?"

郤芮大声说:"主公你不要听这家伙的,此人阴险之极,他是怕主公不给他汾阳之地,所以才这么帮秦国讲话,哼,我还不知道你!"

里克真是有理难言,当场被挤兑得说不出话来。

其实晋惠公找大家来商议,并不是讨论给不给的问题,而是讨论用什么托词来回复秦穆公,他压根一个城池都不想给秦国。于是他说:"既然大家都同意不给,那么吕甥,你为寡人想些词句,写封信来推托吧,要好好注意用词,千万不可惹恼了秦公。"

吕甥身为晋惠公的首席谋臣,笔杆子上当然有一套,他的信是这么写的:"当初我是把河西之地许给您,才有幸回国立为国君的,不过大臣们都说:'土地是先君留下来的,属于晋国,而你当时逃亡在外,晋国还不是你的,你凭什么将不属于你的东西许给别人?此乃私约,晋国法律不予承认!'寡人力争也无用,所以向您道歉,请您一定要原谅,寡人也是被逼无奈的啊。"

信写好了,谁去送呢,晋惠公眼睛一转,决定派丕郑去,丕郑是里克集团的二号人物,支走一个,单留一个,要对付起来就容易得多了。而且,这封绝情书送到秦穆公手里,秦穆公一生气,说不定直接就把丕郑给砍了,这也省得他动手了不是?

果然,丕郑这边一走,晋惠公就动手了,他派人将里克家团团包围,并遣一使者向里克喊话说:"如果没有您,寡人就做不了晋君。尽管如此,您连杀了两个国君,逼死了一个大夫,做您的国君,岂不是太难了吗?"

里克一声冷笑:"欲加之罪,何患无辞?夷吾小人,我总算看明白你了。"(成语"欲加之罪,何患无辞"典出此处)

说完,里克自刎而亡。

另外一边,身在秦国的丕郑得知了里克的死讯,进退两难。最终,他决定找晋惠公的大债主秦穆公投诉,让秦国老大站出来主持公道,惩治晋惠公这个失信分子。

丕郑见到秦穆公后,先把晋惠公的信交给他,说:"河西五城寡君不打算给君侯您了,所以特派外臣来给您道歉。"

秦穆公飞快地看完了信,气得说不出话来。见过耍赖的,没见过如此厚黑的,这世上怎么会有这种人?

也难怪秦穆公蒙了。当时还是春秋初年，离三代不远，中国人还没学会玩弄阴谋诡计，一个个尚颇为淳朴，晋惠公这帮人做事如此不择手段，秦穆公也算是大开眼界了。

这时丕郑又说："晋君不但赖掉了您的城池，还赖掉了我和里克的封地，不仅如此，他还杀了里克。所有这一切，都是吕甥和郤芮这两个小人给他出的鬼主意。君侯您不如派我把他们两个骗到秦国来宰了，断了晋君夷吾的羽翼。然后咱们里应外合，君侯派兵送重耳来晋国即位，我自率本部人马在国内起事，齐心协力，把这死不要脸的夷吾赶下台！"

秦穆公心想：还是你们晋国人懂得怎么搞阴谋诡计啊，寡人自愧不如。

于是，丕郑领着秦国使者一起回到了晋国，见了晋惠公，送上了国书和重礼。

晋惠公展开国书，只见上面写着："咱们俩国是姻亲哪，是一家人，一家人不说两家话，寡人的东西就是你的东西，你的东西也就是寡人的东西，所以河西之地给不给其实也无所谓。你的大臣们如此忠心耿耿，寡人真是为你高兴啊，所以想请吕甥、郤芮两位大夫来我们秦国访问，以促进两国友好。"

晋惠公面带喜色地对秦国使者说："秦公真是大方之人啊，不但不要土地，还送了这么多礼给寡人，这叫寡人怎么好意思啊！寡人即刻就派吕、郤二位大夫准备重礼回访贵国，具体事宜，待我们君臣商议一下再定。"

然而，等到秦使下朝，惠公突然沉下脸来，冷笑一声说："秦君和丕郑真是太天真了，此等浅显阴谋，寡人岂会看不出？"

郤芮、吕甥等人忙跪了下来，齐声说："币厚言甘，此必邳郑卖我等于秦。主公英明！"说完都擦了擦头上的冷汗，心想：不愧是咱们培养出来的主公，目光如炬啊！

另外一边，丕郑浑然不知自己的阴谋已被晋惠公知悉，仍去找了申生党的重要骨干"七舆大夫"[①]，连夜密谋驱赶夷吾迎回重耳的造反大计。

次日早朝，百官行礼已毕，晋惠公突然问丕郑道："你为什么要把寡人赶走让重耳来当国君，请问寡人到底是犯了什么罪啊？"

丕郑一下子蒙了：糟糕，事情败露！到底是什么地方出了纰漏？难道我们中间出了叛徒？不管，来个抵死不认，没有证据，谅他们也不敢当朝杀了我。

"主公你说些什么呢？我怎么一点也听不懂啊！"丕郑装傻说。

"装，你就装！"晋惠公冷笑，"昨夜你与七舆大夫在府中的密谋，要不要寡人一字不漏地背给你听啊！"

丕郑面如死灰地软倒在地，心里那个恨哪。早知如此，真不该招这家伙入主晋国，现在全完了！

晋惠公鄙视地看了地上的丕郑一眼，开始一个个念七舆大夫的名字，命武士抓人。那一个个名字，就像死亡丧钟一样敲打在众人的心头，大家面面相觑，有口难开，朝堂上气氛压抑，凝结成冰。

晋惠公喝道："全都给我押出去砍了，一个不留。"

晋都全城一时陷入恐怖之中。许多大臣吓得逃到翟国去投靠流亡公子重耳，继续想法儿颠覆晋惠公政权，丕郑之子丕豹则逃亡到了秦国去找秦穆公，他认为，只有秦穆公才能帮他杀了晋惠公夷吾，为自己的父亲报仇。

从这段历史可以看出，晋国人相当热衷于阴谋与内斗，从春秋初年的曲沃代翼开始，晋国公族就没完没了地内斗，即便晋献公杀太子，尽逐群公子，仍没有解决这个问题，反而让内斗愈演愈烈，甚至波及异姓卿大夫。后来晋文公重耳即位，短暂地缓解了这个问题的严重

[①] 《周礼》曰："侯伯七命，其国家、宫室、车旗、衣服、礼仪，皆以七为节。"故侯伯出行，有副车七乘，每车有一大夫主之，谓之七舆大夫。而晋国有上下两军，两军统帅各有副车七辆。晋献公统上军，申生统下军，故申生虽然只是太子，但属下也有七舆大夫。

性，但数代之后，晋国公卿之间又开始了没完没了的争斗，最终晋国公族出局，卿族则拼到最后只剩韩赵魏三家，将晋国瓜分，这才算完了事。

事情为什么会这样呢？一代如此也就罢了，为何代代如此？这就不只是人的原因了，必有更深层次的原因。

这个深层次的原因，就需要从晋国的地理方面去深究了。晋国处于太行山区、吕梁山区及黄河、汾水、沁河之间，国土被分割成一片片破碎的谷地，被河流一个一个串在一起。所以人们常用串珠盆地来形容山西。

这样的地形，好处是每个盆地内部地势平坦，且有一条大河流经，水资源充裕，沃野千里，人口环境承载能力强。缺点则是每个盆地板块相对独立封闭，在交通落后的古代，相当容易形成各种割据势力；而且晋国从来没有形成一个强大的核心地带，其都城数百年间在唐、曲沃、绛、翼、新田等地迁来迁去，"强干弱枝"根本无从谈起。在分封制的春秋时代，各大家族有兵有粮，且自成一国，内斗无从避免，肢解势在必行。

丕郑的儿子丕豹爬荒山抄小道，白天不敢见人，晚上连夜赶路，历经千辛万苦，终于逃到了秦国。一见到秦穆公，丕豹就像见到了久别的爹娘一样趴在地上大哭起来。

秦穆公吓了一跳，连忙问原因。

晋国通缉犯丕豹把自己父亲如何反抗晋惠公，结果被杀死的事情诉说了一番，然后对秦穆公说："晋侯背叛秦国而记恨小怨，清除异己诛杀大臣，百姓们都不拥护他。如果秦公愿意替天行道去将他赶走，晋国百姓一定会感激您的。"

秦穆公犹豫不决。毕竟，夷吾这个小人，确实不得人心。夷吾即位的第二年，周天子派召公来到晋国任命新任晋侯。按照礼节，夷吾接受了周天子的委任状后，就应该执玉圭，伏地叩谢大恩，但夷吾自认大国之主，不肯应付，非常无礼；对周天子都如此，对其他诸侯自然更加倨傲。此等小人得志，各国君子都不喜欢他。莫非，这是秦国安定晋国、扬威天下的机会？

但秦穆公又低头沉思了一下，厘清自己的思绪：晋侯不叩谢天子，得罪的只是周室，与晋人并无关系；他杀七舆大夫，杀的也只是异己，跟百姓并无关系，百姓没有理由反对他。晋侯能如此迅速干净地除掉国内的反对势力，反而说明他的地位已经相当稳固，断无丕豹所说的短时间产生内乱的可能，丕豹这么说，无非是要借助秦国的力量帮他父亲报仇罢了。战争，是大事，必须建立在理智之上，不能让情绪和仇恨来左右自己。

这么一想，秦穆公便释然了，他对丕豹说道："如果百姓都反对夷吾的话，他哪里还能杀得掉里克等大臣？这说明晋国上下还是一心的。丕豹，我看你也无处可去，不如先留在寡人这儿吧，君子报仇十年不晚，夷吾此人多行不义必自毙，你又何须急在一时呢？"

丕豹想想也对，自己通晓晋国内情，日后总有大作用，于是留在秦国当起了大夫，只要逮着机会，他一定要让夷吾血债血偿。

秦晋的纠葛终于告了一个段落，接下来三年，两国相安无事，秦穆公继续发展经济，积蓄力量；晋惠公则继续打压反对派，稳固自己的君位。

到了公元前 647 年，秦穆公十三年，晋惠公四年，平静的日子终于被一个天灾打破了。

这一年的秋天，旱灾爆发，晋国的田里不产粮食了，到了冬天，大家把剩下的粮食都给吃光了，老百姓饿得嗷嗷叫，成天跑到晋惠公的宫外抗议。晋惠公被吵得神经衰弱，天天祭神求雨，并号召晋国富户与高官踊跃捐粮，但仍是杯水车薪，最后没办法，只好把大臣们叫来商量，看看能去哪个国家买点粮食。

晋惠公的亲信吕甥说："要不咱们找齐国吧。齐侯怎么说也是一代霸主，对其他国家向来厚道，我们多说点好话求一求他，他一定会卖这个面子给我们的。"

晋惠公说:"我也不是没想过,只是齐国远在千里之外,等粮食来了咱们的老百姓都饿死了!"

晋惠公的另一位亲信郤芮说:"没错,要不我们去求秦国吧,那里比较近!"

吕甥说:"要去你去,我可不想去吃闭门羹,先前咱们不给他们城池,早就撕破了脸皮,这会儿他们看笑话都来不及,又怎么会给咱们粮食!"

晋惠公说:"这是你说的,寡人可不承认对不起秦国,寡人也从来没说过不给秦国城池,只是叫他等待,延缓交割的日期而已。现在,咱们就去找他们买米,他们如果不给,那就是他们对不起咱们,咱们日后就可以名正言顺地赖掉河西城池了!"

明明是晋惠公先对不起人家,现在却把所有不是全推到别人身上,如此赖皮的人,实属罕见。

于是,晋惠公派使者去找秦穆公买米。

使者来到秦国,一见到秦穆公,就哭丧着脸说:"秦公,我们晋国这次惨啦,老百姓饿得实在受不了了。您可怜可怜我们,卖我们点粮食吧!"

秦穆公问百里奚:"您怎么看,我们该不该帮他们?"

百里奚说:"谁家没有个困难,就是寻常百姓家,左邻右舍都会互相接济,何况我们还是姻亲之邦呢!救灾恤邻,理义之常也,这是王道。何况,晋君夷吾虽得罪于您,其百姓何罪?"百里奚是底层出身,他深深明白,自古以来闹灾,从来只听说有饿死百姓的,没听说有饿死当官的,更别说国君了,又何必迁怒老百姓呢?

"您说的对。晋侯有过,但其百姓无罪,寡人亦不忍以其君之故,迁怒于民。"秦穆公点了点头,接着问次卿公孙支的意见。

公孙支说:"我也这么认为,再说晋国这一回得了咱们的援助,以后就不会跟咱们作对了。万一他们不识好人心,忘恩负义,他们的老百姓必然离心,这样我们就有道理讨伐他们了!助友邦,讨无道,这才是霸道，所以，主公应该帮助晋国。"

秦穆公又点了点头，正要答应，每天做梦都想砍晋惠公的丕豹跳起来大声反对说："晋侯无道，天降之灾。乘饥而伐之，可以灭晋，主公，机不可失时不再来啊！"

秦穆公说："君子不乘人之危，智者不侥幸取胜，你别成天就想着给你老爹报仇嘛！顾全一下大局好不好！"

丕豹老脸一红，顿觉羞愧不已，退到一旁反省去了。

于是，秦穆公大开粮仓，用船沿着渭水、黄河与汾水向晋国漕运粮食，船队从秦都雍城一路连绵不断排到晋都绛城，也不知出动了多少水手与纤夫，只见轴轳相接，蔚为壮观，史称"泛舟之役"。

如此多的粮食和船只，如此大规模的内陆航道大运输，在先秦史上真是前所未见。秦国此举，一则展示了自己的仁义，二来也展示了自己的农业与运输业水平已经达到了一个相当高的程度。

晋国的老百姓终于有救了，他们吃着秦国的米，想着秦穆公的恩，心里美滋滋，而秦穆公施了恩，也得到了好名声，大家皆大欢喜。这事情如果就这么过去了，也算是一个完满的结局。偏偏上天嫌这不好玩，又跟大伙儿开了一个大玩笑，将本已和谐（至少是表面上的）了的两国关系，又推到了悬崖的边缘。

上天或许是要检验一下两国的友谊，又或许是要揭露一下夷吾的真面目，也可能仅仅是一个巧合，两年后一个冬天，晋国迎来了久违的丰收，秦国却遭灾了。本来以秦国的国力，储备的粮食足以应对此等危机，但前年为了支援晋国，仓库里的存粮都光了。秦穆公倒是一点也不着慌，因为他心里有底："幸亏我们当初卖粮食给晋国了，现在轮到我们有困难了，他们肯定会卖给我们粮食的！"

丕豹忍不住插嘴道："夷吾这个小人一向忘恩负义，当年不肯给我们城池，这次也一定不会卖给我们粮食。"

秦穆公不以为然："胡说什么呢！粮食和城池怎么能是一码事！"于是，他满怀希望地派使者去向晋惠公求购粮食。

晋惠公跷起二郎腿，问大家："要人情账的人来啦。你们说，这粮食寡人是给还是不给呢？"

大夫庆郑当即说道："当年秦国对我们雪中送炭，现在我们自当义不容辞，这有什么好讨论的，当然要给啦！"

另一位大夫虢射却说："皮之不存，毛将焉附？这点小恩小惠，消除不了秦的怨恨，白白让他们渡过难关，这又何必呢！要我说，欠一个情也是欠，欠一堆情也是欠，反正已经得罪了，干脆得罪到底！就现在，趁秦人饿得东倒西歪，揍他们，可捞上一票肥的！"（成语"皮之不存，毛将焉附"典出于此。）

庆郑苦劝道："幸灾乐祸，是为不仁；忘恩怒邻，是为不义；不仁不义，百姓离心，何以守国？"

晋惠公不耐烦地说："你别给寡人掉什么书袋！寡人可没秦人那么傻，之前上天把晋国赐给了秦国，秦人却傻乎乎地不知道夺取晋国，反而卖给了我们粮食，真是愚不可及！因此上天惩罚他们，叫他们挨饿，要把秦国赐给我们晋国。寡人怎么能违背天意而不取呢？你们说是不是？"

晋惠公不听庆郑之言，不仅将秦使像条狗一样赶走，还派兵前去攻打秦国。

很难想象，因为坚守仁义道德不知变通而惨遭失败的宋襄公，竟然和这位无情无义、无信无耻的晋惠公处于同一时代。在晋惠公之前，这样不讲道义的君主是很少见的，他与宋襄公两人命运的不同，显示出春秋时代旧道德的逐渐崩塌。等到越王勾践吞灭吴国称霸天下的时候，这个时代的旧秩序更是彻底崩溃了。

秦穆公见使者两手空空，哭丧着脸跑回来了，问他："怎么了，粮食买到了吗？"

使者垂头丧气地说："别提了，晋侯不但不肯给粮食，还乘人之危想要攻打我们。"

秦穆公不听则罢，一听此言，多年积压的怨愤忍不住集中爆发了。

跟以往不同，秦穆公这回动了真火了。

夷吾这个人人品不行，他早就听说过，所以当年晋国负约不给城池，他也没有拿晋国咋样（其实根本也没怎么奢望晋国会真给），一是因为多一事不如少一事，战争是国家的大事，不能说打就打；二是因为夷吾毕竟是自己爱妻的弟弟，没有什么大仇怨，他不好真的撕破脸皮来大动干戈；三是因为割地这么大的事，晋国不舍得给也情有可原，寸土寸金这个道理他还是明白的。

可是这一次夷吾做得实在太过分了，拍着胸脯讲，他秦穆公对晋国那真的是没话说，要兵给兵，要粮食给粮食，就差把心掏出来给人家看看了，可夷吾呢，什么好处都得了，却小气得连这一点儿粮食都不肯给。好，这也就罢了，我不怪你，可你怎么能倒打一耙，跑来趁火打劫呢！人不可以无耻到这个地步啊！

秦穆公悲愤地一拍桌子，宣布出动兵车四百乘，亲征晋国，并以丕豹为将，让他能够一雪家恨。

秦军从附属国梁国的少梁渡口渡过黄河，从黄河对岸的龙门渡口[①]上岸，挺进晋地。秦晋之间第一场大战——韩原之战[②]爆发。

七、韩原之战与秦晋改革

秦穆公十五年、晋惠公六年（前645），秦晋韩原之战爆发。

这场战争也许不是春秋时最激烈的一场战役，也不是最精彩的一场战役，甚至规模也不是很大，可是绝对应该算是最有戏剧性的一场战役，其经过跌宕起伏，峰回路转，相当有趣。

有趣之一：在开战之前，两方国君有一场十分精彩的对话，这场对话记载在《左传》上，转述如下。

---

① 又称禹门渡，相传为夏禹所凿。"鲤鱼跳龙门"的传说也发生在这里。
② 韩原：即今山西河津市和万荣县间，在黄河以西的关中北部地区，当时属晋国。

先是晋惠公派大臣韩简[①]去约战，说："寡人不佞，能合其众而不能离也，君若不还，无所逃命。"

古人自持贵族身份，说话含蓄，加之是外交辞令，所以这话显得相当客气，但实际上就是说："我军兵强马壮，众志成城，尔等若是识相，就赶快退师，否则将无处可逃！"

秦穆公心里暗笑：你有啥好狂的！于是他让韩简转告晋惠公："君之未入，寡人惧之，入而未定列，犹吾忧也。苟列定矣，敢不承命。"

意思是说："你要当国君，寡人让你当了，你要稳定地位，寡人也给你面子了，现在你要找死，寡人怎么敢拒绝你呢？"

韩简无言以对，退下去对左右说道："道理在秦国人那边啊，我看这仗没法打了，只要能活着当上秦国的俘虏，就算幸运了！"

没啥好说的了，开打吧！

有趣之二：晋惠公的马。

战争的成败有多种影响因素，可是谁也没想到，晋惠公的驾车马，改变了整个战局。

按道理，为主帅驾车的马应该选择久经沙场的本国老马，可是晋惠公竟然选择了四匹中看不中用的郑国小马。他应该是没打过什么大仗，所以他以为自己喜欢的马就一定能打仗。没错，他这四匹小马确实很漂亮，身材好，毛鬃也润泽，还很听话，但这种平原来的马跟着晋惠公娇生惯养惯了，又不熟悉晋国山区地形，哪里能用来冲锋陷阵呢？！

其实没经过战阵也没关系，就老老实实地躲在后面指挥就好了，可晋惠公求胜心切，竟然脱离了主力部队独自往前冲，结果驾车的"宠物马"受到了惊吓，没命乱跑，根本不听使唤，让车陷到了泥地里。按理这时就该晋惠公的车右出马了。一般国君的车右都是由勇武有力的大将担任，他们能轻松将车从坑里推出来。然而由于晋惠公刚

[①] 韩原便是韩简的封地。韩简乃晋国大族韩氏的第三位宗主，也是后来战国七雄中的韩国的先祖。

跟他的车右庆郑吵了架，所以临时改用了自己的家仆徒为车右，这家仆徒不过是个佞幸，哪里有力气推车。这下晋惠公慌神了，眼看着后面的秦军就要追上来了，危急时刻，突然身边出现了一个熟悉的身影，正是被自己弃用的将军庆郑，晋惠公连忙大声呼救："快，快，快来救寡人！"

庆郑停下步子，左右看了看，然后指着自己，做无辜状："您在叫我？"

"寡人当然是叫你了！爱卿，你快点来救我吧！快点让我上你的车！"

然而庆郑心中早有怨气，于是装模作样地说："哎呀，臣这辆破车，怎么好意思让尊贵的君上乘坐啊，这样吧，我去叫别人来救你。"说着他就消失在晋惠公的视线之内。

晋惠公呆了半晌才反应了过来，气得跳着脚大骂，但又无可奈何。

有趣之三：乐极生悲。

秦穆公远远看到没人救晋惠公，心中大喜，连忙率领手下前去助战，没想到战场局势瞬息变化，这时晋将韩简不知什么时候带着大部队迂回了过来，反而把秦穆公给包围了。韩原这个地方是韩简的封地，所以此战他跟他的手下尤其拼命，结果一战之下形势逆转，韩简的御者梁由靡和车右虢射舞动武器攻击秦穆公，秦穆公很快就受了几处伤，危在旦夕，正在这个危急时刻，战场旁突然多了几百个勇士，他们齐声呐喊："君上莫慌，我们来救你啦！"

秦穆公抬头一看，只见这些人一个个蓬头垢面，脚穿草鞋，步行如飞，手里的武器都是一些锄头镰刀什么的，分明是一群野人。前面说过，所谓"野人"，就是周代生活在郊野的"二等公民"，与居住在城邑里的"国人"不同，他们不需要也没资格服兵役上战场，平常只能种田畜牧，世世代代供养"国人"。

然而，这群从未经过战争训练的野人，竟然好生厉害，一个个如狼似虎，奋不顾身，杀得晋军溃不成军，不一会儿就冲开一条血路，秦穆公趁机冲出包围，率领秦军乘胜掩杀，晋兵大败。而另外一边，由于庆郑跑去叫韩简来救援晋惠公，耽搁了时间，晋惠公最终竟被秦军给俘虏了。

仗是打完了，问题也来了，这战场上怎么会突然多出一群野人来？他们不是应该去种田吗？到这儿来凑合个什么劲？

原来，在几年前，秦穆公在岐山打猎，车子半路坏掉，导致他最心爱的一匹良马离家出走了。秦国以养马立国，秦穆公更是爱马如命，相马大师伯乐与九方皋都是他的座上贵宾，所以这良马丢了，可真是要了他的老命了。他赶紧派人去找，结果在山脚下发现了三百多个野人，正围在一起烧烤，原来秦穆公的爱马竟被他们杀了吃了。这下就连秦穆公的手下们都忍不了了，冲上去要抓这些野人法办，秦穆公却阻止了他们，说："慢着，这马再好它也是个畜生，为了畜生杀人，岂是君子所为？"

秦穆公很冷静，他明白，这群野人来自山中部族，头脑中可能完全没有这匹马是专门被人驯养来驾车骑乘的意识，所以才会将骏马杀掉吃肉。只要是懂得战马价值的人，都不会如此暴殄天物。不知者无罪，事已至此，又何须再责罚他们呢？

于是，秦穆公走到那群野人旁边，笑嘻嘻地说道："怎么样，寡人的马好吃吗？"

"好，好吃……"野人们看着周围全副武装的士兵，吓得直发抖。

"胡说，有肉无酒怎么会好吃。而且寡人听说，吃马肉若不同时喝点酒，会伤身体的。这样吧，寡人正好带了最好的酒，咱们一起喝酒吃肉，岂不快哉？"

就这样，秦穆公赦免了这些野人，还大方地请他们一起喝酒。这三百个野人十分感动，听说秦国跟晋国开战，便主动参军了。他们看到恩人有难，便争先赴死，以报秦穆公之德，在危急时刻成了一股奇兵，从而改变了整个战局。《史记》和《吕氏春秋》上都记载了这件奇事。

由此也可以看出，秦国很可能在商鞅变法前就早已开始改革军制，逐渐打破"国野分治"了。等到商鞅一来，拥有良好基础的秦国便顺利完成改革，很快实现了全民皆兵。

有趣之五：因为庆郑见死不救，秦军顺利俘虏了晋惠公，打败了晋军。但晋国的大夫们深以为耻，都不肯回国，而且披头散发，拔起帐篷，跟着秦军一起向西走。秦穆公派使者辞谢说："你们几个别那么哭丧着脸嘛！你们国君喜欢吃我们秦国的粮食，寡人就带他去秦国吃个够，不会太为难他的。"

晋国的大夫听了三拜叩头说："君上脚踩后土，头顶皇天，皇天后土都听到了您的誓言，下臣们就斗胆站在下风口，听候您仁慈的命令好了。"

韩原之战是春秋时期秦晋两个老冤家之间的第一仗，此役之后，晋国兵员大损，甲兵丧亡殆尽，所以晋国后来采取了"作爰田""作州兵"等政策，这才大大补充了晋国的兵源，让晋国重新恢复了元气。

这里必须解释一下什么是"作爰田"与"作州兵"。所谓"爰"就是变更的意思，"作爰田"就是拿出些公田（民众需要义务为公室耕种的土地）来做一下变更，全都"赏以悦众"，"公侯"收取田租即可，这就是早期的国家授田制度①。而所谓"州"，是被征服部族所居之地，州人本来不服兵役，"作州兵"是要求他们与国人同服兵役，从而打破"国""州"之间的界限②，与秦国三百勇士的情况有异曲同工之妙。但晋国的改革显然更制度化，更为彻底，也更为见效。后来重耳回国，四年就能把晋国军队扩张至三军，六年就能将军队扩充至六军，也算

---

① 东周以前生产力较低下，土地耕种三年就要抛荒，加之农具落后，民众需要"十千维耦"（出自《诗经·周颂·噫嘻》，指周成王一次出动万对农人并耕），所以各国普遍实施公田制。但春秋中期以后随着农业技术的提高，农民已不需要频繁换土易居，也不再需要大规模集体耕作，所以晋惠公干脆废公田而实施授田制，以实物地租取代劳役地租。

② 稍晚一些时期的鲁国"作丘甲"、郑国"作丘赋"，皆指这一转变；丘与州一样，都是郊外被征服部族所居之地。

是摘了晋惠公改革的桃子吧。

可能有人会有疑问,这晋惠公是个刻薄寡恩的昏君,为什么他的谥号是"惠"?柔质慈民曰惠,这是个美谥。

答案或许就是这次改革。

从历史上来看,重大改革一般发生在国家危亡之际,因为改革必然会触动权贵们的利益;只有国家危亡,才会让权贵们心甘情愿地接受改变。韩原惨败,便正好给了晋国一个改革的契机,而晋惠公很好地抓住了这个契机,将晋国带上了快速发展之路,并为日后晋文公称霸打下了坚实的基础。孔子曰:"圣人转祸为福,报怨以德。"(《说苑·权谋》)如果说"报怨以德"的秦穆公是个圣人,那么"转祸为福"的晋惠公也可算是个圣人吧!

对于秦人而言,韩原之战是他们对中原列国的第一次货真价实的胜利,意义非常重大,这场战役说明,秦国的经济和军事实力已经不在中原列国之下,而天下之人,从此也对秦穆公这个新冒出来的后起之秀刮目相看。

另外一边,秦国上下听闻胜利了,还俘虏了晋惠公,都欢欣鼓舞,感觉大快人心。可是有一个人,却十分的煎熬。

这个人就是秦穆公的夫人穆姬。

穆姬对夷吾这个弟弟其实也没什么好感,曾多次写信责怪他无礼于贾君[①],不纳群公子。她心里十分明白,自己的丈夫对夷吾的无耻行径十分恼怒,肯定不会轻饶了他,听说甚至打算拿他祭祀上天。但这怎么行啊!夷吾毕竟是她的弟弟,血浓于水,现如今身陷囹圄,危在旦夕,她怎么能坐视不理呢!

想了半天,穆姬决定豁出一切,去救弟弟,因为她太了解自己的丈夫秦穆公了,这就是夷吾的一线生机所在。

却说秦穆公带着夷吾凯旋归国,刚要入城,突然,一群穿着丧服

---

① 贾君是夷吾老爸晋献公的妃子,夷吾当上国君后对自己这位后母非常照顾,结果照顾到床上去了(晋侯烝于贾君),不仅无礼,而且无耻。

的内侍来到军中，说奉夫人之命要见他，秦穆公心中不由一凉：糟了，不会是夫人出了什么事吧！

秦穆公赶忙问原因。

内侍说："夫人要臣下跟主公你说：'上天降下灾祸，使我两国国君不是用玉帛相见而是刀兵相加，现如今晋君战败被俘，实在让身为姐姐的我羞惭不已，为了不有辱君上，晋君白天入城，那么我白天死；晚上入城，我就晚上死。请君上决定吧。'另外，夫人还……"

"还怎么了，快点说啊！哎呀，急死寡人了！"

内侍只好继续说："夫人一听说晋侯被抓了，就带着太子罃、公子弘和公主简璧，穿着麻衣丧服，光着脚出宫，去到后园崇台之上，并在台下铺满柴草，口口声声说是要自焚谢罪。"

秦穆公吓得全身冷汗直冒，赶紧跟内侍说："你赶快去叫夫人下来，寡人不会加害晋侯的，有事好商量嘛！千万不要把好事变丧事，那打再大的胜仗又有什么意义呢？"接着他命令手下把夷吾暂且关押在城外的灵台离宫，然后急急忙忙启程回宫去见穆姬。

得胜归来，本是一件天大的喜事，如今却弄得夫人寻死觅活，又是穿丧服，又是要自焚，秦穆公的好心情顿时一扫而光，回到宫里，两人相见，一时竟然无语。

秦穆公叹了一口气："唉，夫人，你又是何苦呢？"

穆姬双目垂泪，跪倒在地："夫君，我对不起你。"过了好一会儿，等她情绪平复下来，秦穆公才微笑着说："没关系的，寡人已经决定了，准备放夷吾回国。不仅如此，我让他把晋太子圉送到我们秦国来，把女儿嫁给圉，再结秦晋之好，夫人以为如何？"

穆姬大喜："好啊，如此亲上加亲，两国必将世代交好了！"

其实秦穆公内心也压根没想过杀夷吾，如果要杀，立刻解决便是，又何必到处公告？就是囚禁晋惠公，也无非只是为宣泄一下秦国君臣百姓的愤怒罢了，对于秦国的利益并没有实质性的裨益。秦穆公这次出征，本也只是为了给夷吾一个教训罢了，杀了他解决不了任何问题，只会加深两国的仇恨。晋是大国，灭又灭不掉，成天跟它打仗，必将拖垮秦国，所以不如继续投资晋惠公，甚至把女儿嫁给他的太子，继续投资下一代。

于是，在这一年的十月，秦晋双方约定在洛水、渭水、黄河相汇处的王城（今陕西大荔东）结盟议和，晋国方面派出的代表就是晋惠公的第一谋臣吕甥。

吕甥当然不是空手来的，他带了河西五城的地图和钱粮户口，想以此交换晋惠公回家。

这就显出秦穆公的智慧了，如果他一开始就威胁晋国要割地才肯放人，那列国岂不是要将秦国看成绑匪？所以他一开始宣布要报仇，要拿晋惠公祭天，然后等着对方拿地盘来求自己，反而显得自己大度，面子里子都有了，这才是人精啊！

秦穆公装出一副怒气冲冲的样子，准备好好为难一下这个吕甥。

穆公问："寡人抓了你们国君，你们晋国现在情况如何啊？"

吕甥答道："我们晋国现在意见不合，小人（老百姓）因失掉国君为耻辱，他们不怕征赋税、修兵革之苦，全都整装待发，一心要立太子圉为君，还说，宁可侍奉戎狄，也要报此大仇；可是君子们（贵族）并不这么想，他们爱戴国君但也知道他的罪过，因此不怕征赋税、修兵革之苦，全都整装待发，等待秦国释放国君的命令。他们还说，一定要报答秦国的恩德。如果不能报答，那就只能战死。"

穆公又问："那你们国家的这些小人和君子认为寡人会如何对夷吾呢？"

吕甥答道："小人们都很忧愁，认为他难逃一死；君子们却很放心，认为他一定会回来。小人说：'我们得罪了秦国，秦国岂能放过寡君？'君子说：'我们已经认罪了，秦国一定放寡君回来。经此一役，秦国已经可以称霸诸侯了。如果秦国废掉寡君，只会把以前的恩德变成怨恨，这对秦国又有什么好处呢？'所以啊，君上您既已扬威立德，又何必要伤敝国君子之心，而激小人之怨呢！"

吕甥这一番君子小人的论辩，不卑不亢，婉转有节，左右分析，得情入理，是春秋时期谈判的经典之作，后来柳下惠等辩士纷纷引用，得到了很好的效果，吕甥不愧为晋国第一辩士。

秦穆公见吕甥如此厉害，真是伶牙俐齿，看来晋国有人才啊，于是洒脱一笑："没错，你说的正是寡人所想。"

谈判既已达成共识，友好收场，秦穆公改变了对晋惠公的待遇，让他住到了好房子里，并送给他牛羊猪各七头，以诸侯之礼相待。晋惠公难得地露出了惭愧的神色。

十一月二十九日，晋惠公在秦国待了两个月，把自己吃得肥嘟嘟后，终于欢欢喜喜地回到了晋国，然后满脸笑容地杀掉了在韩原之战给他捣蛋的庆郑。

十二月，晋国正式向秦国割让了许诺的河西之地，秦国势力首次抵达黄河沿岸。从此，黄河之险秦、晋共有之，而这，也是秦国在春秋时代唯一一次向中原腹地的推进，秦国终于有了一条由渭河平原通往中原的道路。

据《史记》记载，当年秦穆公父亲秦德公将秦都从汧渭之间迁到雍城（今陕西凤翔），就曾花费三百头牛、三百头猪、三百只羊，请了风水大师来考察这一带的风水，风水大师给出的意见是："卜居雍，后子孙饮马于河。"

这卦卜得真灵，过了仅仅三十二年，秦穆公就达成了他父辈的心愿，实现了这个美好的预言。

紧接着没过多久，晋国又发生了灾荒，大度的秦穆公发动了第二次"泛舟之役"支援晋国，他说："我怨恨他们的国君，但怜悯他们的百姓，我相信晋国还是有希望的！我们姑且树立恩惠，等待有才能的人吧！"

在中国古代的谥法中，布德执义曰"穆"，中情见貌曰"穆"。从秦穆公的所作所为来看，他实至名归。经此一役，秦国的战力强大与雍容大度传遍天下，地位大升，秦国历史上的黄金时代由此开启。

八、秦晋之好，为何注定走向决裂？

韩原惨败后，晋惠公政治威望大损，于是第二年，他为了维护自己的权位，竟派人去翟国刺杀当初跟自己竞争君位的公子重耳，想将这个潜在的竞争对手从地球上抹去，永绝后患！可没想到，重耳不但顺利逃脱，还跑到齐国娶了个漂亮宗女，赢得了春秋霸主齐桓公的支持。晋惠公气坏了！但当时齐国正强，他无论如何也不敢找这当世霸主的晦气。

转眼又过了一年，也就是秦穆公十七年、晋惠公八年（前643），秦晋再次联姻，晋国的太子圉来到秦国做人质，秦穆公则把女儿嫁给了他。从此，晋惠公再也不敢跟秦国作对，老老实实地和秦国做起了友好邻邦。

同年十月，老霸主齐桓公满脸哀怨地咽了气，五个儿子没一个肯给他办丧礼，全都扭作一团争宝座去了。

第二年，也就是秦穆公十八年（前642）冬季，梁国君主（同时也是晋惠公的岳父）筑了很多城邑，把那地方命名为"新里"。梁国的百姓实在受不了梁伯乱盖房子、劳民伤财的恶行，纷纷逃离梁国，去地价更便宜的秦国居住。秦穆公十九年（前641），秦穆公趁乱占领了梁国。

顺便说一下，这里说的梁国也就是后来的少梁，即今陕西省韩城市，位置就在黄河西岸，控制着最重要的黄河渡口之一少梁渡口。从地缘战略的角度来讲，秦穆公既已得到晋国的河西之地，那么位于河西重地的梁国自然也是势在必得。

然而，正在秦国的晋太子圉却考虑不了那么多，他只知道自己的母家被自己的岳父大人给灭了，心里相当不是滋味，这位单纯幼稚的少年，于是有了离家出走的想法。

又过了几年，在秦穆公二十二年（前638），也就是宋襄公泓水战败的这一年，晋惠公夷吾重病，晋太子圉抛弃了自己的老婆怀嬴，孤身跑到晋国夺取君位，秦穆公又被晋国人伤害了一次，郁闷极了。

与此同时，晋公子重耳被自己的齐国老婆齐姜和舅舅狐偃骗出齐都临淄，重回充满了危险和希望的流亡之路。

转眼又过了一年，也就是秦穆公二十三年（前637）九月，晋惠公夷吾病重去世，太子圉主丧即位，是为晋怀公。

与此同时，晋公子重耳一行翻山越岭跋山涉水，历经宋郑楚等国，终于来到了秦国。两国再结秦晋之好，秦穆公将女儿嫁给重耳，并亲率大兵，帮老女婿重耳打回老家。

同年二月，晋大夫见大势已去，纷纷投降重耳，不久，众叛亲离的晋怀公在高粱被手下杀死。

三月，晋惠公爷俩的死党吕甥、郤芮二家造反，结果被晋文公识破，将二人诱至秦邑王城，将其诛杀。此二人聪明一世，最终也不免做了刀下亡魂，跟他们的旧主晋惠公、晋怀公会合去了。

秦穆公二十五年（前635），周室内乱，秦晋都想勤王，然而秦穆公最终将功劳让给了晋文公。晋文公勤王成功后，得到了周襄王赐予的珍贵的南阳之地（即位于太行山南麓与黄河北岸之间的狭长走廊），打通了通往中原的通道。从此晋国进出中原相当便利，如果是范围有限的战役，晋只需征伐黄河以北沿岸几个城邑的敌方军队就可以应付，不必再从绛都腹地劳师远征了，这就大大降低了称霸成本。秦穆公虽然为晋文公感到高兴，但仍感觉有点眼红。

不过没关系，晋文公很快就回报了秦穆公，同年秋季，秦穆公联合晋国攻打楚国的小弟鄀国（今河南内乡西），楚国的申公斗克、息公屈御寇带领申、息两地的军队戍守在鄀国的国都商密（今河南淅川西）。秦晋联军乃过析地（今河南西峡）而不攻，绕道丹江水湾子，直接包围了商密，同时捆绑着自己的士兵，诡称是析地的俘虏，送到城下展览，商密守将震惧，只得开城投降。秦国军队俘虏了申公斗克、息公屈御寇凯旋。楚国的令尹成得臣率楚军匆匆赶来，战斗已经结束，只得恨恨而归。秦国于是将鄀国占为己有，国土大增。总之，那两年，秦晋联手，晋国勤王获南阳之地，秦国南侵得商鄀之地，两国都得到了实质性的实惠，秦晋的战略同盟也由此大大稳固。更重要的是，晋国此举帮秦国打通了武关和紫荆关的路线，使秦国得以向南发展，如此一则可利用秦之南进压制楚国，二则可避免秦国东进成为晋的竞争者，晋文公此战略之大局观实在令人赞叹！

这样又过了几年，一直到秦穆公二十八年（前632），春秋史上最重大的事件——城濮之战爆发了。此一战，秦穆公派兵参加诸侯联军，打败了强大的楚国，助晋文公顺利登上霸主之位，春秋晋国百年称霸的时代到来了。

然而，在此次战争中，秦国并未捞到多少好处，秦穆公雄心勃勃，亦不满足于南进与楚争山区之地，他还是想通过与晋结盟，向晋国假道东行，以间接控制一些中原小国，在中原分一杯羹。但秦毕竟僻居西方，他这样的战略在地缘上拥有巨大缺陷，注定难以实现，就算实现也不能持久。争夺中原霸业，还是得像晋国进据南阳那样，直接占领通道门户，才能攻守自如，不会受制于人，所以秦晋之好注定不能长久。

九、烛之武一言退秦师，丧权辱国的城下之盟

春秋中期，由于受到黄河及秦岭东脉崤山一带复杂地形、水文条件的限制，秦国在东进中原时受到了晋国的强大阻力，即便秦国君主秦穆公雄才大略，但也不得不与晋国结好，想要借助晋国将其势力延伸到黄河以东，最终达到称霸中原的目的。因此，他三平晋乱，三定晋君，为了晋国操碎了心。

但是很可惜，晋国的国力强于秦，对称霸中原的渴望也不比秦低。晋文公重耳虽然是靠着秦穆公的帮助才回到晋国成为国君的，而且又是秦穆公的女婿，但他毕竟是晋国的国君，代表着晋国的利益，所以

他在与秦稳固同盟的同时,也不得不暗中抑制秦的势力,至少,要死死守住豫西走廊的西段,将秦国的势力范围死死框定在黄河西岸。至于中原,那更是晋国的禁脔,秦国可以看,可以闻,但绝不能伸手。

这么简单的道理,聪明的秦穆公也不是不明白,但秦国想要在中原有所作为,又离不开晋国的支持,否则他连从崤函通道出来逛逛都做不到。秦晋之间这种微妙的关系就这么一直持续着,直到有一天,一个老人打破了这一切。

对于晋文公来说,郑国是他争夺中原霸主之位的唯一阻碍,也是他梦寐以求想要得到的国家。盖因郑国地处天下中心,又傍靠王畿,其西境要塞虎牢扼守着京师洛邑通往东方的通道,其南境直逼楚国的方城隘口,其北境则控制着黄河南津的渡口。晋国如果控制了郑国,不仅能有效地对周王室造成威胁,迫使它承认自己的霸主之位,而且还能死死将楚国限制在方城以南,其战略意义太大了。另外郑国也算是个中等大国,列国虽然暂时谁也没有能力在不受干扰的情况下吞并它,但如果能打败它,迫使它听从号令,利用郑国可观的兵力、财力,无疑会在列国对抗的天平上为自己加上砝码,从而建立真正稳固的霸业。

说起来郑国也真是个悲摧的国家,想当年春秋初年郑庄公时,齐秦楚晋四强还不是很强,郑国还做过中原小霸,只可惜郑庄公死后,随着四强的崛起与郑国的内乱,郑国的国势江河日下。郑庄公之子郑厉公仍能伐戎勤王,与齐宋一争长短,然而到了郑厉公之子郑文公时,郑国再也没了争霸的本钱,只能学会一套骑墙的本事:齐国强大时候,郑文公奉齐桓公为盟主,齐桓公死后他又马上奉楚成王为盟主,等到城濮之战楚国战败,他又第一个跳出来奉晋文公为盟主。这就是个骑墙派,根本没有真感情。

晋文公以当年流亡郑国时,郑文公闭门不纳为借口,宣布要讨伐郑国,想把它彻底打服。

为了增加胜算,晋文公还约了秦穆公来助拳。刚好秦穆公也想去东方刷刷存在感，拿不到实际利益，去插上一脚也是好的，于是双方一拍即合，共同出兵向东攻去。郑国这些年来被楚国、齐国乃至宋国翻来覆去地反复糟蹋，早就体虚力亏，哪里还经得起晋秦两强的重压？

秦穆公三十年（前630）九月初十日，秦晋两国攻破郊关，直逼郑都新郑，晋军驻扎在函陵（今河南新郑北十三里），秦军则驻扎在氾南（今河南中牟南），将整个新郑团团围住，又派兵四下巡警，日夜盯防，势必要让城里的一只苍蝇都飞不出来。

新郑城，位于济、洛、河、颍四水之间，当中原要津之地，为往来商贾必经之途。新郑城的外形轮廓，近似一只不规则的牛角，直到今天，当地民众还习惯将新郑称为"四十五里牛角城"。郑国人为了保护自己的国都，运用大量人力物力财力，修筑了工程浩大的城墙防御体系。考古发现，郑韩古城的城墙，墙基宽40米至60米，顶宽2.5米，一般高10米左右，最高的地方可达16米，比明清北京城还要高出5米，整座城池依势而建，易守难攻，在缺乏投石车冲城车等有效的攻城武器的春秋时代，光凭人力，想要攻破此等坚城，几乎是不可能的。所以《孙子兵法》上说"攻城为下"。特别是像宋都商丘、曹都陶丘、郑都新郑这样的国都级坚城，围而不攻才是上上之策。

然而，这种旷日持久的围城战其实很残酷，甚至比攻城战还残酷。

刚开始，郑文公还死命硬撑，可是渐渐地，城里的粮食却一天少过一天，老百姓们饿得不行，每天跟他吵着要投降，吵得他六神无主，脑袋发胀，精神濒临崩溃边缘。郑文公无奈，只好大出血，把自己的传家之宝拿了出来，请求晋文公退兵，晋文公提出了两个条件。

一、将不被郑文公待见而逃到晋国的郑公子兰立为郑世子。晋文公其实并不想灭掉郑国，他只要扶植代理人，最终把郑国调教成一个亲晋的政权就可以了。真灭了郑国，对晋国并不划算，毕竟郑国是老牌姬姓诸侯国，灭掉要付出相当大的政治代价。另外，灭掉郑国这个缓冲区后，晋国将与其最大的对手楚国全面接壤，这两大国势均力敌，谁也灭不了谁，若为此事大打出手，连年累月，谁也受不了。

二、将郑相叔詹逮捕，交给晋国处置。原来，当年晋文公流亡到郑国时，叔詹曾劝郑文公善待重耳，但郑文公就是不听，叔詹于是劝郑文公杀掉他，因为叔詹认为重耳非同一般，迟早会归国即位。到时候，他一定会来报复。

当然，晋文公的这个要求不仅是为了报复，还为除去郑国的反晋势力，除去郑文公的得力助手。

这第一个条件好说，第二个条件就让郑文公为难了，叔詹是自己的亲弟弟，也是自己的好臣子，手足之情，君臣之义，要他就这样全都舍去，谈何容易。

于是郑文公迟迟没有把这件事告诉叔詹，左右为难，日日煎熬。

天下没有不透风的墙，这件事还是被叔詹知道了。叔詹找到郑文公，说道："用小臣一个人可以救百姓，安国家，君主何必对小臣如此爱惜呢？"

郑文公还是犹豫不决。

叔詹回到家里，一夜未眠，第一天一早，就伏剑自杀了。（与《史记》不同，《春秋穀梁传》有另外一种说法，说叔詹没死，还和晋文公辩论了一番。）

为了不让自己的哥哥为难，为了郑国的百姓，叔詹死了，死得轰轰烈烈。

郑文公听说叔詹已死，恸哭了一场，然后把叔詹的尸体送到了晋军营中，给晋文公看。晋文公还是感觉不解气，竟然说道："必欲一见郑君，辱之而去。"

这回郑文公傻眼了，晋侯实在太过分，难不成还要自己亲自去晋营，跪下来苦苦哀求他吗？这可惨了，不仅丧权，还要辱国了。

这时候老臣佚之狐站出来救场："主公，如今秦晋合兵，我郑危矣，臣建议选派一个嘴皮子最灵活的人偷偷出城去，到秦军那里当说客，用三寸不烂之舌，劝秦退兵。秦国人跑了，晋国人也就自然会退去了。"

郑文公大喜："好办法，谁愿去当这个说客？若能成功，功莫大焉。"

佚之狐眼睛转了两下，突然想到一个人："主公，臣有一个朋友，此人口若悬河，舌摇山岳，相当精通语言艺术，臣每次跟他吵架，都被他批得体无完肤，没有一次能吵赢的！主公若加其官爵，派他出马，秦军必退！"

郑文公问："谁这么厉害，寡人怎么没听过？"

佚之狐回答说："此人叫烛之武。"

郑文公派人把烛之武叫了来，这时大家才发现，这个被佚之狐夸得天花乱坠的"雄辩之士"，原来是一个须发尽白、风烛残年，道儿都走不动的糟老头子，忍不住低头偷笑起来。

烛之武颤颤悠悠地走上前来，费了半天劲才总算给郑文公行了个礼，一边咳嗽一边问："主公召老臣何事？"

郑文公强压心头的怀疑，笑嘻嘻地说："听说您老舌辩之术过人，寡人很是仰慕，所以想让您出城去说退秦师，不知您老是否愿往？"

烛之武又咳嗽了好一阵，才说："臣才疏学浅，年轻的时候，尚不能建立尺寸之功，现在老得牙齿都快掉光了，腰酸腿疼走不动道儿，说话都说不利索，又怎么能犯颜强辩，说退千乘之师呢？"

郑文公也不傻，当即心领神会，说道："老先生您年纪一大把了还没有被提拔，这都是寡人的过错啊！可现在郑国都快亡了，真要亡了国，对谁都不好，您老就勉为其难，去一趟秦营吧！"

烛之武本来就是想抱怨抱怨，吐一吐多年没得重用的怨气。见郑文公老实服软，他也就不再推托，答应了这事。

是夜，月黑风高，烛之武悄然来到城墙之上，命守城的军士拴了根绳子从城堞上垂下去，他就顺着绳子出了城。

汜南秦军营内，秦穆公忙了一天，正要进入梦乡，突然听到营外有人大声嚷嚷，声彻原野，吵得他不能入眠，不由大怒，便把兵丁叫了进来，沉着脸问道："是谁在外面？把他给我抓进来。可恶，这还让不让人睡了！"

不一会儿，兵丁们把一个老头带了进来，说："主公，就是这个老不死的在外面鬼叫，他还说他是郑国的大官，哈哈，笑死人了！"

秦穆公见此人气宇不凡，不似寻常之人，忙喝道："不可放肆，快把这老先生松绑了！老先生，不知您贵姓大名，为何深更半夜来此？"

烛之武忙正色道："老臣乃郑之大夫烛之武。有一番话，我国国君要我转达秦伯。"

秦穆公好奇地问："什么话？"

烛之武从容说道："秦、晋两国包围郑国，郑国自知必亡。如果灭亡郑国对君上有好处，那么我们也不敢多说什么。问题是，郑国灭亡不但对秦国没有一点好处，反而有天大的坏处，所以我们才一定要面见您，向您陈说其中利害。"

秦穆公听出其中的味道来了，问道："何出此言？"

烛之武道："君上您想想看，郑国如果亡了，对谁最有好处？当然是晋国。至于秦国，想越过晋国而以远方的郑国土地作为边邑，您认为可能吗？所以这样只能增加晋国的土地。秦国和晋国东西相邻，实力相差无几，晋国更强了，那就相当于秦国变弱了。相反，如果放过郑国，让郑国做个东道主（'东道主'一词典出于此），从今以后，秦国但凡东方有事要路过郑国，我们都会隆重招待。还有，君上您三平晋乱，对晋之恩，不可谓不厚，但可曾见晋国知恩图报？说要给您土地，刚回国就变卦！晋国这帮人野心极大，他们又怎么会有满足的时候！今天灭掉郑国开拓了东边的土地，明天就会开拓西边的土地，而它的西边就是你们秦国，如果不攻打秦国，还能到哪里去取得土地呢？晋国人的阴谋昭然若揭。君上您聪明一世，怎么会不明白这个道理，甘心为晋国人所驱使呢？您可得想清楚啊！"

秦穆公不傻，其实烛之武说的这些话，他早就想过，只是没有烛之武说得这么透。烛之武这么说，等于是把秦晋之好所有虚伪的外皮都扒了下来，血淋淋的，让秦穆公彻底认清楚：他三定晋君的努力，最终只是在为别人做嫁衣罢了。在强大的晋国面前，他注定只是个可笑的陪衬，注定要在晋国的光芒下度过一生。

秦穆公颓然地坐倒在地上，良久，不发一语。他现在必须做出选择：要么继续与晋盟好而受其制约，在其规定的框架中求生存发展；要么冒险背盟，与晋一争短长。

烛之武静静地看着秦穆公，等待着他的决定。

秦穆公长长地叹了口气，说道："虽然我很不想承认，但是你说的确实是实话。"

烛之武长长地舒了口气，抹了一把冷汗，说道："恭喜君上，您终于明白了。"

秦穆公大悦，于是和烛之武立下盟誓，并留下杞子、逢孙、杨孙三将在郑国帮忙守城，以防晋军仍不罢休，另外也为秦国日后重返中原布下局、埋好线。之后，秦穆公便吩咐大军起营，连夜撤退了。

郑国虽然逃过一劫，但也为此付出了巨大的政治与经济代价。首先是要做东道主，为秦国提供东面的军旅、使团过境费用，这是一笔巨大的开销，当初齐桓公率八国联军伐楚，就曾因为过境费用的问题与郑国产生诸多龃龉。其次，郑国要把防务交给秦国人，秦国驻军的给养由郑国负担，但郑国人也没有办法，两害相权取其轻，秦国国力比晋国相对要弱一些，离郑国也相对要远一些，对郑国的安全威胁自然更小一些，出卖国家利益给他们，总比卖给晋国要好一些。这就是弱国的悲哀，要靠卖国来救国，要靠接受野狼的保护，来对抗凶狠的老虎！

另外一边，晋文公得知秦国"私与郑盟，背晋退兵"的消息，不由大怒。谋臣狐偃也进言道："秦君说走就走，太不给我们面子啦，臣建议追上去揍他们一顿。"

晋文公道："不可。如果没有秦君，怎么会有寡人的今天。以怨报德，是为不仁；失其所与，是为不智；打破和平，是为不武。如今秦国还派了兵保护郑国,这仗没法打了,咱们撤吧。"

晋国新霸,不宜轻与同盟之大国开衅。况且,秦国处于晋国的战略后方,良好的秦晋关系是晋国全力东进的基石。现在两国关系既已出现裂痕,晋国要做的应是弥补,绝非破坏。看来,晋文公的政治头脑还是要比狐偃清醒很多。另外,郑国既已交出了叔詹,并同意让公子兰成为太子,晋文公的政治目的便已算达到,于是不久,晋军也撤兵回国了。

虽然没有爆发明显的冲突,但是,秦晋两国间难得的蜜月期已一去不复返了。"秦晋之好"这段千古美谈,竟然如此收场,让所有的人都唏嘘不已。

十、秦人难改的劣根性

晋文公八年(前629)秋天,晋国越发强大了,晋文公甚至在清原(今山西运城闻喜北)举行了阅兵仪式,将原先的三军扩充为五军。原来,按照周制,天子六军,大国三军,中等国家二军,小国一军,晋国在城濮战前已扩成上中下三军,如今兵员激增,竟然又增加了新上军和新下军,扩至五军,此举实为大大的僭越。

但此举,也让晋国的军事实力一下子跃居列国首位,不仅秦国不敢轻举妄动,就连不可一世的楚成王,都慑于晋国的强大,不得不跟晋国讲和,暂停了用兵中原的战略,从此蛰伏江汉数十年,直到南方神鸟楚庄王一飞冲天。

时光流转,白驹过隙,转眼间又过去了一年,到了秦穆公三十二年(前628),秦穆公终于坐不住了,因为在这一年,他可怕的竞争对手晋文公重耳,终于耗不住岁月的无情,死在了自己的前头,年轻的晋太子欢即位,是为晋襄公。

晋文公在世,秦穆公还惧晋国三分,但对小年轻晋襄公,他可一点儿也没放在眼里。

自己的年纪也不小了，如果再不建立一些功业，秦穆公实在不甘心，他可不想就这么一直被晋国压在下面，窝窝囊囊地过一辈子。所以，秦穆公其实一直在布局中原，并暗中指示两年前他围郑国时安插在郑国驻防的秦军窃取郑国之情报，随时准备配合他在中原的行动。

恰巧这个时候晋文公死了，另外一个老家伙郑文公也死了，而在郑国驻防的秦将杞子传来消息：经过长时间的谍战工作，他们终于收买了郑国司城缯贺，获得了大量郑国军事情报与郑国北门的钥匙，所以请求秦穆公趁着郑国新丧，政局不稳攻打郑国，里应外合，郑国可以轻得。

秦穆公听了大喜，这可是个千载难逢的大好机会啊。郑国地处天下之中，交通便利，农、商业均极发达，是谋霸中原必须控制的战略要地。本来，秦穆公当年与晋文公围郑，中途却擅自与郑国结盟，已形成了对晋国的战略夹击，只可惜郑文公死后，其子郑穆公即位，而这位郑穆公曾流亡晋国，是个铁杆的亲晋派，他一上台就彻底倒向晋国，疏远秦人，让秦国对中原的控制力大减，秦穆公若不趁此机会拿下郑国，挖掉晋国的墙脚，日后等晋襄公和郑穆公成长起来，秦国再想在中原发挥影响力，那就更难了。

于是，秦穆公把自己的得力大臣蹇叔和百里奚找来商量。

这两人一听秦穆公要偷袭郑国，不由齐声劝阻道："不可啊主公，我军远途奔袭，可是犯了兵家大忌啊。"

秦穆公的满腔热血被一盆冷水浇下，心里已然有些不痛快了，他沉着脸问道："我们有内应，又是偷袭，可以说是以有备攻无备，这么多的有利条件，怎么能说是犯了兵家大忌呢？"

蹇叔答道："主公，你还不明白吗？这完全是一个军事冒险啊。第一，从秦国到郑国，千里之遥，沿途要经过晋国、滑国和周天子的地盘，还要经过黄河、崤山及伊阙等天险，后勤困难，而且远途跋涉，士兵必然疲劳，士兵疲劳，士气必然衰竭，士气衰竭，军心就会涣散，军心涣散，这仗还怎么打。第二，千里行军，补给问题如何解决？第三，千里行军，如何保密？不能保密，如何能算是偷袭？偷袭不成，又如何能算是以有备攻无备？第四，既然无法保密，晋国就有可能在半途设伏，到时偷鸡不成蚀把米，我们就麻烦啦！第五，秦国与郑国中间还隔着好几个国家，就算拿下郑国，也获得不了他们的土地，何必呢？夫称霸者，须戒急用忍，主公难道忘了老臣从前的话了吗？"

这些道理秦穆公何尝不知道。没错，这样做是很冒险，可是如果不冒险，秦国什么时候才能称霸中原？自己已经老啦，等不了那么久，也顾不了那么多啦！

更重要的是，秦国僻处西戎，他们还有相当多的奴隶制残余，所以与中原诸侯热衷抢夺土地不同，秦国打仗并不光为土地，只要能够掠夺到奴隶、牲畜、物资，那也行啊。听说郑国商业发达，人口稠密，此去若偷袭成功，秦穆公就一夜暴富了。

于是秦穆公反驳蹇叔道："郑国新丧，麻烦事情一大堆，怎么会有闲心探听我军的行踪？就算被他们知道了，又怎么知道我军一定是攻打他们的？而且晋国也是新丧，他们忙活晋侯的丧事都来不及，怎么会冒出来跟我们作对呢？况且，晋国的新君不过是个黄口小儿，他们的重要谋臣狐偃、狐毛也死了，当年晋国的黄金阵容已归天了一半，剩下先轸等人不足为惧！再说，我们跟晋国也是老交情了，他们不会轻易跟我们闹翻的，多结一个强敌，对他们有何好处？"

蹇叔还想劝谏，穆公火了："咄！寡人之意已决，尔等无须再言，否则拉出去砍啦！"

蹇叔和百里奚见秦穆公已经发飙了，怕他真的要了他们的脑袋，只好唉声叹气地退了出去。秦穆公召孟明视为大将，西乞术、白乙丙为副将，率领战车三百乘，士卒三万余人，在东门外集合，准备出兵。出兵的这一天，百里奚和蹇叔拉着自己儿子的手，放声大哭："咱们爷俩最后告个别吧。你们这一去，恐怕就回不来啦。呜呜呜，白发人送黑发人，真是好可怜啊！"

一旁的秦穆公看着漫山遍野整齐雄壮的队伍，正自豪气万千，想来个振奋人心的动员令，突然听到这俩老头在那里抱头痛哭，絮絮叨叨地说着丧气话，不由大怒："哭，哭什么哭，乱我军心。你们懂啥啊？再过一阵子，坟上的树都要长势喜人了。"意思就是说：你们这帮老家伙叽叽歪歪的，怎么不早点去死？

两人一听秦穆公发火了，立即收住哭声，抹了把鼻涕眼泪，抽噎着说："臣怎么敢扰乱军心啊，只是因为儿子们率军远征，不知多久才能回来，我们两人年纪实在太老，说不定他们回来晚了，就见不到我们最后一面了，所以才哭！"这样一说，秦穆公才稍息雷霆之怒，可没想到二老转头私底下就对儿子们说了真话："儿啊，晋国人必定在崤山等着我军，崤山有两座山陵。它的南陵，是夏后皋的坟墓；它的北陵，周文王在那里避过风雨。你们必定死在两座山陵之间，我们就去那里收你们的尸骨吧！"

其实，二老的谏言非常有道理，为什么号称英主的秦穆公就是不听呢？

这就是执念的可怕之处了。在这世上，利欲熏心，往往比无知无能更可怕。无论多聪明的人，如果被欲念所控制，都会做出奇傻无比的事情来。这也算是秦国国君的老毛病了。他们在碰到逆境的时候，头脑特别清楚，奋力死战，百折不挠，而且只要有求于人，多低的姿态都可以摆出来。秦穆公当年迎百里奚之谦恭，以及后来秦孝公求贤令之真诚，秦始皇礼遇尉缭与王翦之大度，都是如此。可是，秦国国君一旦成功以后，很容易得意忘形，目空一切，好高骛远，对于失去了利用价值的人才，更是无情无义，往往弃之如敝屣，如秦穆公诅咒二老，秦惠文王杀商鞅，秦始皇杀韩非子，都是如此。《史记》载尉缭评价秦始皇"居约易出人下，得志亦轻食人"，可谓一针见血。大秦帝国"其兴也勃焉，其亡也忽焉"的一个大根源，也在于嬴氏祖传的这种劣根性。

十一、秦军三万将士的亡灵
在崤山山谷中飘荡

　　秦军出发后没多久,他们就碰到了一个大障碍,那就是崤山。

　　崤山中裂,绝壁千仞,有路如槽,深险如函,是谓崤函古道也。此道乃关中到中原的必经之路,当初武王伐纣、平王东迁,走的都是这条道。而秦军要攻打郑国,也必须走这条险要无比的崤函古道,他们自雍都出来,须先从茅津渡过黄河,经潼关、函谷关、再出硖石关①至渑池,才算是走出了这条天涧,之后再经义马、新安,过洛阳,背伊阙,就一马平川,可以横行中原了。值得注意的是,从潼关到渑池的这段崤函古道,大部分都是晋国的地盘,是当年晋献公假道伐虢攻灭虢国取得的战略要地。从晋国本土的运城盆地,向南翻越中条山,再南渡黄河,就是当年虢国的陕邑(即今河南三门峡),也是崤函古道中唯一的都邑,通过陕邑,晋国就控制了整条崤函古道,一夫当关,万夫莫开。

　　崤函古道之险,就在于其大半处于崇山峻岭之中。巍巍崤山,西接秦岭,东连邙山,南合伏牛,北滨黄河,主峰高达一千九百米,整条山脉逶迤盘桓约四百八十余里,就像一条横亘在黄河南岸的巍峨长龙,屏蔽着中原与关中的交流。在没有铁器、火药、水泥、钢材,没有开山辟路工具的年代,道路只能沿河川而行②。

　　在一个春寒料峭的清晨,一支长长的队伍走在这条长长的古道上,一眼望不到尽头。古道险峻处两边悬崖排列,刚下了一场大雪,山石峭立,白皑皑绵延在路旁,抬头只有一线蓝天。古道并不平坦,因为修路太艰难,再加上大雪,道路极其难走,战马吃力地喘着粗气,很

---

① 此乃北崤道,另有一条南崤道,可由崤陵关(雁翎关)经宜阳至洛阳南面。当然,这些关隘都是后来所建,当时还没有这些建筑物,潼关建于东汉,函谷关建于战国,硖石关建于明代,但未建关时,这也都是险要之地。

② 道路沿河川而行,也便于就近取水,满足行人和牲畜的需要。

多甲兵只好下来推着战车帮助行进。

这里，便是崤山古道中最险要之处，即南陵与北陵之间的三十里峡谷绝地①，而这支队伍，自然便是秦穆公派去偷袭郑国的三万大军了。他们这一路行军，至此已是艰辛到了极点，秦将白乙丙不由叹道："这崤山果然是个险要的地方，如果在这里埋伏一支精兵，居高临下攻击，恐怕谷底下一个人都无法活着走出这个山谷，父亲说这里就是我们的埋骨之地，不会是真的吧！"

一旁的主帅孟明视听到这句话，连声责骂道："咄！咄！说什么晦气话！晋国人怎么会想到这等妙计，再说山谷设伏，哪有那么简单，我军的侦察兵是吃素的吗！再说这等扰乱军心的话，小心我拿你军法从事！"

白乙丙见主帅动怒，遂不敢多言，只好将这个想法深埋心底，催车快进。一路无事，大军行了五六日，终于走出了崤函古道，进入了周天子的地界——洛邑。

春秋时期，周天子虽然可能谁都打不过，但其身份地位毕竟超然于诸侯之上，所以但凡有军队路过都是要遵守礼数的，《吕氏春秋》中就有记载："过天子之城，宜橐甲束兵，左右皆下，以为天子礼。"也就是必须收起兵器，卷起盔甲，解除武装，以平民的身份经过。另外，除了中间驾车的御者外，左边的射手和右边的武士都要跳下车来步行，并向王城方向敬礼。

然而，当秦军三百乘战车路过周王城北门的时候，他们飘了。左边的贵族甲士们跳下战车后，仅仅摘下了头盔，他们乱点着脑袋，遥望着周王城，嘻嘻哈哈地挥手致意，而不是根据礼制的要求凭轼致敬。

右边的将士就更过分了，他们刚下车，马马虎虎敬个礼，就一跃而上，回到战车上。周王城下，一时间飞人无数，生怕多走几步路会死。这种做法在古代叫作"超乘"，是一种示勇与炫耀，对周天子相当

---

① 晋人戴延之《西征记》曰："自东崤至西崤三十里。东崤长坂数里，峻阜绝涧，车不得方轨；西崤建石坂十二里，险绝不异东崤。"

不敬。

　　来得快去得也快，不一会儿，近三百乘战车都上满了乘客，马蹄声震如雷，战车奔驰而过，争先恐后，转眼便如疾风闪电一般，消失无踪；只剩下一帮地位低下的秦军徒卒，跟在后面狂奔尾随，累个半死。其实这也可以理解，秦人在单行道崤函古道里堵了十几天，慢腾腾挪出来，好不容易来到大道上，还不加快脚步？周礼早已跌下神坛，就算不遵守，也不会被惩罚，那又何必纠结呢？

　　然而，有个小孩子并不这么想。

　　原来，此时在周王城北门的城墙上，正站着个特殊人物，那就是周襄王的小孙子王孙满。等到秦军都走了后，他将秦军的这些奇怪行径全都禀告给了周襄王。

　　周襄王听了他的报告，俯身问道："照你看，秦军此去能不能打胜仗？"

　　王孙满含笑摇头。

　　周襄王笑着问道："你这个小童子，是觉得秦军这次胜不了吗？"

　　王孙满知道爷爷这是在考自己呢，这个小人精立即收起笑容，正色道："这群人轻慢无礼，依微臣之见，彼等此去必败。"

　　"何出此言？"

　　王孙满自信满满地说："轻佻则缺少计谋，无礼则缺少警惕心，一旦碰到险境，智力又不在线，秦师岂能不败！"

　　周襄王颔首笑道："嗯，说得很有道理，不过结局如何，我们还是拭目以待吧。小满，要是真被你说中了，寡人就将心爱的宝剑送给你！"

　　王孙满一蹦三尺高，又恢复了小儿神色，欢叫道："太好了！这次我一定赢！"

　　二十二年后，楚庄王借征伐陆浑之戎的名义，问鼎于周王室，这个小天才王孙满作为周王室的"外交发言人"，说出了"周德虽衰，天命未改。鼎之轻重，未可问也"的精妙言辞，一言逼退了雄心勃勃的楚庄王，从此名震天下。

秦军经过洛邑后，继续东行，这时，他们又碰到了一个巨大障碍。这个障碍不是险山，也不是坚城，而是两个郑国商人。

春秋时期，商业尚不发达，甚至连货币都还很少发行，但郑国的商人，却是最早开始在历史中崭露头角的一群能人，他们所发出的能量，绝对不容小觑。

早在周宣王二十二年（前806），周宣王封其弟友于宗周畿内的郑地（其都城位于棫林，即今陕西华州），是为郑桓公。居住在这郑地之人，本是殷商王室的遗民，殷商时曾居于以郑州为中心的豫中地区，乃扼守王畿南方的雄族，在卜辞中被称为南郑、北郑、多郑等。武王克殷之后，这些郑人就被西迁到了陕西，居处仍称郑地（白川静《甲骨金文学论丛》）。殷商王国的臣民，很多都特别擅长经商，乃至于"商人"这个词在汉语中成为贸易者的代名词。郑人作为殷商王国的遗民，自然大多是以商品贸易为职业的商人，周宣王将郑地封予郑桓公，也就等于将这帮商人交给他来管理。后来周幽王时的多事之秋，郑桓公见天下将要大乱，便率领这些商人远迁到他们的老家即"洛之东土，河济之南"去避祸，同时也可以更好地做生意。刚到那里还是一片荒野，郑桓公便带领商人们披荆斩棘，共同开发，创立了郑国的基业，并称这里是新郑。

为了报答商人们在创业中发挥的作用，郑桓公亲自出面与商人盟誓说："尔无我叛，我无强贾，毋或丐夺。尔有利市宝贿，我勿与知。"意思是只要商人不背叛公家，公家就不强买或夺取商人的货物，不干涉商人的经营。商人有值钱的宝物，公家也不过问。这算是中国历史上较早的商业财产保护法了。《左传·昭公十六年》就记载了郑国执政子产拒绝晋国权臣韩宣子向郑国商人强买玉环之事，并表示："恃此质誓，故能相保，以至于今。"商人也是有祖国的，这些郑国商人，不仅在郑国地位超然，而且对郑国有着相当强的归属感，双方各取所需，互相保全，互相成就。郑国能在春秋初年成为小霸，这些商人的贡献也相当大。后来,由于齐晋秦楚等边缘国家的兴起,经济强大但军事落后的郑国渐渐衰落了。即便如此,它仍有一定的实力与财力,也有很多机巧灵活的商业与外交人才,每次遭遇绝境,都能奇迹生还。

秦军这次偷袭郑国,就碰到了两个相当厉害的郑国商人——弦高与奚施[①]。

弦高与奚施都是牛贩子,之前不是说过周王室有个王子颓,很喜欢拿牛当宠物吗?这两人就是靠着卖牛给王子颓大赚一笔,变成了暴发户。王子颓倒台后,周贵族们受王子颓的影响,对养牛事业的热情丝毫不减,他们便继续做着贩牛生意,而且生意越做越大,这一次又买了几百头牛要去洛阳卖给一些王公贵族,恰巧在路上碰到了秦国偷袭郑国的军队,他们立刻花重金买通几个秦国军官,得到了秦军的全部军事机密。

弦高、奚施得到这个消息后大惊,他们深知"皮之不存,毛将焉附"这个颠扑不破的真理,明白郑国一旦陷入战争,自己的生意也必然受到影响,而且按照盟约,既然郑国答应保护商人的利益,那么商人就应该为郑国做贡献,于是他们商量了整晚,决定不惜老本也要阻止这场战争的发生。

他们兵分两路,奚施紧急坐传车奔告郑国,要郑国早做准备;而弦高则挑选了十二头肥牛,并以四张熟牛皮作为礼物,装成郑使前往秦军犒师。

弦高及时在滑国(今河南偃师西南,在郑都新郑西二百里处)附近堵住了秦军,为了不让人误会他吃了熊心豹子胆拦路抢劫,他特意高声叫道:"东道主郑国有使臣在此,愿求一见!"

秦军主帅孟明视不由大吃一惊,心想:"郑国怎么这么快就知道我军的行踪了?糟糕,我军的偷袭计划岂不是要泡汤?"

[①] 《左传》仅提及弦高,然云"且使遽告于郑",则必有另一商人返国报告。春秋时诸侯国一般都会在主要道路上建造传舍,备有车辆和马匹,称为"遽"。《吕氏春秋·悔过》说归郑报告之人名为奚施,今从之。

这时弦高已经来到了孟明视的帅车之前，只见他从容一笑，躬身道："我们国君听说您准备行军经过我国，特派小臣送来十二头牛犒赏您的随从。敝国虽然不富有，但既然从前与贵国国君定下东道主的盟约，那么只要你们待一天，我们就会供给一天；你们继续行军，我们就给各位提供警卫工作。"

孟明视大为震惊，只能勉强笑道："贵国真是太客气了，我们这次来是要去滑国，并没计划到郑国去，不劳贵国破费了。贵使请回吧！"

弦高见目的已然达到，会心一笑，留下十二头肥牛，称谢而退。

待到弦高走后，孟明视才长叹了一口气，说道："看来劳师远袭果然不智，现如今郑国早有防备，攻之则城固难克，围之则兵少无继，郑国这块肥肉咱们肯定是吃不上了，可咱们要是就这么回去，也太窝囊了吧！"

秦将白乙丙道："是啊，军士们辛辛苦苦跋涉数千里，寸功未立就回去了，恐怕会多有怨言，我看咱们不如趁机攻打这里的滑国，也抢点给养，休整一下好上路！"

孟明视颔首道："现如今也只好这样了，滑国国小民弱，比郑国好欺负，何况咱们走了这么远的路，耗费国家多少金银钱粮，人力物力，总得找补回来啊！"

说起来，这滑国名不见经传，是个蕞尔小国，但它对春秋历史的影响却相当的大。想当年，滑国因为接近郑国，常常受到郑国的侵伐，周襄王因它是同姓诸侯，便为它向郑国说情，郑国不理，周襄王恼怒之下，竟联合狄人攻打郑国，自此与狄人扯上了关系，娶狄女为后，与狄人结了亲家。没想到几年之后，狄人王后竟与他弟弟王子带私通，把周襄王赶出了都城洛邑。最终还是晋文公勤王捉奸，替周襄王杀了王子带，拨乱反正。这也是当年晋文公称霸的重要起点。

这一次，滑国再次成为历史的转折点。滑国实在太过弱小，秦军随便一攻，竟然把滑国给灭了，而此时滑国新附于霸主晋国，晋国能咽得下这口气吗？

与此同时，郑国国君郑穆公接到了奚施的急报，为了证明情报的真实性，郑穆公派人去探听秦国驻郑部队杞子等人的行动，发现杞子等人果然早已厉兵秣马，全副武装，做好了临战准备。郑穆公大惊失色，连忙派大夫皇武子去致辞说："大夫们住在这里这么久，敝国的公费接待已严重超标，难以为继了。现在我虽知各位贵人即将回国，但囊中羞涩，没有别的好礼相送，只有园囿里所养的麋鹿和野果，请你们自己动手去取些，聊表心意吧！"话说得很文雅，但实际上是下逐客令。这是春秋的贵族做派。

杞子等人见事情已经败露，只好交出北城门钥匙，狼狈逃出郑国，他们无颜再回秦国，只好逃往齐国、宋国。郑国的危机，就这么化解于无形之中了。郑穆公为了感谢弦高，大大犒赏了他一番。弦高面对如狼似虎的秦军，灵活周旋，舍财纾难，有大外交家之风采，如此爱国之商人，实乃一国之宝。

可惜，尽管郑国有那么多聪明的手段、机智的人才，最后的结局却不怎么好。到战国时代，郑国成了第一个被灭的大国。灭了它的，还是战国七雄中最弱的韩国。一个国家，如果不自立自强，只是耍些小聪明，终究还是要完蛋的。

实力才是王道，手段再多，关系再牛，终究有耗尽的一天，只有真本事，才能让人走到最后。像郑国那样"虚内务而恃外好"，待到繁华褪尽，注定只剩枯梗。

我们把目光转到另外一边。在晋国，晋文公去世第二天，晋襄公君臣准备出殡，要将棺材抬到曲沃祖庙去。然而，离开晋都绛城的时候，诡异的事情发生了，晋文公的棺材里突然传出了类似牛叫的奇怪声响，群臣大骇，太卜郭偃连忙屈指一算，让大家对晋文公的棺柩做跪拜，并说："君命大事：将要有西边的军队过境，击之，必大捷焉。"原来，当时秦军正密谋穿越晋境，去偷袭晋国的盟国郑国。晋文公的亡灵指示晋军可以击之，击之必大胜。

这个神秘事件一直被后人争论不休，且不说太卜的卜辞为何会如此准确，单说这晋文公的棺材中为何会突然发出牛叫的声音，这太诡异了。难道真的是晋文公显灵？或者说，难道晋文公其实还没去世就被大家给活埋了？莫非里面有什么天大的阴谋？如果真有人阴谋害死了晋文公，那主谋又是谁呢？

这一连串的问题，根据现存的史料，是找不到答案的，也找不到任何可疑的线索，所有的一切，只能凭空猜测了。

第一种可能，晋襄公其实是个大阴谋家，他联合某些大臣以某种方式害死了自己的父亲晋文公，或许晋文公没有死透而是假死，结果在出殡过程中又突然醒转了，于是在棺材里面挣扎呼救起来，太卜郭偃为了掩盖这个事情，就将晋国情报部门在秦国事先探知的情报借晋文公显灵说了出来，一来为晋国之后对秦开战寻找借口，二来借此蒙混过关，尽快打消大家的疑虑。甚至也许之后先轸的死也与之有关。

不少人喜爱阴谋论，所以热衷此等可能性者非常多。特别是根据《左传》，晋文公卒于己卯日（十二月初九），却殡于庚辰日（十二月初十），这显然不合周礼。根据《礼记·丧大记》，"君之丧：三日，子、夫人杖，五日既殡，授大夫世妇杖……大夫之丧：三日之朝既殡……士之丧：二日而殡"。诸侯去世，要停灵五天，大夫三天，士两天。那平民百姓停几天？肯定要比士少，具体几天不知道，礼不下庶人嘛。无论如何，晋文公第二天就出殡是不合常理的。这么急着入殓，肯定藏有啥不可告人的秘密！换言之，晋文公极有可能是被谋杀的。

然而，这种让一些人非常兴奋的阴谋论，一旦细究，便会发现其中有很大的问题。首先，晋襄公与大臣们没有什么杀人动机；其次，晋国乃六卿执政，派系众多，利益关系复杂，大家没可能合起伙来杀掉国君，只要有一方不同意，这事儿就干不成，就算干成也是腥风血雨，不可能在史书中一点痕迹都没留下。

那么，晋文公刚死，第二天就要抬到曲沃祖庙去，为啥这么急呢？这又如何解释？

其实答案很简单。

《左传正义》载:"案经文以己卯卒,庚辰是卒之明日,即将殡者,以曲沃路远,故早行耳。"

晋国与其他诸侯国不同,晋国的祖庙曲沃距离晋都绛城足足有六七十里地,一路抬棺过去得四五天脚程,不早点出发能行吗?

另外,抬到曲沃就埋了吗?没有。据《左传·僖公三十三年》:"夏四月辛巳,败秦师于殽,获百里孟明视、西乞术、白乙丙以归,遂墨以葬文公。"

事实上,晋文公在曲沃祖庙停灵了三个多月,要到第二年的四月,打赢了秦国,晋文公才被安葬。如果晋文公没死,可以在棺材里闹腾很久,不被发现是不可能的。所以,那些说晋文公被活埋了的,要么没认真读书,要么就是沉迷阴谋论不能自拔。

所以,明显是第二种可能更可信些。

第二种可能,是晋文公死前就知道秦穆公野心勃勃,欲染指中原,而自己就快死了,自己的儿子晋襄公执政经验不足,恐怕会坏事。所以他在死前与太卜郭偃商量,搞了这么一出,好让晋国名正言顺地跟秦国开战。毕竟,晋文公当年是在秦国的扶持下才即位为君的,且晋与秦已联姻盟好近三十年,秦穆公的夫人是晋女,晋文公的夫人则是秦女,两家打断骨头连着筋,晋国若突然翻脸打秦军,这实在有点说不过去,如果不弄点神奇戏码,如何向秦晋两国百姓交代?

不管是哪种可能,总之,秦军千里行军,想要偷袭中原郑国的这些举动,早就被晋国的情报部门探知了。晋国之所以迟迟没有动作,其实只是在犹豫。直到秦国偷袭郑国不成,顺手灭掉了晋国的附属国滑国,然后大摇大摆地再次穿越晋境回秦,晋国人终于坐不住了。

兹事体大,即便有晋文公的亡灵做出指示,晋国群臣仍然分成两派,对是否出兵进行了激烈的讨论。一派是下军将栾枝为首的主和派,他们认为秦国对晋国有恩,不能贸然出兵破坏两国的邦交,这会让晋国处在与楚秦双向作战的窘境;而另外一派则是以中军将先轸为首的主战派,他们认为秦军劳师远征,这是上天赐给晋国的大好机会,违背天意是一件不吉利的事情。至于栾枝等人提出的秦国之恩，这就更无须介意了，晋国新丧，秦国非但没有前来吊问，反未经借道就行师边境，攻打晋的同姓国家，这是先对晋国无礼啊。人若犯我，我必犯人；一日纵敌，数世之患！他们认为，不把麻烦留给子孙后代，这才是对先君最大的忠诚。

争论的最后结果，是主战派胜利了。毕竟在当时，以中军将先轸与上军将先且居父子为首的先氏一族，已实际掌握了晋国的军政大权，年轻的晋襄公刚刚继位，必须借助先氏家族的力量才能坐稳位子。何况先君的在天之灵都特意下凡指示，如此神奇，岂可不听？

于是，晋襄公宣称："秦侮我孤，因丧破我滑！"然后调遣居于晋南境的姜戎军队共同出兵，准备在险要的崤山谷道上设伏偷袭，围歼秦军。姜戎本是居住在秦地瓜州[①]的一支戎族，大概二十年前晋惠公时期被秦人驱逐东迁到了晋地，晋惠公将他们安置在了晋国南部。这次调遣姜戎共同出战，一是因为他们与秦有世仇，二是因为姜戎曾长期居住在陇山一带，拥有极其强悍的山地作战能力，可以进一步提升歼灭秦军的概率。

另外，为了不违反居丧之礼，晋襄公将黑色的盔甲制成了丧服样式，并以梁弘为御者，莱驹为车右，亲征崤山前线。从此以后，与别国的素白丧服不同，晋国的丧服都是黑色了——这件事影响非常深远，至今山西有些地方仍有此民俗。

秦穆公三十三年（前627）四月十三日，满载着滑国辎重一路欢歌的秦军又回到了来时经过的险要无比的崤山地界。如前所述，崤山乃秦岭东段的支脉，它是黄河与其支流洛河的分水岭，也是陕西至中原的一道天然屏障，《括地志》云："其山幽深可荫，有回溪阪，行者畏

[①] 《左传·昭公四年》："四岳、三涂、阳城、大室、荆山、中南，九州之险也。"这些地方皆位于豫西渭南一带。傅斯年《姜原》据此认为九州之区域正在现在豫西渭南群山中，瓜州乃九州之一，其地邻秦。另据《说文解字》川部，"水中可居曰州。……昔尧遭洪水，民居水中高土，故曰九州"，尧帝执政时发生洪水灾害，老百姓流离失所，纷纷迁居到豫西渭南群山中的高地小岛上聚居，是为九州。

之。"顾祖禹《读史方舆纪要》亦云:"终日走硖中,无方轨列骑处。"由此可见,崤函谷道幽深狭长,车马不能并行,是个杀人越货、毁尸灭迹的好去处。更糟糕的是,比起前次通过,秦军又带了很多累赘(从滑国抢来的奴隶与物资),通行更加困难。结果,先轸的晋军如期而至,一场大屠杀,三万秦军全军覆没,只有孟明视等三位主帅在士兵的拼死保护下逃过一劫,但也被晋军俘虏了。

崤之战是春秋时最著名的伏击歼灭战,也是我国军事史上第一个大型伏击歼灭战战例,而在此前后,春秋的战争形态大多是双方集中主力堂堂正正正面对决,只求一决胜负,并不以歼灭对方有生力量为目的,在战场上,双方也都注重展示贵族风度。或许,秦国在战国时代酷爱屠杀,也与它当年第一个遭此大难有关。

崤之战是一场改变了历史走向的战争,先秦时期伏击战中能与它媲美的,恐怕也只有三百年后孙膑击杀庞涓的马陵之战了。它对春秋时期军队装备的发展变化、对中国军事思想和战斗形式的发展变化,都具有深远影响。特别是秦国,其战术战法都受其影响巨大。

可以发现,在崤之战后的所有战役中,秦军再没有劳师远袭过,而是稳扎稳打,苦练攻城技术。其实在春秋时代,各诸侯一般只野战,很少攻城,一是攻城器械尚不发达,二是久攻不下,会误了本国农业生产,总之是很不划算,所以《孙子兵法》才说:"上兵伐谋,其次伐交,其次伐兵,其下攻城。"可是秦国却因为地理与历史的原因,反其道而行之,一开始就苦练攻坚,并当成基本战法,用以慢慢蚕食晋国的边境。所以到了以争夺城池为主要作战手段的战国时期,秦国的攻城战术已经远远走到了六国的前面。到了那个时候,天下再也没有秦国的对手了,秦国因此得以蚕食三晋,并吞六国,一统天下。

秦国的东出之路被晋国所阻,这种先天劣势,最后却演变成了一种最大的优势,这就是所谓的勤能补拙了。

反观晋国,他们虽然在此次战役中取得了一时的大胜,却公开破坏了秦晋联盟,改变了原来的局势。晋文公时,秦晋联盟,晋无侧背受敌之忧，且可借秦之力增强自己与楚斗争的实力，确保霸主地位。但崤之战后，晋襄公与先轸却将秦国这个好盟友推向敌方，促成了秦楚联合[1]，从而让晋国陷入了两面作战的不利境地。

其实六年后（前621），秦晋双方曾有过一次缓和矛盾的机会。当时晋襄公去世，晋国群臣想把在秦国担任亚卿的晋公子雍（晋文公庶子）接回来继承君位，秦康公（秦穆公之子）很高兴，遂派兵护送公子雍回国，欲借此机会修复两国之间的关系。没想到晋国执政赵盾中途变卦，出尔反尔，竟暗自另立公子夷皋为晋灵公，并派兵偷袭了公子雍与秦军。秦军猝不及防，又遭惨败，于是秦晋关系彻底破裂。[2] 从此，晋在南向与楚作战，同时还必须西向与秦纠缠，连年战火，仇怨难解，以致对北部边境地区的控制放松，边境外的狄、戎等族，遂乘虚进行侵扰，最终形成了晋国三面受敌的战略局势。

在晋、楚、秦互争中原霸主的三角斗争中，不论从政治上、军事上，还是地理环境上，晋、秦之间的矛盾，都不是主要矛盾，而且没有激化到不得不交战的地步。崤之战时，秦既没有与晋公开决裂，晋也没有一战而灭掉秦国的力量，晋国原本没有必要因为一时之利而惹恼秦国这个难缠的对手。站在晋国的立场上，从战役上说，崤之战是晋国君臣的一次重大胜利；但从战略上说，这是晋国君臣因全局观念不强而造成的一次失误。这次失误在数十年后造成了一个非常严重的后果，那就是晋文公好不容易建立起的霸业被雄才大略的楚庄王给夺走了。当然，晋国毕竟底蕴雄厚，楚庄王死后不久，春秋霸业又复归于晋，但再也不复从前辉煌，常常受到楚国挑战。此后的历史，基本上就是南北两强对峙的态势，直到三家分晋，战国七雄并立的时代

---

[1] 见秦《诅楚文》石刻："昔我先君穆公及楚成王，是勠力同心，两邦若一，绊以婚姻，祢以斋盟。曰叶（亿）万子孙，毋相为不利。"而从出土文物"楚赢盘"与"楚赢匜"来看，崤之战秦晋关系破裂后，秦穆公不仅释放了当初郩之战俘虏的两个楚国贵族，还嫁了一个公主"楚赢"给楚成王。

[2] 秦桓公二十四年（前580），晋国大夫吕相出使秦国时作《绝秦书》，文辞华美，气势磅礴，乃先秦时代颠倒黑白、强词夺理之外交名作，故收录于《古文观止》。

来临。

当然，秦晋作为一衣带水的邻邦，拥有太多的利益纠纷，想要互信太难，就算此时不爆发矛盾，总有一日会引爆危机。所谓秦晋之好，基础从未牢固过，这次彻底崩裂也并不奇怪。

十二、晋襄公与先轸之间的权力游戏

崤之战，晋军大胜。第二天，晋襄公便同诸将带着俘虏的秦军三帅奏凯而归，他准备将秦三帅献俘于曲沃太庙，然后施刑，以祭祀还在殡宫的晋文公。

这件事很快传遍了大街小巷，晋国上下都欢欣鼓舞，只有一个人，心中异常伤痛，这个人，就是晋文公的夫人、秦穆公的女儿——文嬴。

文嬴虽然不是晋襄公的生母，但她身为先君晋文公的正宫夫人、晋襄公的嫡母，在晋国后宫的影响力非常强大。她听说了此事后，对晋襄公说："秦晋世代交好，一向彼此帮助。这次完全是因为这三个卑鄙小人挑拨我们两国的关系，妄动干戈，秦君恨不得吃了他们的肉泄愤，君上你何不放了他们，让秦君亲手将他们烹杀呢？这样大家就都开心了，秦晋两国也就此和好如初，化戾气于祥和，岂不是美事一件！"

晋襄公心里当然不会指望秦晋两国将此事当作没发生，和好如初，但是他心里明白，根据秦国的军法"兵败者死"，孟明视等三帅回到秦国是一定会被秦君处死的。从前的成得臣不也是被父亲晋文公放回楚国，然后被楚王给逼死了吗？反正秦国三帅怎么都是死路一条，自己也就不必做这个坏人了，不如就卖个面子吧！

于是晋襄公稀里糊涂地答应了文嬴，命人把孟明视等三人给放了。孟明视三人生怕晋襄公反悔，不敢入朝称谢，连夜出城，快马加鞭，往西一路狂奔。

消息传出，惹恼了晋国主帅中军将先轸。当时，先轸正在吃饭，听说此事，把嘴里的肉往碗里一吐，怒气冲冲直入朝堂，责问晋襄公道："主公，我听说你把秦国的俘虏给放了，这是不是真的？"

晋襄公道："是的，母夫人请求寡人放了他们，寡人抹不开这个面子，已经答应了，就让秦国人去惩罚他们吧！"

先轸气急败坏地当着晋襄公的面朝地上吐了一口唾沫，跺脚怒道："将士们拼死拼活才抓住三帅，却因为妇人一句花言巧语就放了他们，放虎归山，前功尽弃，我们晋国总有一天要毁在你的手里！"

先轸的这个举动真的是失礼了，不但责骂国君，还不讲卫生吐口水，嘶吼诅咒，毫无君臣之礼，简直没把国君放在眼里。要知道，先轸虽然功高盖世，但也功高盖主，其中的利害可不是说着玩儿的。如果是个成熟精明的政治家，这时候应该韬光养晦，至少不应该勃然犯上。台面上大家当然会说先轸是忠君爱国，一时冲动才会如此失礼；但肯定也有小人在暗地里，批评这老家伙仗着资格老，不把国君放在眼里；而在晋襄公的内心深处，一定已对先轸起了戒心。其实强主和强臣之间的罅隙总有一天会冒出来，不过冲动耿介的先轸让它提前浮出了水面而已。所以事后晋襄公虽对先轸的失礼行为没有追究，可先轸自己心中却十分不安，于是他主动辞去了元帅的职务，将自己贬为将军。

四个月后，白狄人入侵晋国，一直攻到箕（今山西太谷，一说在蒲县）。晋襄公亲征，把狄兵在箕地打败，下军大夫郤缺还一举斩获白狄的君主，立下大功，受封为卿[①]。然而，在这个大局已定的时候，先轸竟突然独自一人单骑驰入狄军，杀掉数十名狄军士兵后，脱去重铠，以身受箭，最后被狄军乱箭射死，以这种壮烈的自杀式攻击执行了对自己的刑罚。先轸一生戎马，他最后死也要选择战死疆场这个最有尊严的死法。

先轸在遗书中写道："我一个普通人，在国君面前放肆却没有受

---

① 郤缺被任命为下军佐，并重新得到了其父郤芮因罪而被收走的采邑"冀"（今山西河津东北）。

到惩罚,怎么敢不自己惩罚自己?"白狄人敬重先轸的忠勇,将他的头颅恭恭敬敬送回了晋国军营,只见他的头颅面色红润,犹如未死一般。

其实,先轸在用计谋打赢城濮之战,又残酷地在崤山杀死三万秦军后,天下对他颇有非议,毕竟当时还是礼乐时代的末期,哪怕礼崩乐坏,先轸的极端军事手段在当时仍可算是一种惊世骇俗的悖逆行为。再加上他唾骂晋襄公,违背君臣之礼,更让他的政敌蠢蠢欲动。所以,先轸才决定用自己的肉体生命,去换取自己的忠义之名,以及全家的富贵平安与儿子先且居的政治前途。果然,先轸一死就获得了巨大的声名,为天下称赞;不久,晋襄公也嘉奖了先氏一族,让先轸之子上军将先且居继任先轸的职位,成为晋国元帅中军将。先氏终于保住了自己晋国头号家族的地位,并成为晋国诸卿轮流执政中唯一子承父业的家族。

看来,时代的先行者,总要付出一点牺牲的。再怎么勇于打破传统的人,还是生活在传统之中,既然无法彻底摆脱,那就只能为其殉葬。

回过头来再说秦国三帅,当时晋襄公被先轸唾骂了一番,心中虽很不爽,但也醒悟过来,立刻派自己的老师——太傅阳处父率领一队人马,去追孟明视三人。

与此同时,孟明视三人已逃到了黄河边上,上了船,过了黄河,就是秦界了。

孟明视三人正在船上休息,突然听到一阵马蹄之声,东岸上一行车队已至,正是追来的阳处父等人。阳处父见小船就要开走,忙大叫道:"将军慢走,且听我一言!"

孟明视可不想留下来听什么一言,忙催促船夫道:"不要管他,快快开船!"

船夫笑道:"放心,他追不着我们的。"说着竹篙轻轻一撑,小船已经来到了河中央,阳处父追之不及,心生一计,解开自己车子的左骖①，高声叫道："喂，我们主公忘了给你们准备车马，特地叫我送来好马，请你们一定要笑纳啊！喂，喂，你们别走啊，快回来吧！你们快回来！"

孟明视心中暗道：这等烂招，哄小儿也不信，亏你说得出来。

于是孟明视立在船头之上，遥望阳处父，稽首拜谢道："承蒙贵主不杀之恩，我等已万分感激，哪里还敢再接受礼物。我等甘愿回国接受惩罚，倘若国君处死我等，那么我们死也死得光荣；如若侥幸不死，那么，三年之后，我们当亲至上国，拜谢你们君主的恩赐，将所有的这些大恩大德加倍奉还！"

这几句话，不卑不亢，有礼有节，平淡之中透出几分杀机，果然彰显英雄本色。

阳处父听了这话，不由打了个冷战，还想说什么，那只小船哗啦哗啦地已经越划越远了。

十三、秦国为何能统一天下：
放低自己，才能站得更高

崤之战惨败的消息传到秦国，秦穆公悔恨交加，饭也吃不下，觉也睡不着，数日之内，头发就白了一半。想当初，蹇叔、百里奚二相苦劝自己不要派人出征，秦穆公不听，结果三万将士竟全部葬身崤山！要知道，秦国三军总共也不过三万七千五百人，这一下子，对秦国武装力量可谓毁灭性打击，秦穆公岂能不悔？

直到听说三帅被晋国放了回来，秦穆公才放下了心中的石头，久

---

① 古代的马车只有一根车辕，驾辕的一般是两匹马，叫服马，两旁的马叫骖马。比起服马，骖马较易受路边外物的干扰，故宜选强悍的马充任。车子转弯时起主导作用的也是骖马。古人在室外尚左，所以如果需要解下马来另作他用，就解左边骖马，以示尊重，如《晏子春秋·内篇杂上》谓晏子去晋国，遇到一位沦为奴隶的贤者越石父，晏子"解左骖赎之"。参阅孙机：《载驰载驱——中国古代车马文化》，上海古籍出版社，2016，第16—21页。

皱的眉头也舒展开来。可大臣们为了减少国内对秦穆公的不利言论，纷纷提议道："这次战败，全都是孟明视的罪过，依照秦国的军法，一定要杀死他以谢天下。"国民们也怨恨孟明视害死了他们的子弟，必杀之声盈耳。

秦穆公却道："是孤之罪也。《诗》曰：'大风有隧，贪人败类。听言则对，诵言如醉。匪用其良，覆俾我悖。'这句话说的就是寡人啊。寡人由于贪婪而使孟明视遭了祸，孟明视有什么罪呢？"

于是，秦穆公素服来到郊外，迎接秦国残师——残的只剩下三个人的师。

孟明视等三人见秦穆公亲来迎接，忙跪地请罪，秦穆公却对着他们号哭道：

"孤违蹇叔以辱二三子，孤之罪也。不替孟明，孤之过也。大夫何罪？且吾不以一眚掩大德。"

接着，秦穆公恢复了这三个败将原先的官职俸禄，而且比从前更加厚待他们。孟明视三帅在感动之余，也更加羞愧，开始整顿秦军，励精图治，立志要将此次崤山之役所受的屈辱，让晋国人加倍偿还，秦军三万将士的鲜血，绝对不会白流！

最后，秦穆公召集了所有的文武大臣，对他们说了一篇自我责备的诰词，名曰《秦誓》，这篇《秦誓》收录在《尚书》里面，不但是《尚书》中的经典名篇和先秦散文的代表作，而且也很能代表秦穆公的政治思想和理念，其全文如下：

公曰："嗟！我士！听无哗！予誓告汝群言之首。古人有言曰：'民讫自若是多盘。责人斯无难；惟受责俾如流，是惟艰哉。'我心之忧：日月逾迈，若弗云来。惟古之谋人，则曰未就予忌；惟今之谋人，姑将以为亲。虽则云然，尚猷询兹黄发，则罔所愆。番番良士，旅力既愆，我尚有之。仡仡勇夫，射御不违，我尚不欲。惟截截善谝言，俾君子易辞，我皇多有之！昧昧我思之：如有一介臣，断断猗，无他技；其心休休焉，其如有容。人之有技，若己有之；人之彦圣，其心好之，不啻若自其口出，是能容之。以保我子孙黎民，亦职有利哉。人之有技，冒疾以恶之；人之彦圣，而违之，俾不达，是不能容。以不能保我子孙黎民，亦曰殆哉。邦之杌陧，曰由一人；邦之荣怀，亦尚一人之庆。"

这篇文章很难懂。《尚书》是我国最古老的记言历史书，其中的文章所处时代十分古老，它所用的字眼、词汇、语义和语法结构都属于三代上古汉语系统，不仅和我们今天的白话文大不相同，就是和我们所常见的一般文言文也不相同。一般的文言文我们通常叫作"古文"，这种"古文"基本上是以战国、秦、汉时代的古汉语作为典范的，但《尚书》中的汉语比这种汉语时代更古，形式更是有所不同，所以比一般的古文更难懂，我们不妨叫它上古文。它是连古文大家韩愈都认为"佶屈聱牙"的，直译起来非常困难，只能意译如下。

秦穆公说：大家快来听我演讲吧，不要再喧哗了，我有重要的话告诉你们！

古人说：人如果随心所欲，就会犯错误，责备别人不是难事，难的是像流水那样顺畅地接受别人的批评。

我的忧虑很多，光阴白白流逝，过去了就再也不会回来！我现在心里好后悔啊。

我垂询蹇叔、百里奚这些老臣，他们不肯迁就我，我不高兴；而一些顺着我的想法提供意见的谋士，我便觉得亲近。我错了，现在我才认识到，不听老人言，吃亏在眼前哪！我从前太亲近那些花言巧语的人了，我真是错了，我本应当去亲近那两个白发苍苍的善良老人啊！

我暗暗地寻思：如果有这样一位忠臣，没有特殊的才华，但心胸宽广能够容人，看到别人有本事，就像自己有本事一样高兴，看到别人比自己更贤能，心中不但不会嫉妒，反而更加欣赏对方，忍不住大加赞扬，用这样的人主政，才能保住秦国的人民，才能为我的子孙后代造福！

可是有的人，人家有本事，就嫉妒，就厌恶，就诋毁。人家有品德，就倾轧，就排挤，就挡路。这样的人心中只有自己，无法容下别人比他更杰出。用这样的人执政，不能保住子孙黎民，还会带来无穷祸患。

所以说，国家的危险不安，是因为用了一个奸臣；而国家的繁荣安定，却是因为用了一个贤臣啊……

《秦誓》一文，文采并不华美，但行文自然平实，给读者一种真心实意检讨自己的感觉。看来，秦穆公是一个真正的男人，面对失败、困难和挫折，他并没有灰心，也没有怨天尤人，而是将所有的过错都揽在了自己这个君主的身上：是他的贪心和执拗，让他不能接受反对意见，才酿成了无法挽回的恶果。

当然，秦穆公可以将这些过错全推到孟明视他们身上，杀掉他们，为自己开脱，以维护自己的权威。可秦穆公并没有这么做，而是勇敢地承担下了全部的过错和责任，并在所有人面前沉痛地认错；不仅认错，还特地作一篇文章，流传天下，让天下人来监督自己，避免以后再犯类似的错误；不仅如此，他还将此文章藏于金匮，流传后世，让后来世世代代的嬴姓子孙，都记得这位先祖曾经犯下什么样的大错，并引以为鉴。

这就不仅是一个真正的男人，而且是一个真正的勇者了。只有真正的勇者，才敢于相信残酷的现实，忍受可怕的失败，甚至更进一步，反思、沉淀、铭记，以训后人。

在秦始皇兵马俑博物馆里，有一尊"跪射俑"，被称为镇馆之宝。它保存完整，衣纹发丝清晰可见。历经两千年的岁月风霜，为何还能保存得如此完整？

这得益于它的低姿态。兵马俑坑是地下坑道式结构，遇到棚顶坍塌时，最先受到冲击的会是高姿态的陶俑。而且，跪射俑作蹲跪状，重心在身体下方，稳定性比立姿俑好多了。

由此可见，放低自己，才能站得更高。

秦穆公之后四百年，嬴姓的优秀子孙秦王嬴政也做出了和秦穆公一样的选择。当时，李信自告奋勇，想要以二十万大军灭楚，结果惨败而归。嬴政没有问罪于李信，而是自己承担下了战败的责任，亲自跑到乡下去向当初要求用六十万大军灭楚的老将王翦认错，诚恳地请他出马，并让李信在军中戴罪立功。这种务实的优良传统，是秦穆公留给秦国的最大政治遗产。其实孟明视与李信的战败，说到底还是庙堂战略决策的失败，与具体执行者没有太大的关系。李信与孟明视虽然战败，但仍是战场上的好手。人才难得，年轻人需要历练，领导者需要胸襟，如此，团队才能最终到达成功的巅峰。

十四、秦国的霸业在常败中挺进

秦穆公三十五年，秦晋彭衙之战爆发。

时间：公元前 625 年春季。

地点：彭衙（今陕西白水）。

秦军兵力：兵车四百乘。

晋军兵力：不详。

指挥官：

秦主帅孟明视，副帅白乙丙、西乞术。

晋襄公亲征，先且居为中军将统率全军，赵衰为中军佐辅助。王官无地为先且居驾驭战车，狐鞫居为车右，再加上一个抢戏人物狼瞫。

战争原因：

两年前，秦晋爆发崤之战，晋国在崤山设伏，全歼三万秦军，只有孟明视等三帅逃出生天，所以秦国立志报仇，两年后大举攻打河西地区的彭衙。

战争结果：

晋将狼瞫带领所部敢死队直冲秦阵，力战而死；晋国大兵随后掩杀，秦军大败，一路丢盔弃甲，损失兵器战车无数。晋人在缴获了这些战略物资后，纷纷嘲笑秦国这次所兴的兵是"拜赐之师"。因当年孟明视等人逃离晋国时，曾表示三年后要来拜谢不杀之恩。瞧，这不就是专程来给晋国送上厚礼吗？

彭衙之战后，这年冬天，晋、宋、郑、陈诸国又合兵伐秦，夺取了汪（今陕西澄城）和彭衙二邑，至此，晋人已越过河西侵入到了秦东的洛水流域。秦国偷鸡不成蚀把米，复仇不成反蒙羞，丢死人了。

孟明视又败在晋国的手里，成为远近闻名的常败将军，大家都以为，他这次肯定死定了。然而，秦穆公却仍无半点责备他的意思，反而继续让他执掌兵权，委以重任。孟明视羞愧难当，万分感动，于是增修国政，重施于民，散尽家财，抚恤军人，每日操演军士，勉以忠义。秦国朝野呈现了空前的团结，他们就像一只被压紧的弹簧，暗暗积蓄着自己的力量。晋国的老臣赵衰也感到了秦人的强大气势，开会的时候郑重表示："秦军如果再一次前来，我们一定要避开它。《诗》说：'怀念着你的先祖，修明你的德行。'孟明视想到这两句诗了，所以他进一步修明了德行，而且从此自强不息、坚持不懈，这样的人太可怕，我们是打不过他的！"

彭衙之战，秦军为什么又败在晋军手里呢？道理很简单，兵比人家少，才四百乘，而城濮之战时晋国的三军已经有七百乘了，到后来晋国增加到了五军，其军队恐怕已经超过了千乘。秦晋实力悬殊，胜负自无悬念，这也是秦穆公不责罚孟明视的最大原因。

秦穆公和孟明视并没有因此灰心，反而更加激发了斗志。秦晋之间确实有兵力差距，而且短期无法追平，但战争胜负有很多要素，这并不意味着秦军就一定打不过晋军。因此他们又精心准备了一年，训练出一支精兵，然后再战！

秦穆公三十六年（前624）五月，孟明视再次请求攻打晋国，并希望秦穆公能亲自督战，孟明视当着文武百官发誓道："若今次不能雪耻，誓不生还。"

年迈的秦穆公答应了孟明视的请求。

秦穆公起倾国之兵五百乘,由蒲津关而出,攻打晋国。秦军渡过黄河以后,孟明视就下令焚毁全部的船只,秦穆公问孟明视道:"元帅为何焚舟?"

孟明视答道:"此番伐晋,不胜不归,所以我烧毁渡船,自绝后路,以示誓死克敌,有进无退!"说这句话的时候,孟明视绝对想不到,四百多年后天下无敌的大秦军队竟也是亡于这"破釜沉舟",历史就这样转了一个大圈,给秦人开了一个残酷的玩笑。

秦国的士兵们听了主帅的豪言壮语,群情激昂,他们齐声高歌道:

岂曰无衣?与子同袍。王于兴师,修我戈矛,与子同仇!
岂曰无衣?与子同泽。王于兴师,修我矛戟,与子偕作!
岂曰无衣?与子同裳。王于兴师,修我甲兵,与子偕行!

这首《无衣》选自《诗经·秦风》,翻译过来就是:

谁说没有衣裳?和你穿一件大衣。君王要起兵,修整好戈和矛,和你同仇敌忾!

谁说没有衣裳?和你同穿一件内衣。君王要起兵,修整好矛和戟,和你共同做准备!

谁说没有衣裳?和你同穿一件下衣。君王要起兵,修整好铠甲和兵器,和你共同上前线!

这就是秦国士兵真正的强大之处,他们没有楚国人的那些充足的后勤补给和强大的武器装备,也没有晋国人的那些精妙的战术谋略和丰富的兵源基础,但是他们拥有勇敢而团结的心,他们同袍共衣,同生共死,同心同德,同仇敌忾,永不放弃,永不言败。中华民族历经苦难,却能够自强不息,不断成长,其中老秦人基因的作用应该不小。

就这样,这些同仇敌忾的秦国士兵,跨过黄河,直接攻入晋国本土,没几天工夫,就攻陷了晋国的王官(今山西闻喜西)和鄗地。在秦国的哀兵面前，晋襄公果断做出决策，命所有晋军退守城池，采取不抵抗政策，任由秦军在自己的国土上横冲直撞，如入无人之境。

秦国人已经疯了，不赢一回决不罢休，晋国虽然强大，也经不住年年跟这凶邻拼，耗不起啊。等到两败俱伤，只会让楚国渔翁得利。所以，晋襄公想：干脆就让他们一次，平息秦人心中的那口怨气。

不管怎么说，孟明视终于实践了三年前他"三年将拜君赐"的誓言。秦军在晋国的地盘上纵横驰骋、耀武扬威了一番，然后从茅津渡过黄河进入南岸崤陵故地，他们决定在这里掩埋崤之战中战死的三万秦军将士，并为其举行一个迟来的葬礼。当年秦军在千里之外全军覆没，自然是无人替他们收尸，只能任由他们暴尸荒野，亡魂无归。

孟明视又回到了这个伤心地。

三年了，一千多个日日夜夜的痛苦与纠结，他没有一天不在噩梦中惊醒，也没有一天不在期待着为这三万将士报仇雪恨。三年了，总算被他等到了。

三年了，三年前秦军将士们的凄惨哀号与痛苦呻吟仿佛还在他耳边萦绕，而三年后古道里秦军将士的累累白骨和渗入草根黄土中的点点血痕历历在目，这些无名的战士，就这么凄凉地长眠在这个幽静的山谷里，等待着他们的亲人来为他们收拾骸骨。

三年了，他们终于来了，这一千多个日日夜夜的辛苦与执着，总算没有白费。

没有人说话，大家都在默默地悼念着自己的战友，这是生者与亡者的一次心灵交会，此时此刻，崤山的山水作证，秦国人绝对不会让这样的惨剧再次发生，历史绝对不会重演。

没有人发令，大家开始自发地在山谷里四处收捡当年秦兵的尸骨，予以掩埋，并为其修筑一个巨大的"封"（远古时代一种夯土建筑，类似于今日的纪念碑），然后宰牛杀马，举办祭祀大典。

秦穆公穿上白色的丧服，亲自祭奠，他跪在地上，一面洒酒，一面忍不住放声大哭起来。孟明视诸将伏地不能起，三军将士亦齐声恸哭，哀声遍野。

三年来所有的悲痛，都化作了这一刻的泪水，因为他们明白，无论他们打了多大的胜仗，也无法换回这三万将士的生命了。

这时候，幽静的山谷突然下起瓢泼大雨来，仿佛上天也在为之落泪。

大雨下了三天三夜，而这场祭奠仪式也举行了三天三夜，直到第三天，秦穆公才宣布班师回国，秦晋之间的恩恩怨怨，总算暂时告了一个段落。

两千六百多年后，在1993年3月，中国的考古学家们在崤山附近发现了一处超大的秦人墓地，墓地南北宽三公里，东西长五公里，总面积十五平方公里，这些墓葬均为竖穴方坑墓，单人仰面直肢或侧身屈肢葬，陪葬品为铜带钩或护心镜，经过考古学家严密考证和研究，发现这些墓葬应该就是崤之战三万秦军阵亡将士的墓地。令人震撼的是，这三万秦人墓，竟然如军队列阵一般，排着整齐的队列，头一律朝向西土，将崤函故道西端这一处战略要道堵得密密实实，没有一丝缝隙，仿佛誓死捍卫战场的勇士，即使死掉了，也要在地下继续战斗。千百年来，这条古道不知经历了多少波澜壮阔、战马嘶鸣，也不知经历了多少秋风瑟瑟、凄风苦雨，而这些死去的秦人，却如磐石一般岿然不动，一直坚守在这里。哪怕世事变迁，沧海桑田，但秦人的顽强、执着和忠诚，穿越两千多年的岁月，依然能如此清晰地展现在后人的面前，让我们震撼不已。

十五、秦穆公霸西戎

秦穆公的霸业为何屡屡为晋国所阻？说到底，秦穆公的战略方针有问题，就像蹇叔和百里奚刚到秦国时所说的那样，秦国当时最大的要务，是发展生产，稳定国内；要先平定关中，对西戎诸国德抚力征，以并其地，等独霸西陲之后，再待机东渡黄河，与强晋争霸。可后来事态的发展却让秦穆公渐渐偏离了这个正确的战略计划，而深陷到了与晋国的恩恩怨怨之中，白白浪费了几十年的大好光阴。

不幸中的大幸，是崤之战的惨败，让秦穆公渐渐明白了自己从前犯的战略失误：以秦国当时的国力，根本不足以与东面的强大晋国争霸。中原的战场，注定与他无缘。

既然东进争霸的战略决策已经走进了死胡同，秦穆公在王官之战勉强击败晋国，找回一些颜面后，便决定把自己的战略重心从东边转移到西方，那里有更广阔的开拓空间。

秦国的创业史，就是一段不断与西戎征伐厮杀的历史。秦国的历代君主，都在不断地与这些彪悍而强大的牧猎部族战斗。即使到了秦穆公继位的时候，秦国在关中地区所能控制的地域也只有陕甘南部这一片地盘，而陕甘北部及宁夏地区基本控制在西戎诸部落或诸国的手里。这些生产落后但民风彪悍的牧猎民族，经常突袭秦的边地，抢掠粮食、牲畜、子女，给秦人造成很大的苦难，所以秦国想有朝一日将自己的势力延伸到黄河以东称霸中原，也需要除去这些心腹之患才行。

比起北狄、东夷与南蛮，西戎的可怕有过之而无不及，古人曰："戎者，凶也。"名字里就带着杀气。更糟糕的是，对于北狄、东夷与南蛮的入侵，华夏诸侯往往是共同应对，而对于西戎，从来都只由秦一国抗压，这样可怕的压力，是现代人无法想象的。

硬拼肯定是不行的，秦穆公必须讲一点策略，若贸然主动出击，秦国不但无法称霸西陲，恐怕还会死得很难看。

在西戎诸部中，最强大的是绵诸国（今甘肃天水东），其王可以说是诸戎的精神领袖，只要能击败强大的绵诸，其他小国家自然就会臣服在秦国的脚下。所以秦穆公第一个要对付的人，就是绵诸王。

作为一代戎王，绵诸王当然也不是个好对付的对手。事实上，早在秦国崤之战惨败于晋国的第二年（前626），绵诸王就派出了自己最为倚仗的大臣由余出使秦国，以打探秦国的虚实，为西戎提供情报，看看秦国在新败之下实力如何,值不值得趁机去打劫一番!

由余这个人虽然生在绵诸,但其祖先是晋国人,他可以说是个戎化了的晋人。在绵诸,就属他文化程度最高,因此他深得绵诸王的信任,得以被重用。

秦穆公很清楚,绵诸王派了这么个人过来,名为使臣,其实就是个间谍。要拿他怎么办呢?实在叫人费思量。

最终,秦穆公决定带由余去好好参观一下秦国堆积如山的财宝粮食和壮丽宏大的宫室建筑,以显示秦国国力,希望能够吓退戎人,暂保和平,待秦国缓过气来再跟他们拼。秦国的经济文化水平虽不如中原,但向来有兴建大型建筑的传统,是当时的"基建狂魔",不说后来闻名天下的都江堰、郑国渠、长城,据考古发现,春秋时代秦都雍城一带的城郭与墓葬规模就相当惊人了。事实上,宏伟的景观,可以凭借自身的规模唤起人们深刻的敬畏和惊奇感;而人为建造的宏伟建筑,则既可让人们感到谦卑、感到自己的渺小,还会增加人们对国家的归属感,并唤起人们大范围合作的情绪,鼓舞人们共同实现超常壮举与宏伟事业。不仅秦国如此,整个世界在早期历史上都是如此。

秦穆公向戎使炫耀这些建筑成果,那可是相当嘚瑟,相当有底气。

没想到,由余见了这些建筑与财宝,竟说出一番话来,让秦穆公目瞪口呆。

由余说:"这些宫室,如果让鬼神营造,鬼神都会劳累;让百姓营造,百姓更是受苦了。古代的圣王,越是节俭的,越能让天下人服从;越是奢侈的,服从的人越少。古代的明君,大多因俭朴得国,昏君则常因奢侈失国。您这样追求奢侈,可不太好啊。"

秦穆公听了这话,大为惊奇,没想到戎狄之中竟有如此人才,完全不被表面的物质繁华所迷惑,而是另辟蹊径,从另一个角度看到了人类社会的一些本质。当然,秦穆公身为一个成熟的政治家,是不会被人随便忽悠的。即便由余说得在理,但宏伟宫室不可废,积聚储备更不能放松,因为它们能帮助国家凝聚人心、战胜困难。说到底,这些都是维持一个复杂社会的基石。

尽管如此，由余的智慧仍然让秦穆公相当吃惊，可惜，这么好的人才，却要待在绵诸那种鸟不拉屎的地方，实在暴殄天物。当时秦国正是人才青黄不接的时候，百里奚、蹇叔年龄都大了，如果能得到由余的帮助，对秦国的霸业是大大的有利。

于是，秦穆公有了挖墙脚的想法。为此，他尖锐地指出了戎狄的致命缺陷，希望由余能够认清现实，弃暗投明。秦穆公说："中原各国借助礼乐与法度来处理政务，还不时出现祸乱，戎夷无此，何以为治，不亦难乎？"

看着秦穆公那副高高在上的文明人嘴脸，由余冷笑了一声，语出惊人道："礼乐与法度，分明正是你们中原大国发生祸乱的根源所在。上古圣人黄帝创造了礼乐，以身作则，亲自带头贯彻执行，并以之约束百姓，结果仅得小治。及至后世，为君者一天比一天骄奢淫逸，礼崩乐坏了，骗不了人了，便只能靠法度来吓唬人，督责胁迫民众，民众困苦到了极点，就会怨恨君上，于是上下交争而丢失淳朴本性，甚至互相杀伐篡弑。这就是你们所谓的礼乐法度，太可笑了！至于我们戎人，在上位者正因为不懂这些，所以都怀着淳厚的仁德来对待下面的臣民，而臣民们也不懂这些，所以满怀忠信来侍奉君上；如此，一国之政犹如一身之治，上下协调，浑然天成，这不治之治，才是真正的圣人之治啊。"

由余的这番话，当然只是他一家之言，未必就是真理。但是，他的话有一个核心观点，那就是制度再好，主政者没有道德，也达不到好效果。这话答得可以说不卑不亢，有理有据。

由余确实相当有才，他这种"无为而治"的思想，可以说是后来老庄思想的前身。《汉书·艺文志》中杂家目就收有《由余》三篇，看来由余还是个有思想传世的思想家、哲学家，绝非秦穆公三言两语就可以搞定。

秦穆公没能挖成墙脚，还被挤兑了一番，心里十分郁闷，退朝之后找来秦国公认的聪明人内史廖，向他请教道："寡人闻'邻国有圣人，敌国之忧也'，现在这个由余这么有才能，寡人十分忧虑，怎么办呢？"

聪明人内史廖低头沉思了一会儿，回答道："戎王生活在蛮荒偏僻的地方，不曾听过中原的美妙音乐。您不妨试试送他几个美丽的歌舞女郎，让他沉迷享乐，以消磨他的雄心壮志。同时我们可以找借口请戎王暂缓由余使团归国的日子，将由余一行暂时款留在此，故意让他们不能如期回国。这样一来，戎王一定会感到奇怪，怀疑由余，一旦他们君臣之间有了裂痕，我们就可以想办法让由余为我国所用了。而戎王迷上了音乐和美女，就会怠于政事，给我们可乘之机，这就叫作一石二鸟！"

秦穆公暗叹：这个计策高啊，寡人自愧不如，待日后时机成熟，秦国东出，也可用此计反间东方列国，何愁大秦霸业不成？

于是秦穆公留住由余，并极力笼络于他，趁机向由余打听戎地的地形和兵力。与此同时，戎王也笑纳了秦国送给他的十六名美丽乐女[①]，并且非常喜爱迷恋，白天听音乐，晚上玩女人，整整一年不曾迁徙部落，更换草地。这样一来，上行下效，百官尽废，政弛人散，牛马半死。由余回到戎地一看，心里拔凉拔凉的，发现自己曾引以为豪的戎地淳朴风气已荡然无存了，绵诸王与各部贵族就好像变了个人般，全都沉湎于声色酒宴之中，而且完全不再信任滞秦不归的由余了，毕竟由余没有戎人的血统，他们之间天生就有隔阂，根本经不起挑拨。由余数谏不听，心灰意冷，他终于认识到，礼乐文明要对付部族文明，实在是降维打击；他嘲笑了半天的礼乐法度，鼓吹了半天的醇厚质朴，结果呢？秦穆公只派了十六个乐女，就把一切敲得粉碎。那些曾经淳朴的牧马人，连这么一点诱惑都抗拒不了，还谈什么圣人之治，太可

[①] 《韩非子·十过》："（秦穆公）使史廖以女乐二八遗戎王。"中国古代舞队的行列，八人为一行，叫一佾，按周礼，天子的舞队用八佾（即六十四人），诸公六佾，诸侯四佾，士二佾。《楚辞·招魂》云："二八侍宿，射递代些。"又云："二八齐容，起郑舞些。"《大招》："二八接舞，投诗赋只。""接舞"当指接袂牵手而舞。可见"女乐二八"只是普通士人享受的待遇，却足以搞定孤陋寡闻的绵诸王了。

笑了。

痛定思痛，由余对自己展开了痛苦的反思。而这时秦穆公乘虚而入，屡次派人秘密邀请由余，由余眼见覆水难收，只好离开戎王，投降了秦国。秦穆公大喜，立马升他做了上卿，负责西戎事务。

此时已是秦穆公三十六年（前624），秦国终于在王官之战挫败了晋国，万事俱备，平定西戎的工作提上了日程，年迈的秦穆公感觉秦国的霸业从来没有跟他如此接近过。一百年太短，他已经浪费了太多太多的青春，这个迟来的机会他一定要把握住。第二年，也就是秦穆公三十七年（前623），秦军以由余之计攻打西戎，以迅雷不及掩耳之势包围了绵诸，在酒樽之下活捉了绵诸王。秦穆公乘胜西进，十二个西戎小国先后归服了秦国。秦国遂辟地千里，国界南至秦岭，西达狄道（今甘肃临洮），北至朐衍戎（今宁夏盐池），东到黄河，几乎将陕甘宁广大地区全部纳入秦国的控制范围①。李斯《谏逐客书》更极言秦穆公一生共"并国二十"。广阔的疆土是一个大国的基石，从这个方面来说，秦穆公堪称是大秦帝国最伟大的奠基人。

想当年周室东迁，便是戎患所致，所以秦的西拓让周天子非常振奋。周天子派召公前来祝贺，封秦穆公为西陲伯主，感谢他为周室一雪当年之耻，并赐予他金钲和战鼓，希望他继续向戎人进攻，尊王攘夷。秦穆公大喜，遂下令改兹水为霸水，并在霸水东岸（一说今陕西西安席王街道附近）筑霸城，以彰其霸业②。

奋斗了足足三十六年，终于等到了这个迟来的霸主之位，秦穆公百感交集，也想起了从前好多人：伯乐、九方皋、公孙支、百里奚、蹇叔、晋惠公夷吾、晋怀公圉、晋文公重耳、夫人穆姬、爱女辰嬴和文嬴，还有崤之战中死去的三万将士。此时，这些爱人、亲人、故人与

---

① 据一些学者研究，秦穆公霸西戎后，有些西戎部族为了躲避秦国的兵锋，沿着藏彝走廊向南迁徙到了四川、云南等地，成为今天西南藏缅语系民族的先民。当然，也有大荔、义渠等生命力顽强的西戎部族一直坚持到了战国时期，才被秦国所灭。

② 《汉书·地理志》云："霸水亦出蓝田谷，北入渭。古曰兹水，秦穆公更名，以章霸功。"

敌人不是已经去世了，就是身在遥远的他乡，他们的身影不断在他眼前晃动，又不断地飘逝而去。秦穆公感觉自己这一辈子，真是太不容易了。

走上人生巅峰的秦穆公，再次得意忘形，任意妄为，做出了他人生中最后一个，也是最荒唐的一个决定。这个决定，让秦国再次一蹶不振，迎来了两百四十多年的衰微与内乱。河水悠悠，随着当年秦穆公命名之"霸水"，慢慢变成"灞水"，千年之前的霸业早已被河水冲洗得干干净净。人们在此游玩时，也几乎想不起秦穆公，最多能想到在灞上[①]放跑刘邦的西楚霸王项羽了。秦穆公的一切，似乎都已随水漂去，毫无波澜了。

十六、秦穆公为何临死前将秦国推入地狱？

秦穆公病逝于周襄王三十一年（前621），在他长达三十九年的执政期内，秦国向东三平晋乱，三定晋君，对齐桓公死后中原局势的稳定起到了重要作用；向西则益国十二，开地千里，遂霸西戎，为秦国日后统一天下提供了稳固的后方基地与坚实的基础。后来秦孝公在商鞅变法前，广发求贤令，讲到秦国的光辉历史与先君时，只提到了秦穆公："昔我穆公自岐雍之间，修德行武。东平晋乱，以河为界。西霸戎翟，广地千里。天子致伯，诸侯毕贺，为后世开业，甚光美。"就连孔子都曾称赞秦穆公，说他"国虽小，其志大；处虽辟，行中正。……虽王可也，其霸小矣"。

然而，秦穆公一生光明，却在死亡这件事情上犯了大错，这使他成为一个大有争议的人物。大秦的未来，也因为这件事而蒙上了一层浓重的阴影，甚至一蒙就是两百四十多年。

原来，秦穆公死后，殉葬者竟多达一百七十七人。这老头子也太害怕寂寞了吧。死就死吧，还要这么多人下去陪他。

---

① 因在灞水西高原上得名，即今白鹿原。

当然，上古人类向有人殉之恶习，西方古埃及、两河流域、小亚细亚等地皆有此行为，即至中世纪末，北欧洲犹存此俗。中国的人殉则流行于商周时代，宋襄公篇我们已经详述。只是秦穆公这人数未免太多了点。秦国是从秦穆公的伯父秦武公时开始用人殉的（初以人从死），但人数只有六十六人，秦穆公这一下子竟涨了快三倍。同时期的东方各国已开始逐渐废除人殉制度了，偶有人殉，亦不过三五人罢了，且并不为主流观念所认可。①秦人对此制度也颇有微词，秦穆公死后，国人悲痛万分，但悲的不是秦穆公，而是这一百七十七名殉葬者。其中三个优秀的贤才，即贵族子车氏的奄息、仲行、针虎三兄弟，最为令人惋惜。秦人为此作了一首《黄鸟》之诗，曰："彼苍者天，歼我良人；如可赎兮，人百其身！"意思是说，青天呵，怎么将这么贤良的人给殉葬了？如果可以赎命，我们宁愿出一百条命将他们换回来！好一首悲伤的《黄鸟》，真是闻者伤心，听者流泪！当时的君子们也纷纷对此展开了批评，说："秦穆公还是不要名列春秋霸主了，他死后丢国人于不顾，不仅没有留下富国强兵之策，还要把贤良大臣拉去殉葬，很多家族因此断子绝孙，国家也因此难以富强，秦国后来积弱，没有能力东征，就是由于这个原因。"经此一事，秦国的人才没了，国力衰了，名声也臭了，彻底被君子们抛弃。

秦穆公一生爱才如命，对百里奚、蹇叔、孟明视、白乙丙、西乞术等人才都爱护有加、宽容有加，为何死后却要如此多的贤才为自己陪葬呢？究竟是他当真认为死后仍有个世界需要他统治，还是他儿子秦康公借此名义清除贵族势力，为掌控权力而清除异己？②又或者这些

---

① 如《左传·宣公十五年》记载晋卿魏犨将死，嘱咐他的儿子魏颗一定要让嬖妾殉葬，魏颗不听，说这是"乱命"。又如《礼记》上有两条殉葬记载，也被认为"非礼"，受到反对。

② 创作于秦康公时期的《诗经·秦风·晨风》诗云："未见君子，忧心钦钦。如何如何，忘我实多！"意思是说：看不到秦穆公这样的好国君，怎不叫我忧心忡忡；如今的君主啊，早已忘了我们！《毛诗序》认为这首诗就是刺秦康公弃其贤臣。朱谋玮《诗故》说得更明显，直说此诗是刺秦康公弃三良。

贤臣都是自愿殉葬的,而非秦穆公命令的?[1]

原因到底如何,我们恐怕永远也无法知道了。我们只知道,这次殉葬,给秦国带来了深远的恶劣影响,使得原本蒸蒸日上的秦国发展迟滞甚至倒退了。

秦国文化落后,人才需要从东方引进,而东方诸国并不喜欢殉葬这个陋习,后来的儒家,更是对其深恶痛绝。孔子说:"始作俑者,其无后乎?"他连春秋以后兴起的陶俑殉葬都无法接受[2],更别说人殉了。可秦国的人殉却愈演愈烈,秦穆公的玄孙秦景公居然用了足足一百八十六人陪葬(其中大臣就有七十二人),陕西咸阳任家嘴战国早期秦国贵族墓不仅发现了殉人,而且发现了更为残暴的人牲,简直就是步步升级。这又是为什么呢?

事实上,秦国是西迁的东夷嬴族的后裔,而殷商与东夷人是最喜欢人殉与人牲的。目前发现的殷王的墓葬中,殉葬人数多达五百至一千人,有些殉人地位较高,有自己的棺材,也有青铜兵器、礼器及玉器随葬。他们应是殷王的亲近臣仆。有的殉人随葬武器与车马器较多,可能是殷王的武装侍从。有的殉人随葬玉器较多,可能是负责王宫杂务的殷王家臣。至于那些地位低下的殉人,因为墓穴和墓道空间不够,所以会只埋入人头,这些人头多数都带着几节颈椎骨,足见其连皮带肉,比较完整,不像杀祭坑那些人头支离破碎,往往只带着下颚或上颚骨,甚至脸颊上也有砍痕,可见刽子手根本没有认真对准,导致戈斧频繁地砍到人牲脸上。有学者推测,王陵殉人的人头大概是商王或王后亲自用王钺砍的(考古发现妇好所用铜钺并不适合实战,

---

[1] 后世也多有此论,比如西汉名臣匡衡认为:"秦穆贵信,而士多从死。"又如应劭《汉书》注曰:"秦穆与群臣饮酒,酒酣,公曰:生共此乐,死共此哀。奄息等许诺。及公薨,皆从死。"苏轼也认为:"昔公生不诛孟明,岂有死之日而忍用其良。乃知三子殉公意,亦如齐之二子从田横。古人感一饭,尚能杀其身。"清代史学家赵翼也说:"及公薨,皆从死。则是出于三子之自殉,而非穆公之乱命矣。"

[2] 周人的明器最早只有"涂车刍灵",也就是用泥巴捏的车和用稻草扎的人,已知最早的用俑陪葬的例子发现于陇县边家庄的春秋早期墓葬。孔子认为用俑陪葬是不仁的,因为俑太像人了,孔子担心它会唤起人们对人祭时代的记忆。

却有使用痕迹），以示对先王的孝心；而普通祭祀坑中的杀祭行为，是每年祭祖的例行公事，由低级贵族用戈斧执行，所以砍得比较草率。[1]

考古还发现，不仅商王与贵族墓葬有人殉，甚至简陋的小型墓葬也有人殉，可见殷商时此残酷陋习之普及。人殉之外，还有人牲，甚至盖宫殿宗庙，殷人也常杀人祭祀，如奠基的时候先残忍杀害四个小孩埋在四角，置础[2]的时候要加用人牲，将尸体填土夯实，安门的时候还要杀人，在门槛前后左右挖方坑，各埋一到三人（有的还随葬一条狗），皆跪仆相向，手执铜戈盾牌，于阴间守门。上梁这么重要，当然也要杀人。及至宫室完成，用牲种类最多，规模也最大，往往杀几百人，连同牲畜、车辆，整整齐齐埋在建筑物的外面，是为落成仪式。

秦人继承这样的文化，自然也就摆脱不了大量用殉的习惯了。

直到周安王十八年（前384），秦孝公的父亲秦献公即位，才彻底废除了人殉，改用兵马俑殉葬。而在此之前两百四十多年，没有多少东方士人敢去秦国当官，虽然并非每个秦君都像秦穆公、秦景公那么变态，但殉葬制度在那儿放着，试问天下英雄，谁敢以身试法呢？好在秦献公废人殉，秦孝公行变法，到了秦始皇时候，秦人一统天下，终于实现了秦穆公等历代先君梦寐以求的理想。

---

[1] 参阅李硕《翦商——殷周之变与华夏新生》，广西师范大学出版社，2022，第197—201页。

[2] 在夯实的地基上放柱础石，起到加固柱子和防止腐烂的作用。